LA CHUTE DU LÉOPARD : SUR LES TRACES DE MOBUTU

Michela Wrong

LA CHUTE DU LÉOPARD : SUR LES TRACES DE MOBUTU

Traduit de l'anglais (Royaume-Uni)
par Lucie Delplanque

Max Milo

© Max Milo Éditions, Paris, 2024
www.maxmilo.com
ISBN : 978-2-31502-076-8

À Michael Holman,
sans qui ce livre n’existerait pas

SOMMAIRE

Préface de l'auteur à l'édition française

Londres, avril 2024

Lorsque ce livre est sorti en 2000, pas une seconde je n'ai envisagé qu'il se lirait encore deux décennies plus tard. C'était mon premier ouvrage, j'étais déjà contente d'être publiée et je n'espérais rien. Si j'avais réfléchi à la question, j'aurais prédit que la République démocratique du Congo (RDC), qui avait connu son lot de tumultes pendant la période que j'avais décrite, était destinée à traverser bien d'autres épreuves et que mon texte deviendrait vite obsolète.

En ce qui concerne l'avalanche d'événements, je ne me suis pas trompée.

Un an après sa parution, Laurent Kabila, le rebelle maoïste qui a renversé Mobutu Sese Seko, a été abattu dans son bureau par un garde du corps, un de ses « kadogos », les enfants-soldats que j'avais vu entrer dans Kinshasa en 1997. Officiellement, le jeune assassin cherchait à se venger du traitement indigne que Kabila infligeait à ses troupes les plus fidèles. Toutefois, on a toujours soupçonné l'intervention du Rwanda ou de l'Angola, deux pays exaspérés par le manque de fiabilité de Kabila.

Après un bref interlude – au cours duquel les lieutenants de Kabila, en panique, ont fait croire que leur chef était encore vivant, allant jusqu'à expédier son corps au Zimbabwe pour de prétendus soins médicaux –, c'est Joseph, fils du défunt, qui a repris le flambeau et prêté serment en toute hâte. Lors des interviews, le jeune homme de 29 ans paraissait assez falot, presque fade. Mais il devait cacher une certaine trempe sous ses airs dociles, car il a tenu dix-huit ans avant de céder à la pression et de se retirer.

Quand Joseph Kabila est arrivé au pouvoir, la RDC, qui avait déjà été à deux doigts de se désintégrer juste après l'indépendance, semblait de nouveau au bord de la fragmentation, déchirée en trois par ce qui a été appelé la seconde guerre du Congo. Avec l'appui du Zimbabwe, de l'Angola et de la Namibie, le gouvernement de Kinshasa se disputait le contrôle du pays avec des mouvements rebelles soutenus par l'Ouganda et le Rwanda, dans le Nord et l'Est.

L'accord de Sun City, signé en Afrique du Sud en 2002, a permis de raccommoder l'État tant bien que mal. Il annonçait également l'avènement d'une nouvelle armée et la naissance de la Troisième République du Congo, quatre ans plus tard. Mais ce rafistolage était si fragile que la force de maintien de la paix envoyée par l'ONU pour stabiliser le pays a dû être renforcée à plusieurs reprises, tout comme cela avait été le cas lorsque Mobutu était jeune.

Depuis l'accord de Sun City, le Congo a connu ses premières élections démocratiques depuis 40 ans, des fusillades meurtrières entre factions rivales au sein même de la capitale, des pogroms ethniques dans le Nord-Est, une série de soulèvements rebelles soutenus par le Rwanda, des épidémies répétées d'Ebola (un virus à côté duquel la COVID-19 paraît bien bénigne), un coup d'État raté et – peut-être le plus surprenant – l'accession au pouvoir de Félix Tshisekedi, fils du leader de l'opposition Étienne Tshisekedi, lors d'une présidentielle aussi chaotique que contestée en 2019.

Le dramatique n'a donc pas manqué et pourtant, le livre continue à se vendre. Signe, peut-être, que si les têtes d'affiche ont changé, tout comme la nature des déprédations qu'elles commettent, le synopsis global reste grosso modo le même : une sombre histoire de vol, d'ingérence étrangère cynique et de mécanismes de survie d'une inventivité réjouissante.

En 2001 et 2002, deux rapports déterminants du groupe d'experts de l'ONU ont révélé les pillages systématiques auxquels l'Ouganda et le Rwanda s'étaient livrés pendant la progression de l'AFDL de Kabila. Des stocks entiers de minerai, de café et de bois ont été raflés, des usines, démantelées, des banques, vidées de leurs liquidités. Une fois cette phase achevée, les Rwandais et les Ougandais sont passés à «l'extraction active», dans des mines où des enfants congolais trempés de boue creusaient à la recherche d'or et de coltan, expédiés ensuite par camions de l'autre côté de la frontière.

La rivalité entre les deux pays pour les ressources minières du Congo est devenue si âpre que leurs armées respectives se sont affrontées dans la ville fluviale de Kisangani en 1999 et 2000, faisant des centaines de victimes civiles congolaises.

Toutefois, le Rwanda et l'Ouganda n'étaient pas les seuls prédateurs. Les rapports de l'ONU indiquaient clairement que les Kabila, père et fils, avaient troqué des concessions minières contre le soutien militaire du Zimbabwe afin de sauver leur régime, n'hésitant pas à privatiser de larges pans de ce qui était autrefois des infrastructures d'État, les joyaux de la couronne du Zaïre.

Les preuves de ce pillage acharné étaient si accablantes qu'en 2002, la Cour internationale de justice (CIJ) à La Haye a ordonné à l'Ouganda de verser

325 millions de dollars de réparations au Congo – une fraction des 11 milliards réclamés par Kinshasa. Quant au Rwanda, étant donné qu'il ne reconnaît pas l'autorité de la CIJ, il y a peu d'espoir de voir des poursuites similaires engagées contre lui. Pourtant, le ministre des Finances du Congo a estimé en 2023 que son pays perdait près de 1 milliard de dollars par an, à cause de la contrebande vers le Rwanda.

Toutefois, après les accords miniers et pétroliers insolites passés par les deux Kabila avec des individus tels que le magnat israélien Dan Gertler, aucun représentant de la RDC ne peut prétendre à une quelconque supériorité morale. Gertler, qui a eu un temps l'exclusivité sur la commercialisation de diamants en provenance de la RDC, était un expert du «*flipping*», tactique financière qui consiste à acheter des mines à très bas prix, pour les revendre avec un énorme bénéfice à des multinationales, ou parfois même au gouvernement congolais lui-même.

En 2022, la publication du «Congo Hold-up» par un consortium de médias occidentaux et d'organisations anticorruption a annihilé les derniers espoirs de voir les successeurs immédiats de Mobutu rompre avec les pratiques du passé. Cette fuite de données massive, la plus importante de l'histoire de l'Afrique, avec 3,5 millions de documents bancaires, a entre autres révélé que des sociétés minières chinoises ont versé 138 millions de dollars d'argent public à la famille et aux amis des Kabila.

Le discours actuel de Félix Tshisekedi sur la lutte contre la corruption est encourageant et «Fatshi», comme le surnomment ses partisans, a promis de renégocier les contrats miniers qui ne profitaient pas au pays. Toutefois, les arrestations hypermédiatisées de personnalités sont souvent suivies de libérations hyperdiscrètes – parfois même avec des promotions à la clé – et la décision du président d'écrire au gouvernement américain en 2022 pour réclamer la levée des sanctions contre Gertler a profondément alarmé les organisations anticorruption.

Les citoyens congolais, qui ont appris à se méfier, attendent de voir comment la situation va évoluer. Les dépenses du gouvernement ont augmenté de façon drastique, ont-ils remarqué. Tout comme le nombre de pique-assiettes qui gravitent autour du pouvoir.

Alors, quelle est la portée réelle de l'héritage de Mobutu, le président resté le plus longtemps en exercice au Congo ?

***

La RDC compte aujourd'hui 99 millions d'habitants, ce qui en fait le plus grand pays francophone du monde. Avec l'exode rural, une capitale comme Kinshasa – si indolente dans les années 1990 que les opérations « ville morte » lancées par l'opposition ne se distinguaient pas vraiment des journées normales – est devenue une des plus vastes mégalopoles d'Afrique subsaharienne, avec 15 millions d'habitants.

Quand j'y suis retournée en 2023, pour la première fois depuis de nombreuses années, j'ai eu à plusieurs reprises du mal à me repérer à cause des multiples quatre-voies qui transpercent le cœur de la capitale, construites par des promoteurs chinois recrutés par Joseph Kabila. Depuis qu'ont été supprimées les avenues bordées de jacarandas, si caractéristiques de Kinshasa, les rues du centre-ville se ressemblent toutes et paraissent en permanence paralysées par des embouteillages bruyants.

J'avais bien conscience d'être complètement perdue sans mon guide d'autrefois. Pierre Mambele, l'un des rares chauffeurs de taxi de Kinshasa à apprécier travailler avec des journalistes occidentaux – et toujours prêt à faire office de garde du corps, en cas de besoin – était décédé quatre ans plus tôt. Si nous étions restés en contact téléphonique, Pierre se plaignant chaque fois de la situation au pays et du chômage – « Il n'y a rien, *rien* ici », grommelait-il –, je ne l'avais pas revu depuis plus de dix ans. Sans lui, je me sentais livrée à moi-même. Il y avait pourtant une énergie fébrile dans l'air, une sorte d'avidité qui me redonnait le moral.

La technologie moderne a mis fin à un profond sentiment d'isolement, particulièrement frappant autrefois au Zaïre. Elle est loin, l'époque où seuls quelques milliers de privilégiés pouvaient se payer un Telecel, à 7 dollars la minute pour l'international. À présent, 48 millions de Congolais possèdent un téléphone portable et même le plus petit restaurant diffuse en boucle des clips vidéo rythmés sur un écran plasma.

Toutefois, si la technologie a permis de reconnecter la RDC au reste du monde, les citoyens se sentent toujours ignorés et oubliés, une conviction qui alimente un sentiment de rancœur trop familier.

Pendant la guerre froide, le Congo se considérait comme victime de l'Occident, lequel avait fermé les yeux sur l'assassinat du Premier ministre Patrice Lumumba, avant d'appuyer le système à parti unique de Mobutu, tant il était farouchement déterminé à tenir le communisme à distance. Aujourd'hui – nonobstant les relations de plus en plus tendues entre les États-Unis et Paul Kagame –, les Congolais s'estiment lésés par la décision, tout aussi cynique, de Washington, Londres et Paris, d'accorder un traitement de faveur au minuscule Rwanda depuis le génocide. Ils ont l'impression que l'Occident ignore le soutien flagrant de Kigali au mouvement rebelle du M23, qui a annexé une portion des provinces congolaises du Kivu, contribuant ainsi au chiffre extraordinaire de personnes déplacées au Congo : 7 millions.

Pas étonnant que Vladimir Poutine passe pour un héros sans peur et sans reproche auprès de nombreux Congolais que j'ai croisés. À leurs yeux, l'invasion de l'Ukraine est un bras d'honneur adressé à la suffisance du monde occidental, qui n'a jamais fait preuve du moindre respect envers le Congo. De façon déconcertante, un leader considéré comme une brute en Europe prend pour eux des airs de champion des opprimés.

Non seulement la RDC demeure marginalisée sur le plan stratégique, mais elle reste aussi plongée dans une misère extrême. Selon la Banque mondiale, en raison du taux de natalité élevé au Congo, 20 millions de personnes supplémentaires vivent sous le seuil de pauvreté depuis deux décennies, une statistique qui permet d'expliquer la persistance têtue de toutes les petites combines de survie au Congo. L'Article 15, cette clause constitutionnelle mythique qui encourage les Congolais à se « débrouiller » – c'est-à-dire à verser dans l'arnaque –, continue à prendre des formes les plus inventives, frisant parfois le surréaliste.

Lorsque je me suis rendue au Congo en 2023 pour parler de mes ouvrages, il s'avère qu'un des organisateurs de ma venue était justement un de ces petits escrocs. « Ça ne devrait pas t'étonner », s'est esclaffée une amie, quand j'ai fini par comprendre qu'un lot de livres prétendument « perdus » à la douane n'avait en réalité jamais été commandé, que les salles n'avaient jamais été réservées et que les cartons d'invitation promis n'avaient jamais été envoyés. « Tu es presque une spécialiste du sujet, quand même ! »

Basé sur une sorte de bravade provocatrice et désespérée, l'Article 15 va de pair avec un étalage de richesses à l'extravagance inopportune. Dans un restaurant de Kinshasa où j'ai mangé, un décorateur d'intérieur avait remplacé les habituels sets de table par des aquariums individuels, dans lesquels nageaient des poissons rouges vivants. Dans un autre, les tables étaient agrémentées de bouquets de bouteilles de champagne rosé, breuvage préféré de Mobutu, tête en bas dans des seaux à glaçons. J'ai soupçonné que les bouteilles étaient vides depuis longtemps, mais l'effet n'en demeurait pas moins saisissant.

« Tout est transaction en RDC », a commenté la personne avec qui je dînais, alors que nous observions un couple d'« influenceurs » à la mise très soignée en train de monétiser leur soirée, à grand renfort de selfies étudiés qui seraient postés sur les réseaux sociaux.

La volonté des citoyens congolais à s'en sortir coûte que coûte est assortie d'une irrévérence enthousiaste à l'égard du pouvoir, une autonomie qui prend racine dans les décennies où l'État a surtout brillé par son absence.

Dans trop de pays africains, le terme de «société civile» se confine aux rapports sur le développement, et les gens se méfient quand ils parlent à un journaliste, convaincus d'être surveillés par un système omniprésent. Mais pas dans la RDC d'aujourd'hui. «À Kinshasa, les journalistes insultent quotidiennement Tshisekedi, m'a fait remarquer un ami, ancien reporter. À Brazzaville, tu peux te faire arrêter pour ça. À Kigali, tu risques même de te faire tuer.»

Dans mon souvenir, le seul visage placardé en public dans la capitale était celui de Mobutu, sur la façade de la banque centrale – portrait rapidement recouvert d'une couche de peinture à l'arrivée de l'AFDL. Curieusement, la nouvelle Kinshasa est ponctuée de monuments qui rendent hommage à des personnalités hautes en couleur de la période postindépendance.

Un bronze de Lumumba est tourné vers le fleuve, un bras tendu ; une effigie de Kabila, dans une pose quasi identique, surveille un rond-point, tandis qu'une statue de Joseph Kasavubu salue la circulation à un autre carrefour stratégique. Les jardins du Palais de la Nation, où se trouvent les bureaux du président, accueillent les bustes de nombreux Premiers ministres et j'ai même eu la surprise de découvrir un portrait impressionniste de Mobutu, en tons fluo, accroché dans le foyer de l'hôtel Pullman, où j'avais autrefois mes quartiers.

On n'étale pas ainsi en public des souvenirs de gens qu'on déteste. Dans ces hommages épars rendus à diverses personnalités qui s'entre-déchiraient souvent de leur vivant, on flaire une tentative de faire la paix avec un passé lourd de traumatismes et de querelles.

Pas à pas, la société congolaise semble raviver le processus de réconciliation nationale entamé au début des années 1990, au moment de la Conférence nationale souveraine – entreprise d'abord sabordée par Mobutu, puis brutalement interrompue par l'invasion de l'AFDL.

Je ne me trompais pas quand je prédisais en 2000 que les Congolais évoqueraient un jour Mobutu avec quelque chose qui se rapproche de l'affection. C'est même arrivé plus vite que prévu. Impossible d'imaginer le pays sans lui, après tout.

«Le Congo en tant que République moderne n'a que 63 ans. Et 32 ans de cette existence – et même 37, si on compte le premier coup d'État – ont été façonnés par Mobutu, a fait remarquer Mvemba Phezo Dizolele, écrivain et analyste congolais. C'est donc encore beaucoup la république de Mobutu. Il est incontournable, comme on dit. Pour analyser le Congo, il faut forcément passer par lui.»

Certains Congolais sont incapables du moindre argument en sa faveur. Mais d'autres rappellent que Mobutu, qui a toujours cru en un État central fort, a rendu sa nation visible sur la scène internationale. Même s'il a fini par tout ficher en l'air, il a au départ réussi à créer une armée nationale qui inspirait le respect à ses pairs africains, et à étouffer les différends ethniques qui déchiraient tant de pays au sortir de la colonisation.

Et si le «Léopard» a indéniablement saccagé l'économie pendant son règne, en mettant notamment à genoux le géant du cuivre Gécamines, certains soulignent avec insistance qu'il n'a jamais vendu la moindre concession minière à un étranger. On ne peut pas en dire autant des deux Kabila.

«Si vous arrêtez un jeune de vingt ans dans la rue aujourd'hui, pour lui demander ce qu'il pense de Mobutu, il vous répondra sans doute que c'était un nationaliste qui a joué un rôle important, via l'Authenticité et la zaïrianisation, en rappelant aux Congolais leur propre valeur», m'a affirmé le professeur Mabi Mulumba, qui a fait l'expérience brève et douloureuse d'être le Premier ministre de Mobutu à la fin des années 1980. «Après la colonisation, les Congolais avaient besoin de reprendre confiance en eux et c'est ce qu'il leur a permis de faire.»

Le temps passe et une nouvelle génération de Congolais n'a pas connu directement les effets de son règne. Intellectuellement, les jeunes savent peut-être que Mobutu est à l'origine d'une série de mesures politiques qui ont précipité la chute vertigineuse de leur pays, faisant petit à petit sombrer un État africain respecté à l'international dans le désordre anarchique d'aujourd'hui. La colère, en revanche, s'est émoussée.

Le succès d'un groupe congolais comme MPR (Musique Populaire de la Révolution), référence audacieuse à l'ancien parti de Mobutu, en dit long. À mi-chemin entre la parodie et la critique sociale, certains clips de MPR font figurer un sosie caricatural et tonitruant de Mobutu, et évoquent souvent des épisodes marquants de l'histoire du Congo. Avec leurs perruques afros géantes, leurs pantalons pattes d'éph' et leurs favoris délirants, les membres du groupe affichent plus une irrévérence joyeuse que de l'amertume.

Les jeunes gens congolais adoptent même parfois l'abacost inventé par Mobutu. Inspirée par un voyage de l'ex-président en Chine au début des années 1970, la veste était considérée comme vaguement ridicule à mon époque. Mais depuis que les lunettes à monture épaisse, autre signe distinctif de Mobutu, sont de nouveau à la mode, il devient impossible de discerner le choix stylistique de l'hommage politique. En revanche, quand un téléphone sonne dans le hall de l'hôtel Pullman et que la sonnerie est un extrait d'un discours célèbre de Mobutu, on sait qu'il reste encore des fans.

Comme une parfaite illustration des vertus cicatrisantes du temps, il faut rappeler que la famille Mobutu, ainsi que les enfants devenus adultes d'autres grosses légumes, a fait campagne pour que Fatshi remporte un second mandat en 2023.

Une telle alliance n'est pas aussi étrange qu'elle y paraît. Membres de la petite élite congolaise, les enfants Mobutu et Tshisekedi se fréquentent depuis leur plus jeune âge. Malgré toutes les divergences entre le président et l'homme qui a été à la fois son opposant et un de ses Premiers ministres – à une occasion, sous le coup de la fureur, Mobutu a expédié Tshisekedi en exil à la campagne –, il a toujours existé une compréhension mutuelle entre les deux dynasties.

Selon certaines sources bien placées, Nzanga, le fils de Mobutu, pourrait hériter d'un portefeuille dans le gouvernement de Fatshi, en remerciement du soutien du clan Mobutu. Et le retour de la dent en or de Lumumba, rapatriée en avion à Kinshasa en 2022 avec les excuses de la Belgique pour des funérailles nationales 61 ans plus tard, a pavé la voie pour un événement encore plus commenté.

«Si le corps de Mobutu doit un jour revenir, a prédit Dizolele, ce sera sous ce gouvernement.» Un autre enfant du pays retrouverait alors la riche terre rouge du Congo.

Remerciements

Pendant l'écriture de ce livre, j'ai dû compter sur l'hospitalité de nombreuses personnes. À Bruxelles, Sarah Lambert m'a offert une seconde maison ; à Washington, j'ai été accueillie par Patti Waldmeir ; à Paris, je dois beaucoup à Béatrice Lacoste ; et à Genève, mon oncle et ma tante Mario et Anneke Musacchio ont été des hôtes merveilleux. À Kinshasa, je serais devenue folle sans l'hospitalité et l'amitié de Serge et Francis.

Les journalistes ne sont en général pas partageurs. C'est pourquoi je suis particulièrement reconnaissante de l'aide que m'ont apportée Massimo Alberizzi, Marina Rini, Victor Rousseau, Marie-France Cros, David Goodhart et Philip Gourevitch. Steve Askins et Carole Collins, experts sur la question des arrangements financiers de Mobutu, qui ont eu la gentillesse de me donner accès à leurs recherches. Je remercie le *Financial Times* d'avoir financé tant de mes voyages en Afrique et de m'avoir suivie dans mes ambitions d'écriture. J'ai également eu la chance incroyable de pouvoir faire appel aux compétences de John Caveney, documentaliste au *Financial Times*.

Mes amis Iain Pears et Sarah et Juliette Towhidi m'ont soutenue de bout en bout. Mes parents ont supporté ma mauvaise humeur et Julian Harty, mon informaticien de beau-frère, m'a permis de rester opérationnelle, en sauvant mon ordinateur portable du naufrage.

J'ai échangé des questions et des idées de façon incessante avec Peter Vandevelde, Arthur Malu Malu, Julie Mukendi et le professeur Mabi Mulumba. Leur patience et leur bonne humeur m'ont été très précieuses.

Je dois remercier particulièrement le magazine américain *Transition*. Alors que personne ne semblait s'intéresser à ce projet, le rédacteur en chef Mike Vazquez s'est montré encourageant et enthousiaste, ce qui m'a permis de tenir bon quand je menaçais de flancher. Des extraits de l'introduction et du chapitre 8 ont d'abord été publiés dans les pages de *Transition*.

Enfin, je remercie Chris McGreal, Christian Jennings, Richard Dowden et, surtout Koert Lindyer, mes très chers compagnons de route pendant toutes mes années au Congo/Zaïre.

Cette publication a bénéficié d'une subvention de la Fondation Miles Morland : https://milesmorlandfoundation.com/

CARTE

SOUDAN
RÉPUBLIQUE CENTRAFRICAINE
CAMEROUN
Bangui
Gbadolite
PROVINCE ORIENTALE
Oubangui
Giri
Fleuve Congo
Bumba
ÉQUATEUR
CONGO
Kisangani
GABON
Sangha
Mbandaka
Busira
Boende
Lomami
OUGANDA
lac Albert
NORD KIVU
Goma
Lake Kivu
RWANDA
Kigali
Fleuve Congo
Lualaba
Bukavu
SUD KIVU
Fimi
Lukénié
KASAÏ-ORIENTAL
Uvira
BURUNDI
Kasai
Kwilu
BANDUNDU
MANIEMA
Brazzaville
Pointe Noire
CABINDA
Barrage d'Inga
Kinshasa
Kenge
Lulua
Kananga
Mbuji Mayi
TANZANIE
BAS-CONGO
Matadi
KASAÏ OCCIDENTAL
Tshikapa
lac Tanganyika
Kasai
KATANGA
ANGOLA
Kolwezi
Likasi
Shinkolobwe
Lubumbashi
ZAMBIE
AFRIQUE
Equateur
CONGO
0   100   200   300   400 km

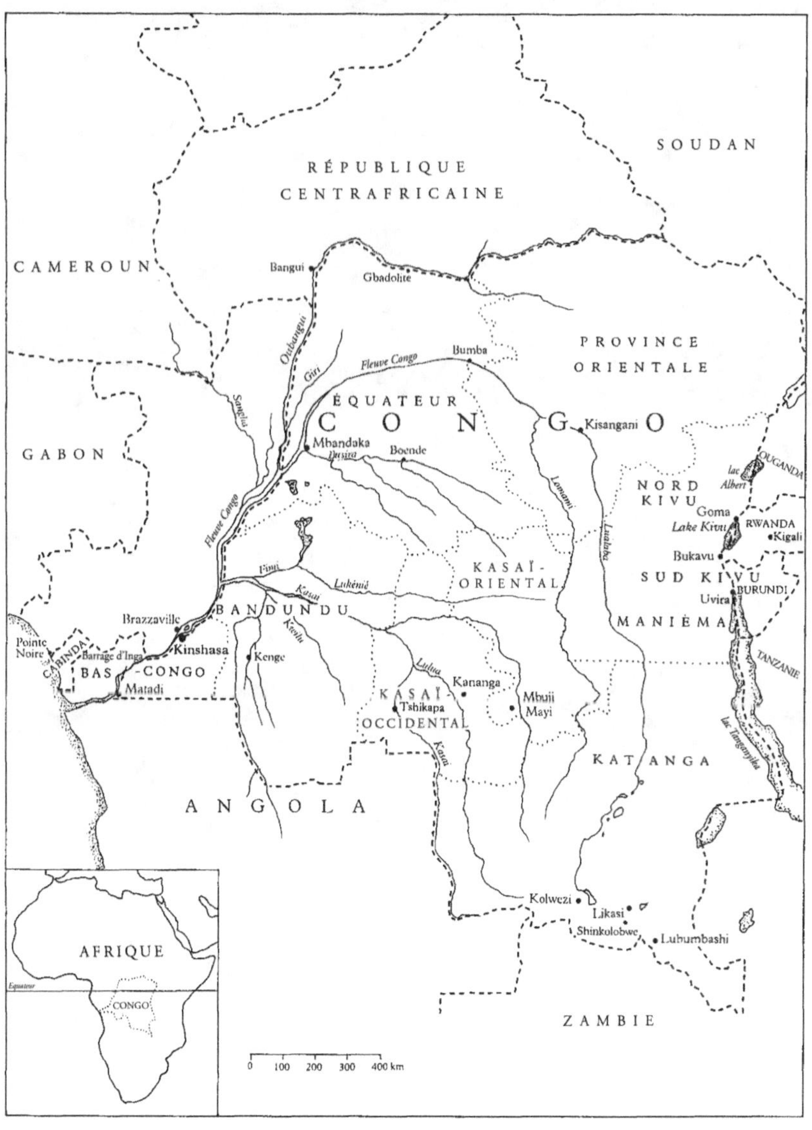

Introduction

« Il ne veut pas se laisser oublier. Quoi qu'il eût été, il n'était pas banal. Il avait le don de charmer ou d'épouvanter à ce point des âmes rudimentaires, qu'elles se lançaient en son honneur dans je ne sais quelles danses ensorcelées : il avait le don aussi de remplir les petites âmes des pèlerins d'amères méfiances ; il avait un ami du moins et il avait fait la conquête d'une âme qui n'était ni corrompue ni entachée d'égoïsme. Non, je ne puis l'oublier… »

Joseph Conrad, *Au cœur des ténèbres*.

Cela vous tombait dessus quelques secondes à peine après votre arrivée.

La vedette venait de me déposer. Brassant de son hélice le tapis des jacinthes d'eau, elle manœuvrait déjà pour repartir sur la vaste étendue brune et huileuse du fleuve Zaïre, en direction de la rive opposée. Debout dans la cacophonie des quais, j'ai été heurtée de plein fouet par cette sensation qui déstabilise tant ceux qui mettent les pieds pour la première fois en Afrique. Cet instant symptomatique, où la classe moyenne occidentale et blanche prend conscience d'une chose que le reste de l'humanité a toujours sue : il existe en ce monde des endroits où le filet de sécurité qu'on a passé une grande partie de sa vie à tisser disparaît tout à coup ; où l'accent idoine, quelques diplômes, une bonne mutuelle et un passeport étranger – tout l'appareil du « Ça n'arrive qu'aux autres » – n'ont plus la moindre utilité ; où son bien-être dépend soudain de l'obligeance de parfaits inconnus.

Toute palpitante de cette appréhension, j'ai tenté de ranger à la hâte mes vêtements dans ma valise vieillissante, qui avait choisi justement la traversée entre Brazzaville et Kinshasa pour me lâcher, faisant ainsi de moi une véritable voyageuse africaine. La sensation s'est précisée tandis qu'un jeune diplomate britannique en nage échouait manifestement à nous éviter les formalités administratives et qu'un cordon de policiers hostiles entreprenait d'explorer l'intimité de mon bagage, afin de mieux déterminer quels éléments conserver. Elle a reflué lorsque nous avons émergé de cette épreuve au bout de trois heures, un peu plus légers, pour enfin franchir la frontière magique qui séparait les douanes de la ville.

Mais en réalité, ce discret frémissement de peur ne devait jamais me quitter lors de mes séjours au Zaïre, que ce soit devant une Primus bien fraîche dans le quartier animé de la Cité ou bien en buvant le thé sur le patio calme et verdoyant de quelque notable. La conscience inquiète d'un monde de possibilités infinies et sinistres : voilà qui était devenu l'une des principales caractéristiques de cette nation dirigée par un homme ayant débuté sa vie sous le simple nom de Joseph Désiré Mobutu, fils de cuisinier, mais qui s'était réinventé en Mobutu Sese Seko Kuku Ngbendu Wa Za Banga, « le guerrier qui va de victoire en victoire sans que personne puisse l'arrêter ».

Au milieu des années 1990, toutefois, Mobutu brillait surtout par son absence. On l'apercevait parfois encore, haute silhouette à la voix rauque, lors de cérémonies officielles ou de bains de foule à l'aéroport de Kinshasa ; ou bien au cours d'une rare conférence de presse en France, où il essuyait des salves de questions hostiles avec une politesse amère qui trahissait une immense lassitude. Mobutu, ébranlé par les violentes émeutes qui avaient par deux fois ravagé ses villes et ayant tardivement pris conscience de la haine dont il était devenu l'objet, avait tourné le dos à cette capitale pleine de ressentiment, pour se réfugier à Gbadolite, le palais perdu au plus profond de la forêt équatoriale, afin d'y couver sa paranoïa.

En son absence, c'était son portrait qui montait la garde, trônant avec sévérité dans les banques, magasins et administrations, impassible figure dans son uniforme d'opéra-comique. Le règne du « Big Man » était incarné par quelques caractéristiques intemporelles : la toque en peau de léopard, les lunettes à la Buddy Holly et la canne sculptée, si imprégnée de la puissance présidentielle qu'on disait qu'un simple mortel ne pouvait espérer la soulever. Il aimait se faire appeler le Léopard et la tête du félin rugissant s'affichait sur les billets de banque, les cendriers et l'en-tête des courriers officiels. Pour la population, en revanche, qui le surnommait autrefois « Papa », il était devenu « le dinosaure », terme qui trahissait l'état sclérosé de son régime. Sur ce continent peuplé de leaders dino-saures, les Biya, Bongo, Mugabe et autres Moi, il s'était certes imposé comme le Tyrannosaurus Rex de la bande, véritable exemple à ne pas suivre. Aucun auto-crate africain n'avait fait preuve d'autant d'habileté à survivre. Aucun président n'avait accompli si peu, après s'être vu confier un pays doté d'un tel potentiel. Aucun dirigeant n'avait pillé l'économie nationale avec une pareille énergie ni mené grand train avec tant d'excès.

Cette nation vaste comme l'Europe de l'Ouest avait simplement disparu de la carte des destinations convenables – elle était à présent la proie de jeunes gens armés de kalachnikovs et son administration était rongée par la corruption. Mon vieil exemplaire du guide touristique belge Nagel, déniché dans une librairie à Paris, décrivait encore Kinshasa comme une capitale moderne, « dotée de tous les attributs habituels des grandes villes d'Europe », et encourageait les touristes à visiter les musées, les monuments et les « quartiers indigènes ». Mais cela remontait à 1959, époque à laquelle le monde était encore à la disposition de l'homme blanc. À présent, même les routards les plus aguerris évitaient Kinshasa et les compagnies aériennes préféraient ne pas faire escale toute une nuit dans la capitale, redoutant ce que les ténèbres pouvaient receler. Pour les diplomates, c'était un poste difficile ; la Banque mondiale et le FMI boycottaient ce pays ; chaque Zaïrois semblait déterminé à partir, à condition de pouvoir obtenir le visa nécessaire.

Quant à moi, je venais assister à la fin et au commencement de la fin.

Moins de trois ans après mon arrivée, le vent avait tourné. J'ai pu connaître la curieuse intimité qui lie le voleur à sa victime, en fouinant dans la garde-robe de Mobutu, en visitant sa salle de bain et en lâchant des commentaires grossiers sur ses goûts en matière d'ameublement (le kitsch « dictateur africain » de la pire espèce). Quelque part au fond d'un de mes tiroirs, j'ai toujours un couteau à poisson, dérobé autrefois dans un des services présidentiels. Mes complices se sont montrés plus ambitieux, emportant des taies d'oreiller brodées d'un monogramme, des bouteilles de grands crus français et même un portrait à l'huile du président. Toutefois, le jour de cette visite impromptue à la villa du maréchal Mobutu à Goma, on fusillait les pillards en pleine rue et je n'étais pas prête à risquer l'exécution pour un souvenir.

Nous étions en novembre 1996 et un nouveau mouvement rebelle, surgi de nulle part à l'extrême est du Zaïre, avait pris le contrôle de la zone limitrophe avec le Rwanda. Cela faisait des semaines, tandis que les combats faisaient rage, que les postes-frontières étaient fermés, interdisant l'accès à cette région d'une beauté à couper le souffle – volcans ombrageux et vallées verdoyantes voilées de brumes, qui s'écoulent en pente douce vers les eaux bleues du lac . Puis soudain, les rebelles victorieux avaient ouvert les frontières, laissant entrer un petit flot de journalistes qui rongeaient leur frein.

Du temps où les agences de voyages avaient encore le courage d'inclure le Rwanda et le Zaïre dans leurs circuits africains, Goma était une destination très prisée des touristes désireux d'observer les derniers spécimens de gorilles des montagnes. À présent, cette charmante bourgade nichée au pied des collines de pierre de lave noire était saccagée, mise en pièces par ses propres habitants qui avaient pris comme prétexte l'exode de l'armée pour se livrer à une frénésie rapace. Les magasins étaient éventrés, la rue principale jonchée d'annuaires, d'éclats de verre, de préservatifs encore emballés, de cuvettes de W.-C. en morceaux et de stores brisés. «Ils m'ont attaqué quatre ou cinq fois, mais ils refusent de croire que je n'ai plus rien à voler», s'écriait, sidéré, un commerçant libanais ruiné, qui attendait au poste-frontière la permission de partir. Ses yeux étaient noyés de larmes.

L'atmosphère était explosive. Les forces zaïroises s'en étaient pris à tout le monde sans discrimination, avant de se replier. Leur retraite devait durer plusieurs mois, véritable déchaînement de rapines et de viols qui laisserait des cadavres éparpillés sur des kilomètres.

Personne ne connaissait avec certitude l'identité du mouvement rebelle en question, les nouveaux patrons de la ville. Et puis, il y avait aussi des Rwandais qui rôdaient. Même si le gouvernement voisin niait toute intervention, celle-ci était trop flagrante pour être ignorée. À demi-mot, un résident a confirmé la présence de ces étrangers. «On les reconnaît à leur morphologie», a-t-il dit avant de filer, car un soldat rwandais au visage poupin – défoncé à je-ne-sais-quoi et arborant un rouge à lèvres rose vif qui lui donnait l'air encore plus sinistre – s'approchait en roulant des mécaniques pour faire taire le bavard.

Étrangement, la demeure de Mobutu semblait une destination logique. La route longeait le lac, serpentant le long de murs drapés de bougainvillées, derrière lesquels on apercevait parfois les reflets bleutés de l'eau. Nous avons surpris un pillard solitaire et audacieux qui avait préféré se concentrer sur les villas isolées des notables locaux, plutôt que sur le centre-ville déjà surexploité. Nous prenant pour des rebelles, il a lâché sa brouette, sur laquelle reposait un congélateur en équilibre précaire, pour se mettre à couvert. Comme nous ne faisions que passer en voiture, il est retourné bien vite à sa besogne. Un photo-copieur volé et un ordinateur attendaient encore d'être emportés vers ce qui était presque à coup sûr une cahute sans électricité.

Autrefois, la propriété de Mobutu était strictement interdite d'accès. Impossible de franchir les hautes grilles de métal gardées par les hommes du président. À présent, le portail était grand ouvert et le drapeau zaïrois – un poing noir serrant une torche enflammée – gisait en boule sur le sol. Personne ne s'était battu pour cet objectif éminemment symbolique. Personne n'avait eu la motivation nécessaire pour un véritable affrontement. Les caisses de muni-tions intactes, les roquettes antichars et les mortiers empilés à la va-vite dans les baraquements des gardes en étaient bien la preuve.

Dans le garage, cinq Mercedes noires flambant neuves, deux ambulances – au cas où le président tombait malade – et une Land Rover équipée d'une plateforme, un peu comme celle du pape, pour saluer la foule. Un équipage généreux pour un homme dont les déplacements se faisaient de plus en plus rares. Mais à l'image des monarques de la Renaissance, qui exigeaient qu'une chambre leur soit réservée en permanence au château de chacun de leurs vassaux, Mobutu possédait une dizaine de demeures semblables dans tout le pays, toujours prêtes à recevoir une visite qui n'arrivait jamais.

Ce n'est qu'en nous risquant à l'intérieur – se pouvait-il que la propriété soit piégée ? – que nous avons vraiment commencé à nous sentir comme des garnements s'aventurant en douce dans la chambre parentale, pour en ressortir inévitablement déçus, leurs illusions brisées. De l'extérieur, la villa annonçait le summum du luxe ostentatoire, tout en chandeliers, vases Ming, meubles d'époque et sol en marbre. De près, en revanche, nous avons découvert que presque tout était en toc. Les vases étaient des imitations modernes, avec encore l'étiquette du prix. Les plinthes de style roman étaient en plastique moulé, avec de fausses incrustations de malachite peintes dessus.

Un collègue a soudain poussé une exclamation enthousiaste en dénichant une cravate noir et blanc, du type de celles portées avec la veste « abacost » sans col, contribution excentrique de Mobutu au monde de la mode. De loin, cet accessoire avait toujours ressemblé à un agencement complexe de tissu, noué avec un soin méticuleux. De près, il s'agissait en réalité d'un simple plastron en nylon, fermé par un Velcro. Le roi possédait donc bel et bien des habits neufs ; mais à l'instar de son régime, tout n'était qu'apparence, dépourvu de la moindre substance.

Le plus poignant était peut-être la suite rose et bordeaux de l'épouse présidentielle – impossible d'ailleurs de déterminer s'il s'agissait de la Première dame, Bobi Ladawa, ou de sa sœur jumelle, avec qui Mobutu, de façon étrange, partageait également sa couche. Une énorme bouteille du parfum Je Reviens, qui avait sans doute tourné depuis longtemps dans la chaleur africaine, trônait sur le manteau de la cheminée. Les deux femmes, en revanche, ne devaient jamais revenir à Goma – leur homme était rongé par un cancer de la prostate et l'armée s'effondrait comme un château de cartes. Notre maraudage impudent suffisait à prouver avec quelle rapidité un pouvoir maintenu en place pendant trois décennies pouvait se déliter.

Soulèvements rebelles, corps pourrissant au soleil, mégalomane écœurant. Dans les rédactions du monde entier, les journalistes et éditorialistes, consternés par cette énième crise africaine obscure, dépoussiéraient leurs cours de littérature et ressortaient les clichés. Le Zaïre, c'était le « cœur des ténèbres » original de Jospeh Conrad, rappelaient-ils à leurs lecteurs. Ô combien prophétique se révélait une fois encore le cri de désespoir articulé par M. Kurtz sur son lit de mort, devant la propension en apparence sans fin de l'Afrique à n'engendrer que tumulte et brutalité. « L'horreur, l'horreur ! » Rien de plus prometteur ne devait-il donc jamais émerger de ce continent de ténèbres ?

***

Toutefois, lorsque Conrad a écrit *Au cœur des ténèbres,* avec ces dernières paroles parmi les plus célèbres de l'histoire de la littérature anglaise, ce n'était pas du tout le message qu'il avait l'intention de faire passer. Le titre en lui-même, « Au cœur des ténèbres », et cette phrase « l'horreur, l'horreur », prononcée par M. Kurtz au moment d'expirer, à bord d'un bateau à vapeur crachotant sur le fleuve géant, sont souvent cités à mauvais escient et constituent sans doute l'une des plus grandes erreurs d'interprétation de tous les temps.

Pour Conrad, marin polonais devenu l'un des romanciers britanniques les plus marquants, *Au cœur des ténèbres* avait pour source une expérience personnelle des plus douloureuses. En 1890, l'auteur s'était rendu dans l'État indépendant du Congo, alors colonie africaine appartenant au roi Léopold II de Belgique, afin de remplacer le capitaine d'un bateau à vapeur ayant été tué par les membres d'une tribu locale. La mission, qui devait à l'origine durer trois ans, avait pris fin au bout de moins de six mois. Cela devait rester le plus grand traumatisme de sa vie ; il lui avait fallu neuf ans pour le digérer et en faire un livre.

Il avait failli être emporté par des épisodes de fièvre et de dysenterie, dont il ne s'était jamais totalement remis. D'un naturel mélancolique, il avait passé la plus grande partie de son séjour dans un état de dépression profonde, si dégoûté par les autres Blancs qu'il évitait presque tout contact social. Sa vision de l'humanité était restée teintée pour toujours par ce qu'il avait découvert au Congo, où les déclarations de philanthropie camouflaient un système colonial d'une cruauté sans pareille. Avant le Congo, Conrad écrivait : « J'étais un parfait animal » ; après : « Je vois tout avec un tel abattement – tout en noir. »

M. Kurtz, dont la personnalité hante le roman, bien qu'il ne dise presque rien, est tout d'abord présenté comme le meilleur chef de poste du Congo, un individu raffiné et éduqué, capable de captiver les foules par son idéalisme et promis à un bel avenir au sein de la Compagnie anonyme qui « développe » la région. Stationné à plus de 300 kilomètres à l'intérieur des terres, il tombe malade et un groupe de collègues est envoyé pour lui porter secours.

Lorsque ces derniers arrivent, ils découvrent que le respecté M. Kurtz a adopté des mœurs « sauvages ». La réalité est même bien pire. Coupé du monde occidental, rendu presque fou par la solitude de la forêt primaire, il s'était inventé un code moral propre. Il se serait même laissé aller à « d'abominables satisfactions» et aurait présidé «certaines danses nocturnes couronnées par des rites inavouables», écrit Conrad, sous-entendant ainsi que Kurtz est devenu cannibale.

Sa palissade est décorée de rangées de têtes noires tranchées. Il a été adopté comme chef honoraire d'une tribu, dont il mène les guerriers dans des raids sanglants contre des villages, à la recherche d'ivoire. L'homme qui rédigeait autrefois de nobles rapports appelant à l'édification des sauvages propose à présent une recommandation plus simple : «Exterminez toutes ces brutes!» Rongé par la fièvre et la conscience de sa propre malfaisance, il expire avant que le bateau à vapeur rejoigne la civilisation. Ses collègues en sont d'ailleurs plus soulagés que navrés – une potentielle situation embarrassante a été évitée.

Ce roman, bien que très court, est une de ces œuvres en millefeuille, dont le sens évolue à chaque nouvelle lecture. Lorsque *Au cœur des ténèbres* a été publié en 1902, le public avait déjà connaissance des atrocités commises par les agents de Léopold au Congo, grâce aux campagnes menées par les défenseurs des droits de l'homme de l'époque. Ainsi, si *Au cœur des ténèbres* se voulait en partie un thriller psychologique évoquant ce qui rend l'Homme humain, il comportait suffisamment de détails d'actualité pour porter un autre message à ses lecteurs. En dépit des commentaires brutalement racistes du narrateur Marlow et de la façon dont le roman s'attarde sur la sensation d'aliénation totale ressentie par l'homme blanc dans l'obscurité de l'Afrique centrale, le livre était à l'origine envisagé comme une charge cinglante contre l'hypocrisie du comportement colonial de l'époque. «Lorsqu'on aborde la question de l'œuvre de civilisation en Afrique, la criminalité de l'incompétence et de l'égoïsme pur est une notion légitime», écrivait l'auteur à son éditeur.

Ainsi, quand Kurtz divague sur «l'horreur, l'horreur», il se rend compte dans un sursaut de lucidité combien sa propre disgrâce est totale. Les «ténèbres» du titre sont plus une référence aux passions monstrueuses qui peuplent le cœur de l'âme humaine, prêtes à refaire surface lorsque les meilleurs instincts d'un individu sont suspendus, qu'à la prédisposition supposée d'un continent à la violence. Contrairement à l'interprétation la plus fréquente de nos jours, Conrad était plus préoccupé par les valeurs occidentales gangrenées, l'inhumanité de l'homme blanc envers l'homme noir, que par la sauvagerie noire.

Pourquoi alors, près d'un siècle plus tard, cette phrase et ce titre restent-ils si mal compris, si déformés ?

Ce glissement reflète peut-être le degré de malaise que provoque chez les Occidentaux la question de l'Afrique, un continent qui n'a jamais déçu dans sa capacité à décevoir : des mères hutu tuant leurs propres enfants nés de pères tutsi au Rwanda ; Bokassa, l'empereur autoproclamé de la République centrafricaine, ordonnant à son cuisinier de servir à table le corps de ses victimes ; les rebelles du Liberia filmant joyeusement un ancien président en train d'être torturé – ces scènes terribles engloutissent les rares bonnes nouvelles, contestant la notion même de progrès.

Évidemment, sur ce continent déconcertant, aucun pays n'est plus troublant que celui où a germé le chef-d'œuvre de Conrad : la nation autrefois appelée l'État indépendant du Congo, par la suite rebaptisée Zaïre et qui est aujourd'hui la République démocratique du Congo.

Sous la houlette de Mobutu, le pays est devenu le paradigme même de tous les travers de l'Afrique postcoloniale. Un néant au cœur du continent, délimité par les frontières de neuf pays voisins, il s'est transformé en parodie d'un État fonctionnel. L'anarchie et l'absurdité qui frémissaient dans tant d'autres nations subsahariennes y ont logiquement été portées à leur paroxysme. Pour ceux qui, comme moi, étaient curieux de savoir ce qui survenait lorsque les règles normales de la société n'avaient plus cours, un tel degré de pureté était aussi séduisant que consternant. Pourquoi s'encombrer de pâles imitations diluées, quand on peut se plonger dans l'essence même du concept ?

Plus je restais, plus j'étais fascinée par l'homme salué comme l'inventeur de la kleptocratie moderne – le gouvernement par le vol. Sa fortune personnelle était, paraît-il, si colossale qu'il aurait pu éponger la dette étrangère du pays à lui tout seul. Il a choisi de ne pas le faire, préférant organiser des banquets dans ses palaces ou rejoindre en jet ses propriétés en Europe. Pendant ce temps, le revenu annuel moyen tombait sous les 120 dollars et les citoyens ne devaient plus leur survie qu'à leur ingéniosité. Quelles pouvaient donc être les raisons d'une cupidité aussi éhontée ?

Les Zaïrois l'avaient diabolisé et voyaient sa main malveillante dans chacune de leurs infortunes. Massacre, torture, empoisonnement, viol – peu de crimes ne lui étaient pas attribués. Mais si Mobutu avait atteint des proportions quasi sataniques dans l'imaginaire populaire, il restait le phare vers lequel tous les diplomates, experts étrangers, membres de l'opposition et premiers-ministrables se tournaient pour s'orienter.

La population avait beau se plaindre, elle ne semblait simplement pas capable de concevoir un monde sans Mobutu. «Nous sommes un peuple paisible», disaient les Zaïrois pour se disculper, quand on leur demandait pourquoi aucun forcené n'avait jamais surgi de la foule, l'arme au poing, lors d'un des nombreux défilés du président. Il faudrait un soulèvement soutenu par l'étranger, que les Zaïrois eux-mêmes qualifieraient «d'invasion», et coordonné par des hommes ne parlant pas le lingala local, pour les débarrasser de ce chef qu'ils affirmaient haïr. Leur passivité agaçait, puis finissait par se muer en mépris. Avec un haussement d'épaules, les expatriés marmonnaient qu'on a les dirigeants qu'on mérite.

Mes tentatives pour comprendre ce mystère me ramenaient sans cesse à *Au cœur des ténèbres* – pas aux clichés des gros titres, avec leurs interprétations modernes et erronées, mais au sens originel de l'œuvre de Conrad.

Aucun homme n'est une caricature. Aucun individu ne peut porter à lui seul la responsabilité de l'effondrement d'une nation. L'état désastreux du Zaïre et la morne docilité politique de son peuple trouvaient leurs racines dans un passé d'ingérences étrangères extraordinaires, dont les motivations rudimentaires n'avaient d'égal que la noblesse de la rhétorique annoncée. La chute libre du Zaïre n'a pas été provoquée par un seul homme, mais par des milliers de complices complaisants, au niveau national et international.

L'exploration de cet univers digne d'Alice au pays des merveilles qu'ils avaient créé finirait par susciter chez moi une forme de respect. En découvrant par hasard des systèmes parallèles inventés par des Zaïrois ordinaires pour affronter l'anarchie, mon exaspération se teinterait d'admiration. Par-dessus tout, j'éprouverai de la colère contre ce que le Marlow de Conrad, témoin des dégâts causés par les conquérants coloniaux qui prétendaient avoir les intérêts du Congo à cœur, décrivait comme « le démon flasque, faux, à l'œil faiblard, de la sottise rapace et sans pitié ».

Chapitre 1
Hotel California

« Kinshasa, 17 mai 1997

Chers clients,

En raison des événements survenus hier soir, la plupart de nos employés ne sont pas en mesure de se rendre à l'hôtel. Nous sommes donc au regret de vous informer que seul un service minimum pourra être assuré pour l'entretien des chambres et que la laverie n'est disponible que pour vos effets personnels. Par avance, nous vous remercions de votre compréhension. Nous espérons retrouver dans les meilleurs délais notre qualité de service habituelle.

La direction de l'hôtel »

À 3 heures du matin, après une soirée bien arrosée à L'Atmosphère, boîte de nuit enfouie dans les entrailles du meilleur hôtel de Kinshasa, des clients de l'Intercontinental viennent de regagner tant bien que mal leur chambre. Soudain, ils entendent un étrange vacarme en provenance de dehors. Depuis leur balcon au sommet de la Tour – l'aile moderne où la direction aime installer ceux qui payent plein pot –, ils assistent alors à une scène qui les fait dessoûler aussitôt.

Plusieurs véhicules militaires blindés se sont rassemblés devant l'hôtel et bloquent toutes les issues. À leur bord s'entassent des membres de la très redoutée Division spéciale présidentielle (DSP), unité d'élite affectée à la protection personnelle de Mobutu et considérée comme responsable du massacre de Lubumbashi, de triste mémoire. Une Jeep noire aux vitres teintées a poussé jusqu'à l'entrée latérale, et son propriétaire – Kongulu, fils de Mobutu et capitaine de la DSP – pointe à présent sa mitraillette en direction du réceptionniste de nuit.

Kongulu, qui mourra par la suite du SIDA, est un gaillard trapu et barbu, avec un fort penchant pour les bolides, le jeu et les femmes. Il laisse des ardoises partout où il passe, car les créanciers ont bien trop peur de réclamer quoi que ce soit à cet homme surnommé « Saddam Hussein » par les habitants de Kinshasa. Cette nuit-là, il est en tenue de combat, des grenades dans chaque poche et deux ceintures de cartouches croisées sur le torse, à la Rambo. Et il n'est vraiment, vraiment pas content.

En vociférant, il exige du réceptionniste les numéros de chambre d'un capitaine de l'armée et d'un autre haut fonctionnaire, qui logent tous deux à l'Intercontinental et sont soupçonnés d'avoir trahi son père. Ce dernier a fui avec le reste de la famille quelques heures plus tôt, préférant s'éviter l'humiliation d'un face-à-face avec les forces rebelles qui avancent sur la capitale.

Au camp Tshatshi, complexe militaire sur la colline qui abrite la résidence présidentielle désertée par Mobutu, les compagnons d'armes de Kongulu ont déjà tué le seul homme que les diplomates estimaient capable de négocier une transition pacifique. Les rumeurs plaçant les rebelles à quelques heures de marche à peine, Kongulu et ses sbires, dans une rage noire, passent en revue les cachettes potentielles de la ville, à la recherche des traîtres. Finie la belle vie, ils le savent, mais pas question de partir sans un dernier tour de piste. Le pouvoir est en train de leur glisser entre les doigts, mais il est encore temps de régler quelques comptes, avant que l'aura d'invincibilité de Mobutu se dissipe définitivement dans la moiteur du fleuve.

Comme souvent au Zaïre, l'incident de l'Intercontinental vire rapidement à la farce.

« Bloquez les ascenseurs ! » ordonne le manager de l'hôtel, un Jordanien suave, déterminé à protéger ses clients avec une bravoure qui frise la témérité. Le personnel de nuit coupe obligeamment le courant. Mais le temps que l'instruction soit exécutée, Kongulu et deux de ses mastards sont déjà au seizième étage.

Forçant avec perte et fracas les portes qui se ressemblent toutes, l'escadron de la mort est au bord de l'hystérie, incapable de localiser les victimes désignées – lesquelles ont fui depuis longtemps. « Débloquez les ascenseurs, laissez-les sortir, laissez-les sortir ! » s'écrie le gérant, qui commence à perdre son sang-froid. Furieux, les trois soldats redescendent en trombe dans le hall. Crachant et jurant, ils rassemblent leurs hommes, démarrent à grand bruit et disparaissent dans la nuit dans un hurlement de moteurs, bien décidés à étancher leur soif de sang avant l'aube.

L'heure n'est plus à l'attente. Le 17 mai 1997 marquera le début de l'épreuve de force pour le Zaïre. Visiblement, les mois de tentatives diplomatiques pour négocier un accord facilitant le chassé-croisé entre Mobutu et le chef des rebelles Laurent Kabila n'ont servi strictement à rien. L'espoir d'empêcher Kinshasa de sombrer dans une folie destructrice après le départ du président semble s'éloigner fâcheusement.

***

Ce n'est pas par hasard si de nombreux épisodes majeurs de la grande dégringolade du Zaïre se sont déroulés à l'Intercontinental. Le continent africain semble avoir pour spécialité ces hôtels symboliques qui, pendant des mois ou des années, reproduisent à l'échelle microcosmique l'histoire tumultueuse du pays. C'est dans des établissements de ce genre que des atrocités sont commises et des coups d'État consacrés ; c'est là que logent d'embryonnaires gouvernements rebelles et que sont signés des accords de paix. Et quand le calme revient, ô miracle, on y trouve encore des croissants aux amandes et du vrai café, avec CNN en prime dans la plupart des chambres.

Au Rwanda, ce rôle est tenu par l'hôtel des Mille Collines, où la direction a autrefois fait reculer des miliciens hutu bien décidés à massacrer des clients tutsi terrifiés, pendant le génocide de 1994. Au Zimbabwe, c'était autrefois le Meikles, où des fermiers blancs en armes côtoyaient ceux qui enfreignaient les embargos, sous le gouvernement Smith. En Éthiopie, vous avez le Hilton, où pendant les années Mengistu, certains membres du personnel espionnaient également pour le compte des autorités. En Ouganda, c'est le Nile[1], dont les chambres résonnaient des cris des suspects torturés par la police d'Idi Amin Dada.

Au Congo, cet honneur revient de droit à l'hôtel Intercontinental[2]. Je le sais, parce que j'y ai moi-même résidé, une chambre me servant de lieu de vie et une autre, de bureau de fortune ; une caisse de bière posée sur le toit accueillait l'antenne d'un télex satellite – mon lien vers le monde extérieur. L'établissement, aussi emblématique du régime que la toque en peau de léopard de Mobutu, était le poste d'observation idéal pour assister à l'agonie du dinosaure.

____

1. Le Nile a été complètement rénové et a rouvert en 2008. Presque méconnaissable, l'hôtel se nomme à présent le Serena et fait partie de l'empire financier de l'Aga Khan. [NdT : toutes les notes sont de l'auteur et ont été rajoutées pour l'édition française de 2024. Le texte original a été publié en 2000]
2. En 1999, la chaîne Intercontinental, qui gérait l'hôtel depuis son ouverture en 1971, a mis un terme à son contrat et l'établissement a été rebaptisé Grand Hôtel. En 2010, il a été racheté par une holding belge, qui a effectué des travaux de rénovation pendant deux ans, avant d'en confier la gestion au groupe français Accor. L'hôtel a rouvert ses portes en 2014, sous la marque Pullman.

L'hôtel a été construit sur un coup de tête. Lors d'une visite à Abidjan en Côte d'Ivoire, le président Mobutu avait découvert l'hôtel Ivoire et décidé qu'il voulait le même. Pour une fois, sa lubie se basait sur un solide instinct commercial et l'Intercontinental a donc été le premier complexe cinq étoiles de Kinshasa. Jusqu'à la restauration du Memling, son rival en centre-ville, c'était le seul endroit pour accueillir les VIP en quête de cette efficacité neutre que seules les chaînes hôtelières internationales savent offrir. Pendant la période prospère des années 1970, l'État détenait cinquante pour cent des parts, ce qui faisait de l'établissement une vache à lait de premier choix.

Construit en bordure du fleuve dans le quartier verdoyant de Gombe, qui abrite des ministères et les résidences des ambassadeurs, l'hôtel jouit d'un des plus beaux panoramas de Kinshasa. À l'est, le Congo trace une courbe paresseuse à la sortie du Pool Malebo – une étendue d'eau si vaste qu'en s'y aventurant sur un petit bateau, on peut perdre de vue les deux berges et finir par se demander si, par quelque miracle de la géographie, on n'a pas dérivé jusqu'à l'océan.

De l'autre côté du fleuve, qui se métamorphose en un miroir trouble d'argent et d'or chaque soir au coucher du soleil, scintille la tour concave emblématique de Brazzaville. Le Congo, gigantesque cours d'eau que le Marlow de Conrad décrivait comme «un immense serpent déroulé, la tête dans la mer, le corps au repos, infléchi sur de vastes distances, la queue perdue au fond du pays», marque la frontière entre les deux pays. Une proximité exploitée par les pêcheurs qui fendent l'onde avec langueur sur leurs délicates pirogues, guettant une occasion de contrebande.

Nulle part ailleurs dans le monde, deux capitales ne sont aussi proches l'une de l'autre. À portée de tir, même. Détail qui a représenté un intérêt plus qu'abstrait par le passé. Ce voisinage permet à chacune des deux villes de servir de camp de réfugiés à l'autre, quand la situation tourne au vinaigre. De Brazzaville à Kinshasa, de Kinshasa à Brazzaville, les habitants passent sans cesse de l'une à l'autre, portant sur leur tête éviers, toilettes et matelas, selon la capitale jugée la plus dangereuse à un moment donné.

En temps de paix, le fleuve offre un certain répit aux expatriés claustrophobes de Kinshasa. Ils remontent le courant à plein régime en hors-bord pour aller pique-niquer dans la chaleur suffocante, sur un banc de sable récemment apparu. Ou bien ils surfent sur les vagues en ski nautique, se faufilant entre les amas flottants de jacinthes d'eau. Selon la légende, un ambassadeur européen aurait autrefois été dévoré par un crocodile lors d'une baignade et les serpents d'eau douce y pullulent. Toutefois, le plus dangereux pour les baigneurs reste le débit, l'attraction implacable de cette énorme masse qui vous entraîne impitoyablement vers l'océan.

Une partie de cette eau a parcouru près de 5 000 kilomètres et descendu 1 500 mètres de dénivelé. Le fleuve dessine un large arc de cercle depuis l'est de la Zambie, puis se dirige plein nord à travers la savane et la province du Lualaba. Il bifurque ensuite vers l'ouest dans la forêt équatoriale, où il recueille l'Ubangi, son affluent, avant de gagner l'Atlantique. Son bassin versant borde l'Angola, la Zambie, la Tanzanie, le Burundi, le Rwanda, l'Ouganda, le Soudan, la République centrafricaine et le Congo-Brazzaville. À cheval sur l'équateur, il a toujours une partie de son lit en pleine saison des pluies. D'où le débit régulier du fleuve, si puissant qu'en théorie, il suffirait à couvrir les besoins énergétiques de toute l'Afrique centrale et au-delà. En pratique, cependant, les barrages hydroélectriques construits à Inga ne fonctionnent qu'à une fraction de leur capacité, sans même répondre à la demande domestique – un des nombreux éléphants blancs de Mobutu[3].

Localement, le fleuve se dit « nzadi », un terme déformé par les explorateurs portugais venus cartographier la côte au XVe siècle. En rebaptisant le Congo belge « Zaïre » en 1971, Mobutu reconnaissait à quel point ce cours d'eau, le plus fort débit du monde après l'Amazone, définissait l'identité de son peuple. Mais ce qui aurait dû désenclaver la région a au contraire servi à l'isoler. Sur la carte, ce ruban bleu qui traversait le continent semblait promettre une voie de communication formidable. Mais les terribles rapides entre le nord du Lualaba et Kisangani, puis entre Kinshasa et l'océan, ont donné tort à l'atlas.

À l'ouest de l'hôtel, on distingue l'écume brune de la première des cataractes qui ont tant impressionné l'explorateur Henry Morton Stanley, lorsqu'il les a aperçues pour la première fois en 1877. Déterminé à mettre un terme une bonne fois pour toutes au débat qui faisait rage en Occident quant aux sources du Nil, Stanley avait traversé le continent depuis Zanzibar. Près de la moitié des membres de son expédition étaient morts d'épuisement, de maladies ou à cause d'attaques de cannibales. Le calme du Malebo Pool, avec ses îles sablonneuses et son long pan de falaises blanches, a dû lui sembler comme une bénédiction ainsi qu'à son jeune compagnon Frank Pocock. « Le plateau herbeux au-dessus des falaises parut aussi vert qu'une pelouse et rappela tellement à Frank les Downs du Kent qu'il s'exclama avec enthousiasme :

____

3. Cela reste l'une des plus fameuses Arlésiennes du Congo. Au début des années 2000 ont circulé des ébauches pour un Grand Projet Inga, capable de générer 40 gigawatts, soit assez d'électricité pour douze à quinze pays africains. Toutefois, les 80 milliards de dollars nécessaires au financement de ce qui devait être la plus grande centrale hydroélectrique du monde ne se sont jamais matérialisés. La Banque mondiale s'est retirée en 2017, évoquant des problèmes de transparence. Un éventail d'investisseurs chinois, européens et australiens se sont par la suite manifestés, mais en 2023, aucuns travaux n'avaient encore commencé.

"J'ai l'impression de revenir au pays" », écrit Stanley. Émerveillé, Pocock, seul autre homme blanc à avoir survécu jusqu'à ce point, a proposé de baptiser ces falaises « Douvres » et de donner le nom de Stanley à l'étendue d'eau calme. Le répit a été de courte durée. Trois mois plus tard, tandis qu'ils peinaient à franchir les monts de Cristal qui séparent le Pool de l'océan, Pocock s'est noyé dans un rapide.

Léopoldville, la station commerciale créée par Stanley en l'honneur de Léopold II, le roi belge qui finançait son retour dans la région afin de la « développer », était à l'origine distincte de Kinshasa, second poste établi plus en amont et dominé par de majestueux baobabs. Les baobabs ont aujourd'hui disparu et les deux stations se sont fondues l'une dans l'autre pour former une ville en perpétuelle évolution, un assemblage urbain désordonné et capricieux que la brousse ne semble jamais pouvoir contenir.

Au tout début, les colons belges avaient créé une cité modèle, faite de boulevards et d'avenues, de terrains de sport et de parcs. À présent, avec une population qui avoisine les 5 millions d'habitants, toute notion de planification urbaine a été abandonnée, les lois de la gravité et les bases du traitement des eaux usées sont ignorées. La nature prend sa revanche pendant la saison des pluies, avec de Grands Canyons miniatures qui s'ouvrent sous les routes et des glissements de terrain dans les collines gorgées d'eau qui engloutissent les maisons avec leurs occupants.

« On dirait que la ville sort d'une guerre et qu'on est en train de la reconstruire », m'a fait remarquer lors de sa première visite à Kinshasa une amie photographe ayant couvert Sarajevo. Seulement, Kinshasa s'est infligé ces blessures à elle-même, au cours de deux vagues de pillage si terribles qu'elles sont devenues des repères chronologiques dans l'esprit des gens. Ainsi, tel ou tel événement a eu lieu « avant le premier pillage » ou « après le second pillage ». C'est la version locale du « av. et apr. J.-C. ».

Quant à la reconstruction, l'impression laissée par les échafaudages et la myriade de chantiers est trompeuse. Dans Kinshasa, les travaux n'ont jamais été achevés et les échafaudages ne seront sans doute jamais retirés. À l'instar des lampadaires défectueux qui bordent les rues de Nairobi, des gratte-ciel de Freetown, des panneaux publicitaires délavés présents dans toute l'Afrique, qui vantent des destinations touristiques qu'aucune agence ne propose plus, ce sont les vestiges d'un autre âge, une époque où le continent se projetait sur une courbe naturelle ascendante.

Dans la vallée se trouve la Cité, les quartiers populaires qui gagnent sans cesse du terrain. Matonge, Makala, Kintambo : des districts ponctués de cours d'eau crasseux et verdâtres, de marchés et de tas d'ordures si imposants que les aigrettes blanches qui les explorent se perchent plus haut que les toits de tôle ondulée. En cas de fortes pluies, les égouts à ciel ouvert débordent, transformant les routes en torrents de boue noire qui exhalent la puanteur tiède des cloaques. Sur les hauteurs, les districts de Mont-Fleuri, Ma Campagne et Binza jouissent d'un air plus pur, et des murs hérissés de tessons de verre dissimulent au regard les demeures où loge l'élite de Mobutu et où des lézards géants, violet ou orange criard, font des pompes saccadées au bord de piscines d'un bleu limpide.

Quand les « mouvanciers » – comme on appelle les fidèles de la mouvance présidentielle – s'aventurent dans la vallée, c'est en général pour se rendre en Mercedes à l'hôtel Intercontinental. C'est un peu leur seconde maison. Ils aiment traîner au bar l'Atrium, lunettes de soleil à monture dorée sur le nez, pour y passer des accords douteux avec des marchands de diamants libanais, commander des cappuccinos et parler volontairement très fort dans leur téléphone portable, sous l'œil vigilant de gardes du corps armés qui patientent non loin.

Ils sont les seuls à pouvoir fréquenter les boutiques de haute couture dans la galerie marchande de l'hôtel ou s'offrir les services des prostituées sculpturales – réputées les plus chères de Kinshasa – qui se pavanent tranquillement dans les couloirs. Ils ne payent jamais et la direction est obligée de harceler le gouvernement pendant des années pour récupérer son argent. Kongulu doit une somme faramineuse au casino, mais comment forcer le fils d'un président à payer ?

Les opposants au régime ne se sont jamais sentis très à l'aise à l'Intercontinental. Le portrait de Mobutu vous toise dès l'entrée, au-dessus du comptoir de la réception, et sa personnalité semble hanter chaque couloir. Le Mouvement populaire de la révolution (MPR), parti que tout Zaïrois se devait à un moment ou un autre de rejoindre, y louait à l'année un certain nombre de chambres et, situation très gênante pour la direction, un prisonnier menotté a été aperçu au moins une fois dans un des ascenseurs, tandis qu'on l'emmenait dans les étages pour y être interrogé.

En choisissant bien son horaire pour appeler à l'international depuis le hall d'entrée, on peut surprendre des bribes de conversations des autres clients, qui sont espionnés par les standardistes. Les femmes de chambre affichent un intérêt disproportionné pour les allées et venues des résidents. On a toujours le sentiment d'être surveillé. « On ne les embauche pas pour ça, mais que voulez-vous ? On n'y peut rien si les employés sont aussi des espions », a une fois reconnu un des gérants de l'hôtel, avec un haussement d'épaules philosophe.

Vers le milieu des années 1990, l'Intercontinental, comme le reste du pays, traverse une période difficile. Le Zaïre est devenu un paria sur la scène internationale et presque plus aucun VIP ne visite Kinshasa. Malgré un taux d'occupation en dessous des vingt pour cent, le service est d'une lenteur abrutissante. Le revêtement bleu de la piscine déteint, donnant aux baigneurs l'impression d'avoir attrapé une horrible maladie des pieds. L'air est lourd des relents de moquette pourrie – fléau des climats humides –, la salade niçoise vous file la courante et la compagnie nationale d'électricité plonge régulièrement l'hôtel dans le noir, à cause des factures impayées. La première fois que j'utilise l'ascenseur, celui-ci se met à faire des allers-retours entre le rez-de-chaussée et le sixième étage en refusant de s'arrêter. « Oui, oui, on a entendu que vous aviez déclenché l'alarme », m'affirme le réceptionniste, imperturbable, lorsque je parviens enfin à me libérer. Par la suite, je préférerai toujours les escaliers.

Certains éléments viennent toutefois compenser la décrépitude rampante et expliquent la présence d'un petit groupe de résidents permanents. Nous parions tous, si une nouvelle vague de pillages doit s'abattre sur Kinshasa, que la DSP assurera probablement la protection de l'hôtel. C'est ce qui s'est produit à deux reprises déjà, en 1991 et 1993 : les mouvanciers ont dormi bien à l'abri dans les salles de conférence, tandis qu'une population en folie démantelait usines, supermarchés et villas.

Les clients qui résident à l'hôtel de façon plus permanente forment un groupe singulier, assez caractéristique de la communauté étrangère qui échoue sur les rivages africains : des marginaux du premier monde, parfois armés de bonnes intentions, mais qui cherchent le plus souvent à échapper à un passé douteux, sont en quête d'un gros coup ou sont simplement séduits par la perspective d'inconduites sans conséquences – ce bon vieux délice colonial.

Il y a d'abord la beauté belge vieillissante, qui arbore toujours les mini-jupes d'une ado de treize ans et peaufine vaille que vaille son bronzage pendant les périodes de crise, visiblement jamais repue d'ultraviolets. Aux abords de la piscine erre l'acupuncteur, un Chinois maigrichon que tout le monde prend pour un cuisinier à cause de sa petite coiffe blanche amidonnée. Il est venu au Zaïre dans le cadre d'un projet de lutte contre le SIDA qui n'a jamais vu le jour. Étant donné la prévalence du VIH à Kinshasa, la demande en acupuncture est minime, mais il a préféré rester plutôt que de retourner dans la Chine communiste. « Ici, c'est mauvais, confesse-t-il. Mais en Chine, je pense, peut-être pire. »

À tu et à toi avec la plupart des mouvanciers, il y a l'Américain blond, grand cœur et accent texan, qui traîne en tongs et T-shirt. Ce qu'il fabrique exactement à Kinshasa demeure un mystère, mais il emploie souvent un vague « nous » collectif quand il fait référence au pouvoir en place. Le personnel zaïrois de l'hôtel le désigne ouvertement comme « le gars de la CIA », quand bien même l'ambassade américaine affirme ne pas avoir connaissance de son existence. On ne peut s'empêcher de penser que ce serait un peu gênant pour un véritable agent de la CIA de voir son rôle aussi largement reconnu.

Il y a les pilotes étrangers blasés qui transportent du matériel vers des territoires tenus par l'UNITA en Angola, enfreignant les sanctions de l'ONU en contrepartie d'un salaire assez généreux pour accepter de fermer les yeux de temps en temps. « Je l'ai dit à mes employeurs : la seule chose que je ne transporterai jamais, ce sont des armes, m'assure Jean-Marie, un Français charmant. Ils peuvent tout me demander, mais pas ça. » Je hoche la tête d'un air compréhensif, en faisant semblant de le croire.

Jean-Marie a fière allure dans son bel uniforme et il passe le plus clair de son temps autour de la piscine, à draguer gentiment les humanitaires. Il m'a montré une photo de sa petite amie en France, très mignonne, mais surtout deux fois plus jeune que lui. Tel un Saint-Exupéry sorti du droit chemin, il revient de ses périples à l'autre bout du monde – où il n'a pas transporté d'armes – et s'extasie avec un lyrisme bien gaulois sur la beauté du ciel nocturne depuis son cockpit. Après s'être brouillé avec ses employeurs, il emménage dans une maison que le type de la CIA loue depuis peu, même s'il affirme qu'il s'y passe des choses louches qui le mettent mal à l'aise. Un jour, il disparaît et plus personne n'entend parler de lui. Ni des milliers de dollars qu'il a empruntés, comme nous l'apprendrons par la suite, au gars de la CIA et à ses copines humanitaires.

Enfin, bien sûr, il y a le pianiste à queue de cheval. Desséché et impassible, il joue à l'Atrium depuis aussi longtemps qu'on s'en souvienne. Tandis qu'il tricotait sa reprise lugubre de *As Time Goes By* de Sinatra, sa silhouette s'est voûtée et ses cheveux sont passés du noir au poivre et sel, et finalement au blanc sale. En mai 1997, c'est presque son absence étonnante qui signale l'imminence d'un bouleversement capital : un basculement sismique du monde tel que nous le connaissons est sur le point de survenir, auquel le pianiste, pour sa part, n'a pas envie d'assister.

Le mouvement rebelle né au Kivu à la fin de l'année 1996, qui a provoqué l'hilarité quand il a juré de renverser Mobutu, s'est révélé bien plus redoutable que prévu. Les Zaïrois, sceptiques, ont d'abord cru à une simple invasion rwandaise menée par un maoïste discrédité. Mais lorsque le mouvement a gagné du terrain, ils l'ont accueilli comme une force de libération. Les pays voisins, qui ruminaient leur ressentiment contre Mobutu depuis longtemps, ont pris le train en marche et l'Alliance des forces démocratiques pour la libération du Congo-Zaïre (AFDL) a gagné de la vitesse.

Dans le quartier de Binza, les mouvanciers, qui ont d'abord balayé le problème rebelle avec mépris, se posent à présent mille questions : pourquoi Mobutu ne fait-il rien ? Épuisé par un cancer de la prostate, le président s'est recroquevillé dans son antre sur la colline, comme un animal blessé. « Lorsque vous êtes soldat, vous vous rendez ou vous êtes tué, a-t-il une fois déclaré. Mais vous ne fuyez pas. »

Des jours passent, puis des semaines. Se préparant au pire, les gouvernements occidentaux inquiets rassemblent discrètement à Brazzaville une force, dont les commandos s'entraînent à traverser le fleuve sur de puissants bateaux à moteur ou en hélicoptère. Les diplomates s'affairent, jonglant entre le flot de demandes de visa des mouvanciers et les mesures pour l'évacuation des expatriés, lesquels refusent obstinément d'entendre les signaux de plus en plus alarmants émis par BBC World Service.

« Nous avons construit un marchepied en ciment pour permettre aux femmes en talons hauts de monter à bord des navettes. Et j'ai même des barres chocolatées pour ne pas mourir de faim en attendant nos hommes », annonce fièrement un ambassadeur. Il a fait un galop d'essai sur le fleuve, dont il est revenu un peu essoufflé : « De porte à porte, ça n'a pris que trois minutes trente ».

Les rebelles poursuivent leur progression. La télévision nationale diffuse pendant des heures des images du général Nzimbi Nzale, chef de la DSP, qui harangue ses troupes, leur ordonnant de défendre Mobutu jusqu'à la mort. Entre le cadrage serré et la voix fatiguée, on peut penser qu'il s'adresse à des milliers d'hommes. Mais les militaires ont commis l'erreur d'autoriser une équipe de télévision étrangère à assister à l'événement. Cette dernière a filmé le général de derrière, dévoilant ainsi une vingtaine de soldats en train de se curer le nez, le regard dans le vide, prêtant à peine attention. Ces mêmes hommes pourraient-ils être à l'origine de cette liste qui a fuité dans les journaux de Kinshasa, sur laquelle figurent les sites stratégiques à faire exploser et les personnalités à assassiner lorsque les rebelles auront atteint la ville ?

À l'Intercontinental, anticipant les pillages qui précèdent traditionnellement l'arrivée des rebelles, les boutiques de luxe ont commencé par casser les prix, avant d'organiser une opération « tout doit disparaître », dans l'espoir d'écouler le stock avant une « liquidation totale » d'un genre plus dramatique.

Toutefois, les clients habituels ne sont plus intéressés. Discrètement, les mouvanciers abandonnent leur villa dans les collines pour se réfugier à l'hôtel Intercontinental, où ils passent des nuits fébriles, malgré les gardes du corps perchés sur des tabourets devant la porte de leur chambre. On les croise dans le hall, entourés de valises Louis Vuitton assorties, attendant un vol à destination d'une propriété achetée des années plus tôt en Belgique, en France, en Suisse ou en Afrique du Sud, en prévision d'une telle situation. On ressentirait presque un vague élan de sympathie pour eux, ces réfugiés les mieux lotis du monde.

Quant aux expatriés, leur ambassade leur a conseillé de préparer un petit sac de voyage et de le conserver à portée de main, en cas d'évacuation. Une virée shopping est donc hors de question. De fait, le stock de haute couture refuse de baisser et les journalistes qui logent à l'hôtel ont établi un rituel qui consiste, chaque soir, à sélectionner mentalement la bonne affaire à saisir, lorsque la foule enfoncera les vitrines.

« Ce qu'il faut comprendre, c'est que tu ne pourras prendre qu'un seul article, m'a expliqué un correspondant vétéran, avec le plus grand sérieux. Pas le temps de pinailler. Tout est donc question d'objectif. Tu entres, tu sors. » Je me suis d'abord laissé tenter par une culotte en dentelle jaune avec son soutien-gorge assorti, mais en définitif, c'est un blouson en cuir beige qui a emporté mon adhésion, d'une valeur d'au moins 1 000 dollars à Kinshasa.

Nous ne sommes pas les seuls à être pétris d'angoisse. Lors d'un dîner donné par un ami zaïrois qui travaille dans un ministère, l'ambiance est joyeusement bruyante jusqu'à ce qu'un des invités réclame le silence. Regardant les avocats, professeurs d'université et consultants rassemblés, il lève son verre de champagne rosé et leur rappelle qu'ils représentent exactement la classe sociale visée au Liberia après le coup d'État de 1980. « Buvons au changement et prions pour que nous soyons encore tous ici dans un an pour célébrer », conclut-il.

Peu après, un couvre-feu est décrété, sonnant la fin des soirées. Les soldats vaincus et les déserteurs se faufilent au compte-gouttes dans Kinshasa et réquisitionnent de force la première voiture qu'ils rencontrent. Il ne fait plus bon s'aventurer dehors à la nuit tombée. Il faut donc nous rabattre sur la pizzeria de l'hôtel Intercontinental, où nous croisons de plus en plus d'« experts en sécurité », hommes aux cheveux ras appelés par les ambassades. Là, un groupe baptisé de façon comique « Le Best » nous berce d'une soupe de reprises, parmi lesquelles figure chaque fois une version particulièrement mélancolique de *Hotel California* des Eagles. « *You can check out any time you like, but you can never leave* », se lamente le chanteur. Vous pouvez rendre vos clés quand vous voulez, mais vous ne pouvez jamais partir.

Toutes les compagnies aériennes ont annulé leurs vols à destination de Kinshasa et les bateaux assurant la navette sur le fleuve ont été réquisitionnés par le gouvernement. Après des semaines passées à se demander s'il faut filer ou rester, voilà que la décision a été prise pour nous.

Le gérant de l'Intercontinental trouve ce confinement aussi angoissant que nous. Il est toujours très chic, mais son visage commence à trahir la tension. « Combien de temps est-ce que ça va encore durer ? Je n'arrive plus à manger ni à dormir. J'en ai des ulcères », confesse-t-il un matin, au petit déjeuner. Craignant un siège, il a fait des réserves de vivres, d'eau et de carburant, de quoi nourrir 2 000 personnes pendant au moins quinze jours. Il a choisi de combattre la pression de la seule façon qu'il connaisse : en mettant les petits plats dans les grands. Des dîners aux chandelles très sélects sont organisés dans la cave à vin de l'hôtel. Parmi les millésimes poussiéreux nichés au cœur du bâtiment, nous nous sentons, l'espace d'une courte soirée, à l'abri de l'orage qui menace.

« Vous pensez vraiment que ces troupes tutsi seront aussi efficaces qu'on le dit ? me demande mon voisin, tandis que nous savourons de la nouvelle cuisine. Je soupçonne qu'il s'agisse d'un mythe. Ce n'est pas difficile de vaincre l'armée zaïroise en brousse. Mais j'imagine que, quand les rebelles arriveront à Kinshasa et que la DSP ne pourra plus fuir, les choses vont être complètement différentes. »

Une opinion que j'entends souvent, sans pour autant la partager. Pour ma part, je ne m'attends pas à voir la DSP livrer bataille. Ce que je crains, en revanche, c'est qu'elle s'en prenne à des cibles plus faciles, comme les journalistes. J'ai commencé à pousser des cris dans mon sommeil et je regrette à présent d'avoir choisi une chambre au seizième étage. Une image précise me hante : en regardant par le judas de ma porte, j'aperçois deux hommes de la DSP, l'arme au poing et prêts à faire irruption pour me jeter par la fenêtre. Même si je rebondis contre le bâtiment pendant ma chute, je n'ai aucune chance de survivre depuis cette hauteur.

Radio Trottoir, comme on surnomme les rumeurs en ville, est en ébullition. On parle de mercenaires chinois atterrissant par centaines, de troupes zoulous appelées depuis l'Afrique du Sud, de soldats nord-coréens arrivant au pas de l'oie pour sauver Mobutu. Il y a aussi des tracts qui circulent, invitant les habitants qui veulent que ça change à nouer un bandeau blanc autour de leur front à l'arrivée des rebelles, en signe de soutien. Sur les principaux axes menant à la capitale, des chars et de l'artillerie sont apparus. Mais comme chaque soldat est convaincu qu'une unité rivale cherche à trahir, tout le monde est bien trop occupé à se surveiller mutuellement pour enrayer le flot régulier d'infiltrés dans Kinshasa.

Le 15 mai, dans cette atmosphère de tension croissante, il n'est donc pas étonnant que quiconque possède une télévision reste rivé à son poste. Depuis le milieu de l'après-midi, un message défile en boucle à l'écran, promettant une importante conférence de presse. Selon Radio Trottoir, Mobutu a réuni ses généraux et son départ doit être annoncé.

Les heures passent sans que rien se produise ; le même message continue à s'afficher. Enfin, après minuit, un présentateur apparaît, l'air nerveux. Devant les téléspectateurs captivés, il lit un terne résumé des événements du jour et conclut son bulletin par un conseil domestique : la population doit prendre garde aux petits scarabées qui ont surgi après les récentes pluies, car leur piqûre est particulièrement douloureuse.

Quelles que soient les discussions qui ont eu lieu au sommet, le bon sens n'a pas triomphé. Mobutu, qui a toujours averti ses concitoyens que sa tête « vaut cher », ne peut pas renoncer. Le lendemain, il s'éclipse discrètement pour gagner l'aéroport – on dit qu'il se rend dans son palais perdu au fond de la jungle pour exhumer le corps de ses ancêtres, afin d'éviter que les tombes soient profanées par les rebelles –, sans avoir pris aucune des décisions difficiles qu'exige la situation.

Ainsi, six heures après la première visite importune de l'escadron de la mort à l'Intercontinental, je risque un œil par mon balcon et constate que le parking se remplit de jeeps rutilantes et de voitures de sport aux couleurs criardes. Kongulu et ses hommes sont de retour. Et cette fois, c'est un véritable débarquement.

Les ascenseurs sont soudain pris d'assaut par des femmes échevelées en panique, qui tiennent d'une main des enfants somnolents en pyjama, et de l'autre, des sacs de voyage ventrus et des cabas en plastique bourrés de documents. Non seulement nous dormions depuis plusieurs jours aux côtés de la cinquième colonne du régime, mais nous avions également, sans le savoir, les familles des responsables de la DSP pour voisines de palier.

Les hommes patrouillent dans les couloirs d'un pas nerveux, une mitraillette sous le bras, des ceintures de cartouches drapées autour du torse et leurs sempiternelles lunettes de soleil à monture dorée sur le nez. La touche féminine de ces accessoires devrait leur conférer une note un peu comique, mais elle leur donne au contraire l'air aussi sinistre que les combattants drogués du Liberia, en robes de mariée et perruques blondes. Équivalents modernes des masques en bois des guerriers se préparant à la bataille autour du feu, ces lunettes transforment ceux qui les revêtent en des êtres totalement autres – des instruments de violence sans visage, capables des actes les plus inavouables.

Nous avons choisi l'Intercontinental parce qu'il a la réputation d'être un endroit sûr. Mais dans cet ordre mondial en pleine mutation, les gardiens d'hier peuvent devenir les preneurs d'otages d'aujourd'hui. La perspective de voir la DSP organiser son baroud d'honneur dans l'hôtel de Mobutu se précise beaucoup trop. Ni l'indiscrète femme de chambre ni notre chauffeur de taxi nerveux ne sont à leur poste, ce matin-là. Ont-ils connaissance de détails que nous ignorons ?

Je contacte un Britannique, le responsable d'une société de sécurité en ville. « Téléphonez-moi si vous vous inquiétez trop et on viendra vous chercher », assure-t-il, jovial, comme si c'était la chose la plus évidente du monde. Cependant, on apprend qu'une équipe de télévision qui tentait de quitter l'hôtel a été prise à partie par la DSP et contrainte de faire demi-tour. Appeler à l'aide risque peut-être simplement de provoquer un incident. Des nouvelles plus encourageantes nous parviennent de journalistes coincés au Memling, l'autre QG naturel des médias, situé au centre de la capitale. Étant plus proches de l'action, les collègues ont vu des soldats zaïrois envahir les boulevards, dans une retraite qui vire à la débâcle. Au fur et à mesure que ces hommes perdent du terrain, ils retirent leurs treillis, espérant passer pour d'inoffensifs civils.

À la réception, une métamorphose tout aussi remarquable s'est opérée, presque à notre insu. Les uniformes et les armes ont disparu. Des grappes de jeunes gens musclés se prélassent en survêtements stylés. Plus une touche de kaki ou de motif camouflage à l'horizon. On dirait que l'hôtel Intercontinental accueille soudain un meeting sportif très couru.

La vérité nous apparaît alors : l'Intercontinental ne sera pas le décor d'un nouvel Alamo. La DSP a prévu son coup et ses hommes ont utilisé l'hôtel comme une halte de transit, le temps de rassembler leur famille et d'enfiler une tenue civile pour franchir le fleuve. Après avoir maudit l'inaction des forces occidentales à Brazzaville, voilà que nous prions pour qu'elles restent à distance. Il ne faut surtout pas empêcher la DSP de partir.

La DSP rencontre cependant des problèmes logistiques, car les premiers fuyards ont laissé leurs bateaux de l'autre côté du fleuve. C'est alors que l'hôtel Intercontinental intervient, justifiant soudain ses tarifs exorbitants et rattrapant toutes les salades douteuses, les pieds bleus, les années de cafards grouillants et d'infâme soupe musicale. Depuis son bureau, le gérant contacte ses amis libanais pour leur exposer la situation. Rapidement, une petite flotte de vedettes est rassemblée pour transporter tous ces nouveaux fans de sport et leur famille jusqu'au Congo-Brazzaville. Les convois partent les uns après les autres ; les blessés ferment la marche. L'hôtel se vide comme par miracle et tout le monde pousse un grand soupir de soulagement. Un affrontement a été évité, qui aurait pu coûter des centaines de vies.

Dans la ville désertée, les experts en sécurité occidentaux sont à l'œuvre. Au coin d'une rue, un tireur d'élite belge est posté, surveillant les arrières d'un collègue qui fait sortir à la hâte un groupe de religieuses terrifiées. Un autre vétéran à la peau tannée s'est donné pour mission de convaincre les rares soldats restant de déposer les armes. Il parcourt donc la ville à toute allure à bord d'une jeep de l'ONU et, usant du ton un peu supérieur qu'on réserve à un enfant turbulent pour le gronder, il exhorte des adolescents au regard vitreux d'alcool à lâcher leurs lance-roquettes, avant de se faire du mal.

Près du pont enjambant le fleuve gît la carcasse du bolide de Kongulu, abandonné par son propriétaire parti en bateau. Le véhicule a déjà été désossé par des pillards, qui ont prélevé les pneus, les fauteuils et des pièces de rechange. Le Premier ministre Likulia Bolongo s'est enfui lui aussi, escorté par un commando français jusqu'à un hélicoptère. En passant en voiture devant l'hôtel Memling, nous remarquons une dizaine de trépieds d'appareil photo alignés avec une précision irréelle. Visiblement, les journalistes japonais ont décidé que les rebelles auraient bien l'obligeance de fournir un cliché historique en descendant l'artère principale de Kinshasa. En réalité, les combattants se montrent un peu moins prévisibles et se déploient dans tous les districts alentour. Nous finissons par les croiser près du stade : un groupe de jeunes Tutsi calmes et disciplinés se reposent à côté d'une BMW criblée de balles et acceptent les hommages d'une foule de curieux. Les passagers du véhicule avaient bien abandonné leur uniforme de la DSP, mais la ruse n'a pas suffi à les sauver. Criblés de balles eux aussi, ils gisent à plat ventre dans une mare de sang.

À l'Intercontinental, la Belge adoratrice du soleil a déjà renfilé son bikini et rattrape les jours perdus. Toutefois, la libération officielle de l'hôtel ne survient que le lendemain. Après le petit déjeuner, je pars vérifier si les taxis ont repris leur place habituelle sous les arbres. Et soudain, les rebelles sont là. En tatanes ou pieds nus, à peine sortis de l'enfance pour la plupart, titubant sous le poids des mortiers et de leur équipement, les combattants de l'AFDL défilent en une colonne qui s'étire à perte de vue sur l'avenue des Trois Z.

Des ménagères en robe de chambre se précipitent sur les pelouses avec des paquets de Kellogg's Cornflakes et de Chocopops, espérant les apaiser avec ces offrandes. Mais les adultes qui commandent ces « kadogos » (les petits) épuisés les poussent en avant, craignant qu'ils s'endorment sur place s'ils s'arrêtent. « Vous devez être fatigués », compatit un badaud. « Oui. Je marche depuis Kampala », répond un garçon, dévoilant ingénument le pot aux roses quant à la participation de l'Ouganda dans le soulèvement rebelle. « Chut ! » le réprimande son supérieur.

Abandonnant leur café, les clients de l'hôtel sortent pour observer ce défilé. Il y a quelques applaudissements excités, tandis que la procession kaki poursuit sa progression lasse vers Binza, la colline des mouvanciers et du camp Tshatshi, dernier refuge de Mobutu. De bout en bout, la conquête d'une ville de 5 millions d'habitants, apothéose de l'opération rebelle, a pris moins de vingt-quatre heures. Pour la première fois de l'histoire, des nations africaines se sont liguées pour débarrasser la région d'un despote. L'événement est salué comme le début d'une Renaissance africaine, menée par une « nouvelle génération » de leaders africains.

Les jours suivants, Kinshasa opère les changements nécessaires : elle est devenue la capitale d'un nouvel État, rebaptisé République démocratique du Congo. Le terme « Zaïre » est retiré des édifices publics et des panneaux de signalisation, on fait sauter les statues de léopard, et le drapeau national – la torche enflammée de l'ère Mobutu – est repeint aux couleurs de l'AFDL, bleu et jaune. Pour rafraîchir les mémoires, les journaux impriment les paroles de *Debout Congolais*, l'hymne postindépendance remis au goût du jour par Laurent Kabila, qui se pose en héritier politique de Patrice Lumumba, le premier Premier ministre du pays.

Avec une prévisibilité presque risible, le chef rebelle, qui a promis de s'effacer une fois Mobutu renversé, s'autoproclame président et installe son administration à l'hôtel Intercontinental. Un matin, on frappe à ma porte de façon péremptoire tandis que je prends ma douche. À travers le judas, ma vision cauchemardesque se matérialise : deux jeunes soldats fébriles, mitraillette à la main. Mais il ne s'agit pas d'une unité de la DSP impatiente de me défenestrer. Ce n'est que l'AFDL qui fouille l'hôtel pour s'assurer qu'il n'y a pas d'armes cachées.

Dans la galerie de l'hôtel, où les commerçants retirent bien vite les panneaux de soldes et remontent leurs prix, une nouvelle génération de lobbyistes s'affaire pour obtenir quelque avancement. À l'Atrium, l'anglais et le swahili ont évincé le français et le lingala, et dans les restaurants, des combattants AFDL dépenaillés ont remplacé la sinistre DSP ; ils partagent toutefois avec leurs prédécesseurs la vilaine habitude de ne jamais payer. Le visage du gérant se chiffonne de nouveau. Il ne trouve pas amusant que des rebelles aient provoqué un peu d'agitation au petit déjeuner, la veille, en laissant échapper une grenade qui a roulé sous le buffet des croissants aux amandes et des pains au chocolat.

En théorie, l'AFDL a pris la tête d'un des États les plus riches d'Afrique, où abondent les diamants, l'or, le cuivre, l'uranium, le pétrole et le bois. En pratique, elle a hérité d'un pays revenu à l'âge du fer, tel que les explorateurs portugais l'ont découvert au XVe siècle. Les infrastructures sont en ruines, l'armée est divisée de façon irrémédiable. L'État compte fièrement plus d'un demi-million de fonctionnaires, mais ces derniers ne font pas grand-chose, à part réclamer des mois de salaire impayés. La dette étrangère a atteint le chiffre vertigineux de 14 milliards de dollars. Le pays entretient des relations désastreuses avec toutes les institutions internationales importantes et, pire que tout, sa population a pris l'habitude d'enfreindre la loi sans vergogne.

Les cadres de l'AFDL lancent alors un grand ménage de printemps moral, avec une rigueur simpliste qui ne peut s'expliquer que par les décennies qu'ils ont passées hors du pays. Il n'y aura pas d'exécutions, sur le modèle du Liberia. À la place, le nouveau gouvernement déclare l'indépendance de la banque centrale, institution que Mobutu traitait comme sa tirelire personnelle, et congédie les directeurs des entreprises nationales que Mobutu exploitait. Les PDG en question rejoignent alors les ministres et associés de l'ex-président, qui

attendent d'être jugés dans la prison tristement célèbre de Malaka, spécialement repeinte pour l'occasion.

Sur la liste des suspects, Mobutu figure évidemment en première position. Les rebelles ont lancé des procédures judiciaires bien avant d'atteindre
Kinshasa, envoyant des requêtes pour geler les avoirs du président dans une
dizaine de pays européens et africains, alors même qu'ils marchaient sur la
capitale. Affirmant détenir des preuves que Mobutu a accaparé la somme
ahurissante de 14 milliards de dollars, dont huit dorment bien au chaud en
Suisse, le nouveau ministre de la Justice Célestin Lwangi jure de stopper la fuite
des capitaux et même d'inverser le flux.

Mais tandis qu'on efface les vestiges de l'ère de Mobutu et que l'hôtel
Intercontinental, symbole de son règne, est réquisitionné, le dinosaure déchu
parvient encore à exercer une vengeance mesquine. Juste avant de fuir, les
familles des membres de la DSP, soucieuses de se débarrasser de leurs reliques
de l'ère Mobutu, ont bourré des T-shirts du MPR et des tissus à l'effigie du
président dans les toilettes de l'hôtel. Ainsi, la première semaine du nouveau
régime, les leaders de l'AFDL sont obligés de se soulager au grand air. Mobutu a
littéralement réussi à boucher le système.

Chapitre 2
Le jouet du roi

« Sur le visage cordial de chaque aborigène que je rencontre, je lis pour moi la promesse d'une assistance et pour lui, celle de la rédemption de cet état d'improductivité dans lequel il se trouve pour l'instant. Je porte sur lui le même regard que l'agriculteur porte sur de solides enfants ; il représente une future recrue pour grossir les rangs des soldats-ouvriers. Si j'en avais d'autres comme lui, le bassin du Congo deviendrait un vaste jardin fertile. »

Henry Morton Stanley,
Le Congo et la fondation de l'État indépendant.

Kinshasa possède son propre colosse déchu. Dans un champ près du fleuve, sur des terres appartenant au ministère du Plan, un géant de métal gît, oublié de tous, le visage enfoui dans les herbes. Le bras tendu, qui invitait autrefois des compagnons épuisés à se lancer à la conquête de nouveaux espaces, enlace à présent le sol dans une vaine étreinte. La statue de Stanley, qui toisait jadis Kinshasa depuis la colline de Ngaliema, n'entre pas dans les entrepôts où sont stockées ses semblables moins imposantes. Le fondateur du Congo a été abandonné ici sans plus de cérémonie dans les années 1970, quand Mobutu a expliqué à la population qu'il était temps de débarrasser enfin le pays de son manteau colonial.

La colère qui a poussé les Zaïrois à faire tomber ces grandioses monuments, après avoir décidé qu'ils préféraient une capitale ponctuée de stèles vides plutôt qu'entachée par la Belgique, laisse entrevoir que Mobutu ne devrait pas être considéré comme un monstre *sui generis*, dépourvu de tout contexte historique ou géographique. À Bruxelles, en revanche, nulle trace de cette fureur populaire, aucune explication dans le musée pourtant spécialement consacré à cet épisode colonial d'une nature aussi extraordinaire.

Construit au tournant du XXe siècle sur les ordres de Léopold II, seul monarque européen à avoir possédé une colonie africaine en son nom propre, le Musée royal de l'Afrique centrale abrite la plus grande collection d'artefacts congolais au monde. Mais la quantité d'objets conservés dans cet élégant bâtiment de Tervuren – le Versailles belge – n'a pas empêché l'émergence d'une vision de l'histoire au simplisme déroutant[4].

Le jour de ma visite, la femme qui vend les billets dans le hall d'entrée en marbre semble surprise que je préfère la collection permanente à l'exposition temporaire consacrée à des masques ouest-africains. Tandis que je me promène sous les coupoles dorées, faisant résonner mes pas le long de couloirs dessinés par l'architecte français Charles Girault, protégé de Léopold, je commence à comprendre pourquoi même le personnel du musée considère ce lieu comme un anachronisme et paraît vaguement soulagé que de nombreuses salles soient alors fermées aux visiteurs, en raison de travaux.

Le politiquement correct ne s'est pas vraiment frayé un chemin jusque-là ; la vision moderne de la colonisation comme un épisode plus regrettable que glorieux, non plus. Partout, le buste de Léopold, avec sa longue barbe et son nez caractéristiques, veille avec une férocité jalouse sur les cours blanchies de gel et les corridors glaciaux. Sous son regard vigilant, l'histoire y est toujours présentée au travers des filtres mentaux du capitalisme missionnaire enthousiaste du XXe siècle – époque où la colonisation était encore considérée comme un tout bien ficelé, mêlant opportunités économiques et expéditions à visée rédemptrice.

Dans une section du musée, consacrée à la flore et la faune du Congo, sont exposés des feuilles et des fragments de caoutchouc naturel, de diverses tailles. En revanche, il n'est fait aucune mention des méthodes utilisées pour extraire cette matière première ou pour assurer l'approvisionnement régulier de l'Europe. Des fresques murales représentent la jungle congolaise en train d'être défrichée pour ouvrir des mines de cuivre, mais rien sur la lutte qui a opposé la Belgique et le gouvernement postindépendance pour l'exploitation de ces richesses minérales. Dans les salles où sont exposés la vieille valise et le sac militaire usé de Stanley, l'éclairage est si faible qu'il y a de quoi décourager

---

4. Le musée a fermé en 2013, suite à des débats grandissants sur le contenu des collections et le passé colonial de la Belgique en général. Cinq ans plus tard, il a rouvert sous le nom d'AfricaMuseum. Son directeur Guido Gryseels a tenu à distancer la nouvelle institution du « colonialisme comme forme de gouvernement » et a reconnu le rôle joué autrefois par le musée dans la « dissémination des stéréotypes sur l'Afrique ». En 2022, le Parlement belge a voté une loi visant à permettre la restitution d'œuvres et d'objets pillés, et le Premier ministre belge a présenté à son homologue congolais un inventaire de plus de 85 000 artefacts susceptibles d'avoir été volés et dont la provenance mérite une enquête.

quiconque entendrait s'attarder auprès du pionnier controversé du Congo. Hasard symbolique ou choix délibéré ? me demandé-je.

L'omission sournoise se mue rapidement en bonne conscience éhontée. Sous les plafonds écaillés du Memorial Hall, des panneaux promettent de révéler «les intentions du roi envers le Congo». Mais les médailles anti-esclavage, frappées à la requête de Léopold, relaient le même message que les chaînes rouillées présentées en vitrines ou que les tableaux vivants mélodrama-tiques, pleins de jeunes négresses aux formes généreuses et de nobles sauvages tressaillant sous le fouet de l'Arabe cruel qui les surveille. Visiblement, Léopold n'a pas colonisé le Congo pour des raisons mercantiles ou de vaines aspirations impérialistes, mais avec l'intention de tordre le cou au commerce d'esclaves qui, depuis des siècles, privait le centre de l'Afrique de ses meilleurs éléments.

Certes, je m'attendais plus au moins à une vision de ce genre, tout en tons pastel, mais cette réécriture complaisante du passé de la Belgique me laisse perplexe. Il n'y a donc là rien pour expliquer que les choses aient si mal tourné sous Mobutu ? Il n'est ici question que d'une fable d'engagements altruistes, et de grandes et nobles ambitions – les frises murales commémorant les centaines de jeunes Belges ayant trouvé la mort dans l'État indépendant du Congo l'in-diquent clairement.

Dans ce tableau d'autosatisfaction, un élément attire cependant mon atten-tion. Sous la liste des héros sacrifiés, une œuvre de 1884 par Édouard Manduau, peintre qui m'était jusqu'alors inconnu, apporte une touche discordante. L'artiste, que son expérience au Congo a visiblement marqué, a peint un autoch-tone au pilori. Se débattant à genoux, l'homme est fouetté jusqu'au sang, qu'on voit couler dans son dos. Debout près de lui, un Blanc au visage impassible prend des notes avec un intérêt tout scientifique.

Dans tout le musée, c'est le seul élément exposé qui ait l'accent amer de la vérité. Cette huile aux couleurs vives, cette description inattendue d'un événe-ment clairement banal et quotidien pointent dans une tout autre direction, qui permettrait peut-être d'expliquer comment les graines du mobutisme ont trouvé un terrain aussi fertile pour germer.

***

Jules Marchal connaît d'expérience ce genre de situation. Lorsqu'il était jeune fonctionnaire colonial au Congo, dans les années 1950, c'est lui qui ordonnait que les travailleurs ayant échoué à atteindre les quotas de produc-tion de coton dictés par l'État belge soient punis à coups de chicotte, un fouet constitué de lanières de peau d'hippopotame séchée au soleil. Appliquée avec modération, la chicotte déchirait les chairs et laissait des cicatrices permanentes ; avec un peu plus d'enthousiasme, elle pouvait tuer.

« On faisait le tour du pays avec notre prison et, dans chaque village, on demandait aux habitants de se rassembler. Ensuite, on fouettait trois ou quatre de nos prisonniers pour leur montrer à tous ce qui pouvait leur arriver, se souvient Marchal avec un hochement de tête contrit. J'utilisais ce châtiment avec parcimonie. Mais ça produisait un effet terrible. Nous étions si fiers d'être des membres de l'Administration, nous nous sentions tellement puissants. Mais la chicotte était la source de notre pouvoir. »

La honte et la culpabilité demeurent. Près d'un demi-siècle après les événements, Marchal s'efforce encore de corriger les actes commis alors qu'il n'était qu'un jeune fonctionnaire sans considération, tout excité par cette affectation exotique et dépassé par ses nouvelles responsabilités. Aujourd'hui à la retraite, il s'emploie depuis vingt ans à contredire la version historique proposée par le Musée Royal de l'Afrique centrale, entreprise de blanchiment si maladroite qu'elle déclenche chez lui une explosion de mépris exaspéré : « C'est ridicule ! Ils montrent même un Arabe en train de fouetter un esclave ! Absurde ! »

J'ai repéré le nom de M. Marchal dans la section « Histoire » d'une librairie de Bruxelles. Comme je l'ai découvert par la suite, cela tient déjà du miracle, étant donné la discrétion qu'il s'impose à lui-même. Son nom est également cité dans *Les fantômes du roi Léopold*, best-seller de l'américain Adam Hochschild, dont la publication en 1998 a provoqué des turbulences parmi l'intelligentsia bruxelloise. Après ma visite au musée, j'ai voulu rencontrer l'homme qui bataillait, pratiquement tout seul, pour réveiller une conscience nationale paisiblement endormie.

Au téléphone, il m'a donné des instructions précises, avec ce léger accent belge qui a toujours quelque chose de vaguement comique quand on est habitué à entendre parler des Parisiens. « Il faut descendre à St Truiden. Mais si vous prenez le train pour Liège, installez-vous dans le bon wagon, car le train se sépare en deux et il est arrivé que des visiteurs se perdent. »

Une heure trente après avoir quitté la capitale, on entre déjà dans un monde différent, très loin des charmantes rues commerçantes de la cosmopolite Bruxelles. C'est la Flandre profonde, productrice de fruits, fière de son identité et de sa langue flamande, pleine de rancœur et de méfiance envers la domination francophone. Par la fenêtre, on aperçoit des piles de betteraves fourragères, blanches de gel, des champs saupoudrés de neige et des rangées de vergers dénudés. Le train s'arrête dans toutes les petites gares assoupies.

M. Marchal, un retraité bien portant, a derrière lui une belle carrière. Après avoir passé près de deux décennies au Zaïre, il est devenu diplomate et s'est élevé au rang d'ambassadeur. Ses affectations n'ont pas été des plus faciles : il a servi en Sierra Leone, au Ghana, au Tchad, au Niger et au Liberia. Sa femme, toutefois, se souvient de leurs années en Afrique avec une profonde nostalgie. Elle conduit encore une vieille Mercedes bleue, véhicule de fonction lors de leur dernière mutation.

Les responsabilités passées de M. Marchal rendent sa nouvelle occupation aussi iconoclaste qu'inattendue. Car l'ancien diplomate s'évertue à ébranler le système dont il est lui-même le fruit. Il épluche les archives nationales et étudie des mémorandums officiels, des correspondances privées et des journaux tenus par des agents coloniaux belges, déterminé à dénoncer ce qu'il considère comme le modèle colonial le plus brutal jamais appliqué, sur un continent qui a pourtant connu son lot de régimes oppressifs.

Si son travail est mû par un enthousiasme passionné, la lumière accablante que ses découvertes ont jetée sur ses ex-employeurs l'a suffisamment bouleversé pour qu'il évite la sphère publique. Ses premiers ouvrages ont été publiés sous un pseudonyme ; certains, imprimés par une entreprise créée par sa femme, frisent la publication à compte d'auteur. Ces volumes, résolument factuels, ne figurent que dans les rayonnages des librairies les plus grandes et les plus spécialisées de Belgique. Marchal espère qu'ils serviront un jour d'ossature sur laquelle d'autres auteurs plus diserts baseront leurs recherches. En l'absence de toute promotion active, les quelque 700 exemplaires écoulés représentent un score honnête et Marchal se fait un plaisir de distribuer les invendus. « Je dois dire ces choses parce qu'elles sont vraies. Je veux rétablir l'histoire. C'est trop triste, m'explique-t-il. Quoi que vous fassiez, ne me présentez pas comme un traître qui essaie de faire tomber son pays. »

Marchal a été accusé par des universitaires spécialistes de la période de dresser un « réquisitoire personnalisé ». En effet, il est presque obsédé par les qualités, ou plutôt l'absence de qualités, de l'homme qu'il considère comme la clé de l'histoire sombre du Congo. Une chose est sûre : cet immense territoire d'Afrique centrale, qui occupe aujourd'hui une superficie de 2 344 000 km^2, soit près de quatre-vingts fois la taille de son ancienne puissance coloniale, n'aurait jamais été qualifié de nation, si le duc de Brabant n'avait pas été aussi déterminé à acquérir une colonie.

Le jeune homme qui attendait la mort de son père en coulisses pour devenir Léopold II n'avait pas manqué de remarquer que l'Angleterre, l'Espagne, le Portugal et les Pays-Bas avaient assis leur pouvoir et bâti leur fortune sur une panoplie de colonies, et utilisaient ces richesses étrangères pour s'affranchir de ce qui était souvent perçu comme les limites de la géographie et des ressources naturelles.

Son pays était jeune, avec une identité nationale encore vacillante. Léopold n'était que le deuxième monarque d'un État belge indépendant, suite à la révolution de 1830, au cours de laquelle le peuple avait tourné le dos à des siècles de domination espagnole, autrichienne, française et hollandaise. Malgré un manque d'enthousiasme flagrant au sein de la population, Léopold était déterminé à s'appuyer sur une colonie pour transformer son royaume, minuscule et divisé par la religion et la langue, en une puissance mondiale digne de respect.

« Aucun pays n'a jamais connu une grande histoire sans colonies, écrivait Léopold à un collaborateur. Regardez Venise, Rome et la Grèce antique. Un pays ne saurait être complet sans des possessions et une activité outre-mer. » Il a étudié de près sa mappemonde, envisageant tour à tour la Chine, le Guatemala, les Fidji, le Sarawak, les Philippines et le Mozambique comme candidats potentiels, mais s'est retrouvé coincé chaque fois. Puis, Henry Morton Stanley est arrivé, caracolant à son secours tel un croisé moustachu.

Stanley était un Britannique sans le sou émigré aux États-Unis, où il s'était réinventé en correspondant de guerre, célèbre pour sa verve et sa témérité sous le feu de l'ennemi. Enfant illégitime, il avait été abandonné par sa mère et envoyé dans une institution, circonstances qui lui avaient laissé un profond besoin de faire ses preuves. Voué à la polémique par ses origines, Stanley avait une première fois frappé l'imagination du public en pénétrant au plus sombre de l'Afrique en 1871, à la recherche de David Livingstone, missionnaire britannique alors porté disparu depuis cinq ans. Cette rencontre légendaire reste un des plus grands scoops journalistiques de tous les temps.

En 1877, il avait réussi un exploit encore plus impressionnant. Proposant de régler une bonne fois pour toutes la controverse qui couvait depuis des années entre les explorateurs britanniques John Speke et Richard Burton sur la source du Nil, il s'était élancé une nouvelle fois depuis Zanzibar pour remonter le cours du Lualaba sur 2 500 kilomètres. Bravant les rapides, les embuscades, la variole et la famine, il avait suivi le fleuve jusqu'à émerger, après un périple de près de trois ans, sur le littoral atlantique. Non seulement cela lui avait permis d'établir que le Lualaba n'avait aucun lien avec le Nil, dont il avait prouvé qu'il prenait sa source dans le lac Victoria, mais il avait également dévoilé aux yeux avides de l'Occident de larges portions d'Afrique centrale, jusqu'alors connues uniquement des marchands « arabes » (en réalité, le terme désignait en swahili les commerçants musulmans de la côte est de l'Afrique).

Dans les ouvrages qu'il écrivait après chacune de ces expéditions extraordinaires, Stanley affiche une quasi-obsession pour les dangers de la transpiration et des sous-vêtements humides, responsables selon lui des fièvres paludéennes. Toutefois, ses excentricités ne l'ont pas empêché d'évaluer avec exactitude le potentiel des territoires traversés. Les forêts foisonnaient d'essences précieuses et d'éléphants porteurs d'ivoire. Les terres fertiles regorgeaient de palmiers à huile, de gommiers et, tout particulièrement, de latex naturel qui deviendrait bientôt très recherché, grâce à l'invention du pneumatique. Les habitants représentaient un marché idéal pour les produits européens et, une fois franchies les cataractes, le fleuve offrait un réseau de transport immense à travers tout le continent africain.

Stanley n'était pas le premier Blanc à atteindre cette région d'Afrique centrale, loin de là. À la fin du XVe siècle, des émissaires du Portugal, à la recherche du légendaire royaume chrétien du prêtre Jean, étaient par hasard tombés sur celui du Kongo, empire bantou qui s'étirait depuis le nord de l'Angola moderne jusqu'à l'ouest du Congo et au Congo-Brazzaville.

Société féodale dirigée par le ManiKongo, ce royaume s'était révélé étonnamment ouvert à l'arrivée des Blancs, peut-être grâce au système spirituel local qui identifiait le blanc, couleur de la peau de ces étranges visiteurs, comme sacré. La population avait accueilli les missionnaires, embrassé la foi chrétienne et forgé une alliance avec les Portugais. Lorsque Stanley avait remonté le fleuve, le royaume du Kongo était en déclin depuis plus de deux siècles, ravagé par des guerres de succession sans fin, des attaques de tribus hostiles et surtout, par la traite des esclaves, alors en plein essor.

Même s'il était clairement dans l'intérêt de Stanley d'exagérer les abominations rencontrées, car elles rendaient l'alternative de la domination coloniale bien plus séduisante, il semble avoir été sincèrement horrifié par les dégâts que les « Arabes » infligeaient le long du fleuve.

« Les marchands d'esclaves affirment ne posséder que 2 300 captifs en tout, pourtant ils ont écumé en long et en large un pays plus vaste que l'Irlande, faisant s'abattre le feu et répandant un carnage de plomb et de fer, rapporte-t-il dans *Le Congo et la fondation de l'État indépendant*. Les deux rives du fleuve montrent que 118 villages et 43 districts ont été dévastés, desquels n'a été dégagé que le maigre bénéfice de 2 300 femmes et enfants, et environ 2 000 défenses d'ivoire [...] Le produit de ce territoire, comptant des millions d'âmes, est de 5 000 esclaves, obtenus aux cruels dépens de 33 000 vies ! »

Toutefois, ses espoirs de voir sa mère patrie la Grande-Bretagne se saisir de ces opportunités ont vite été anéantis. Constatant que Londres refusait de mordre à l'appât, le roi Léopold II est entré en scène. Le Congo, une des dernières zones non revendiquées sur ce continent que la France, le Portugal, la Grande-Bretagne et l'Allemagne étaient en train de se partager, répondait parfaitement à toutes ses exigences. Léopold a alors recruté Stanley pour qu'il retourne au Congo, avec pour mission d'y installer une base et d'établir une chaîne de stations commerciales le long des portions navigables du fleuve, qui permettraient au souverain européen de tirer profit des richesses de la région.

Stanley s'est retrouvé en compétition avec le comte Pierre Savorgnan de Brazza, officier naval qui enrôlait à tour de bras des chefs locaux au nom de la France. La rive nord étant perdue – d'où la création du Congo français, avec Brazzaville pour capitale –, Stanley a dû se contenter de la rive sud et imposer ses traités à des centaines de chefs. Le blason de Léopold – l'étoile d'or sur fond bleu qui, étrangement, sera par la suite rétablie par l'anticolonialiste Laurent Kabila – a donc été hissé au-dessus des villages, les uns après les autres.

Une exploration plus poussée a confirmé les impressions premières de Stanley en ce qui concernait les vastes ressources naturelles qui ne demandaient qu'à être exploitées. «Nous festoyons de tels spectacles et odeurs que peu croiraient en leur existence, écrit-il, après un nouveau périple en amont du fleuve. Nous sommes comme des enfants qui jouent avec des diamants sans le savoir. »

Léopold avait trouvé sa colonie. En privé, il s'extasiait sur le potentiel de ce «magnifique gâteau africain». Mais il prenait bien garde de présenter la situation en des termes moins enthousiastes aux autres puissances européennes, qui guettaient avec méfiance la moindre tendance expansionniste chez ce nouveau venu belge. Le drapeau qui flottait ostensiblement sur les nouvelles stations du Congo était celui de l'Association internationale africaine, organisme philanthropique fondé par Léopold II dans le but officiel d'éradiquer la traite des esclaves et de répandre la civilisation. Léopold encourageait des missionnaires à se rendre au Congo et, lors de la Conférence de Berlin de 1884-1885, au cours de laquelle les puissances mondiales se sont partagé l'Afrique, il a suscité l'approbation unanime en proposant de faire du Congo une zone de libre-échange, ouverte à tous les commerçants. Ses ambitions pour la nation, affirmait-il, étaient purement philanthropiques. En retour, il a été reconnu que l'État indépendant du Congo passerait sous son contrôle personnel – pas celui de la Belgique.

Toutefois, comme le travail de Marchal le prouve, la situation sur le terrain devait se révéler bien moins noble. Tandis que Stanley faisait défricher la jungle pour construire des routes, des stations et finalement une voie ferrée reliant l'intérieur des terres à l'océan, son comportement brutal vis-à-vis des ouvriers autochtones lui a valu le sobriquet de «Bula Matari» (celui qui brise les rochers).

Les chefs locaux, incapables de lire les traités qu'ils avaient signés, ont découvert qu'ils avaient à la fois cédé leurs terres et un monopole sur le commerce. Le roi Léopold, note Stanley en des termes qui auraient pu décrire Mobutu un siècle plus tard, faisait preuve d'une «énorme voracité en voulant avaler 1 million de kilomètres carrés, alors qu'il était doté d'un gosier trop étroit pour un hareng. » En somme, il avait les yeux plus gros que le ventre.

Si les signatures étaient accordées «librement», Stanley faisait clairement comprendre aux chefs de clan qu'il disposait de la force nécessaire pour obtenir gain de cause. Il prenait d'ailleurs un grand plaisir à démontrer les merveilles du canon Krupp, dernier cri en matière d'armement. «Malgré l'incrédulité des chefs quant à la puissance du Krupp, rapporte-t-il avec satisfaction, on remarqua qu'ils prenaient bien soin de se tenir à distance respectueuse ; et quand l'artilleur, après avoir réglé la pièce à 2 000 yards, fit feu et que le canon eut un spasme de recul, leur corps aussi fut presque instantanément pris d'une sorte de convulsion ; après quoi, ils restèrent assis en se regardant d'un air stupide. »

Par la suite, la Force publique, une armée de 15 000 à 19 000 mercenaires d'Afrique de l'Ouest ou du Congo, a été établie pour s'assurer que la parole de Léopold aurait force de loi. Armes et munitions ont afflué dans la région. Tout comme Mobutu validerait plus tard un système de racket organisé, en ordonnant à ses soldats de «puiser dans les ressources du pays» pour vivre, Léopold attendait de sa Force publique qu'elle se débrouille pour se nourrir en pillant les villages alentour.

Loin d'être une zone de libre-échange, la colonie avait pour véritable raison d'être l'enrichissement du roi. Soucieux d'attirer les capitaux étrangers nécessaires à la construction de voies ferrées et de ponts, Léopold a divisé certains secteurs du pays en concessions, tenues par des compagnies dont il détenait cinquante pour cent des parts, avec l'exclusivité sur l'exploitation de la forêt, de l'ivoire, de l'huile de palme et des ressources minières. Le reste était défini comme propriété de la Couronne, où les fonctionnaires jouissaient d'un monopole commercial. Les marchands indépendants qui s'aventuraient dans la région à la recherche d'ivoire se voyaient physiquement barrer la route par les représentants de Léopold. Lorsque les négociants arabes opérant dans le nord et l'est du Congo ont fini par être chassés, après une guerre virulente contre la Force publique, ce n'était pas à cause du scandale de leurs activités esclavagistes – quoi que puisse affirmer le musée de Tervuren –, mais bien parce qu'ils menaçaient les intérêts économiques de Léopold.

Tandis que l'industrie automobile, alors en plein essor, faisait grimper en flèche la demande en caoutchouc de l'Occident, les agents de Léopold reproduisaient déjà consciemment les techniques des commerçants arabes, tant décriées par Stanley. Les villageois chargés de récolter le caoutchouc de lianes poussant dans la forêt se voyaient imposer des quotas de rendement accablants. S'ils échouaient à les atteindre, la Force publique s'en prenait à leur village, tuant à l'aveugle et faisant prisonniers femmes, enfants ou chefs, jusqu'à ce que les récalcitrants rentrent dans le rang. Les otages étaient utilisés comme porteurs ou vendus comme esclaves à des tribus rivales, en échange de latex ou d'ivoire. Des milliers d'orphelins ont été envoyés de force dans des missions catholiques, afin d'y devenir des soldats de la Force publique.

Ce qui motivait les fonctionnaires, c'était un système cynique de commissions qui permettait de doubler leur salaire de misère, si la production était bonne ; il y avait également un barème de paiement assurant à ceux qui rémunéraient le moins les villageois pour leurs livraisons d'ivoire ou de latex d'être le plus récompensés. Un tel manque de compassion peut sembler un peu plus compréhensible lorsqu'on prend en compte les risques inhérents à une affectation dans l'État indépendant du Congo. Un agent sur trois, parmi ceux suffisamment désespérés pour tenter leur chance en Afrique, ne survivait pas, fauché par la malaria, la typhoïde ou la maladie du sommeil. Étant donnée la probabilité ahurissante de mourir en service, les jeunes gens ne se montraient pas trop regardants sur les méthodes employées pour atteindre les objectifs de production.

Les sinistres photographies en noir et blanc, prises par des missionnaires consternés, ont de quoi faire réfléchir : environ un siècle avant les amputations perpétrées par les rebelles en Sierra Leone, qui ont horrifié l'Occident et ont conforté les stéréotypes sur la barbarie africaine, une force militaire dirigée par des Blancs et conduite par des Européens avait déjà perfectionné l'art de la mutilation humaine. Comme les soldats au Congo avaient ordre de rendre des comptes pour chaque cartouche tirée, ils tranchaient et fumaient les mains, les pieds et les parties intimes de leurs victimes. Les morceaux de corps étaient ensuite présentés aux commandants dans des paniers, preuves que les soldats avaient bien accompli leur travail. D'où les photos diffusées par le journaliste britannique Edmund Morel, précurseur des organisations de défense des droits de l'homme comme Amnesty International, qui ont fini par choquer le monde extérieur et déclencher des réactions.

Le recours à la chicotte, à la potence et aux exécutions de masse était largement répandu, dans le cadre d'une politique qui semblait souvent avoir pour objectif secondaire l'extermination de races dites inférieures. Cette brutalité n'a pas manqué de provoquer des soulèvements. La férocité de ces révoltes, déjà passée sous silence par les officiers coloniaux, sera par la suite minimisée par les historiens et les universitaires. Mais l'historien congolais Isidore Ndaywel è Nziem rapporte les propos d'un certain capitaine Vangele, attaqué à quatre reprises par des pirogues menées par des hommes d'une tribu originaire de la même région équatoriale que Mobutu, preuve que les Congolais ne se sont pas laissé faire : « Ce combat est l'un des plus acharnés que j'ai eu à soutenir en Afrique [...] Un fait digne de remarque : pendant cette lutte qui dura près de trois heures, les Yakoma n'ont poussé aucun cri, leur silence et leur froide résolution avaient quelque chose de terrifiant. »

La Force publique écrasait toute résistance avec une efficacité féroce. À l'époque – comme aujourd'hui –, il n'existait aucune donnée de recensement fiable pour le Congo. Mais tandis que la Force publique enlevait des enfants, détruisait des familles et répandait dans son sillage des maladies jusqu'alors inconnues, les missionnaires ont commencé à noter une baisse démographique alarmante. Marchal hésite à quantifier le phénomène, mais les officiels belges ont fini par estimer que la population du pays a été divisée par deux entre la fondation de l'État indépendant du Congo et cette période. Cela implique que 10 millions de personnes sont mortes ou ont fui la région. Le professeur Ndaywel, quant à lui, avance le chiffre encore plus élevé de 13 millions.

Léopold faisait de son mieux pour réduire au minimum les contacts entre le Congo et le monde extérieur. Il tentait de s'assurer une bonne presse en décourageant les visiteurs et en achetant systématiquement les politiciens et les journalistes en Europe. Mais au début du XXe siècle, des œuvres telles que *Au cœur des Ténèbres* ont commencé à évoquer ce que Roger Casement, diplomate britannique, devait établir officiellement en 1903, dans un rapport commissionné par les puissances européennes. Citant des exemples d'indigènes contraints de boire l'urine des Blancs, d'autres, dont les mains liées étaient frappées jusqu'à ce qu'elles tombent, d'autres encore, dévorés vivants par des asticots, puis donnés en pâture à des tribus cannibales, Casement a fait voler en éclats les dernières illusions. Ce qui avait été baptisé comiquement l'État indépendant du Congo était un système d'exploitation basé sur les travaux forcés, la terreur et la répression.

Sous la pression de ses alliés étrangers et de son propre Parlement, c'est un Léopold vieillissant qui a accepté en 1908, après de longues négociations, de céder le Congo à la Belgique, au lieu d'attendre son décès comme il l'avait prévu à l'origine. Il est mort un peu plus d'un an plus tard, sans jamais avoir posé une seule fois le pied dans la colonie qui avait tant souffert de sa politique.

Léopold avait cependant atteint son objectif. La contribution massive du Congo au développement de la Belgique est toujours visible dans la capitale aujourd'hui, pour qui sait où regarder. Léopold était un monarque qui entendait laisser son empreinte sur Bruxelles et c'est bien ce qu'il a fait, grâce à cette manne propre qu'il pouvait ponctionner à loisir.

Pour les visiteurs intéressés par l'histoire de Bruxelles, plusieurs circuits à thème permettent d'explorer la ville à bord de bus touristiques. L'un des plus appréciés est intitulé «Art nouveau» et retrace la montée et le déclin du mouvement artistique qui s'est épanoui, comme nulle part ailleurs, dans les rues pavées de la cité vallonnée. Le clou du spectacle est sans aucun doute la façade abricot de l'hôtel van Eetvelde, avenue Palmerston, près de l'ambassade de Jamaïque d'alors et à un jet de pierre des hideuses façades vitrées d'Euroland.

Là, l'architecte Victor Horta, flambeau du courant Art nouveau, a reçu carte blanche d'Edmond van Eetvelde, riche diplomate qui cherchait un écrin approprié, pour que lui et sa femme puissent recevoir leurs partenaires commerciaux. «Je lui présentai les plans les plus osés que j'avais jamais dessinés jusqu'alors», évoquait Horta. Profitant de cette liberté qu'on lui avait accordée, il a produit une maison de maître si somptueusement décorée, si cohérente dans sa vision artistique que l'impression générale en est presque écœurante.

Depuis la rotonde de l'entrée jusqu'aux sols en mosaïque, des entrelacs délicats des balustrades en fer forgé aux motifs de la verrière colorée, l'hôtel van Eetvelde est du pur Horta. C'est également du pur Congo. Les essences de bois qui encadrent les plafonds, le marbre des sols, l'onyx des murs et le cuivre qui borde chaque marche de l'escalier tournant, tout provient de la colonie. Ce qui n'en arrivait pas directement était payé par les bénéfices produits là-bas, car van Eetvelde n'était pas qu'un diplomate bien introduit : il était le secrétaire général pour l'État indépendant du Congo. Étant l'un des premiers collaborateurs de confiance de Léopold, il a été élevé en 1897 à la dignité de baron, en récompense de ses loyaux services, avant d'être écarté par le monarque dont il avait osé remettre en question le jugement.

L'hôtel van Eetvelde n'est qu'un exemple parmi tant d'autres des extravagances architecturales rendues possibles par l'exploitation de la main-d'œuvre congolaise. Les Arcades du Cinquantenaire, porte grandiose et baroque qui n'ouvre sur rien, érigées pour célébrer le cinquantième anniversaire de l'indépendance de la Belgique; les rénovations et extensions sans fin du palais royal de Laeken, notamment les vastes serres royales, le pavillon chinois et la tour japonaise; le terrain de golf d'Ostende et les galeries royales sur le front de mer, ainsi qu'une multitude d'autres ouvrages ont été possibles grâce au Congo. Il y avait cependant plus, bien plus, et tout n'était pas aussi évident aux yeux de la population : les cadeaux à l'exigeante jeune maîtresse de Léopold; un ponton spécial pour le yacht où il se réfugiait, comme Mobutu par la suite, pour échapper à l'opinion publique toujours plus hostile, passant parfois plusieurs mois à bord; des châteaux parisiens, des propriétés dans le sud de la France et une fabuleuse villa au cap Ferrat, pas très loin de l'endroit où Mobutu s'achèterait lui aussi une demeure.

Les deux hommes partageaient plus qu'un talent pour l'extorsion à grande échelle et un penchant pour le faste. En effet, en matière d'argent, le présent fait écho au passé d'une façon presque troublante. Les deux dirigeants se sont montrés particulièrement habiles à obtenir des prêts auprès de créanciers crédules et à attirer des investisseurs privés dotés d'un goût pour l'aventure en Afrique. Les deux brouillaient les pistes au moyen d'une comptabilité frauduleuse. Tous deux se sont complu dans des stratagèmes semblables pour échapper au fisc après leur mort et tous deux, une fois les poches bien pleines, ont abandonné le Congo avec une lourde ardoise, laissant à d'autres le soin de la régler.

Contrairement à la plupart des colonies africaines, l'État indépendant du Congo a été une poule aux œufs d'or dès le départ, grâce à Léopold qui veillait au grain. Mais le roi faisait de son mieux pour dissimuler ce fait, réussissant même si bien à masquer la véritable situation, qu'une revue britannique de l'époque a rapporté de façon erronée : « Il n'est pas du tout certain que la Belgique ne se lassera pas du Congo. Déjà, cette vaste étendue déçoit la mère patrie. Ses ressources et sa population sont loin d'être à la hauteur des récits élogieux de M. Stanley. »

Alléguant être au bord de la faillite, Léopold est parvenu à obtenir deux prêts importants de l'État belge en 1890 et 1895, pour un montant total de 32 millions de francs, remboursés par tranche chaque année. Mais tandis que le fidèle van Eetvelde peaufinait des budgets fictifs sous-estimant les bénéfices, s'assurant ainsi que le gouvernement maintiendrait ses subventions en faveur d'une colonie dont le peuple n'avait jamais voulu, la rentabilité grimpait en flèche. En 1901, les exportations d'ivoire s'élevaient à 289 tonnes et la production de latex était passée de 350 à 6000 tonnes par an. Le Congo fournissait plus d'un dixième de la production mondiale de cette matière première cruciale, engrangeant au passage entre 40 et 50 millions de francs par an. Le roi s'est également enrichi en émettant pour plus de 100 millions de francs d'actions congolaises, faisant tourner la planche à billets avec le même zèle dont ferait preuve la banque centrale de Kinshasa par la suite.

Lorsque Léopold a finalement été obligé de céder la colonie à la Belgique, il a exigé en contrepartie un prix exorbitant, soutirant 50 millions de francs à l'État, en reconnaissance de ses efforts. Le gouvernement belge, à qui on avait assuré qu'il ne serait jamais mêlé aux aventures africaines du roi, s'est retrouvé avec les 110 millions de francs de dettes du Congo sur les bras – la plus grosse partie consistant en actions émises par Léopold – et a dû débourser encore à peu près la moitié de cette somme pour mener à bien les chantiers commencés par le roi en Belgique.

On ne saura jamais avec certitude le montant des profits réalisés à titre personnel par Léopold grâce à l'État indépendant du Congo, car il adoptait des méthodes chères à de nombreux leaders africains modernes pour dissimuler l'étendue de la fortune accumulée. Des propriétés étaient achetées via des collaborateurs, des sommes d'argent, secrètement transférées à une fondation dédiée à des projets de construction, et des holdings floues, créées en Belgique, en France et en Allemagne. Avant de passer le relai, Léopold a aussi eu la prudence de brûler la plupart de ses documents concernant le Congo, se protégeant ainsi du regard rigoureux de futurs chercheurs. Les enquêteurs belges ne sont parvenus à démêler l'écheveau complexe de ses investissements qu'en 1923.

Le monde avait alors d'autres priorités et se satisfaisait de croire que les atteintes aux droits de l'homme au Congo s'étaient arrêtées avec la reprise de la colonie par le gouvernement belge. Pas exactement, insiste Marchal, qui entend contester ce mythe confortable dans le livre qu'il est en train de rédiger sur le système de travaux forcés imposé par l'Union minière belge, la société qui a continué à gérer les mines au Katanga, région méridionale du Congo, bien après l'indépendance. « Quand j'ai terminé d'écrire sur Léopold, j'ai pensé que j'en avais fini, parce que je faisais confiance à tous ces universitaires qui affirmaient que, lorsque la Belgique avait repris le flambeau, tout était devenu merveilleux. Mais j'ai constaté que les choses n'avaient pas évolué. Le système était presque aussi brutal ; il était juste devenu plus hypocrite. J'ai encore matière à trois ou quatre livres. »[5]

Les propres souvenirs de Marchal auraient pu suffire à le mettre sur la voie. Le dispositif de culture forcée qu'il faisait appliquer dans l'industrie du coton quand il était jeune a perduré jusqu'à l'indépendance en 1960 ; l'utilisation de la chicotte, pivot de la domination coloniale, n'a été rendue illégale que dix mois avant le retrait de la Belgique. Les officiels employés sous Léopold sont pour la plupart restés en poste, œuvrant simplement pour un nouveau maître. Les réformes ont mis du temps à entrer en vigueur. Ce n'est qu'après la Seconde Guerre mondiale, selon Marchal, que le Congo belge est devenu « une colonie comme les autres ».

Même alors, la Belgique se distinguait à peine. Certes, elle a établi une infrastructure dont la modernité émerveillait les visiteurs européens. Pour ne citer qu'un exemple, le Congo au moment de l'indépendance comptait plus de lits d'hôpital que tous les pays d'Afrique noire réunis. Toutefois, le quotidien rappelait l'Afrique du Sud pendant l'apartheid.

---

5. Marchal est mort en 2003, laissant derrière lui une œuvre considérable.

La capitale était divisée entre les quartiers indigènes et la zone occidentale, où les Noirs n'étaient pas autorisés après une certaine heure et se voyaient refuser l'accès aux hôtels et restaurants, réservés aux Blancs. Qualifiés de «macaques» – terme encore craché avec mépris à Kinshasa par les expatriés portés sur la bouteille –, les Congolais cherchaient à obtenir le titre d'«évolués», sésame certifiant qu'ils avaient suffisamment progressé pour adopter les attitudes et mœurs européennes. Cela ne leur permettait cependant pas de prétendre à des postes de responsabilité et de pouvoir.

Certaines expériences sont conçues pour vous rester en travers de la gorge. Bien longtemps après l'indépendance, un ténor du MPR se souviendrait qu'un officiel colonial belge était passé vérifier la propreté des toilettes chez ses parents, avant de délivrer un permis qui autorisait ces derniers à acheter du vin. À l'école, les enfants des familles congolaises «évoluées» étaient séparés des autres une fois par semaine, afin de contrôler l'absence de puces, indignité épargnée à leurs camarades blancs.

Partant du principe que «pas d'élites, pas d'ennemis» – une classe moyenne africaine éduquée pouvant se révéler dangereusement subversive –, les Belges n'ont pratiquement rien fait pour préparer l'indépendance. En 1955, ils pensaient encore avoir plusieurs dizaines d'années devant eux. Lorsque le gouvernement a été forcé de céder face à la grogne grandissante en 1960, seuls dix-sept jeunes Congolais avaient terminé des études supérieures. Cette transition a été l'une des plus abruptes de l'histoire africaine.

Comment ce petit État européen a-t-il pu devenir une puissance coloniale si déplorable? On a l'impression que Léopold cherchait à tout prix à rattraper ses alliés étrangers, au point de faire fi de toute mesure et de tout principe. Peut-être un pays aussi jeune ne possédait-il pas l'assurance nécessaire pour faire preuve de magnanimité, lorsqu'il s'est agi d'imposer à d'autres sa conception de la nation. La Belgique, aussi divisée ethniquement que les États arbitrairement découpés par les colons dans la masse du continent africain, détenait à peine une identité propre. Comment alors se projeter dans le rôle inédit du maître?

Marchal est convaincu que la Belgique moderne doit réparation aux Congolais, ne serait-ce qu'en instaurant un système de visas plus souple. Il semble en outre pointer du doigt un manque d'imagination de la part de la Belgique. Un «petit pays avec de petits horizons», selon les propres termes méprisants de Léopold, la Belgique considérait le Congo comme une simple occasion de s'enrichir, contrairement aux autres nations coloniales, dotées de traditions impériales plus anciennes et d'idéaux plus élevés.

Un ancien ambassadeur – non belge – que j'ai interrogé l'a exprimé sans détour : «Les Belges ont été horribles au Congo, car ils ne possédaient eux-mêmes aucune noblesse. C'était le Zaïre de l'Europe, un petit pays miteux et divisé, qui s'est révélé incapable de grandeur. »

***

Il y a peu, d'étranges écriteaux sont apparus au-dessus des rayonnages des boutiques de créateurs et des parfumeries chics du boulevard de Waterloo, l'artère qui dessine une vilaine entaille à travers le cœur de Bruxelles.

Ces panneaux sont rédigés en lingala, langue incompréhensible pour la plupart des Belges. Ils avertissent les clients que, quiconque sera surpris en train de voler sera non seulement arrêté et poursuivi, mais également expulsé de Belgique et renvoyé dans son pays d'origine. Ces messages, incongrus parmi le raffinement tout en manteaux de fourrure et petits caniches de la plus européenne des villes, témoignent de l'efficacité des commandos de Congolaises qui ont entrepris avec méthode de faire main basse sur les marques de luxe du quartier.

« Il est temps de rembourser la dette coloniale. On va *kobeta* », décrètent ces femmes qui, avec l'énergie pétulante des commerçantes africaines, partent en quête de vestes Versace ou Yamamoto, de pantalons Gianfranco Ferre et Jean-Paul Gaultier, d'accessoires Kenzo et de chaussures Church – selon la tendance du moment.

Les boutiques de luxe n'ont qu'à s'en prendre à elles-mêmes. Quelle idée d'étaler leurs marchandises à une distance aussi tentante du misérable ghetto congolais, coincé sous les arcades et dans les rues pavées d'Ixelles, juste à côté de la porte de Namur. Dans la capitale belge, peu de quartiers peuvent rivaliser avec « Matonge », point de convergence de la communauté congolaise, quand il s'agit de faire cohabiter une vanité démesurée avec l'incapacité chronique d'assumer le coût d'un penchant prononcé pour la mode.

Matonge tire son nom d'un secteur populaire animé de Kinshasa, car, comme son homonyme au pays, c'est un quartier où « ça bouge ». C'est une grande bouffée de l'essence même du Congo, qui aurait été décantée et réduite jusqu'à obtenir le concentré le plus pur. Il y a quelque chose de courageux, voire téméraire, dans la façon dont cette minuscule enclave tourne le dos au présent belge, ses lignes de tramway, ses ruelles sombres et ses maisons étroites, pour recréer une réalité plus familière.

Chez les coiffeurs – un commerce sur deux semble être un salon de coiffure, la vitrine envahie de perruques et d'extensions capillaires –, les Congolaises viennent se faire lisser les cheveux et les jeunes, pour bavarder. Ici, les épiciers vendent de grosses tiges de canne à sucre, des patates douces noueuses, des montagnes de feuilles qui servent à cuisiner le pondu, l'équivalent congolais des épinards, des piments rouges foudroyants et de petites aubergines vert pâle. La une des journaux congolais, *Le Soft, Le Palmarès, Le Phare* – tous avec les mêmes œillères et la même obsession pour la scène politique nationale – s'affiche dans la devanture des bars. Des «wax», ces tissus colorés, confectionnés aux Pays-Bas et utilisés comme pagnes, sont présentés en piles soignées, et même l'or en vente chez les bijoutiers a cette teinte rosée particulière à l'Afrique.

Les restaurants servent du poulet à la sauce arachide ou du poisson cuit dans des feuilles de palmier, et il est possible de trouver des mets tels que des chenilles, du crocodile – les huîtres et le caviar de la gastronomie de Kinshasa – ou du *chikwangue*, ces pains de pâte de manioc fermentée, enveloppés dans des feuilles qui, pour les non-initiés, font surtout penser à de la colle à tapisser chaude.

Autrefois, c'est un tailleur du coin qui a confectionné les premiers abacosts, ces ingrates vestes obligatoires sous Mobutu. Le quartier possède même sa propre station de radio. Émettant depuis une caserne désaffectée, Radio Panik abreuve les oreilles de Koffi Olomidé, Zaïko Langa Langa, Papa Wemba ou quiconque caracole en tête des ventes au Congo et fournit également un résumé hebdomadaire des informations congolaises, capitales pour des auditeurs assoiffés de nouvelles du pays.

Pourtant situé en plein cœur de la capitale belge, Matonge est à mille lieues des banlieues verdoyantes de Rhode-St-Genèse, Uccle ou Waterloo, au sud de Bruxelles, où résident les anciens collaborateurs de Mobutu, dans des demeures avec sol en marbre et la Mercedes garée à côté de la BMW dans le garage. Sous Mobutu, le château du chef à la périphérie de Bruxelles attirait l'élite congolaise, qui venait s'installer autour de l'homme fort. À l'autre extrémité de l'échelle sociale, Matonge doit son existence à la Maison Africaine, foyer d'accueil et d'hébergement où les Congolais fraîchement débarqués, les pieds encore poudreux de la terre rouge du continent, peuvent loger pour trois fois rien et finissent souvent par rester pendant des années.

Des petits restaurants sont apparus, servant les plats dont les nouveaux venus se languissaient, bientôt suivis par des magasins de musique et des boîtes de nuit, Le Mambo, La Référence, Hollywood City, qui ne s'animent que tard dans la soirée. Matonge compte aujourd'hui 15 000 Congolais, vivant, étudiant et travaillant en Belgique. C'est devenu leur seconde patrie, un lieu où peut s'exprimer le génie congolais pour trouver des solutions créatives aux problèmes de l'existence.

La famille traverse une période difficile au pays ? Des agences permettent de déposer 100 dollars, avec la certitude qu'un parent à charge à Kinshasa recevra un autre billet de 100 dollars, tout ça sans passer par une banque. Des proches qui n'ont plus de quoi se nourrir ou ne peuvent pas se payer un appareil d'électroménager ? Une procédure semblable est possible pour un sac de riz ou un réfrigérateur. Et quand le désastre frappe véritablement, on peut organiser des funérailles au Congo, via ces mêmes petites agences.

L'esprit d'entreprise dépasse largement le cadre de la loi. Un trafic dynamique – véhicules d'occasion, drogues et faux chèques –, la prostitution et les faux visas, sans compter le vol à l'étalage dans les boutiques chics, tout cela a poussé la police belge à imaginer une unité spécialisée dans les crimes commis par la communauté congolaise. C'est une sorte de marque de distinction, étant donné le nombre bien plus important de Marocains et de Turcs à Bruxelles.

Malgré toute cette inventivité joyeuse, il y a quelque chose de tragique et de poignant à Matonge. L'argot allitératif lingala employé par les immigrés pour évoquer la vie à l'étranger glorifie l'ambition, mais toute aspiration est teintée d'un sentiment d'infériorité. Pour ceux qui abandonnent Kinshasa, sombrement surnommée « Kosovo », la Belgique est « lola », le « paradis ». L'Europe, c'est « mikili », la « terre promise », habitée comme il se doit par les « mwana Maria », les « enfants de la Vierge Marie ». Les Blancs.

C'est une communauté bien décidée à abuser de l'hospitalité de son pays d'accueil. Elle se compose d'étudiants quarantenaires avec une ribambelle de gosses et autant de diplômes, de jeunes hommes enjolivant leurs mésaventures avec la loi à Kinshasa, dans l'espoir d'obtenir le doux qualificatif de « réfugié politique », et de jeunes arrangeant des mariages blancs avec des camarades belges. Toutes les méthodes sont bonnes pour remporter le trophée ultime : un titre de séjour permanent en Europe.

Une fois acquis, ce document est largement mis à contribution. « Les Blancs disent que tous les Noirs se ressemblent, m'explique Léon, qui étudie la comptabilité après une licence en philosophie. Donc quelqu'un qui a des papiers va les prêter à un ami qui veut se rendre en France ou en Suisse, lequel les renverra ensuite par la poste à Bruxelles. » Sans ces papiers, impossible de travailler ailleurs que dans le secteur informel. Ainsi, les restaurants de Bruxelles, les chantiers et les sociétés de taxis fonctionnent grâce aux étudiants les plus qualifiés d'Afrique.

L'idée que l'Occident seul représente l'espoir d'une vie meilleure suffit à rendre le médiocre acceptable. « J'ai des amis qui végètent ici, ajoute Léon. Ils ne font rien, ils stagnent, mais ils n'osent pas rentrer. Aux yeux de leur famille, revenir d'Europe, ça veut dire qu'ils ont échoué. Et le pire qui puisse vous arriver, le plus humiliant, c'est d'être expulsé. »

Les autres communautés africaines forcées à l'exil organisent des guérillas depuis l'étranger, ourdissent des complots ou mettent sur pied des programmes politiques, en prévision du jour lointain où elles prendront le pouvoir. Pendant des décennies, les émigrés érythréens ont fait fonctionner un système de taxes, informel mais très efficace, pour financer le mouvement rebelle qui a fini par chasser l'occupant éthiopien. Bien que pouvant se prévaloir d'un des plus formidables dictateurs du continent comme ennemi commun potentiel, les Congolais ne connaissent pas l'équivalent. Si une action rebelle se déclenche dans l'est de leur pays natal, aucun des jeunes gens de Matonge ne parle d'enfiler un treillis et de s'enrôler. Le plus important parti d'opposition a fermé ses bureaux, pour « raisons de sécurité », m'a-t-on dit, mais plus probablement pour cause d'incompétence administrative. Le sentiment du collectif fait cruellement défaut.

Les Congolais sont les premiers à le reconnaître, avec un haussement d'épaules et une honnêteté contrite qui représentent précisément une part de ce problème d'ambitions refoulées et d'aspirations modestes. Le but de chacun est de quitter le Congo, d'obtenir des qualifications et de se bâtir une vie ailleurs. Que quelqu'un d'autre établisse une constitution et reconstruise le pays. Les Congolais savent d'expérience que la politique est un jeu d'escrocs et d'hypocrites.

Une note amère vient s'ajouter à cette fuite sans noblesse : si des milliers d'émigrés congolais résident aujourd'hui à Bruxelles, Anvers, Gand et Liège, c'est justement à cause des relations historiques de leur pays d'origine avec la Belgique. La jeune génération belge, en revanche, n'a quasiment pas connaissance de ce douloureux passé colonial.

« Il n'y a plus aucune mémoire de l'Afrique, reconnaît Marcelin, employé à Bruxelles par une société nationale congolaise en difficulté. Il reste très peu de Belges au Parlement ou dans les ministères à avoir travaillé dans la colonie, si bien que le lien affectif du passé a disparu. Ne demeurent qu'une vague impression de déception à l'égard de nos dirigeants et les connotations négatives liées au désastre, la mort et la dictature. Pour la jeunesse belge, les Congolais passent leur temps à faire de la musique ou bien sont des escrocs à la petite semaine. Il n'y a aucun sentiment de responsabilité, encore moins de culpabilité, pour ce que leur pays a fait au Congo. »

En dépit de cette proximité historique, aucun journal ni aucune radio belge ne dispose de correspondant permanent à Kinshasa. Dans ce pays en lutte avec ses propres contradictions, préoccupé par les relations houleuses entre Wallons et Flamands, l'histoire coloniale n'est pas enseignée à l'école. Les questions politiques sensibles de la Belgique moderne ont accessoirement nourri la vision déformée que le Musée royal de Tervuren cherchait à sanctifier.

Les jeunes Bruxellois vivent dans une ville parsemée de monuments baroques financés par des profits générés dans l'État congolais, une capitale émaillée de magasins d'antiquités vendant des masques congolais et qui abrite la plus importante communauté de Congolais à l'étranger. Pourtant *Les fantômes du roi Léopold*, premier ouvrage à provoquer un large débat sur le sujet depuis des années, a été rédigé par un Américain, pas un Belge.

Comme l'admet volontiers Jean Stengers, universitaire à la retraite qui a beaucoup écrit sur l'État indépendant du Congo, son thème de prédilection se cantonne à l'étroit domaine des intellectuels et reste hermétique pour la plupart de ses compatriotes. Depuis son bureau de la morne rue de la Couronne, une pièce envahie de volumes reliés en cuir et de papiers, le vieux professeur critique l'interprétation de Marchal, affirmant que l'ancien diplomate a ignoré le fait que la principale motivation de Léopold, c'était la gloire nationale, plutôt que l'enrichissement personnel. Si les deux hommes ont des divergences d'opinions sur l'ancien souverain, ils tombent toutefois d'accord sur un point douloureux : le problème qu'ils considèrent tous les deux comme capital suscite surtout l'indifférence.

Selon Stengers, seule l'ancienne génération a encore un avis sur le sujet et – de façon sidérante – il est rarement question de honte. « Ces personnes, dont beaucoup ont servi au Congo, éprouvent surtout un sentiment d'injustice. Il y a la profonde conviction que des choses magnifiques ont été accordées aux Congolais et que tout ce que nous avons reçu en retour, c'est une immense ingratitude. Mais de façon générale, le public a perdu tout intérêt pour le Congo. Pour la jeunesse, l'ignorance de l'histoire de la Belgique est presque aussi grande que l'ignorance de l'histoire du Congo. »

Évidemment, ne rien savoir du passé libère de tout sentiment de responsabilité dans le présent. En sortant de chez Stengers, je ne peux m'empêcher de me demander dans quelle mesure cette amnésie n'arrange pas tout le monde, étant donné la débâcle du Congo moderne.

La question que les spécialistes belges de l'État indépendant du Congo détestent qu'on leur pose, c'est de savoir s'il existe un lien de cause à effet entre le régime exploiteur de la Belgique et les excès du règne de Mobutu ; si la redoutable efficacité de l'ancien système kleptocratique a permis de préparer toute une communauté à reproduire la performance.

Marchal s'est empressé de balayer le problème, prétextant qu'il n'est qu'un historien et que ce n'est pas son rôle de proférer de tels jugements. Quant au professeur Stengers, il a expédié le débat d'un signe de tête catégorique. Citant des études sociologiques menées dans la région des Grands Lacs, il a ajouté que le plus frappant, c'est que la population locale ne semble avoir aucun souvenir de l'époque de Léopold. Comment pourrait-il donc y avoir le moindre lien causal ?

À mon avis, là n'est pas la question. En me plongeant dans les détails atroces du règne de Léopold, j'ai moi aussi été surprise de constater que mes amis zaïrois évoquent rarement ces atrocités – pourtant le genre de légendes familiales racontées par le grand-père à ses petits-enfants. Toutefois, inutile d'être un expert en violences sexuelles pour comprendre qu'on peut être traumatisé sans savoir pourquoi. Que l'amnésie – individuelle ou collective – est parfois la seule façon de supporter l'horreur. Que le comportement humain peut être altéré pour toujours, sans que la cause soit ouvertement reconnue.

En Belgique, j'ai commencé à percevoir la logique derrière de nombreuses singularités qui m'étonnaient, lorsque je vivais à Kinshasa. C'était une ville où tout le monde se plaignait de la situation affreuse, mais où personne ne paraissait prêt à tenter de changer les choses ; où le quotidien se résumait à un mélange de « un tiens vaut mieux que deux tu l'auras » et de « chacun pour soi », et où personne ne faisait de projets à long terme. Page après page, le tableau dépeint par Marchal avait touché une corde délicate.

Les soldats-pilleurs de Mobutu n'étaient que la suite logique des agressions de la détestée Force publique et des marchands d'esclaves. Comparées aux objectifs de production écrasants dictés par les agents de Léopold, les « taxes » informelles prélevées par les fonctionnaires corrompus devaient sembler anodines. Après avoir vu les révoltes contre le système belge matées par des troupes maniant des horreurs telles que le canon Krupp, qui aurait eu le courage de se dresser contre l'armée de Mobutu, aussi bancale qu'elle ait pu paraître aux yeux des Occidentaux ? Et comment les Congolais pourraient-ils jamais éprouver la moindre estime pour l'Administration, encore moins bâtir quelque chose sur elle, quand celle-ci leur a été imposée de façon aussi verticale et utilisait leur sueur et leur sang comme matière première ?

Ne pas se faire remarquer, revoir ses ambitions à la baisse, se mêler de ses oignons : voilà les leçons de Léopold. L'esprit, quand il a été méthodiquement écrasé, ne se relève pas facilement. Pendant soixante-quinze ans, de 1885 à 1960, la population du Congo a mariné dans l'humiliation. Aucun sorcier malveillant n'aurait pu concevoir meilleure préparation pour la venue d'un second dictateur.

Chapitre 3
Naissance du Léopard

« La politique est une affaire trop sérieuse pour être laissée aux politiciens. »
Charles de Gaulle

En 1960, il aurait suffi qu'un Blanc retienne son geste et décide de ne pas intervenir pour que l'histoire du Congo, alors tout juste indépendant, suive un cours très différent. Cela s'est joué en un quart de seconde. Un jeune chef de poste de la CIA traversait la capitale sous tension quand, tournant au coin d'un des camps militaires de Léopoldville, il a surpris un civil avec un fusil pointé en direction d'une silhouette qui marchait au loin.

« Je crois que j'ai trop fréquenté les scouts, parce que sans réfléchir, je me suis jeté sur l'homme armé, rapporte-t-il. Je l'ai vite regretté, car ce type était très fort. On a roulé dans la poussière et j'ai fini par me souvenir d'un truc appris à l'armée. Il avait le doigt dans le pontet et j'ai tiré jusqu'à lui briser la phalange. » L'altercation a attiré l'attention des gardes du corps de la victime visée qui, interprétant mal la situation, se sont aussitôt rués sur le bon samaritain. « Tout ce que je pensais, c'était : mais pourquoi je me suis mêlé de ça ? » explique ce dernier en riant.

Toute une génération de Zaïrois pourrait aujourd'hui se poser la même question, mais avec plus d'amertume et un peu moins d'humour. Car la cible de cette tentative d'assassinat ratée, organisée sur les ordres d'un politicien en herbe congolais avec des contacts soviétiques, n'était autre que le colonel Joseph Désiré Mobutu, qui venait de prendre les rênes du pays. Si le Blanc en question – il s'agit de Larry Devlin – n'était pas intervenu, qui sait quelle voie le Congo aurait empruntée ?

Cela dit, l'ingérence, musclée ou plus subtile, a toujours été un des points forts de M. Devlin. Son rôle dans les événements traumatiques de la période postindépendance au Congo a fait de lui un des agents de la CIA les plus célèbres de l'histoire, un exemple parfait des extrémités auxquelles les États-Unis étaient prêts à se porter à l'époque pour saboter les projets d'expansion communiste de l'Union soviétique.

La vie de M. Devlin n'a pas été de tout repos : bête noire de toute une génération d'Africains – encore furieuse contre l'intervention des superpuissances, qui avaient dicté leur loi sur le continent pendant la guerre froide –, il a été accusé par des théoriciens du complot d'avoir organisé l'élimination de Patrice Lumumba – premier Premier ministre adoré du Congo. À soixante-dix ans passés, il est à présent plus fragile et ses cheveux ont blanchi. Il a toutefois survécu à des guerres (deux), des soulèvements (deux), des atterrissages catastrophes (quatre), des crises cardiaques (plusieurs), des passages à tabac et des tentatives d'assassinat (nombreuses), ainsi qu'à une condamnation à mort d'ordre médical (deux mois de sursis, diagnostiqués par erreur en 1984 par des médecins qui ont cru repérer une tumeur inopérable au cerveau).

Bien sûr, tout n'a pas été que douleur et souffrance. Il a appris à danser dans la moiteur des boîtes de nuit de Léopoldville, il a discuté politique jusqu'au petit matin avec les jeunes qui deviendraient des personnalités influentes au Congo, et il s'est grisé au soleil sur les berges sablonneuses du grand fleuve.

Mais la vie l'a marqué, le laissant incertain sur ses pieds, comme flottant sur le pavé avec la grâce hésitante d'une caravelle qui s'élance pour son tout premier périple vers le Nouveau Monde. C'est un gentleman à l'ancienne, qui tient la porte aux dames et insiste avec douceur pour régler l'addition. Il s'habille avec une élégance étudiée, tout à fait appropriée pour un homme qui, lors d'un interlude bizarre dans sa carrière, a servi de prête-plume au grand couturier français Jacques Fath.

Spécialiste de l'Afrique, Devlin continue à travailler en tant que consultant depuis sa maison en Virginie. Cette activité ne l'occupe pourtant pas à plein temps et il est devenu plus bavard avec la retraite. Deux instincts s'opposent en lui. D'un côté, il a été trop souvent attaqué par la presse pour ne pas se méfier – on l'a accusé d'être le faiseur de rois qui a porté Mobutu au pouvoir et il a aussi été dépeint comme un agent secret téméraire dans trop de récits grossièrement fictifs sur la crise au Congo. De l'autre, ayant du temps libre et étant le genre à apprécier la compagnie féminine, c'est pour lui une occasion pas totalement désagréable de remettre quelques pendules à l'heure.

Sa voix a le timbre rocailleux d'un homme qui a fumé trois paquets de cigarettes par jour pendant des années, jusqu'à une opération à cœur ouvert. Ses mains – ridées par un million d'expériences, son alliance si enfouie dans la chair qu'elle semble soudée à l'os – donneraient du fil à retordre à une diseuse de bonne aventure. L'esprit, en revanche, reste plus acéré et irrévérencieux que jamais. Et si Larry Devlin affirme avec une insistance un brin provocatrice ne rien regretter du soutien de la CIA à Mobutu, c'est surtout pour rappeler que, quoi qu'il se soit passé à la fin, ce dernier a bien autrefois été synonyme d'espoir. Non seulement pour les Américains intrusifs et obsédés par des métaphores sur les dominos, mais aussi pour une population exaspérée par les atermoiements, les querelles et le tribalisme de ses leaders politiques.

« Il ne faut pas oublier que Mobutu a traversé de nombreuses phases. Vous avez connu la fin déplorable. Mais il était tellement différent au début. Je me souviens de lui quand il était encore un jeune homme dynamique et idéaliste, déterminé à faire du Congo un État indépendant, et qui semblait croire sincèrement à tout ce que représentaient les dirigeants africains. »[6]

***

Leur première rencontre a eu lieu à Bruxelles au début de l'année 1960, alors que l'embryonnaire *establishment* politique congolais négociait les termes de l'indépendance avec la puissance coloniale. Cinq ans plus tôt, un expert belge avait provoqué un tollé en dévoilant un programme de retrait étalé sur trente ans : la plupart des Belges pensaient avoir une bonne centaine d'années devant eux, largement de quoi former et éduquer de futurs remplaçants. Les événements survenus peu après ont révélé à quel point ce processus, pourtant vu comme « accéléré », était déconnecté de la réalité. Les émeutes dans les plus grandes villes du Congo, les demandes de plus en plus pressantes de la part des « évolués » du pays, et le désengagement de la France et de la Grande-Bretagne de leurs propres possessions africaines, tout cela a forcé la Belgique à reconnaître que l'heure de la décolonisation avait sonné.

Une fois le principe accepté, Bruxelles a entrepris de formaliser son départ avec une précipitation indécente. Mais alors que la Belgique refermait le chapitre colonial, d'autres puissances s'intéressaient aux nouvelles opportunités présentées par cette configuration d'après-guerre. Les deux tables rondes organisées à Bruxelles ont fourni une occasion rare pour les représentants de ces nations de jauger les futurs dirigeants du Congo, pays dont la taille, la position géographique et les ressources naturelles en faisaient le pivot logique de l'Afrique centrale.

---

6. Larry Devlin a publié ses mémoires en 2007 et il est mort d'emphysème l'année suivante, à l'âge de 86 ans. La traduction de son livre a été publiée en France en 2009 aux éditions Jourdan, sous le titre *C.I.A., Mémoires d'un agent.*

À l'époque, Devlin travaillait à Bruxelles ; c'était un jeune homme déjà doté d'une solide expérience. Antinazi convaincu, il avait interrompu ses études supérieures pour s'engager en tant que simple soldat dans l'armée américaine et avait servi en Italie, où il avait été blessé. De retour à l'université, il avait été recruté par la CIA, laquelle était certainement très impressionnée par ses exploits de guerre, sa vivacité d'esprit et sa maîtrise de plusieurs langues. Sa spécialité, c'étaient les opérations soviétiques et il avait développé un talent pour « retourner » des agents du bloc soviétique, processus qu'il décrit à présent comme « meilleur qu'un orgasme », quand c'est bien fait.

Mais il avait agacé un supérieur et, à l'ouverture des négociations congolaises, sa carrière était dans une sorte d'ornière. C'est alors qu'il a commencé à noter des signaux alarmants d'activité soviétique à Bruxelles. « J'ai remarqué que les Russes contactaient un par un les membres des diverses délégations présentes à la conférence. Je me suis demandé ce qu'ils fabriquaient et pourquoi. J'ai découvert qu'ils faisaient principalement du repérage et des évaluations, dans le but de recruter. C'était tout à fait normal, venant d'eux. Les Soviétiques voulaient se servir du Congo comme porte d'entrée en Afrique. »

Les Soviétiques savaient qu'ils disposaient d'un allié potentiel en la personne de Patrice Lumumba. Orateur doté de la capacité presque miraculeuse de gagner son auditoire à sa cause, cet ancien employé des Postes était devenu le fer de lance de la campagne pour l'indépendance au Congo. Inspiré par le panafricanisme du Ghanéen Kwame Nkrumah et du Guinéen Sékou Touré, c'était une personnalité haute en couleur et fantasque, débordante d'idées. Libéré de prison pour assister aux audiences de Bruxelles, Lumumba bouillait de rancœur contre l'impérialisme occidental en Afrique.

Les contacts entre les Soviétiques et les délégations de Léopoldville ont suffi à alerter l'ambassade des États-Unis à Bruxelles. L'ambassadeur américain a organisé une réception pour les Congolais, au cours de laquelle Devlin et ses collègues ont entrepris une opération de réseautage tout à fait délibérée. « Chacun de nous avait une liste de dix ou douze personnes à rencontrer et après, on s'est tous retrouvés pour échanger nos impressions. Un nom revenait sans cesse. Mais il n'était sur aucune liste, parce que ce n'était pas un membre officiel de la délégation, c'était le secrétaire de Lumumba. Mais tout le monde s'accordait à dire que c'était un homme extrêmement intelligent, très jeune, peut-être immature, mais avec un fort potentiel. Ils avaient raison, car c'était Mobutu. »

La rencontre suivante entre Devlin et Mobutu s'est déroulée en République démocratique du Congo – nouvelle affectation de Devlin –, dans un enfer total. Moins d'une semaine après l'indépendance, le 30 juin 1960, la précipitation de la Belgique provoquait des conséquences inévitables. En apprenant qu'aucune action immédiate n'était envisagée pour «africaniser» une armée jusqu'alors exclusivement commandée par des officiers belges, les troupes congolaises se sont mutinées. Des Blancs ont été agressés et violés, et les technocrates qui dirigeaient l'administration du pays se sont rués sur l'aéroport.

Le Premier ministre Lumumba a nommé Mobutu chef d'état-major. Ce dernier a fait le tour des bases militaires, mettant en avant sa propre expérience dans l'armée pour convaincre les soldats de regagner les casernes. Cependant, cette mutinerie n'était pas le seul souci de Lumumba. Des paras belges avaient atterri et les Congolais voyaient là des signes d'une seconde colonisation. Puis, encouragées par l'ancienne puissance coloniale déterminée à conserver un accès aux ressources minérales du Congo, la province du Katanga, productrice de cuivre, puis celle du Kasaï, riche en diamants, ont fait sécession. Le nouvel État semblait condamné à s'effondrer.

L'ONU a répondu à cette crise avec une rapidité extraordinaire. Son empressement, tout comme les hordes de journalistes qui ont déboulé au Congo pour couvrir les événements, donne une idée des espoirs immenses que l'Occident nourrissait en Afrique à cette époque. Cela peut paraître difficile à imaginer dans les années 2000, où la menace de fragmentation nationale planant de nouveau sur le pays éveille à peine un soupçon d'intérêt, mais le Congo des années 1960 faisait la une dans le monde entier.

Les premières troupes de l'ONU ont atterri à Léopoldville le lendemain de l'appel lancé au Conseil de sécurité par Lumumba et le président Joseph Kasavubu, pour agression étrangère. Mais Lumumba, qui espérait qu'une force internationale permettrait d'étouffer les mouvements sécessionnistes dans le Sud, a été amèrement déçu par le mandat limité de cette dernière, qui lui interdisait de se mêler des conflits internes du Congo.

Se sentant trahi par l'Occident, Lumumba s'est alors tourné vers l'Union soviétique, demandant l'envoi d'avions-cargos, de camions et d'armes pour anéantir les ambitions séparatistes dans le Kasaï et le Katanga. Nikita Khrouchtchev s'est fait une joie d'accepter. L'aide militaire est cependant arrivée trop tard pour empêcher une débâcle sanglante dans le Kasaï, où l'armée congolaise a perdu les pédales et massacré des centaines de Luba. Mais pour Washington, ce qui comptait, c'était que Moscou, pour la première fois, intervenait militairement dans un conflit bien éloigné de ses propres frontières. Cela représentait une escalade dangereuse sur l'échiquier de la guerre froide.

«J'avais posté un petit Congolais à l'aéroport pour recenser tous les Blancs qui descendaient d'un avion soviétique, par paquets de cinq, se souvient Devlin. En gros, un millier a débarqué sur une période de six semaines. Ils étaient là en tant que "conseillers techniques", avec des affectations dans tous les ministères. Pour moi, ils cherchaient clairement à prendre la suite. Ça semblait logique, quand on y réfléchissait une seconde. Les neuf voisins du Congo avaient leurs propres problèmes. Si les Soviets parvenaient à contrôler le pays, ils pourraient l'utiliser comme base, faire venir des Africains, les former au sabotage et à d'autres tactiques militaires, avant de les renvoyer chez eux pour accomplir leur devoir. J'étais déterminé à l'empêcher. »

Une telle argumentation devait par la suite justifier plus de trois décennies de soutien américain. Mais si pour Washington, Lumumba affichait une ressemblance de plus en plus inquiétante avec Fidel Castro, Devlin lui-même, de façon ironique, n'a jamais cru à la conversion de Lumumba à la cause soviétique. « Pauvre Lumumba. Il n'avait rien d'un communiste. C'était juste un malheureux qui se disait : "Je peux me servir de ces gens". J'avais connu ça en Europe de l'Est. Ça n'avait pas très bien marché pour eux et ça n'a pas très bien marché pour lui non plus. »

La vague d'arrivées soviétiques a provoqué l'effondrement des relations déjà tendues entre Lumumba et Kasavubu, le léthargique président du Congo. Trop souvent par la suite, la scène politique congolaise devait ressembler à une de ces farces hystériques, dans lesquelles des policiers rougeauds armés de matraques en caoutchouc ne savent plus où donner de la tête, recevant sans cesse des ordres contradictoires. « Je suis le chef d'État. Arrêtez cet homme ! » « Non, c'est MOI le chef. Cet homme est un imposteur. Arrêtez-le ! » Sauf que la réalité était plus dangereuse qu'amusante. Lors d'un épisode surréaliste, le Premier ministre et le président ont tous deux annoncé à la radio qu'ils limogeaient l'autre. Mobutu se retrouvait dans une position impossible, avec deux supérieurs lui ordonnant simultanément de placer son rival en détention.

Le chef d'état-major était déjà mécontent du tour que prenaient les événements. « Les Russes étaient d'une stupidité brute. Ce qu'ils faisaient était tellement évident, s'émerveille Devlin. Ils envoyaient des gens sermonner les soldats. C'était la propagande la plus grossière, du marxisme des années 1920, imprimée au Ghana en anglais, langue que les Congolais ne comprenaient pas. Mobutu est allé trouver Lumumba et a dit : "Ne laissons pas ces gens se mêler de l'armée". Lumumba a répondu : "D'accord, d'accord, je m'en occupe". Mais il ne l'a jamais fait. Ça a continué et Mobutu a fini par penser : "Je n'ai pas combattu les Belges pour laisser mon pays être colonisé une seconde fois". »

Le rôle exact joué par Devlin dans les événements qui ont suivi n'est pas clair. Les échanges de câbles entre Léopoldville et Washington à l'époque indiquent qu'il a reçu à la mi-août 1960 le feu vert pour une opération visant à « remplacer Lumumba par un groupe pro-occidental ». Malgré son affabilité,

Devlin demeure lié par des clauses de confidentialité et il n'a que mépris pour les agents qui laissent fuiter des secrets gouvernementaux. Tout ce qu'il admet, c'est que c'est pendant cette période dramatique qu'il a vraiment appris à connaître Mobutu. Le commandant de l'armée était déjà soutenu par les ambassades occidentales – dont les conseils avaient d'autant plus de poids que c'était elles qui l'aidaient à payer ses troupes indociles –, par le président Kasavubu, le corps étudiant et ses propres hommes. Le chef de poste de la CIA a sans doute fait appel à ses talents de persuasion, acquis grâce à ses années passées à «retourner» le personnel soviétique, face à un Mobutu qui abordait un des tournants les plus difficiles de sa vie.

L'issue, selon Devlin, n'a rien de surprenant. Le 14 septembre 1960, Mobutu a neutralisé à la fois Kasavubu et Lumumba, lors de ce qu'il a décrit comme une «révolution pacifique», dont le but était de donner aux politiques civils une chance de se calmer et de régler leurs différends. Les agents du bloc soviétique se sont vu accorder quarante-huit heures pour plier bagage. L'énorme domino africain n'était pas tombé : le Congo n'avait pas fini entre les mains soviétiques.

C'était exactement ce que Washington espérait. Toutefois, Devlin rejette l'idée que Mobutu ait pu être utilisé par les Américains. «Il n'a jamais été une marionnette. Quand il sentait que quelque chose allait à l'encontre des intérêts du Congo, il refusait. Quand ça servait les intérêts de son pays, il acceptait de jouer le jeu. Il a toujours été indépendant. Simplement, à un moment donné, nous allions dans la même direction.» Comme de nombreux commentateurs de l'époque, Devlin est encore convaincu que Mobutu éprouvait une réticence sincère à prendre le pouvoir en 1960. À ses yeux, c'était un jeune homme posé de vingt-neuf ans, propulsé sur le devant de la scène par une absence de leadership et une cascade d'événements désordonnés, plutôt que par l'ambition personnelle. Une telle humilité ne devait pas durer bien longtemps.

***

Qui était donc cet homme qui a tant impressionné Devlin et les diplomates qui circulaient, verre à la main et oreilles grandes ouvertes, lors de cette réception à Bruxelles ?

Joseph Désiré Mobutu est né le 14 octobre 1930 à Lisala, ville au centre du Congo, traversée par le fleuve large et profond après sa grandiose boucle à travers la moitié du continent. Mobutu a toujours affirmé que cette proximité précoce avec le fleuve lui avait conféré un amour viscéral de l'eau. «On peut dire que je suis né sur le fleuve [...] Dès que je le peux, je vis sur le fleuve qui, pour moi, représente la majesté de mon pays.»

Il appartenait à l'ethnie des Ngbandi, un des plus petits groupes sur les 250 que compte le Congo. Selon les anthropologues, les Ngbandi sont originaires des régions soudanaises centrales du Darfour et du Kordofan, régulièrement prises pour cible par les conquérants arabes musulmans à partir du XVIe siècle. Fuyant les raids esclavagistes et l'islamisation, ses ancêtres animistes ont filé vers le sud pour gagner le cœur équatorial du continent, où ils ont à leur tour soumis les Bantous qui habitaient là. Bien à l'abri de la sombre forêt qui devait terrifier tant d'explorateurs occidentaux, ils se sont mêlés aux ethnies locales et les Ngbandi – qui tirent leur nom d'un guerrier légendaire – ont graduellement acquis une identité spécifique. Il en a résulté un réseau lâche de tribus guerrières parlant la même langue et vivant à cheval sur l'Ubangi, affluent du grand fleuve Congo, un pied dans l'actuelle République centrafricaine, et l'autre, au Congo.

Comme tous les autocrates, Mobutu a par la suite mythifié sa propre enfance. Dans un de ses récits presque certainement apocryphes, il se décrivait en train de marcher dans la forêt avec son grand-père, lorsqu'un léopard avait surgi du sous-bois. Effrayé, le garçon avait battu en retraite. Le grand-père l'avait grondé et le jeune Mobutu, honteux et piqué au vif, s'était emparé d'une lance pour tuer le félin. « Depuis ce jour, je n'ai plus peur de rien », affirmait Mobutu. Il devait se servir de l'animal au centre de cette fable initiatique comme d'un insigne personnel, un symbole de fierté, de force et de courage. C'est aussi l'origine de ses emblématiques toques en peau de léopard que, dans une curieuse alliance de machisme et de décadence, il faisait confectionner à Paris par un grand couturier et dont il gardait en permanence sous la main au moins sept exemplaires.

La vérité sur sa jeunesse est toutefois un peu moins romanesque. Certains de ses contemporains se souviennent qu'avant l'indépendance, les gens de la ville aimaient se moquer des Ngbandi, ethnie perdue dans les zones les plus reculées de l'Afrique et composée de bouseux rustiques qui venaient juste de renoncer aux pagnes pour adopter les vêtements occidentaux. Bons chasseurs, certes, mais sérieusement en mal de raffinement citadin.

Par la suite, Mobutu a veillé à changer tout cela. Néanmoins, durant son enfance, il appartenait à une ethnie considérée comme « sous-évoluée ». Il partageait avec de nombreux puissants une conscience aiguë de l'humilité de ses origines. C'était pour lui une source de ressentiment qui le poussait sans cesse, mais en vain, à tenter de prouver sa supériorité. Et comme si le fardeau de ses racines ethniques ne suffisait pas, un autre élément venait éroder l'assurance de ce jeune homme impressionnable : son ascendance.

Sa mère, Marie-Madeleine Yemo, qu'il adorait, était pour le moins une femme d'expérience. Elle avait déjà deux enfants d'une précédente relation, quand sa tante, dont l'union avec un chef de village ne produisait aucune descendance, s'était arrangée pour lui faire rejoindre le harem de son mari. Elle devait en quelque sorte servir de reproductrice de substitution, pratique qui, bien que strictement en accord avec la coutume locale, a certainement été source de rancœur et d'humiliation pour les deux épouses.

Mama Yemo, comme elle serait par la suite surnommée, avait donné deux enfants au chef, puis des jumeaux qui étaient morts. Soupçonnant sa tante de sorcellerie, elle s'était enfuie à pied à Lisala. C'est là qu'elle avait fait la connaissance d'Albéric Gbemani, cuisinier chez un juge belge. Le couple avait organisé un mariage religieux *in extremis*, deux mois avant la naissance de Joseph Désiré Mobutu. Le nom du garçon, avec ses connotations guerrières, lui venait d'un oncle.

Par la suite, lorsque Mobutu évoquerait ses jeunes années, il aurait plus à raconter sur la gentillesse dont faisait preuve la femme du juge, qui s'était prise d'affection pour lui et lui avait appris à lire, écrire et parler couramment le français, que sur son propre père, rarement mentionné. « Elle m'a adopté, si on veut. Il faut le considérer dans son contexte historique : une Blanche, une Belge, qui tient la main d'un petit garçon noir, le fils de son cuisinier, dans la rue, dans les magasins, en public. C'était exceptionnel. »

Étant donné qu'Albéric est mort alors que Mobutu avait tout juste huit ans, il n'est peut-être pas surprenant qu'on ait aussi peu de détails sur lui. Toutefois, ce vide serait par la suite du pain béni pour les détracteurs de Mobutu, qui le caricaturerait comme un bâtard né d'une femme à peine plus respectable qu'une prostituée.

Comme sa mère dépendait de la générosité de ses proches, éparpillés aux quatre coins du pays, pour subvenir aux besoins de ses nombreux enfants, Mobutu a alors connu une vie d'itinérance. Il alternait des phases où il était livré à lui-même et aidait aux travaux des champs avec des intermèdes dans des écoles tenues par des missionnaires. Il affirmerait par la suite que c'est ce bain religieux qui a nourri sa ferveur catholique, même si, comme pour beaucoup de Congolais, le christianisme n'a jamais éradiqué la croyance africaine dans le monde des esprits. Cela faisait d'ailleurs de lui un dirigeant profondément assujetti aux conseils des marabouts.

Mobutu a fini par s'installer chez un oncle à Coquilhatville (aujourd'hui Mbandaka), centre administratif colonial en plein essor. Il est tout à fait courant en Afrique pour des familles rurales de confier leurs rejetons surnuméraires à des proches vivant en ville, qui ont alors la responsabilité de les élever et de les envoyer à l'école. Cette générosité, qui laisse en général les Occidentaux perplexes, illustre parfaitement le concept de la famille élargie, lequel assure que le succès d'un individu profite au plus grand nombre. Cependant, la charge est souvent trop lourde et les enfants concernés n'ont pas une existence facile. Pour Mobutu, la vie était rude. C'est peut-être l'austérité de cette période, quand il dépendait d'un parent pour se nourrir et se vêtir, qui explique l'amour de l'excès et les appétits effrénés dont il a fait preuve par la suite.

À Coquilhatville, il a fréquenté une école tenue par des Pères blancs et l'enfant, dont la précocité avait déjà été encouragée par une Blanche, n'a pas tardé à se faire remarquer. Physiquement, il était grand pour son âge, naturellement athlétique et très doué en sport. Mais il voulait dominer par d'autres moyens. « Il était très bon à l'école, toujours dans les trois premiers, se souvient un ancien camarade de classe qui jouait au foot avec lui dans la cour de l'école. Mais il faisait aussi partie des fauteurs de trouble. C'était le plus bruyant de tous. Les murs entre les salles étaient vitrés, si bien qu'on voyait ce qui se passait à côté. Il était tout le temps en train de faire le bazar. Ce n'était pas par méchanceté, il cherchait à faire rire les autres. »

Une de ses blagues favorites était de se moquer du français maladroit des prêtres belges, dont la plupart étaient flamands. « Quand ils faisaient une erreur, il bondissait de sa chaise pour leur faire remarquer et toute la classe éclatait de rire », raconte un de ses contemporains. Une autre farce consistait à lancer des boulettes de papier imbibées d'encre dans le dos du prêtre quand celui-ci se tournait vers le tableau pour écrire, dans le but de faire glousser les copains.

Par la suite, avec l'inquiétude caractéristique des parents de la classe moyenne, Mobutu inculquerait à ses enfants l'importance de l'instruction et de l'école. L'un de ces sermons a d'ailleurs eu lieu alors que la famille se trouvait à bord du yacht présidentiel, amarré non loin de Mbandaka. Pris d'une lubie, Mobutu a fait appeler les prêtres de son ancienne école et leur a ordonné de rapporter ses bulletins de notes. Par miracle, ces derniers existaient encore et Nzanga, l'un des fils de Mobutu, se souvient avec quelle fierté son père a montré à ses rejetons sceptiques que, sur le plan scolaire au moins, il n'était pas un empoté.

Étant donné ses excellents résultats, Mobutu, que ses camarades appelaient « Jeff », bénéficiait d'une certaine indulgence concernant son indiscipline. Cependant, la goutte de trop est tombée en 1949, lorsque le rebelle de l'école a embarqué clandestinement sur un bateau en partance pour Léopoldville, capitale de la musique, des bars et des femmes, et considérée par les prêtres comme « la ville du péché ». Là, Mobutu a rencontré une fille et, emporté par sa première expérience sexuelle d'importance, a décidé de prolonger son séjour. Au bout de plusieurs semaines, les curés ont fini par demander à un camarade de classe, Eketebi Mondjolomba, où donc était passé Mobutu.

« Comme nous vivions dans la même rue, j'étais censé savoir où il était et j'ai répondu, en toute innocence, qu'il était parti à Kinshasa », se souvient Eketebi, encore reconnaissant que Mobutu a, par la suite, pardonné avec bonne humeur cette indiscrétion de jeunesse – sans toutefois l'oublier. « À la fin de l'année, c'est une des raisons pour lesquelles il a été envoyé à la Force publique. C'était la punition que les prêtres et les chefs locaux réservaient aux éléments difficiles et têtus. »

Cette expulsion soudaine a été un véritable choc. Cela signifiait un apprentissage obligatoire de sept ans au sein d'une force armée encore entachée par une réputation de brutalité, acquise aux pires heures de l'ère Léopold. Pour Mobutu, en revanche, la force publique allait être une révélation. Là, sa nature rebelle a découvert la discipline et trouvé une figure paternelle de substitution en la personne du sergent Joseph Bobozo, mentor sévère, mais attentionné. Plus tard, bouffi d'excès et rongé par la méfiance envers son entourage, Mobutu évoquerait souvent avec nostalgie la routine austère de l'armée et la franche camaraderie des casernes. A posteriori, il considérerait cette période comme la plus heureuse de sa vie.

En vérité, Mobutu n'a jamais rien eu d'un véritable militaire, contrairement à ce qu'il aimait faire croire. Le plus important dans la construction de son paysage mental a été de réussir à parfaire son instruction pendant ses années dans la Force publique, en correspondant régulièrement avec les élèves de la mission, qui le tenaient soigneusement informé de la progression de leur scolarité. Pendant ses tours de garde ou les corvées, c'était un lecteur vorace qui épluchait les journaux européens des officiers belges, les publications universitaires reçues de Bruxelles et tous les livres qu'il trouvait. Une habitude qu'il a conservée toute sa vie. Il connaissait par cœur des passages entiers de la Bible. Par la suite, ses lectures préférées indiquaient clairement l'importance à ses yeux de prendre sa destinée en main : Charles de Gaulle, Winston Churchill et Nicolas Machiavel, auteur du *Prince*, le manuel du parfait petit autocrate.

Après avoir passé avec succès un diplôme de comptabilité, il s'est essayé au journalisme, activité déjà pratiquée à l'école, où il dirigeait le journal de la classe. Ensuite, il s'est marié. Marie-Antoinette, prénom tout à fait approprié pour la femme d'un futur monarque africain, n'avait que quatorze ans, mais dans la société traditionnelle congolaise, cela n'était pas considéré comme précoce. N'ayant toujours pas digéré ses querelles avec les Pères blancs, Mobutu a décidé de ne pas se marier à l'église. Sa contribution aux festivités – une caisse de bière – trahit la modestie de ses revenus à l'époque.

Les photos prises à cette période montrent un Mobutu pataud, tout en jambes, en oreilles et en lunettes, vêtu du short colonial qui le faisait plus ressembler à un scout qu'à un véritable soldat. Marie-Antoinette, encore toute jeune à ses côtés, fixe l'objectif avec un sourire timide. D'une loyauté sans faille, elle était toutefois une femme de caractère, qui ne s'est jamais laissé réduire au silence par l'influence grandissante de son mari. « Vous étiez en train de discuter avec lui et elle débarquait pour lui passer un savon, raconte Devlin. Elle n'était pas du tout impressionnée par Son Éminence, et lui basculait immédiatement au ngbandi en sa présence, parce qu'il savait que je comprenais le français et le lingala. »

Un colon belge avait lancé un nouveau magazine congolais, *Actualités Africaines*, et cherchait des collaborateurs. Comme Mobutu, membre actif des forces régulières, n'avait pas le droit d'exprimer publiquement des opinions politiques, il rédigeait ses articles sous un pseudonyme. Au moment où s'est posée la question de renouveler son contrat avec l'armée, il a préféré se mettre plus sérieusement au journalisme. Si ses premières missions consistaient, entre autres, à repérer des beautés congolaises, afin de remplir des pages pour son rédacteur en chef soucieux de ne pas déclencher de polémique, Mobutu a bientôt commencé à traiter de sujets un peu plus d'actualité, parcourant la ville sur son scooter pour dénicher l'information. Le monde s'ouvrait. Une visite à Bruxelles en 1958 pour couvrir l'Exposition universelle a été une révélation et il s'est arrangé pour prolonger son séjour, afin de suivre une formation en journalisme. À cette époque, il avait fait la connaissance des jeunes intellectuels congolais qui défiaient la vision complaisante de la Belgique sur l'avenir, organisaient des manifestations, prononçaient des discours et finissaient donc souvent en prison.

L'un d'eux en particulier, Lumumba, est devenu un ami proche. Les deux hommes partageaient de nombreuses caractéristiques : la foi en un Congo uni et fort, et un puissant ressentiment envers toute interférence étrangère. Grâce à l'influence de Lumumba, Mobutu, qui avait toujours clamé haut et fort sa neutralité politique, devait s'encarter au Mouvement national congolais, parti que Lumumba espérait bien voir transcender les loyautés ethniques pour rassembler tout le pays.

Dès cette époque, des interrogations planent au-dessus des motivations de Mobutu. Les jeunes Congolais qui étudiaient à Bruxelles étaient systématiquement contactés par les services secrets belges, en vue d'une coopération future. Plusieurs contemporains affirment que, lorsque Mobutu a franchi l'étape suivante dans sa carrière – passant de journaliste à secrétaire personnel et homme de confiance de Lumumba, décidant qui ce dernier rencontrait, organisant son emploi du temps et l'accompagnant aux négociations économiques à Bruxelles –, il espionnait pour le compte de la Belgique.

Quelles étaient donc ces qualités qui l'ont singularisé aux yeux de tant d'acteurs dans le jeu congolais ? Certains remarquaient son bon sens tranquille, un pragmatisme qui lui permettait de contenir l'excitable Lumumba, lorsque ce dernier se laissait emporter par sa propre rhétorique. Il avait également une capacité de travail notable : pendant les années de crises, Mobutu se levait régulièrement à 5 heures du matin pour travailler jusqu'à 22 heures. Toutefois, la caractéristique qui, plus que tout autre, a fini par lui valoir le contrôle de l'armée a sans doute été un courage brut, qu'il attribuait à ce démêlé avec le léopard durant son enfance.

Pour mater la mutinerie de 1960, il a fallu s'adresser à des centaines de soldats furieux et ivres qui venaient de piller le stock d'armes des casernes, et les faire rentrer dans le rang par la seule force du tempérament. C'est Mobutu qui s'est acquitté de la tâche. De façon compréhensible, de nombreux politiciens civils avaient à plusieurs reprises refusé de s'y coller. « J'ai vécu assez de guerres pour savoir quand un homme fait semblant et quand il est vraiment courageux, raconte Devlin. Et Mobutu possédait un réel courage. » Un jour, il l'a vu contenir une mutinerie au sein des forces de police. « Ils criaient, beuglaient et pointaient leurs armes sur lui, menaçant de tirer s'il faisait un pas de plus. Il a commencé à parler très tranquillement, sans hausser le ton, jusqu'à ce qu'ils se taisent. Ensuite, il est passé parmi eux pour leur prendre leurs fusils, un par un. Croyez-moi, c'était sacrément impressionnant. »

Cette qualité devait être mise à l'épreuve de façon répétée. La tentative d'assassinat déjouée par l'intervention de Devlin n'a été que la première des cinq survenues dans la semaine qui a suivi la « révolution pacifique » de Mobutu. Le danger était tel que ce dernier a fini par envoyer sa famille en Belgique. Marie-Antoinette a déposé les enfants et est revenue vingt-quatre heures plus tard, refusant d'abandonner son mari. « S'ils le tuent, il faudra qu'ils me tuent aussi », a-t-elle décrété à des amis.

Qu'est-ce qui constitue le charme ? Une présence, une capacité à captiver, une conviction innée de sa propre unicité, combinées dans la plupart des cas au talent de faire croire à son interlocuteur qu'il a votre attention totale et qu'il a tiré de cette discussion quelque chose d'indéfinissable. Cette disposition, quelles qu'en soient les composantes, était visible dès le début chez Mobutu, mais elle s'est épanouie au fur et à mesure que son pouvoir grandissait et qu'il gagnait en confiance. Au début des années 1960, les observateurs européens le qualifiaient de « doux colonel », suggérant un certain manque d'assurance. Néanmoins, il restait assez remarquable pour que Francis Monheim, journaliste belge couvrant les événements, estime qu'il méritait une hagiographie précoce. Ceux qui l'ont croisé, qu'ils l'adorent ou le haïssent, oubliaient rarement la rencontre. Et tous évoquaient un charisme extraordinaire.

« Je n'ai jamais vu de photo de Mobutu qui lui rende justice, qui reflète son caractère formidable, affirmait Kim Jaycox, l'ancien vice-président pour l'Afrique de la Banque mondiale, qui a rencontré Mobutu de nombreuses fois. C'est comme prendre en photo un flamboyant. Impossible de capturer l'impact réel de la couleur de cet arbre. Sur les photos, il avait l'air un peu terne et dépourvu d'intelligence. Or quand on se trouvait en sa présence, à discuter d'un sujet qui avait de l'importance à ses yeux, on voyait soudain cette personnalité tout à fait extraordinaire, une sorte de luminosité. Peu importe ce que vous pensiez de son attitude ou de ce qu'il faisait au pays, on comprenait pourquoi c'était lui qui commandait. »

Il avait le chic pour les actions grandioses, un certain panache qui frappait les imaginations. En s'envolant pour la région du Shaba (actuel Katanga) pour y couvrir les invasions des années 1970, les journalistes étrangers s'apercevaient parfois avec stupeur à l'atterrissage que c'était le président en treillis qui avait piloté leur avion militaire, pour bien montrer qu'il avait son brevet.

Il possédait aussi certains traits de caractère qui comptent beaucoup pour le réseautage politique et les jeux d'influences, que ce soit en démocratie ou dans un État à parti unique. Mobutu avait une mémoire phénoménale : après la plus brève des entrevues, il était en mesure, même s'il recroisait son interlocuteur de nombreuses années plus tard, de se souvenir de son nom, de sa profession et de son affiliation tribale. « C'était extraordinaire, évoque Honoré Ngbanda, ancien secrétaire présidentiel, chargé pendant des années de briefer Mobutu avant ses réunions. Que ce soit une image ou un événement, il se souvenait de choses qui s'étaient produites dix ans plus tôt : la date, le jour et l'heure. Il avait une mémoire d'éléphant. »

Mobutu possédait un autre trait assez fréquent chez les charmeurs manipulateurs : il savait exactement ce que chacun attendait de lui, présentant à ses interlocuteurs un miroir qui reflétait leurs propres désirs, convainquant chacun qu'il avait parfaitement compris leur situation et qu'il était de leur côté. « Il pouvait traiter les gens avec des gants de velours ou bien avec une poigne de fer, se souvient un ancien Premier ministre qui a connu plus souvent la poigne de fer. C'était différent avec chaque personne. Il était très doué pour adapter sa réponse à chaque individu. »

On était loin des postures rigides qui avaient condamné Lumumba. Mobutu pouvait tergiverser pendant des jours, laissant ses collaborateurs dans un état d'ambivalence impossible, incapables de savoir finalement quelles instructions avaient été données. C'était le revers de cette souplesse. Pendant que ses subordonnés s'efforçaient d'anticiper ses désirs, lui prenait la température du moment, prêt à virer de bord avec tout le panache d'un acteur né. « Il était très doué pour jouer la comédie, a reconnu un contemporain. Il pouvait être absolument furieux et, deux minutes plus tard, quand il voyait que ce n'était pas comme ça qu'il fallait faire, il changeait du tout au tout. »

Enfin, il y avait son humour, sardonique, opportun et clairvoyant, qui s'est affiné au fur et à mesure que la situation se dégradait. Lorsqu'on réécoute la conférence de presse de Biarritz, où Mobutu a dû répondre à des questions hostiles sur les droits de l'homme ou la corruption, il est difficile de ne pas ressentir une certaine forme d'admiration pour cette politesse impeccable, cette fausse innocence et cette ironie qui relayent toutes le même message de défi : je sais à quoi vous jouez, et je suis bien trop vieux et trop malin pour me laisser prendre.

***

Tel était donc l'homme qui a pris le contrôle du Congo en septembre 1960. Il a ensuite tenu parole et passé rapidement le relais à un collège de commissaires généraux – composé des quelques diplômés de l'université que comptait le pays –, censé diriger l'État pendant que les politiciens évaluaient les problèmes du Congo. Avec quatre gouvernements proclamés – un à Stanleyville, dans l'est du Congo, loyal à Lumumba fraîchement évincé ; un dans le Katanga, sous les ordres de Moïse Tshombe et soutenu par les Belges ; un dans le Kasaï, avec Albert Kalonji ; et un à Léopoldville, avec le président Kasavubu –, la fragmentation du pays ne représentait pas qu'une simple menace théorique. Mais un événement était sur le point de tout changer : la disparition de l'acteur sans doute le plus important dans ce jeu.

En l'espace de quelques mois, Lumumba avait réussi à scandaliser les Belges en insultant leur roi, à consterner l'Occident avec son flirt avec Moscou et à se mettre à dos les Nations unies. Il avait aussi effrayé ses anciens collègues en organisant une série de tentatives d'assassinat foireuses contre ses adversaires congolais. Quand Mobutu a pris les rênes, Lumumba s'est retrouvé en prison, mais sa capacité napoléonienne à galvaniser les foules et à convertir les hésitants à sa cause – parfois même ses propres geôliers – le rendait toujours dangereusement imprévisible.

En août de la même année, le directeur de la CIA en personne a annoncé à Devlin que l'élimination de Lumumba devenait un « objectif urgent et prioritaire », instruction qui pouvait tout aussi bien signifier encourager les rivaux de Lumumba à renverser ce dernier via des moyens légaux, que financer un coup d'État. Peu après la prise de pouvoir de Mobutu, Devlin a été informé par son quartier général qu'un certain « Joe de Paris » devait débarquer à Léopoldville en mission urgente. « On m'a dit que je le reconnaîtrais et c'était vrai. Il attendait dans un bar en face de l'ambassade et nous avons rejoint ma voiture pour nous rendre dans un endroit plus discret pour discuter. » L'homme en question était un éminent scientifique de la CIA, arrivé à Kinshasa avec un poison destiné à Lumumba, que Devlin devait glisser dans la nourriture du Premier ministre ou dans son dentifrice. La substance avait été ingénieusement conçue pour transmettre une des maladies endémiques de l'Afrique centrale, afin que le décès de Lumumba passe pour un déplorable accident. « Bon sang, mais ce n'est pas un peu singulier ? » s'est étonné Devlin. Joe de Paris a reconnu que si, mais que l'autorisation venait du président Eisenhower en personne.

C'est une mission que Devlin, pourtant habituellement consciencieux, n'a jamais pu se résoudre à accomplir. Il insiste – et il a même témoigné devant le Sénat américain à ce sujet –, sur le fait que s'il n'avait aucune objection morale sur le principe d'assassinat politique, quand les circonstances l'exigeaient, il n'a jamais jugé la mort de Lumumba comme une mesure nécessaire. D'ailleurs, il n'avait jamais eu l'intention de passer à l'acte. « Si j'avais eu Hitler dans ma ligne de mire en 1941 et que j'avais appuyé sur la gâchette, il y aurait eu peut-être 20 ou 30 millions de personnes vivantes en plus aujourd'hui. Mais je n'ai jamais trouvé que c'était justifié dans le cas de Lumumba. J'espérais que les Congolais régleraient ça entre eux, d'une façon ou d'une autre. »

Il faut signaler qu'aucune trace de ces scrupules ne transparaît dans les câbles que Devlin envoyait à l'époque. On est donc en droit de se demander s'il a autant hésité qu'il veut le faire croire ou bien s'il a simplement expurgé sa version des faits au fil du temps. Bien qu'il ait accès à l'entourage de Lumumba, Devlin tergiversait. Les mois sont passés, tandis que la CIA envisageait des scénarios d'assassinat les uns après les autres. Devlin a fini par jeter le poison dans le fleuve Congo. « J'avais ce maudit truc dans un tiroir et je voulais m'en débarrasser. »

Pendant ce temps, Lumumba prouvait qu'il continuait à représenter une menace en organisant une évasion spectaculaire de sa prison. Recapturé, il a été transféré dans une base militaire, de laquelle il a été brièvement libéré, quand les soldats se sont mutinés. Finalement, les Américains et les Belges ont trouvé l'issue qu'ils espéraient depuis le début et dont ils tentaient de précipiter la venue. Exaspérés par les talents houdinesques de Lumumba, Kasavubu et les commissaires ont expédié le Premier ministre dans le Sud, chez ses ennemis de toujours. Le 17 janvier 1961, Lumumba et deux collaborateurs ont embarqué à bord d'un avion en partance pour le Katanga. Pendant la descente, les soldats luba qui l'accompagnaient se sont vengés du massacre de leurs congénères par l'armée de Léopoldville, l'année précédente, en frappant leurs prisonniers avec une telle brutalité que le personnel de bord belge, horrifié, s'est enfermé dans le cockpit pour ne plus rien entendre. À l'approche d'Élisabethville, le pilote a contacté par radio la tour de contrôle et annoncé : «J'ai trois précieux colis à bord». À l'atterrissage, les détenus ont été emmenés pour être tués, presque certainement abattus devant les plus hauts représentants du Katanga et leurs collaborateurs belges.

Les sécessionnistes congolais avaient accompli le sale boulot pour la CIA. Devlin insiste sur le fait qu'il n'a appris que trop tard le départ de Lumumba. Quant à Mobutu, personne n'a jamais été en mesure de prouver sa complicité dans ces meurtres. Dans son récit adorateur, le Belge Francis Monheim affirme, sans convaincre, que Mobutu n'a jamais été informé du transfert du prisonnier. Il est pourtant presque impossible que le chef de l'armée, l'homme qui détenait réellement le pouvoir dans le pays, ait pu ignorer des événements d'une telle gravité. «Je ne peux pas croire qu'il n'était pas impliqué, confesse Devlin. Mais c'était le genre de questions qu'on ne posait simplement pas à cette époque. »

Peu importe qui a appuyé sur la gâchette. Aux yeux des lumumbistes et de nombreux Zaïrois, Mobutu a toujours porté la responsabilité morale de ce meurtre, tandis que, dans le rôle de Iago, les puissances occidentales soufflaient leurs instructions en coulisses. Par la suite, la décision de Mobutu de faire ériger un monument à la mémoire du premier Premier ministre du pays a été considérée comme un acte d'un cynisme extraordinaire, presque orwellien dans son intention apparente de réécrire l'histoire. Évidemment, le lien entre Lumumba et Mobutu respecte le schéma d'une des plus grandes paraboles de l'humanité : les frères unis, les meilleurs amis qui finissent par tenter de se détruire, leur intimité antérieure les rendant encore plus implacables dans leur haine que deux étrangers ne pourraient jamais l'être. C'est le drame de Romulus et Rémus, de Caïn et Abel, de Macbeth et Banquo. Lors d'un épisode survenu au cours des années précédentes, Lumumba, très agité, s'est retourné vers son camarade qui venait de l'empêcher de s'adresser à l'armée et lui a murmuré d'une voix triste : «C'est toi, Joseph, qui dit ça ? » Et Mobutu a répondu : «Oui, c'est moi. J'en ai assez. » L'équivalent des années 1960 du «*Et tu, Brute?*», prononcé par Jules César, trahi, juste avant de mourir.

Lumumba a pourtant d'abord été l'élément dominant de ce duo, le plus célèbre, le plus charismatique, le plus sophistiqué sur le plan politique, et de loin le plus idéaliste. Mais il manquait de pragmatisme et c'était le point fort de Mobutu.

Le corps de Lumumba n'a jamais été retrouvé. Il a probablement été découpé en morceaux, la tête dissoute dans une cuve d'acide sulfurique par une équipe de nettoyage belge, envoyée pour éliminer toute trace des assassinats[7]. Cependant, une autre théorie, encore plus fantasque, a circulé : les collaborateurs de Mobutu, terrifiés que l'esprit de Lumumba puisse survivre, ont consulté un sorcier pour savoir comment détruire ses pouvoirs surnaturels. Sur les instructions de ce dernier, ils ont divisé le corps et affrété un C130 qui a survolé à basse altitude les frontières de l'immense pays pour éparpiller les fragments. C'était la seule façon, selon le marabout, d'empêcher l'esprit de Lumumba de se rassembler et de revenir défier son ancien ami.

La mort de Lumumba a supprimé un homme dont la présence aurait toujours représenté une menace contre le pouvoir en place. En revanche, elle n'a pas mis fin à la tourmente politique du Congo. Happées par les tentatives du gouvernement congolais pour rétablir l'intégrité territoriale, les Nations unies se sont embourbées dans des batailles rangées contre une force mercenaire recrutée par le Katanga. Cela leur a même coûté leur secrétaire général, Dag Hammarskjöld, tué dans le crash de son avion, alors qu'il se rendait à une énième séance de négociations.

Une fois le Katanga et le Kasaï mis au pas, le gouvernement s'est retrouvé confronté à une nouvelle vague de soulèvements marxistes anti-occidentaux dans l'Est. C'est à cette occasion qu'un jeune rebelle du nom de Laurent Kabila – dont le penchant pour les femmes et la bouteille avait exaspéré Che Guevara, le révolutionnaire argentin venu offrir son aide à ses frères africains – a brièvement joué un rôle, avant de disparaître du devant de la scène. Mais le monde occidental se préoccupait plus des horreurs survenues à Stanleyville, où des mercenaires blancs et des paras belges n'ont pas réussi à empêcher le massacre de 200 Européens retenus en otage par les rebelles. Après cela, plus jamais les dirigeants occidentaux, et même la communauté occidentale de façon générale, ne regarderaient l'Afrique avec l'optimisme joyeux de l'après-guerre.

Pendant ce temps, Mobutu, chef des forces armées, observait et attendait, présence discrète derrière les gouvernements civils faibles et divisés qui se succédaient. En octobre 1965, une nouvelle impasse politique a immobilisé le pays, avec Kasavubu limogeant Tshombe, le rebelle devenu Premier ministre, à l'approche des élections. Mobutu était alors souvent invité chez les Devlin.

---

7. En 1999, le sociologue belge Ludo De Witte a publié *De moord op Lumumba* (*L'assassinat de Lumumba*, 2000, Karthala), qui élucide les questions restantes sur sa mort. Il révèle que Lumumba et ses collègues ont été abattus, un par un, par un peloton d'exécution, sous le regard des dirigeants du Katanga et d'officiers belges. Chargé de faire disparaître les preuves, le policier belge Gerard Soete a dissous le corps dans de l'acide, récupérant au passage une couronne en or comme souvenir. Cet ouvrage a déclenché une enquête parlementaire à Bruxelles, qui a conclu que la Belgique n'avait pas ordonné l'assassinat de Lumumba, mais qu'elle était «moralement responsable» de sa mort. Un tribunal belge a décrété que la dent devait être restituée à la famille de Lumumba.

Les deux familles se connaissaient et Mobutu s'était même pris d'affection pour la plus jeune fille du chef de poste de la CIA, laquelle aimait lui chiper son calot et son stick d'officier pour parader. Toutefois, Devlin maintient qu'il n'est responsable en rien de ce qui est survenu en novembre 1965 et qu'il n'a jamais apporté le moindre conseil à ce sujet à Mobutu. « La position américaine et la position britannique étaient qu'ils ne voulaient pas d'un coup d'État. Ils voulaient Kasavubu comme président et Tshombe comme Premier ministre. Je l'ai dit à Mobutu, qui a souri et répondu : "Un ticket Johnson-Goldwater, vous voulez dire ?" (une alliance électorale démocrates-républicains qui aurait unifié les deux principaux partis politiques américains) J'ai répondu : "Oui" et il a dit : "D'accord". Le lendemain, à 5 heures du matin, j'ai appris qu'il venait de faire un coup d'État. »

Cette fois, malgré la promesse de remettre le pouvoir aux civils au bout de cinq ans, Mobutu n'avait pas l'intention de tirer poliment sa révérence. Il était décidé à rester – ce qu'il fera, pendant trente-deux ans. A posteriori, il est facile d'oublier aujourd'hui que la seconde prise de pouvoir de Mobutu a été accueillie favorablement, et pas seulement par les alliés étrangers qui espéraient une personnalité plus sûre et pro-occidentale à la barre. Dépités par les cinq longues années de querelles et de guerre, les Congolais avaient perdu toute foi en l'efficacité de la lutte armée. Ils aspiraient à une stabilité que les politiques civils semblaient incapables d'atteindre. C'est cette capacité à offrir justement une telle permanence qui devait rendre Mobutu immensément populaire pendant de nombreuses années.

En 1967, Devlin est parti au Laos, où, suite à une opération de terrain particulièrement risquée, il s'est vu accorder la Distinguished Intelligence Medal, qu'il porte avec une fierté discrète. Il n'est retourné à Kinshasa qu'en 1974, après avoir quitté de la CIA. Étant donné la célébrité acquise malgré lui au Congo, il n'a pas pris la peine de se faire discret. « On peut prendre sa retraite de l'agence et bénéficier d'une couverture, si on veut. Mais je leur ai dit que dans mon cas, c'était un peu comme si une prostituée qui avait travaillé dans le même quartier pendant vingt ans revenait en habits de bonne sœur. » Il a été embauché par Maurice Templesman, discret marchand de diamants. Il avait beau brandir une lettre du directeur de la CIA affirmant qu'il ne dépendait plus de l'Agence, Mobutu continuait à l'inviter chez lui. « Je voulais qu'il soit clair que je n'étais plus aux affaires. Mais il aimait se servir de moi comme caisse de résonance et peut-être parfois pour transmettre des messages à Washington. »

En 1974, Mobutu a beaucoup changé. L'austérité des casernes a laissé la place au confort de la villa présidentielle sur Ngaliema, la colline surplombant les chutes Stanley, ou le palais bourgeonnant de Gbadolite. Certes, il se levait encore à 5 heures du matin. Mais Mobutu, qui jusque-là n'avait été exposé qu'à la bière, avait développé un penchant pour l'alcool. Et pour afficher le luxe qu'il considérait à présent comme son dû, il avait choisi le champagne rosé, comme une star hollywoodienne. «Il avait déjà viré, il était paranoïaque, convaincu de sa propre infaillibilité. Il était entouré de béni-oui-oui qui lui répétaient constamment à quel point il était merveilleux, brillant, incroyable et combien son esprit était extraordinaire. Ça me faisait toujours penser aux histoires que j'avais lues sur la cour de Henri VIII ou de Louis XIV.»

Comme beaucoup d'hommes de son époque, Devlin estime n'avoir aucune excuse à donner pour des décisions politiques prises par le passé. C'est trop facile, insiste-t-il, pour une nouvelle génération d'oublier les véritables impératifs de la période. «Vous êtes trop jeune pour vous souvenir vraiment de la guerre froide. Mais c'était un conflit très dur et Mobutu a joué un rôle assez important pour bloquer Khrouchtchev. Il était l'homme qu'il fallait pour le Congo à ce moment-là.»

Toutefois, il n'était pas aveugle au point de ne pas comprendre quel genre d'homme le «doux colonel» était devenu dans les années 1970. «Lord Acton l'a exprimé très exactement : "Le pouvoir corrompt et le pouvoir absolu corrompt absolument".»

Chapitre 4
Panier de crabes

« Si tu trouves de la merde dans le village, c'est le chef qui l'a mise là. »

Proverbe du Bas-Congo

« Il n'y a pas d'opposants au Zaïre, parce que la notion d'opposition n'a pas sa place dans notre univers mental. En fait, il n'y a aucun problème politique au Zaïre. »

Mobutu Sese Seko

Depuis 1988, un mouvement rebelle fanatique, baptisé la Lord's Resistance Army (LRA, l'Armée de résistance du Seigneur), sévit dans le nord pauvre de l'Ouganda. Mené par Joseph Kony, un ancien enfant de chœur fêlé qui prétend vouloir diriger le pays selon les dix commandements de la Bible, ce mouvement est aussi craint que haï par les habitants, à cause des atrocités qu'il commet.

Malgré son impopularité, la LRA parvient à mettre le gouvernement ougandais en difficulté, contrariant les forces régulières envoyées pour l'arrêter et bloquant tout développement dans la région. Son succès peut en partie s'expliquer par la technique singulièrement déplaisante utilisée pour recruter de nouveaux membres : une unité de la LRA cible une école et force les élèves à suivre les combattants. Les filles sont violées et prises pour femmes par les commandants de la LRA. On donne des baïonnettes aux garçons, avec l'ordre de tuer un camarade, qui a peut-être montré des signes d'hésitation. Une fois le crime commis, les enfants ont du sang sur les mains. Le dégoût qu'ils éprouvent envers eux-mêmes et la terreur qu'ils ont du châtiment qui les attend, si les anciens du village apprennent la vérité, les empêchent de retourner à la vie civile. Cette complicité forcée est une méthode terriblement efficace pour arracher la loyauté même aux plus réticents[8].

On retrouve un peu de cette technique – la tactique du vampire initiant sa dernière victime au monde secret des morts-vivants – dans la façon dont Mobutu a entrepris de consolider sa position, après avoir calmé la mutinerie au sein de l'armée. Dans les années qui ont suivi, il a eu recours à divers procédés pour asseoir son autorité, depuis la terreur au « diviser pour mieux régner », en passant par la démagogie pure et simple. C'est toutefois en flattant le plus formidable de tous les instincts humains – la cupidité – qu'il a obtenu le plus de succès et remporté l'adhésion d'une génération tout entière.

Membre d'une des plus petites ethnies, parmi les 250 du Congo, Mobutu savait qu'il ne pouvait compter sur le soutien spontané d'une des communautés plus conséquentes. Son pays était d'une taille impressionnante. Si les élans sécessionnistes avaient été contenus, les gouverneurs régionaux demeuraient indociles et les puissances voisines louchaient avec envie sur des portions de ce territoire que Mobutu parvenait à peine à contrôler. La probabilité de rester à la barre plus d'un an après son coup d'État paraissait bien mince.

Au début de son règne, les personnes soupçonnées de chercher à renverser l'autorité en place étaient pendues en public. La population était encouragée à venir assister à cet épouvantable spectacle, donné en plein air. Pierre Mulele, le chef rebelle qui avait défié le pouvoir central dans l'Est, a renoncé à son exil, appâté par des promesses d'amnistie. À son retour, il a été torturé à mort par des soldats, énucléé, émasculé, puis ses membres ont été amputés un par un, pendant qu'il agonisait ; ses restes ont été jetés dans le fleuve.

Il s'agissait cependant des méthodes grossières et traditionnelles d'un nouveau leader cherchant à montrer qui était le patron. Vers le milieu des années 1970, Mobutu était devenu plus subtil. Pourquoi tuer ses ennemis, alors qu'il suffit d'un petit encouragement financier pour qu'ils acceptent de vendre leur âme ? Cette approche s'accordait parfaitement avec la conception qu'il avait de son rôle de chef traditionnel : tel un parrain de la mafia, ce dernier doit être en mesure de prouver sa valeur à la communauté en des termes concrets. « Quand on va trouver le chef du village, on ne revient jamais les mains vides, aimait à dire Mobutu, qui distribuait des fonds à tout va, là pour une école, là pour un hôpital. Ceux qui viennent me voir doivent toujours repartir avec quelque chose. »

---

8. Après deux décennies de conflits, au cours desquelles elle a affronté de façon répétée l'armée ougandaise et enlevé des dizaines de milliers de civils, la LRA a été forcée de gagner d'abord la RDC, puis la République centrafricaine. Si Kony est toujours en cavale, les principaux commandants ont été tués ou jugés par la Cour pénale internationale, et les militaires ougandais affirment qu'elle ne représente plus une menace aujourd'hui.

Avant l'indépendance, Mobutu avait assisté aux tables rondes organisées pour régler les différends économiques qui opposaient depuis longtemps le Congo à la Belgique. A posteriori, il était convaincu que la naïve délégation congolaise avait été roulée dans la farine par les rusés négociateurs blancs. Toutefois, l'expérience lui avait permis d'évaluer avec précision l'étendue des richesses de son pays, dont il pouvait à présent faire bon usage. Le gâteau qui attendait d'être divisé était énorme. Et il était possible de l'agrandir encore en réglant une question cruciale : dix ans après l'autonomie officielle, soixante-quinze pour cent de l'économie du pays était toujours aux mains d'étrangers. Psychologiquement, culturellement et économiquement, le Congo restait sous emprise coloniale. Il était temps de redistribuer les richesses. D'abord pour réparer les torts passés, mais aussi pour créer une élite qui lui serait redevable en tout et ne manquerait pas d'exprimer sa reconnaissance.

Malheureusement, c'est là qu'un des défauts majeurs de Mobutu devait être révélé. C'était un autodidacte brillant et d'une grande vivacité intellectuelle. Comme beaucoup de présidents africains, il s'était hissé au sommet à force de ténacité et grâce à une habile connaissance du comportement humain. Il avait la ruse d'un camelot, pas l'intelligence analytique d'un universitaire. Il n'avait jamais terminé son secondaire, encore moins suivi d'études supérieures. Son paysage mental était un fatras de leçons à moitié apprises, de convictions instinctives et de sagesse pragmatique, mais manquait de structure et de discipline. S'il était prêt à combler certaines de ses lacunes en lisant tout ce qui lui tombait sous la main en matière de stratégie politique et de tactique militaire, il n'en allait pas de même pour un autre secteur tout aussi important : l'économie.

De nombreux anciens fonctionnaires attestent que, lorsqu'il était question des finances, Mobutu avait soudain la tête ailleurs, les yeux dans le vague. Il avait conscience de la valeur de son pays, mais n'avait aucune idée de comment la concrétiser. Comme le disait Oscar Wilde, il connaissait le prix de tout et la valeur de rien. « L'économie ne l'intéressait pas du tout, reconnaît José Endundo, l'un des plus importants hommes d'affaires du pays sous Mobutu. Il ne comprenait pas que, sans des finances saines, il n'y a pas de politique. Il ne voyait pas le rapport. Si on essayait de discuter économie, il changeait aussitôt de sujet. Si on lui apportait un document économique, il le refilait à un de ses subalternes en disant : "Mettez ça sur mon oreiller. Je le lirai plus tard". Vous pouviez être sûr qu'il n'y jetterait pas un regard. »

Mobutu était complètement dépassé, mais n'était pas prêt à le reconnaître. « Quand on ne sait rien, on laisse les autres gérer », a commenté un ancien Premier ministre, avant de faire une analogie avec la France du Roi-Soleil. « Jean-Baptiste Colbert, ministre des Finances de Louis XIV, déclarait au roi :

"Sire, occupez-vous de la politique et laissez-moi l'économie". Pour Mobutu, c'était hors de question. »

Cette faiblesse s'est aggravée avec l'évolution de son entourage. Dans les années 1970, les visiteurs ont remarqué que les conseillers capables de formuler des critiques constructives avaient disparu, remplacés par des courtisans prêts à dire tout ce que, selon eux, le chef avait envie d'entendre. En matière de politique et d'armée, Mobutu était alors trop malin pour se laisser berner par ces béni-oui-oui. Mais en économie, domaine dans lequel son seuil de tolérance à l'ennui était très bas, il se jetait sur les remèdes miracles proposés par les membres de sa cour. Dans sa hâte de boucler les dossiers, il n'envisageait pas les conséquences à long terme et ignorait les répercussions potentielles. « Il préférait les solutions faciles, explique Devlin. Si quelqu'un venait le voir avec ce qui ressemblait à une méthode belle et simple, il se précipitait dessus. Et comme beaucoup de personnes n'ayant pas reçu une instruction poussée, il ne savait pas quand renoncer. C'était un génie politique, mais un handicapé économique. »

Pour le leader d'un putsch militaire, un tel défaut est sans conséquence. Pour un président qui devait rester trois décennies au pouvoir, le résultat se révélerait catastrophique.

***

Comme chez la plupart des autocrates, le charisme personnel de Mobutu allait de pair avec un sens inné de la foule. Un instinct qu'il a alimenté avec soin pendant les quinze premières années de son règne, parcourant sans cesse le pays, déterminé à fusionner les provinces insoumises en une seule nation. « Son truc préféré, c'était d'appeler un gouverneur régional pour lui annoncer qu'il arrivait en avion à midi. C'était sa façon de les maintenir tous en alerte », se souvient l'ancien ambassadeur américain Daniel Simpson, qui a lui-même effectué trois fois la tournée du pays.

Il y avait aussi de fréquents rassemblements dans des stades ou de grandes salles, au cours desquels « Papa » s'adressait à ses enfants. Comme tous les membres de la société congolaise appartenaient automatiquement au Mouvement populaire de la révolution (MPR), le parti fondé par Mobutu, il était fortement recommandé d'assister à ce genre d'événement. Le public voulait du spectacle et Mobutu ne le décevait jamais. Tel un marionnettiste jouant avec son auditoire, il chauffait la foule avec une routine de questions-réponses que tout le monde attendait avec impatience :

Mobutu, *d'une voix forte* : Nye, nye ? (Pouvez-vous faire silence ?)

Rugissement de la foule : Nye ! (Nous nous taisons)

Mobutu : Na loba ? (Puis-je parler ?)

La foule : Loba ! (Parle !)

Mobutu : Na sopa ? (Puis-je parler franchement ?)

La foule : Sopa (Parle franchement !)

Mobutu : Na panza ? (Puis-je parler ouvertement ?)

La foule : Panza ! (Parle ouvertement !)

Venait ensuite un discours en lingala, langue accessible à l'homme de la rue, contrairement au français que seule l'élite éduquée maîtrisait. Ce n'était alors que bons mots, plaisanteries et calembours, et la foule commençait à glousser, à pousser des acclamations et se tordre de rire. Le plus souvent, un conseiller ou un ministre mal vu était cloué au pilori, parfois limogé. C'était pour Mobutu l'occasion de prendre le pouls de la nation et de percer l'abcès de la grogne populaire avant qu'il ne s'infecte.

« C'était un orateur de génie, reconnaît un journaliste congolais encore étudiant à l'époque. J'y allais en traînant les pieds, parce que je n'approuvais pas vraiment ce qu'il faisait. Mais dès qu'il commençait à parler, on était emportés. On pouvait rester debout en plein soleil pendant des heures et le temps filait sans qu'on s'en rende compte. Quand on analyse ses discours maintenant, à la froide lumière du jour, on constate bien que ce n'était presque que du vide. Ils étaient pleins d'incohérences, de ragots et d'inepties. Mais il savait parler au peuple. Il nous disait n'importe quoi, et nous, on y croyait. »

C'est ce talent démagogique que Mobutu devait exploiter au début des années 1970 pour lancer le plus ambitieux projet de sa carrière, d'un point de vue intellectuel. Cinq ans après son coup d'État, il percevait de plus en plus que son régime à parti unique avait besoin d'un petit ravalement de façade idéologique. Les tentatives sécessionnistes des années 1960 avaient prouvé à quel point le pays était prompt à se fragmenter. Il fallait une philosophie pour lier et unifier tout cela. Un élément de surenchère entrait également en ligne de compte. L'ère postindépendance avait vu s'épanouir une sensibilité africaine. Depuis le Ghana, la vision de la conscience noire et du panafricanisme de Kwame Nkrumah s'était répandue sur tout le continent. En Tanzanie, Julius Nyerere avait lancé sa doctrine du socialisme et de l'autosuffisance. Au Sénégal, Léopold Senghor avait prêché la « négritude » avec fierté. En tant que dirigeant de la troisième plus vaste nation d'Afrique et bien au fait des incroyables richesses minières de celle-ci, Mobutu considérait la grandeur comme un dû. Il a décidé que son pays allait jouer un rôle de premier plan dans cet élan de non-alignement, deviendrait l'interlocuteur préféré de l'Occident en Afrique, et servirait de catalyseur de changement sur le continent et même au-delà. La tête pleine des louanges de son entourage, l'ancien sergent autodidacte s'est alors lancé dans une opération pour laquelle il était manifestement mal équipé. S'inspirant des concepts de mobilisation de masse, de leadership fort et de « militantisme » révolutionnaire, glanés lors de visites chez ses amis en Chine et en Corée du Sud, il a entrepris de prendre la direction intellectuelle de l'Afrique.

En théorie, l'« Authenticité », comme a été appelé le mouvement né en 1971, était une tentative admirable pour retrouver un sentiment d'identité et de fierté africaine, ravagé par l'expérience coloniale. D'une certaine façon, il est remarquable qu'il ait fallu si longtemps pour que ce nouveau pays ressente le besoin de rafraîchir son image. Le Zaïre devait se moderniser, annonçait Mobutu lors de ses rassemblements publics, mais il le ferait dans le cadre des valeurs spirituelles ancestrales, pas en singeant le matérialisme occidental.

« L'Authenticité, c'est la prise de conscience du peuple zaïrois qu'il doit recourir à ses sources propres et rechercher les valeurs de ses ancêtres, afin d'en apprécier celles qui contribuent à son développement harmonieux et naturel, a déclaré Mobutu à l'ONU. C'est le refus du peuple zaïrois d'épouser les idéologies importées. C'est l'affirmation de l'homme du Zaïre ou de l'homme tout court, là où il est, tel qu'il est, avec ses structures mentales et sociales propres. »

Le Congo a donc été rebaptisé Zaïre, tout comme la monnaie nationale et le principal fleuve : une marque de fabrique qui embrassait trois concepts-clés. Les prénoms chrétiens hérités des missionnaires européens ont été abandonnés, au profit des prénoms traditionnels, remis au goût du jour. Mobutu a d'ailleurs lui-même donné l'exemple de façon grandiose. Les rues et les places portant le nom de notables belges ont été rebaptisées d'après des dates importantes de la lutte pour l'indépendance, et le drapeau ainsi que l'hymne national ont été changés. C'est à cette époque que les statues de Stanley, du roi Léopold et du roi Baudouin ont été renversées.

« Madame » et « Monsieur » ont laissé place à « Citoyen » et « Citoyenne », en écho à la Révolution française. En remplacement du costume européen, les hommes devaient endosser une veste à haut col inventée par Mobutu. Surnommé « abacost » (pour « à bas le costume ») et se déclinant en général en laine marron ou bleu marine, le vêtement n'était pas beaucoup plus adapté au climat africain, mais au moins, c'était différent. Les Zaïrois de retour de l'étranger retiraient bien vite leur cravate dans l'avion, de peur de se la faire trancher aux ciseaux à la douane. Pour les femmes, finies les minijupes provocantes des années 1970, remplacées par des pagnes africains plus dignes, et on a tourné le dos aux perruques pour préférer des coiffures « au naturel ».

De tels changements ne suffisaient pas vraiment à constituer une philosophie cohérente. Cela dit, Mobutu n'a sans doute jamais envisagé une véritable théorie, lui qui avait déjà du mal avec la question basique de l'orientation politique du MPR, défini comme étant «ni de gauche ni de droite, ni même du centre». «S'il avait formalisé sa pensée par écrit, il y avait là quelques riches idées qui attendaient d'être développées, insiste Honoré Ngbanda, qui est par la suite devenu un de ses plus proches conseillers. C'était une notion philosophique fondamentale. Malheureusement, que ce soit au comité central du MPR, au gouvernement ou chez ses propres collaborateurs, personne n'était en mesure de s'emparer de cette idée pour lui donner une assise conceptuelle.»

Aussi insolites qu'en aient été les manifestations, l'Authenticité a bel et bien marqué les esprits. Pour de nombreux Congolais d'aujourd'hui, c'est l'une des contributions pour lesquelles ils restent reconnaissants à Mobutu, car elle leur a conféré un sentiment d'unicité, la conscience qu'ils n'étaient pas des habitants du Kasaï, du Shaba ou du Bas-Congo, mais les citoyens d'une vaste nation d'Afrique centrale, dotée d'une identité bien distincte.

Même les plus sceptiques se sont laissé convaincre. «Au départ, toute cette histoire d'abacost, ça m'a simplement paru ridicule, m'explique Devlin. Et puis, j'ai compris. Cela voulait dire : "Nous sommes unis, je suis un grand dirigeant et le monde me respecte". Les Zaïrois avaient bel et bien l'impression d'être exceptionnels.» Si exceptionnels, en effet, que c'est Kinshasa qui a été choisie en 1974 pour accueillir le combat entre Mohamed Ali et George Foreman, pour le titre de champion du monde de boxe, catégorie poids lourds. Ce «*Rumble in the Jungle*» était d'ailleurs autant une célébration de la fierté noire naissante qu'un événement sportif[9].

Malheureusement, il était trop facile de donner une tout autre direction à cet élan, dans un climat où les lieutenants de Mobutu se marchaient sur les pieds pour prouver leur loyauté et leur engagement. Rapidement, l'Authenticité s'est muée en mobutisme – concept jamais réellement défini – et en un extravagant culte de la personnalité. Dans les médias officiels, il était surnommé le Guide Suprême, le Timonier, le Père de la Nation ou le Président Fondateur. Grâce aux efforts de Sakombi Inongo, son génie en relations publiques, le portrait de Mobutu, avec sa bouche de carpe et ses grosses lunettes, faisait la une de presque tous les journaux. Le bulletin d'informations télévisé quotidien s'ouvrait sur son visage émergeant des nuages, tel un dieu, et chacune de

---

9. Deux documentaires fantastiques évoquent cet épisode. Sorti en 1996, *When we were kings*, de Leon Gast, raconte ce match de boxe historique, tandis que *Soul Power* de Jeffrey Levy-Hinte, sorti en 2009, se concentre sur le concert qui a eu lieu juste avant, avec des têtes d'affiche comme James Brown, Sister Sledge et B. B. King.

ses apparitions était précédée de chants et de danses. Certains fonctionnaires allaient jusqu'à le comparer au Messie, le MPR faisant alors figure d'église et les cadres du parti, de disciples.

Toutefois, Mobutu n'était pas Mao et les Congolais, infiniment pragmatiques, ne sortaient pas du même moule que les Chinois. Si la population était incollable sur l'assujettissement et la rancœur passive depuis Léopold II, il n'était pas question de se lancer dans une vénération aveugle et d'avaler tout rond la propagande officielle. Le mobutisme est donc mort de sa belle mort, tandis que le culte de la personnalité suscitait l'indifférence, le scepticisme, voire un léger amusement.

Il en a été tout autrement pour le pendant économique de l'Authenticité : la zaïrianisation. En 1973, Mobutu a décrété que les fermes, plantations et commerces tenus par des étrangers – des Portugais, des Grecs, des Italiens et des Pakistanais, pour la plupart – devaient être cédés aux «fils du pays». Le processus s'est ensuite radicalisé, avec la confiscation du secteur industriel, largement dominé par des Belges. Le président envisageait peut-être une sorte de retour à la terre, sur le modèle chinois, qui aurait permis à une classe urbaine aliénée de redécouvrir ses racines ancestrales et aurait signifié la fin de la stagnation rurale. En théorie, les étrangers évincés devaient être indemnisés et les performances des nouveaux propriétaires, contrôlées avec soin. En pratique – peut-être à cause d'un manque d'attention de la part du président sur les questions financières –, aucune directive n'a été énoncée pour spécifier qui recevait quoi. Résultat : l'élite bourgeoise zaïroise naissante s'est ruée de façon obscène sur cette manne tombée du ciel. Les plus hauts représentants de l'État se sont partagé des milliers d'entreprises, pour un total avoisinant 1 milliard de dollars, au cours de la vague de nationalisations la plus poussée jamais menée en Afrique.

Évidemment, Mobutu s'est taillé la part du lion, raflant quatorze plantations qui ont été réunies en un conglomérat fort de 25 000 salariés. Il est ainsi devenu le troisième employeur du pays, responsable d'un quart de la production zaïroise en cacao et caoutchouc. Les autres grands bénéficiaires ont été les membres de l'ethnie ngbandi, dont était issu Mobutu. Leur situation en or au sein des sociétés fraîchement nationalisées et des grandes entreprises rattrapait toutes les moqueries sur les bouseux attardés dont ils avaient été l'objet. Toutefois, Mobutu a veillé à ce que les principaux groupes ethniques en profitent aussi, car il avait besoin de leur soutien. La classe sociale des «grosses légumes» était née – terme employé par les Zaïrois avec un mélange d'admiration et de rancœur.

Une Congolaise, âgée de dix-sept ans à l'époque, se souvient d'une conversation surréaliste avec le père d'une camarade d'école, qui aidait à redistribuer les établissements saisis : « "Tu veux un commerce ?", m'a-t-il demandé. Quand j'ai dit non, il a insisté. "Vas-y, prends-en un, je te donnerai le personnel". Quand j'ai dit que ça ne m'intéressait toujours pas, il a dit : "Écoute, si tu n'en veux pas pour toi, tu peux toujours le donner à ta mère". »

C'était une conception de l'économie et de la gestion si mal appliquée et d'une simplicité si naïve qu'elle était vouée à l'échec. Nombre des nouveaux propriétaires, très occupés à faire carrière à Kinshasa, ont découvert qu'ils n'avaient pas les compétences pour s'amuser avec leurs joujoux tout neufs, ni d'ailleurs l'envie de le faire. « Ils donnaient des troupeaux à des gens qui ne savaient pas faire la différence entre un taureau et une vache, s'esclaffe Endundu, l'homme d'affaires. C'était un désastre. » D'autres n'ont même pas pris la peine d'essayer, convaincus que la manne céleste continuerait à leur tomber toute cuite dans le bec. Pendant que les gérants expropriés gagnaient les aéroports, les nouveaux patrons empochaient la trésorerie, vendaient le bétail, écoulaient les équipements sur les marchés locaux et arrachaient les plants.

Leurs profits passaient en articles de luxe, avec un record africain des importations de Mercedes-Benz un an après la zaïrianisation. Les Zaïrois ordinaires, bénéficiaires supposés de l'opération, constataient avec incrédulité que les entreprises fermaient, les prix s'envolaient, les rayonnages se vidaient et que les emplois étaient attribués purement par népotisme. Au bout de quelques semaines, on entendait les grosses légumes se demander quand les hommes d'affaires portugais et grecs qui avaient quitté le pays allaient revenir pour remplir les entrepôts. En Occident, toutefois, les sociétés mères scandalisées avaient stoppé le réapprovisionnement et gelé le crédit de leurs anciennes succursales.

Mobutu n'aurait pu choisir pire moment pour asséner un tel coup à son économie. Enivré par son sentiment de grandeur nationale, il avait déjà contracté de lourds emprunts pour une série de projets industriels pharaoniques, notamment la construction d'un barrage hydroélectrique à Inga et l'installation d'une ligne de distribution devant alimenter la région minière du sud. En 1974, le cours du cuivre chutait de près de deux tiers, tandis que le choc pétrolier plongeait le monde dans la récession.

Jusqu'à la zaïrianisation, l'économie avait connu une croissance de sept pour cent par an en moyenne. Si on consulte le graphique de n'importe quel indice, on remarque en 1974 un pic rapide, suivi d'une longue, lente et inéluctable descente qui se poursuit jusqu'à aujourd'hui. « Mobutu a survécu à un déclin extraordinaire, m'a expliqué Jérôme Chevallier, ancien représentant de la Banque mondiale sur place. Mais il a tué l'économie. »

Lorsque Mobutu a commencé à comprendre les conséquences de ses décisions, il a tenté de faire machine arrière. Des parts majoritaires ont été proposées aux anciens propriétaires et quelques indemnités ont enfin été versées. Mais aucun entrepreneur, petit ou grand, ne devait plus jamais investir avec l'esprit tranquille dans le pays. Ceux qui avaient fait confiance au Zaïre avaient été dépouillés, sur ordre du président. À l'avenir, les hommes d'affaires qui s'aventureraient dans le pays exigeraient des taux de retour sur investissement exceptionnellement élevés et des profits rapides, pour justifier un tel risque. Ils veilleraient aussi à rapatrier les bénéfices, plutôt que de les réinvestir localement.

La notion de grandeur de Mobutu était attaquée de toute part. Car l'effondrement économique est survenu au moment où les dirigeants africains rejetaient le modèle de l'Authenticité, au mépris des efforts de Mobutu pour se présenter comme un important penseur. Meurtri par cette réception internationale hostile, reconnaissant qu'il avait peut-être poussé le bouchon trop loin, Mobutu n'a par la suite jamais tenté d'apporter la moindre substance idéologique à son règne. À partir de ce moment, il est devenu un parfait pragmatique, s'inquiétant uniquement de ce qui était nécessaire pour se maintenir au pouvoir et gagner de l'argent.

Pour la population, la zaïrianisation devait avoir un impact bien plus étendu que la crise financière immédiate. L'idée qu'on pouvait obtenir quelque chose pour rien, la mentalité de brigandage a été assimilée aux plus hauts échelons de la société. Mobutu et ses ministres ont pillé sans vergogne et personne n'a jamais été puni. Le président lui-même semblait cautionner cette nouvelle philosophie, quand il a déclaré à des salariés – une bourde échappée lors d'un discours retransmis en direct à la télévision : « Si vous voulez voler, volez un peu de manière agréable. Mais si vous volez trop pour devenir riche du jour au lendemain, vous serez pris. » La leçon n'est pas tombée dans l'oreille d'un sourd, notamment pour ceux situés tout en bas de l'échelle sociale et qui avaient bien plus besoin que leurs supérieurs de mettre du beurre dans les épinards.

Avant la zaïrianisation, la corruption représentait déjà un problème, mais pas plus, selon les observateurs, que dans de nombreux autres pays émergents d'Afrique. En revanche, dans le climat d'impunité généralisée créé par cette expérience économique ratée, ce fléau – qu'il soit propagé par le petit vendeur de pain ou la grosse légume au volant de sa Mercedes – devait devenir la caractéristique la plus frappante de la société zaïroise.

***

En s'arrogeant l'une des plus grandes plantations du Zaïre, Mobutu signalait publiquement l'avènement d'un nouveau système de gouvernance en Afrique :

la kleptocratie – déjà aperçue ailleurs dans le monde, mais peut-être jamais poussée à un tel degré de pureté

Au sommet trônait le pillard en chef. Personne ne connaissait exactement le contenu de ses comptes en banque, la taille de son portefeuille d'actions et de ses fonds d'investissement. Des contrats étaient signés au nom de sociétés-écrans, d'associés en affaires et de membres de sa famille, dans le but de brouiller les pistes. Il était en revanche facile de suivre l'évolution de son catalogue immobilier, rempli de séduisantes demeures au Zaïre et à l'étranger.

Au Zaïre, le palais de Gbadolite s'est progressivement épanoui, telle une de ces luxuriantes fleurs tropicales, au parfum si entêtant qu'il empoisonne presque l'air alentour. Dans chaque grande ville, une maison restait en permanence à disposition du président ; Kinshasa, bien sûr, se targuait de proposer un choix de résidences, notamment une villa sur les hauteurs, dont les jardins faisaient office de zoo privé. Mobutu, en fin de compte, préférait la pagode du village chinois construit à N'sele, à l'est de la capitale, ou son yacht de luxe, le *Kamanyola*, avec ses canapés en forme de coquillages, recouverts de soie rose.

Certains des cadeaux que Mobutu s'octroyait à lui-même étaient tout simplement trop ostentatoires pour passer inaperçus bien longtemps. Le plus célèbre était la Villa del Mar, 5,2 millions de dollars, située à Roquebrune-Cap-Martin, non loin de l'ancienne propriété de Léopold ii, sur la Côte d'Azur. Selon la légende, lorsque Mobutu a fait l'acquisition de cette demeure néoclassique, il s'est mis d'accord sur un prix, puis après réflexion, a demandé s'il s'agissait de dollars ou de francs belges – l'écart de valeur entre les devises, un rapport d'un à trente-neuf, n'avait aucun sens pour cet homme doté d'une fortune aussi insouciante.

Sur une échelle d'opulence similaire, il y avait les Miguettes, un corps de ferme restauré dans le village suisse de Savigny, ainsi que la Casa Agricola Solear, propriété à 2,3 millions de dollars dans l'Algarve au Portugal, avec ses 800 hectares de terre, sa cave aux 14 000 bouteilles et ses douze chambres. On comptait également un vaste appartement avenue Foch, dans le 16e arrondissement de Paris – très pratique, car situé à deux pas du fourreur qui confectionnait la fameuse toque en léopard et des magasins de luxe fréquentés par sa famille. Du Cap à Madrid, de Marbella à Marrakech, d'Abidjan à Dakar étaient éparpillés une ribambelle de domaines, villas et hôtels particuliers.

Toutefois, la plus grande partie de ses possessions immobilières se trouvait à Bruxelles. Le château Fond'Roy, avec ses tourelles, était l'un des neuf biens répartis dans les quartiers huppés d'Uccle et Rhode-St-Genèse, preuve que le plus nationaliste des présidents africains était prêt à pardonner les méfaits coloniaux, quand il s'agissait de dénicher des investissements sûrs. Tout cela constituait une impressionnante collection, pour un homme qui, en 1959, affirmait n'avoir que six dollars en poche.

Personne ne pouvait cependant accuser Mobutu de tirer toute la couverture à lui. En jouant à fond le rôle du Big Man à l'africaine, il montrait simultanément l'exemple aux grosses légumes. Ce qu'il voulait, c'était une classe politique loyale et docile, et la zaïrianisation était la méthode la plus grossière pour attirer le maximum de rivaux potentiels au sein de l'*establishment*. Sous Mobutu, en effet, l'administration tout entière a fini par ressembler à un de ces jeux télévisés, où un tapis roulant fait défiler devant les concurrents une vaste sélection de cadeaux et où même les perdants repartent avec un généreux lot de consolation.

Grâce au MPR, Mobutu disposait d'au moins 400 postes attractifs à distribuer comme pots-de-vin, que ce soit au comité central ou exécutif du parti, dans les institutions régionales ou les entreprises publiques. Pour compléter le tout, les incessants remaniements permettaient d'éviter que des ministres prennent trop leurs aises, tout en donnant accès à la mangeoire nationale au plus grand nombre possible de favoris. Entre 1965 et 1990, date à laquelle le système à parti unique a pris fin, le Zaïre a connu cinquante et un gouvernements, deux par an en moyenne. Chacun comptait une quarantaine de ministres et secrétaires d'État.

Ces remaniements ne changeaient pas grand-chose à la politique intérieure ou internationale zaïroise ; c'était simplement une façon de distribuer les largesses. Un diplomate, interrogé par un journaliste sur son analyse des implications d'un énième casting gouvernemental, a résumé la situation ainsi : « Qu'est-ce qui se passe quand on secoue un panier de crabes ? Les crabes ont le tournis. »

Et tout était fait pour que les crabes soient étourdis par ces avantages dont il fallait profiter au maximum, au cours d'un mandat fatalement trop bref. Chaque mission officielle à l'étranger, déjà dotée d'indemnités journalières ridiculement élevées, était vécue comme une virée shopping avant Noël. L'Américain Chester Crocker, ancien secrétaire d'État adjoint pour l'Afrique, s'émerveillait chaque fois qu'il raccompagnait Mobutu et ses collaborateurs à l'aéroport : « Le DC10 parvenait à peine à décoller, tant les soutes étaient pleines de chaînes hi-fi et de micro-ondes. »

Rien qu'avec les avantages en nature, il y avait de l'argent à se faire. Chaque ministre avait droit à deux véhicules de fonction – en général une Mercedes noire et une Peugeot 605 ou un 4x4 –, et son adjoint, à un véhicule. Étrangement, les voitures et les équipements avaient toujours disparu quand un nouveau responsable prenait possession des bureaux étonnamment vides de son prédécesseur. Chaque ministre, souvent déjà chef de village, devait se montrer à la hauteur, car ses ouailles attendaient des signes extérieurs de richesse et de réussite chez leur héros local. Les heureux élus savaient qu'il était aussi de leur devoir de faire profiter la famille élargie des avantages dont ils jouissaient. Chaque nouveau ministre, chaque nouveau dirigeant d'une entreprise d'État commençait par distribuer des postes aux membres de son ethnie, des nominations qui n'étaient jamais révoquées à l'arrivée de l'administration suivante et qui s'ajoutaient simplement aux précédentes.

Il n'est donc pas étonnant que dans les années 1990, le Zaïre compte plus de 600 000 fonctionnaires, affectés en théorie à des tâches qui, selon les estimations de la Banque mondiale, auraient pu être effectuées par 50 000 personnes seulement. La Banque centrale était un exemple parfait de sureffectif : dans les années 1990, l'institution dénombrait plus de 3 000 employés, chargés de brasser de la paperasse. C'est-à-dire plus que tout le secteur bancaire privé du pays, avec ses 2 000 salariés.

En plus des véhicules tape-à-l'œil, il y avait les généreux frais de déplacement, les prêts bancaires jamais – ou seulement partiellement – remboursés, les logements de fonction discrètement accaparés, les contrats accordés à des entreprises fondées par les fonctionnaires justement responsables des budgets ministériels. Imitant leur chef, les grosses légumes achetaient à leur tour des demeures à Bruxelles et Paris, ouvraient des comptes en Suisse, remplissaient leur cave à vin de champagne rosé. Même ceux qui éreintaient Mobutu en public se montraient incapables de résister. Pour de nombreux Zaïrois, c'est Cléophas Kamitatu, virulent critique du président, qui tient le record de l'audace sans vergogne : alors qu'il était ambassadeur au Japon, il a profité des prix très élevés de l'immobilier à Tokyo pour vendre le bâtiment de l'ambassade du Zaïre. Il a par la suite affirmé avoir conclu cette vente pour couvrir les salaires des diplomates qui n'étaient pas payés, mais personne n'y a vraiment cru.

Mobutu fermait les yeux sur cette corruption galopante. Car une fois que les membres de l'élite émergente avaient cédé à la tentation, une fois leurs petits secrets enregistrés dans les dossiers des services de renseignement ou stockés dans la mémoire gargantuesque du président, ils étaient pour ainsi dire émasculés. Devant tous ces profits potentiels, chaque étudiant un tant soit peu ambitieux était persuadé d'avoir une bonne chance d'obtenir un jour un portefeuille ministériel, voire le poste de Premier ministre – au pire, la direction d'une grande entreprise d'État. Quel intérêt y avait-il alors à ruer dans les brancards ?

Les éléments les plus brillants et les plus capables de la société étaient attirés dans l'orbite de Mobutu. En plongeant dans l'histoire de n'importe quel personnage important du Zaïre, on découvre presque tout le temps que, quelles que soient ses compétences, sa clairvoyance, son éloquence sur les maux qui affectaient son pays ou son apparente détermination à corriger ses défauts, il a été, à un moment ou un autre, à la solde de Mobutu. «Je comprends ces types, a expliqué un diplomate qui travaillait autrefois à Kinshasa. Dans toute société, les plus talentueux vont toujours là où se trouve l'argent, que ce soit à la City, dans les médias ou à Hollywood. Au Zaïre, l'argent venait de Mobutu. Donc, c'était là qu'ils allaient.»

Mobutu affichait une préférence pour les binationaux, des hommes tels que Bisengimana Rwema, d'origine rwandaise, Kengo wa Dondo, fils d'un magistrat polonais, ou Seti Yale. Libres de toute obligation ethnique, les métis étaient considérés comme des étrangers par de nombreux Zaïrois. Selon la Constitution, ils ne pouvaient aspirer à la présidence. Ils devaient tout à Mobutu, lequel ne manquait jamais de le leur rappeler. Pendant les premières années au moins, tout le monde savait que l'accès aux sinécures et aux faveurs ne pouvait être accordé que par un seul homme : le président. Cela renforçait un des autres grands principes sur lequel cet admirateur de Machiavel basait sa domination, dans une nation aussi multiple sur le plan ethnique, linguistique et culturel : diviser pour mieux régner.

Maître de la personnalisation, Mobutu n'avait pas son pareil pour présenter un visage différent à chaque interlocuteur. Il nouait des relations intimes avec ses subordonnés, tout en veillant bien à ce que ces derniers ne tissent jamais de tels liens entre eux. Tout ce qui ressemblait de près ou de loin à un embryon de cabale était habilement sapé. Lors de son bref mandat de Premier ministre, le professeur Mabi Mulumba a commis l'erreur de recevoir à dîner les PDG de quatre ou cinq entreprises d'État, geste jugé alarmant par un président toujours à l'affût de complots potentiels. Le lendemain, un des invités a été convoqué par Mobutu, qui lui a dit : «J'ai appris que vous aviez dîné avec Mabi. Vous saviez qu'il a demandé qu'on vous vire ? »

À une autre occasion, Mobutu a quitté un banquet en prétextant qu'il se sentait mal. L'annonce n'a pas manqué de délier les langues des généraux et ministres assemblés autour de la table, chacun se demandant qui prendrait la suite, si le président venait à tomber gravement malade. Finalement : aucun des invités présents. Car Mobutu a pris soin de se faire rapporter les moindres détails de la conversation par une serveuse. «Par la suite, un par un, ils ont tous été virés», se souvient Mabi. Mobutu adorait mettre mal à l'aise un apparatchik ambitieux : il évoquait par exemple en public quelque remarque condescendante exprimée par ce dernier dans le dos du président, puis le regardait se tortiller. Le message était clair : il avait des yeux et des oreilles partout. Il les avait sous sa coupe.

La rumeur voulait que le talent de Mobutu s'étende à ses relations sexuelles, domaine dans lequel il interprétait son nom traditionnel – parfois traduit par «le coq qui couvre toutes les poules » – comme une autorisation à se servir parmi les épouses de ses subordonnés. Les liaisons du chef d'État étaient si célèbres que les responsables politiques de l'ambassade des États-Unis recevaient un rapport quotidien de leurs agents, pour savoir quelle dame de la bonne société occupait la place d'influence de maîtresse présidentielle.

Au sommet de son pouvoir, Mobutu était prêt à tout affronter. Pendu au téléphone dès le petit jour – un appel à 1 heure du matin de la part de cet insomniaque notoire était de rigueur ; et en composant le numéro du président à 4 heures du matin, on était sûr que c'était Mobutu en personne qui décrocherait, tout à fait réveillé –, il s'imbibait de toutes les rumeurs, encourageant les membres de l'élite politique à se dénoncer les uns les autres. Par conséquent, se souvient Mabi, la salle d'attente du bureau où se tenaient les réunions de cabinet était toujours curieusement silencieuse. « La première fois, j'étais stupéfait, parce que les gens ne se parlaient pas et partaient ensuite sans un mot. Ils étaient déterminés à ne pas fournir à leurs collègues quoi que ce soit qui puisse par la suite se retourner contre eux. Le système avait créé ses propres anticorps. Tout le monde soupçonnait tout le monde. »

Après le déménagement à Gabdolite, les audiences de groupe, au cours desquelles le président devait normalement adopter publiquement un point de vue et laisser émerger un consensus, ont cessé, malgré l'insistance des adjoints. Mobutu aimait recevoir ses courtisans séparément. Ainsi, chaque acteur quittait son bureau, persuadé d'avoir obtenu la bénédiction du boss et de pouvoir agir en conséquence. « La dernière personne qui rencontrait Mobutu avait toujours raison, se souvient Pierre Janssen, le beau-fils belge de Mobutu. Vous pouviez passer la journée à parler avec lui, à ajuster des détails, et il était d'accord avec vous. Vous sortiez du palais, convaincu que tout était réglé, et puis quelqu'un arrivait après vous, et c'était lui qui avait le dernier mot. »

Cela s'expliquait en partie par une flexibilité qui frisait l'indécision ; le manque de confiance d'un homme qui savait qu'une fois passée la zaïrianisation, il ne figurerait jamais au panthéon des leaders philosophes africains. Mais c'était aussi une tentative délibérée de brouiller les cartes, de saper le consensus et, ainsi, de prévenir la formation de tout mouvement politique cohérent qui aurait pu finir par chercher à l'éliminer. La confusion et les disputes furieuses qui en résultaient renforçaient Mobutu dans son rôle d'arbitre ultime, et soulignaient le fait qu'il était le seul à jouir d'une vue d'ensemble. « Mobutu avait horreur que les gens s'entendent autour de lui, se souvient Honoré Ngbanda. Il réagissait instinctivement en dressant les uns contre les autres. »

« Je suis le roi », affirmait Mobutu de but en blanc à ses visiteurs étrangers, traçant une ligne directe entre le pouvoir absolu exercé par Léopold II de Belgique et sa propre autocratie. Jouant de la jalousie, de la rivalité et de la cupidité de son entourage, Mobutu empêchait l'émergence d'un dauphin qui aurait pu être envisagé comme alternative par ses alliés occidentaux, quand ces derniers ont commencé à se lasser de sa politique. C'était la bonne vieille question du « Oui, mais qui d'autre ? » qui a bloqué les diplomates en poste dans tant de nations africaines. Un haut fonctionnaire des Affaires étrangères aux États-Unis s'est retrouvé confronté au problème lorsque Bill Clinton est arrivé à la présidence, apportant en théorie un regard neuf sur les relations bilatérales. « Quelqu'un a dit : "Il faut trouver un Zaïrois qui n'ait pas été sali par Mobutu". J'ai éclaté de rire : "Oui, mais qui ?" »

Pour illustrer la maxime selon laquelle chaque individu a son prix, il n'est pas de meilleur exemple que Nguza Karl I Bond, politicien qui a eu le malheur d'être considéré comme un successeur potentiel, à la fois par les Zaïrois et par l'Occident, à la fin des années 1970. Accusé d'avoir des vues sur la Première dame et d'aider à organiser l'invasion du Shaba, l'ancien Premier ministre, un homme au visage grêlé, a été emprisonné, condamné à mort et torturé avec une telle sauvagerie qu'il en serait resté impuissant.

Il a ensuite été gracié et envoyé en exil, d'où il a tenté d'unifier un mouvement d'opposition. Dans un livre, il a qualifié Mobutu et son système « d'incarnation de tous les maux du Zaïre » et il a témoigné contre le président lors d'une audition devant le Congrès américain. Il a également fourni à l'ancien cadre du FMI, Erwin Blumenthal, des informations incriminantes sur les malversations économiques du président.

Toutefois, en 1985, Nguza, lassé de la vie ingrate en exil, est retourné à Kinshasa pour rejoindre le bercail du MPR et Mobutu. Ce dernier s'est probablement délecté d'observer l'ex-trublion de l'opposition défendre le régime qu'il avait justement dénoncé devant les Occidentaux. Il l'a d'abord nommé ministre des Affaires étrangères, puis Premier ministre – selon Radio Trottoir, cela aurait coûté à Mobutu la bagatelle de 10 millions de dollars pour voir Nguza renoncer à son intégrité.

« Il n'y avait pas d'opposition au Zaïre, confirme Nzanga, un des fils de Mobutu. Mon père disait : "Restez proches de vos amis, mais encore plus proches de vos ennemis". C'était dangereux de laisser tous ces gens en exil, ils faisaient beaucoup de bruit. L'idée, c'était de neutraliser leur potentiel à lui causer du tort. Ils sont donc revenus et, un par un, j'ai croisé tous ces types à Gbadolite. Ça faisait rire mon père. Il disait : "La politique, c'est la politique". Mais il n'avait aucun respect pour eux. » Les Zaïrois non plus, consternés par la grossièreté de ces trahisons, visiblement perpétrées sans un soupçon de gêne.

Au fil des années, le prix de la loyauté a grimpé. Après Nguza, d'autres exilés importants ont suivi, comme le dissident Mungul Diaka, qu'il devenait urgent de réduire au silence. Toutefois, avec la crise économique, Mobutu avait de plus en plus de mal à acheter sa popularité. Lorsque la chute du mur de Berlin a estompé les lignes claires de la Guerre froide en Afrique, les grosses légumes ont commencé à avoir la bougeotte.

En avril 1990, confronté au mécontentement populaire et à la pression grandissante de l'Ouest pour des réformes, Mobutu a pris un risque énorme : il a renoncé à la présidence du MPR et déclaré que le Zaïre serait dorénavant un État multipartite. De nombreux observateurs en ont allègrement conclu que c'était le début de la fin pour le Léopard. C'est Étienne Tshisekedi, forte tête, ancien ministre de l'Intérieur et directeur du parti interdit de l'Union pour la démocratie et le progrès social (UDPS), qui était pressenti comme successeur probable. La presse écrite a alors connu une véritable explosion, des torchons à scandales qui ne mâchaient pas leurs mots quand il était question de tourner le président en ridicule. Le conseiller politique de l'ambassade américaine était à ce point convaincu que le règne touchait à sa fin, qu'il a parié avec le chef de poste de la CIA que Mobutu ne passerait pas l'hiver. Il se trompait de six ans. Ayant vécu l'anarchie qui avait suivi l'indépendance, Mobutu devait manipuler la démocratie tout aussi habilement qu'il avait manipulé le système à parti unique.

Lorsqu'une Conférence nationale souveraine (CNS) a été organisée, rassemblant des politiciens et des représentants de la « société civile » pour décider quelle forme donner à la transition démocratique, la scène politique a volé en éclat. Près de 400 partis ont vu le jour. Certains étaient dangereux, établis par des grosses légumes ambitieuses qui, à la fureur de Mobutu, se précipitaient sur l'occasion de dénigrer le président et de se réinventer à moindre coût en challengers de l'opposition. De nombreux autres partis, en revanche, se résumaient à une grande gueule accompagnée de son épouse. Aux partis des agriculteurs, des femmes, des avocats et des handicapés s'est ajouté un nouveau groupe : les « partis alimentaires », prêts à vendre leurs voix à la CNS, contre un moyen de subsistance.

Mobutu les a tous soudoyés, avec le même enthousiasme que lorsqu'il soudoyait des individus. Mais en vérité, il n'a pas eu besoin d'exercer beaucoup de pression pour que la CNS abonde dans son sens. Les querelles des années 1960 n'ont pas tardé à refaire surface, nourries par de généreuses indemnités journalières qui n'encourageaient pas les délégués à l'efficacité. Les principaux partis d'opposition se sont fissurés, puis ont implosé quand, perdant de vue leur ambition première – un avenir sans Mobutu –, ils ont commencé à se chicaner pour savoir qui obtiendrait le très lucratif poste de Premier ministre. «À un moment ou un autre, presque tous les membres de l'opposition ont mangé à la table de Mobutu», rappelle Kitenge Yezu, le collaborateur à qui Mobutu avait confié la mission d'affaiblir ses adversaires pendant cette période.

Après un affrontement majeur à la CNS, le pays s'est un temps retrouvé dans une position surréaliste, avec deux Premiers ministres et deux cabinets. Le premier, reconnu à contrecœur par l'Occident comme le véritable pouvoir du pays, était dominé par des sympathisants de Mobutu, qui se sont joyeusement accordé des salaires mensuels de 14 500 dollars. Le second organisait des réunions de « cabinet » hebdomadaires dans la cour poussiéreuse de Tshisekedi et publiait solennellement des résumés de ces délibérations inutiles.

Le processus de réforme était au point mort. En appliquant les bonnes vieilles méthodes qui avaient fait leurs preuves, Mobutu avait triomphé une fois encore. Tshisekedi s'est retiré chez lui pour bouder, ayant perdu toute crédibilité. Profondément meurtri par l'hostilité exprimée à son égard lors de la CNS – il avait été notamment proposé d'abandonner le nom de Zaïre, et de remettre au goût du jour le drapeau et l'hymne de l'époque Lumumba –, Mobutu a pourtant eu le dernier mot. Il avait prouvé au peuple qui réclamait la démocratie qu'on ne pouvait pas attendre grand-chose des hommes qu'il avait corrompus. Certains Zaïrois amers disaient en plaisantant que la CSN signifiait en réalité « Connerie nationale souveraine ».

Chaque année, lors du discours pour présenter ses vœux, Mobutu promettait des élections imminentes, ce qui lui permettait, par la même occasion, de rappeler qu'il n'avait aucune intention de démissionner. « Je dois terminer ce que j'ai commencé, a-t-il déclaré à la nation en 1994. Je ne peux léguer un tel héritage à la postérité. Faire mon devoir, cela signifie transmettre à ce pays quelque chose de valable. » Le dirigeant qui envoyait autrefois des troupes brûler les rotatives laissait à présent la presse à scandales cancaner à volonté. Ils pouvaient bien dire ce qu'ils voulaient, tant qu'un principe de base était respecté : c'était Mobutu qui tenait les cordons de la bourse et commandait l'élite militaire. Déclaré obsolète par les diplomates occidentaux en 1990, Mobutu a quand même réussi à faire traîner la prétendue transition démocratique du Zaïre pendant sept longues années, transformant une phase temporaire en un état quasi permanent. Un exploit remarquable, sans aucun doute.

Chapitre 5
Le beurre et l'argent du beurre

«Nous sommes en partie responsables, mais nous payons le prix pour être nés avec une cuiller en cuivre dans la bouche.»
Kenneth Kaunda, premier président de la Zambie après l'indépendance, à propos des difficultés économiques de son pays.

Sur une étagère de ma salle de bain, je conserve un petit caillou ramassé près d'une mine à ciel ouvert, à la périphérie de Lubumbashi. J'ai visité le site quelques mois avant qu'il ne tombe aux mains des rebelles et, sans surprise, l'ambiance était plutôt tendue. Les jours précédents, j'avais arpenté les couloirs du Service national d'intelligence et de protection (SNIP), les services secrets congolais, en attendant que le responsable local daigne me stipuler à quel point ma présence était importune.

Il m'a fait poireauter le plus longtemps possible, sans aller jusqu'à me faire raccompagner à la frontière. Enfin, j'ai pu admirer la carrière en demi-lune, tout en écoutant poliment un ingénieur polonais qui s'enflammait sur la matière extraite du site. Là, m'a expliqué ce dernier, la pureté du cobalt était de 2,7 pour cent, comparés aux 0,2 pour cent de la Zambie voisine. «Cet endroit est vraiment un scandale géologique», a-t-il soupiré.

Quels que soient les minerais contenus dans mon échantillon, ils sont visiblement présents à une forte concentration. Autour de la base rougeâtre, qui s'effrite sous les doigts avec une facilité alarmante, est incrustée une couche noueuse vert sombre. Ces cristaux ont l'aspect floconneux de la crème glacée maison et ils brillent doucement à la lumière. Chaque fois que je touche ce caillou, je dois réprimer un sourire. Il me rappelle toutes les estimations enthousiastes rédigées au fil des ans par des sociétés minières canadiennes, australiennes et sud-africaines, qui tentent de trouver des investisseurs pour se lancer au Congo. Des rapports qui évoquent, en long, en large et en travers les 50, 100, 200 millions de tonnes de cuivre/cobalt/zinc/étain/nickel attendant simplement d'être extraites de tel ou tel site. Des rapports qui font fi des incertitudes sur la fiabilité du gouvernement et présentent les soulèvements rebelles dans l'Est comme une broutille.

Le minerai est bien présent, aucun doute là-dessus, et à des concentrations qui feraient pleurer un spécialiste en analyses minières. Pourtant, les usines rouillées qui défigurent le paysage du Katanga, les dépôts vides, les convoyeurs immobiles et l'air renfrogné des quelques techniciens qui travaillent encore illustrent mieux les perspectives de la province que tous les rapports d'entreprises confits de statistiques.

Il n'en faut pas plus pour comprendre que le Congo est victime d'un paradoxe fréquent en Afrique subsaharienne : les pays dotés des plus importantes ressources naturelles sont condamnés à la guerre et à la stagnation, alors que les nations qui ne possèdent presque rien parviennent finalement à bâtir des sociétés plus heureuses. C'est comme si un dieu espiègle avait décidé d'équilibrer la balance du destin pour chaque pays : si l'un a la chance de renfermer du pétrole, il sera frappé d'une guerre civile ; si un autre regorge de diamants, les gisements seront situés derrière des lignes rebelles ; si un troisième nage dans le cuivre, son gouvernement sera incapable d'organiser son extraction. À moins qu'il y ait une explication plus simple : plus une nation est riche, plus il y a de profits à se disputer. La notion de partage ne semble avoir de sens que lorsqu'il y en a à peine assez pour tout le monde.

Il n'y a jamais eu de meilleur exemple que le Congo pour illustrer la malédiction que représentent les ressources naturelles. La ceinture minérale qui s'étend depuis la savane sèche du Katanga jusqu'à la Zambie voisine contient du cuivre et du zinc, à des taux de concentration qui font rêver les États concurrents, et assez de cobalt pour accaparer le marché mondial. Même les terrils qui surplombent les villes aux colonnades délabrées construites par les Belges – Likasi, Kolwezi, Lubumbashi – pourraient rapporter une fortune, s'ils étaient retraités avec des techniques modernes, tellement le concentré original était pur.

Ces gisements, qui attendent toujours d'être cartographiés avec précision, sont la raison pour laquelle les Belges rechignaient à renoncer au contrôle du Katanga – au point d'encourager Moïse Tshombe à faire sécession, dans les années qui ont suivi l'indépendance. À près de 800 kilomètres au nord-ouest se trouve un autre trésor de la nature : les berges rouge sombre du lit sinueux de la Kanshi, deuxième source de diamants industriels au monde.

Ce n'est pas tout : des diamants à Tshikapa, au sud-ouest, et à Kisangani, au nord ; ce qui a été un temps la première mine d'uranium du monde à

Shinkolobwe ; et près de la frontière avec l'Ouganda, on aperçoit le doux scintillement de l'or. Cadmium, cassitérite, manganèse, wolframite, béryl, colombite-tantalite (coltan) et germanium, métaux aux noms mystérieux et évocateurs. Pas étonnant qu'un ambassadeur américain ait autrefois mentionné de façon mémorable le « caviar du Congo », dans un câble à ses supérieurs.[10]

Ces richesses naturelles hantent la psyché nationale. Discutez avec n'importe quel Congolais et il finira par parler des attributs extraordinaires de son pays. « Nous sommes un grand pays. Personne ne dispose de ressources comme les nôtres », se vantera-t-il. Peut-être est-ce un héritage de l'époque belge, quand les superviseurs tenaient volontairement leurs subordonnés congolais à l'écart des questions stratégiques. À moins qu'il s'agisse de relents de la culture du brûlis. Mais les investissements, le savoir-faire scientifique et les compétences commerciales nécessaires pour exploiter ce potentiel sont toujours exagérés. La simple existence de ces trésors suffit à conférer statut et respect à la nation.

Personne ne s'est laissé autant prendre au piège de la malédiction des ressources et du fantasme de l'enrichissement rapide que Mobutu. Pour un président constamment en mal de liquidités, la solution était toute trouvée. Une concession minière constituait le pilier central de l'économie, représentant jusqu'à soixante-dix pour cent des recettes d'exportation : 300 kilomètres de long sur 70 de large, arrachés aux Belges par Mobutu en 1967, lors de la nationalisation de l'Union minière du Haut-Katanga (UMHK), rebaptisée Gécamines.

Les Belges avaient laissé derrière eux une véritable infrastructure, un empire composé de mines, de raffineries, d'installations hydroélectriques, d'usines fabriquant tout – depuis le ciment jusqu'aux explosifs et à l'acide sulfurique –, avec des logements pour les employés, des écoles et des hôpitaux pour les familles, des fermes pour nourrir toute la ville et même des moulins pour fournir la farine. Tout cela pour la plus importante masse salariale du pays. Tous les éléments étaient réunis pour faire du Katanga l'une des unités de production de cuivre les plus performantes au monde.

Gécamines semblait si intimement liée à la prospérité de la nation que Mobutu a eu l'idée de créer la ligne à haute tension Inga-Shaba, afin de relier pour toujours les mines à Kinshasa. Cette petite merveille, selon le plan, devait rendre Gécamines – et tout le Shaba – dépendante d'une électricité fabriquée 1 800 kilomètres au nord, par les eaux turbulentes du fleuve Zaïre, au lieu d'alimenter le secteur grâce à des barrages locaux. Le courant pouvait donc être

---

10. La RDC possède l'un des plus importants gisements au monde de columbo-tantalite, également appelé coltan. C'est un composant-clé pour les smartphones, les ordinateurs portables et les batteries de véhicules électriques. Le pays est donc potentiellement un acteur crucial dans la lutte mondiale contre le réchauffement climatique.

coupé par un simple interrupteur à Kinshasa. Peu importait que ce projet, pour lequel les sociétés étrangères répondant à l'appel d'offres ont versé d'énormes commissions, donne naissance à un réseau qui contournait des milliers de villages sans électricité. Mobutu voulait à tout prix étouffer de futures velléités de sécession.

À la belle époque, au début des années 1970, alors que la production de cuivre oscillait entre 400 000 et 470 000 tonnes par an et que celle du cobalt, encore plus rentable, se situait entre 10 000 et 18 000 tonnes, Gécamines représentait à elle seule un bénéfice annuel de 700 à 900 millions de dollars. Jusqu'à l'effondrement du cours mondial du cuivre en 1974, la région ressemblait à une corne d'abondance inépuisable qui n'attendait que d'être vidée, encore et encore.

La façon dont Mobutu prélevait sa part était d'une simplicité grossière. Sozacom, filiale d'État créée pour commercialiser le minerai à l'étranger, redirigeait tout bonnement une partie des devises engrangées par Gécamines en écoulant du cobalt, du zinc et du cuivre sur le marché international, vers des comptes présidentiels numérotés à l'étranger. La Banque mondiale et le FMI désignaient cette pratique par l'euphémisme de « ventes non rémunérées » ou de « fuites ».

Une autre tactique utilisée, selon les responsables de l'époque, était la vente à terme : vendre du cuivre ou du cobalt qui n'avait pas encore été extrait. Les bénéfices allaient à la présidence et le gouvernement versait une compensation à Gécamines pour combler le trou dans les comptes. Une autre encore consistait à exploiter la marge entre les divers taux sur le marché des métaux : la vente se faisait à un certain taux, qui n'était pas celui enregistré pour la transaction, et la différence était encaissée par la présidence.

Souvent d'ailleurs, personne ne s'encombrait de telles subtilités. En 1978, un agent du FMI a découvert que le gouverneur de la Banque centrale avait donné l'ordre à Gécamines de transférer tous ses bénéfices d'exportation directement sur un compte présidentiel. Deux ans plus tard, la pratique n'avait pas beaucoup évolué, selon Steve Askins et Carole Collins, deux chercheurs américains qui ont enquêté sur les origines de la fortune de Mobutu. Les responsables volaient au moins 240 millions de dollars par an à Gécamines. Dans les rapports d'entreprise, les montants disparus étaient enregistrés sous un terme d'une ambiguïté délicieuse : « redressement exceptionnel déficitaire ».

Bien sûr, à partir du moment où le Zaïre a reconnu que son économie était mal en point et a promis de suivre le chemin dicté par la Banque mondiale et le Fonds monétaire international, Gécamines a été surveillée de près. Comme les institutions de Bretton Woods payaient pour maintenir la société à flot, la direction était obligée de transférer l'argent d'un compte à un autre pour camoufler les sommes manquantes. Cléophas Kamitatu, l'homme qui a vendu l'ambassade au Japon, est tombé par hasard sur une de ces transactions en 1982, alors qu'il était ministre. Les 100 millions de dollars retirés des comptes d'opérations de change de Gécamines menaçaient de faire capoter une réunion à Paris, au cours de laquelle Kamitatu espérait obtenir d'énormes promesses d'aide étrangère pour le Zaïre. « Le président de Gécamines m'a dit que l'argent était allé à Mobutu. Je savais que les 100 millions de dollars devaient être restitués à la banque belgolaise, sinon la conférence serait un fiasco. Donc, nous avons comblé le déficit et on a fait comme si c'était Mobutu qui avait remboursé, alors qu'en fait, nous avons simplement emprunté la somme à Gécamines. On a obtenu notre aide étrangère, mais Mobutu a touché son argent. » D'ailleurs, un trou de 100 millions de dollars, c'était presque une bagatelle. Les 400 millions de dollars disparus sans explication des comptes d'exportation de minerai du Zaïre en 1988 étaient bien plus typiques.

Tout ne finissait cependant pas dans la poche de Mobutu, car ce dernier appliquait un principe similaire à celui de la Lord's Army Resistance pour coopter et soudoyer les gens. Les plaintes déposées après l'arrivée au pouvoir des rebelles de Kabila laissent entrevoir que les responsables de Gécamines ne s'en sortaient pas trop mal non plus, à cette époque.

Selon un acte d'accusation rédigé par le bureau du procureur général, l'ancien dirigeant de la filiale commerciale de Gécamines a pris la décision unilatérale d'augmenter ses indemnités mensuelles de déplacement au cours de ses dernières années en fonction, passant de la somme déjà généreuse de 15 000 à 30 000 dollars. Il s'accordait au passage un bonus de 1 000 dollars par journée travaillée en dehors de l'exploitation. Si on ignore les « retraits non justifiés » de plusieurs centaines de milliers de dollars, ce système à lui seul a permis au patron d'empocher 15,5 millions de francs belges en 1991, et 10 millions en 1992.

Les nombreux secteurs associés à Gécamines donnaient également l'occasion de multiples abus. La société servait de garant à des dettes d'État jamais honorées, elle réglait les notes d'hôpital et d'hôtel de la famille de ses cadres, et envoyait ses jets privés à travers tout le pays, sur simple demande de ces derniers. Il n'est donc pas étonnant qu'en 1990, le cuivre zaïrois – si pur, si facile à traiter en théorie – coûtait en réalité presque deux fois plus cher à produire que son équivalent étranger.

Comme les bénéfices de l'entreprise revenaient rarement au Katanga, il ne restait plus d'argent pour la maintenance ou le renouvellement de l'infrastructure léguée par les Belges. La plupart des équipements dataient d'avant l'indépendance et étaient constamment hors service ou en réparation. Dans ce climat général de je-m'en-foutisme, les dirigeants ont commencé à faire des économies et à négliger certains aspects. Pendant cette ruée sur le minerai, les tunnels étaient creusés à la va-vite, et l'étayage réduit au minimum. Évidemment, en septembre 1990, l'inévitable est arrivé. La mine de Kamoto s'est effondrée, engloutissant d'un seul coup plus d'un tiers de la production de Gécamines.

Ensuite, les chocs se sont succédé : une vague de pillages, échos à l'anarchie qui faisait rage au nord ; le départ des ouvriers qualifiés originaires du Kasaï, expulsés du Katanga lors d'une chasse aux sorcières ethnique organisée par le gouverneur local et validée par Mobutu, qui voulait signifier très clairement à Tshisekedi, un Luba du Kasaï, que les choses pouvaient vraiment mal tourner pour ses congénères ; et un nouveau débordement de pillages.

Mais Gécamines avait alors déjà été ébranlée par une série de mesures de libéralisation qui, en permettant à tout Zaïrois de devenir négociant en cuivre ou en cobalt, avait provoqué une flambée de la contrebande. « Tout à coup, tout le monde s'est mis à extraire du cuivre, m'a raconté un cadre belge aux cheveux blancs, vestige d'une main-d'œuvre expatriée qui comptait autrefois 3 000 ouvriers, au cours d'une visite des installations à Likasi. Toute la population a commencé à nous voler. »

L'homme en question était au Katanga depuis 1960 et appartenait clairement à cette ancienne génération incapable d'envisager un nouveau type de relations avec les Africains qui étaient naguère les sujets de son pays. Assis dans son bureau mal éclairé, il aboyait sur son assistant pour qu'il apporte du thé et s'étalait sur l'incompétence du gouvernement depuis l'indépendance. Selon lui, on n'avait pas construit une seule maison dans la ville voisine depuis le départ de la puissance coloniale. « Ici, tout a été laissé par les Belges. Les routes, les usines, les écoles. » Quant à la main-d'œuvre qui avait remplacé les techniciens blancs, il éprouvait à son égard un mépris raciste si profond qu'on n'y percevait même plus de colère. « Donnez du boulot à un Africain et il va vouloir trois femmes, un beau costume et un statut social. Mais il n'y a rien en retour. Pas d'engagement dans le travail. La plupart des ouvriers ont sept ou huit gosses qu'il faut bien nourrir. C'est chacun pour soi et sauve qui peut. »

La virulence de son dédain est peut-être un peu plus compréhensible, quand on sait qu'il est resté assis dans ce bureau sinistre, année après année, pendant que Gécamines était méthodiquement cannibalisée par ses propres salariés. Ayant constaté que Mobutu et ses sbires exploitaient le système, les responsables du Katanga n'avaient plus aucune raison de faire preuve de retenue dans cette course à la cupidité. Des camions chargés de concentré de cobalt, officiellement étiqueté comme « schlamm », du résidu, franchissaient la frontière pour gagner la Zambie, avec la complicité bienveillante des douaniers. Des équipements vitaux et des pièces de rechange étaient emportés, refourgués à des intermédiaires en Zambie et en Afrique du Sud, qui n'avaient aucun scrupule à les revendre ensuite à Gécamines, le propriétaire de départ. Ainsi que l'a reconnu un ingénieur : « On les payait deux fois ». Pour cet homme, en revanche, l'incident le plus scandaleux est survenu le jour où l'équipe du matin a découvert en arrivant au travail que trente kilomètres de câble à haute tension avaient été dérobés pendant la nuit sur les pylônes géants alimentant les sites. Sans doute pour être revendu au poids. « Les voleurs ont dû couper le courant à la centrale, donc les forces de sécurité étaient forcément dans le coup. Ce n'est pas quelque chose qu'un petit employé aurait pu faire tout seul. » En 1994, environ un tiers de la production de Gécamines passait en fraude la frontière au sud.

Dans les années qui ont suivi, de vaillants efforts ont été faits pour mettre un frein à ce pillage, selon le manager belge. « Les douaniers et les généraux ont été écartés, et nous avons instauré des barrages routiers pour intercepter les camions chargés de cobalt qui rejoignaient la frontière. Mais il y a une telle collusion aux plus hauts échelons à Kinshasa, que ça continue, même si c'est un peu moins flagrant. »

Moins flagrant, peut-être, car il n'y avait plus grand-chose à voler. Cela a pris trente ans, mais en 1994, la production de cuivre avait chuté à 30 600 tonnes par an – moins d'un quinzième de son rendement maximal – et celle du cobalt était de 3 000 tonnes. La corne d'abondance avait bel et bien fini par se tarir. Les recettes étaient de zéro. Selon Daniel Simpson, ancien ambassadeur des États-Unis à Kinshasa, « il ne restait plus rien à Gécamines. Mobutu avait non seulement tué la poule aux œufs d'or, mais il avait aussi mangé la carcasse et fait des oreillers avec les plumes. » La société minière a alors bénéficié de ce que ses dirigeants ont qualifié de « plan de survie » et a été exonérée de ses obligations fiscales exorbitantes. À l'exception de ponctuels partenariats-éclairs qui entamaient à peine le potentiel de la mine et ne faisaient qu'effleurer les problèmes de l'entreprise, les concessions étaient quasiment à l'arrêt ; des équipes réduites au strict minimum assuraient la maintenance, dans l'espoir d'une hypothétique résurrection. Pour ramener la production de Gécamines à environ 300 000 tonnes par an, selon les estimations de la Banque mondiale, il aurait fallu qu'un investisseur éponge la dette de 2 milliards de dollars et rajoute 1 milliard supplémentaire.

Quand on visitait les différents sites, ce chiffre paraissait presque bas. C'était un paysage de dépôts silencieux, de bennes vides et de plafonds mystérieusement ruisselants ; chaque installation semblait avoir pour seul but de générer de la rouille en quantités industrielles. Je n'oublierai jamais le spectacle de cet ouvrier en bleu de travail, à califourchon sur une grille, en train de marteler lentement un roc trop gros pour passer au travers d'un tamis géant. C'était une tâche pour un broyeur mécanique, mais l'appareil était hors d'usage. L'ouvrier avait donc noué autour de sa taille une corde, dont un collègue tenait l'autre extrémité pour prévenir une chute, et était revenu à la plus ancestrale technique minière connue de l'homme. Tout en le regardant s'échiner, j'ai repensé à une blague entendue plus au sud, de l'autre côté de la frontière. « Qu'est-ce qu'on utilisait pour s'éclairer en Zambie, avant la bougie ? L'électricité. »

C'était toutefois à la mine de Shituru que la débâcle de Gécamines face à ses propres employés était la plus flagrante. Contre toute attente, on y traitait encore du cobalt, électrolysé sur de larges plateaux suspendus dans une solution, puis broyé à grand bruit – des fragments granuleux noirs tombaient dans un grand sac en plastique qui ressemblait bizarrement à ceux utilisés pour transporter la farine de blé. Une entreprise de sécurité sud-africaine avait été recrutée pour patrouiller sur le site et 250 gardes armés surveillaient l'usine, qui fonctionnait de toute façon à vingt-cinq pour cent de sa capacité. Malgré cela, la direction se sentait toujours obligée de stocker le cobalt dans un hangar fermé à clé, de tendre des barbelés sur le toit et de relier le tout au réseau électrique. « Comme ça, si quelqu'un veut faire le malin et passer par le toit, il se retrouve grillé, a gloussé un ouvrier de Gécamines, en désignant la tête de mort peinte sur la porte de l'entrepôt. S'il existait un concours de cambriolage, nous les Zaïrois, on remporterait le premier prix à chaque fois. »

****

De nombreux Katangais pensent qu'on leur a fait payer le prix de leurs penchants autonomistes, qui persistent encore aujourd'hui. « Il fallait appauvrir le Shaba, pour qu'on reste dépendants de Kinshasa. La destruction de Gécamines était délibérée », affirme avec insistance un membre d'un parti politique local. Une telle conviction nourrit une rancœur durable. « Si l'économie zaïroise a tenu aussi longtemps, c'est grâce à nous. Pendant trente ans, ils nous ont saignés à blanc et, en échange, qu'est-ce qu'on a eu ? On a été colonisés deux fois, la première, par les Belges, et la seconde, par le régime de Kinshasa. »

Pour Mobutu, toutefois, l'étape suivante dans sa quête d'argent s'est déroulée selon des termes différents. Lorsque Gécamines, colonne vertébrale de l'économie zaïroise, a montré ses premiers signes de faiblesse, le président s'est tourné vers le nord-ouest et la province rebelle du Kasaï-Oriental, qui possédait elle aussi de nombreuses raisons de souhaiter son autonomie.

Le Kasaï-Oriental est la région dont sont originaires les Luba. Surnommés les « Juifs du Congo », ces derniers sont considérés avec méfiance par leurs concitoyens, qui les trouvent un peu trop doués en affaires. Businessmen combatifs, ils ont la réputation de partager les fruits de leur réussite exclusivement avec les membres de leur ethnie, et d'évincer sans ménagement la concurrence. « Si vous embauchez un Luba, c'est lui qui va se retrouver à la tête de votre entreprise, avant que vous ayez le temps de dire "ouf" », avertissent les habitants de Kinshasa.

C'est aussi la province natale d'Étienne Tshisekedi, l'adversaire le plus redoutable de Mobutu, jusqu'à ce que les événements au Rwanda le rendent insignifiant. Sa position de champion ethnique soulignait d'ailleurs bien le statut marginal des Luba. On a l'impression que seuls ces grippe-sous du Kasaï pouvaient se permettre des mesures telles que celles prises par les dirigeants de la région en 1993, quand ils ont refusé la nouvelle devise émise par Kinshasa. Jugeant, avec moult preuves à l'appui, qu'il s'agissait d'une arnaque monétaire destinée à remplir les poches des politiciens de la capitale et que la manœuvre ne manquerait pas d'avoir un impact inflationniste, l'élite locale du Kasaï a tout bonnement décidé de boycotter les nouveaux billets et de garder ses anciens zaïres.

Pour les émissaires de Kinshasa, une telle démarche, si elle n'était pas endiguée, risquait de soulever une question délicate : le Zaïre était-il encore un État ou bien un espace vide défini par les frontières de neuf autres pays ? « C'était un peu comme si le Yorkshire décrétait unilatéralement qu'à partir de maintenant, il n'utiliserait plus que des billets de Monopoly, a expliqué un diplomate. Cela soulevait des interrogations fondamentales sur ce qui fait qu'une nation est une nation, et de quoi exactement Mobutu pensait être le président. » Pourtant, le Kasaï a pu continuer sa petite cuisine dans son coin pendant cinq longues années.

Vers la fin de son règne, Mobutu ne s'intéressait plus aux symboles de souveraineté. Il avait besoin d'argent et la source la plus évidente, une fois que le cuivre a eu perdu de son lustre, se trouvait dans la ville de Mbujimayi. Là, un affluent d'un affluent du grand fleuve Congo dessinait des méandres paresseux à travers la plaine, déposant au passage de minuscules pierres détachées des cheminées gris-vert de kimberlite, enfoncées – selon l'analogie choisie par les minéralogistes – comme autant de carottes géantes dans le sol.

Dès 1907, un prospecteur colonial avait ramassé sur ce site un caillou qui lui avait paru intéressant, afin de le faire analyser en Europe. Le caillou avait ensuite été oublié, jusqu'à ce qu'un ingénieur tombe dessus par hasard en triant des échantillons, alors qu'il se préparait à un autre voyage. Il avait par la suite confirmé que, oui, il s'agissait bien d'un diamant. Malheureusement, plus personne ne savait d'où provenait le spécimen en question et ce n'est qu'en 1913 que le statut de région productrice de diamants du Kasaï avait été reconnu. À partir de ce moment-là, la fièvre s'était emparée du secteur, avec des conséquences sociales aussi dramatiques que la ruée vers l'or sur le Klondike. Les gisements étaient si riches qu'il fallait une autorisation spéciale pour visiter la région. À intervalles réguliers, le gouvernement de Kinshasa, convaincu que trop d'étrangers récupéraient une part du butin, éjectait les intermédiaires libanais qui se bousculaient dans la province comme des guêpes attirées par du sucre.

Mbujimayi était une ville curieusement sans âme, dépourvue d'un véritable centre et qui ne disposait d'aucun des élégants édifices publics laissés par les Belges partout ailleurs au Congo. C'était une conurbation purement fonctionnelle, dédiée à l'enrichissement, et où il ne restait pas beaucoup de place pour les activités annexes. Son artère principale, l'avenue Inga, était une route boueuse et pleine d'ornières, bordée de murs chaulés sur lesquels étaient peints, en couleurs criardes, les noms des acheteurs, avec la promesse que chacun d'eux était le seul à garantir un prix équitable. Pour illustrer de quoi il était bien question, une fois franchi le seuil de ces échoppes, un scintillant diamant bleuté, digne de la couronne d'un monarque, était souvent représenté.

À l'intérieur des bâtiments jalousement gardés, on croisait de jeunes Britanniques coriaces travaillant pour la branche locale du géant diamantaire sud-africain de Beers, des négociants libanais qui auraient bien aimé revoir leur pays et leur famille, et parfois – mais pas souvent –, des Congolais. Tous fouillaient avec délicatesse dans ce qui ressemblait à des piles de cristaux de sucre coloré. Dans cette région où les diamants de qualité industrielle étaient la norme, ils cherchaient la perle rare : une pierre de joaillerie sans défaut, structurée pour se tailler proprement sous la lame d'un orfèvre et qui rapporterait des milliers de dollars à Anvers.

« On peut faire fortune ici, expliquait Ahmed, un négociant libanais. Mais il faut vraiment s'y connaître en diamants. Et il faut être prêt à attendre plusieurs mois pour qu'une belle occasion se présente. Beaucoup de gens n'ont pas la patience. » Il a ensuite dévoilé avec amour ses derniers trésors, étalés sur le dos d'une enveloppe. « Ce sont pour la plupart des pierres blanches, ce qui est inhabituel par ici. J'ai dépensé 30 000 dollars et ils devraient m'en rapporter 40 000 à Anvers. Il faut faire au moins dix pour cent de marge, parce qu'il y a beaucoup de frais. »

Dans un monde idéal, très peu de comptoirs auraient fonctionné, parmi la soixantaine existant à Mbujimayi. Car les mineurs qui les approvisionnaient, des hommes déguenillés qui passaient leurs journées, enfoncés jusqu'à la taille dans la Kanshi, à filtrer le gravier rouge dans des tamis grossiers, se mettant à couvert dès qu'ils entendaient des voix approcher, étaient ce que les Angolais appellent des « *garimpeiros* », des prospecteurs clandestins qui travaillent à leur compte. Ils opéraient sur des terres appartenant en théorie à la Société minière de Bakwanga (la MIBA), entreprise détenue à quatre-vingts pour cent par l'État congolais, la Belgique possédant les vingt pour cent restants. C'était une concession minière de 5 000 kilomètres carrés, que la MIBA ne pouvait contrôler, faute d'équipement et de motivation. « Quatre-vingt-quinze pour cent des diamants achetés aux comptoirs proviennent de chez nous, estimait un dirigeant de la MIBA. Je ne crois pas qu'il existe un seul comptoir légal à Mbujimayi. Mais si on les fermait tous, les prospecteurs iraient simplement vendre leurs pierres en Angola à la place. » Le respect des régulations, après tout, n'a jamais été la norme dans cette industrie, où la contrebande supplante allègrement chaque année les 300 ou 400 millions de dollars rapportés par les canaux officiels – et donc imposables.

Les diamants étaient parfaits pour Mobutu : minuscules, faciles à passer en douce aux frontières, dans une mallette, un sac à main ou une poche, et ne nécessitant aucun des équipements encombrants associés aux métaux de base – électrolyseurs, hauts fourneaux et affineurs, réseaux complexes de voies ferrées ou de transport routier, quais de chargement. Mobutu s'essayait au même jeu que les négociants de l'avenue Inga, en ouvrant des comptoirs qui sous-estimaient largement la valeur de la marchandise dans les documents officiels, avant de revendre le fruit du labeur des *garimpeiros* sur le marché d'Anvers. Il pouvait également s'adresser directement au plus important prospecteur et exiger sa part. D'ailleurs, en la personne de Jonas Mukamba, le fonctionnaire qui a longtemps dirigé la MIBA, Mobutu a trouvé un interlocuteur idéal.

Mukamba, un Luba grand et imposant, réputé pour sa franchise, était présent sur la scène nationale depuis aussi longtemps que Mobutu. Son nom était resté gravé dans la mémoire de la plupart des Congolais, parce que c'était lui qui accompagnait Lumumba et ses codétenus, lors du terrible vol à destination d'Élisabethville en 1961, et qui avait remis l'ancien Premier ministre aux mains de ses bourreaux. Comme Mobutu, le président de la MIBA arborait la marque poisseuse du fratricide depuis plus de trente ans, une aura de glamour un peu macabre qui n'avait pas empêché son ascension.

Peut-être est-ce cette complicité partagée qui facilitait la coopération entre les deux hommes. Car lorsque les responsables de Gécamines n'ont plus été en mesure de fournir, c'est Mukamba qui a pris le relais. « Mukamba écrémait chaque mois entre 1,5 et 2 millions de dollars de la MIBA pour Mobutu, selon un ancien économiste du gouvernement. Les gens pensent souvent que l'avantage du privé, c'est de mettre un terme à ce genre de pratiques. À vrai dire, le statut d'économie mixte de la MIBA ne faisait pas la moindre différence. » Mukamba trouvait d'autres solutions pour rendre service à Mobutu. Par exemple, les dignitaires étrangers que le président voulait impressionner étaient amenés aux locaux de la MIBA. Les vigiles de l'entreprise recevaient l'ordre de sortir, puis chaque visiteur se voyait remettre une pelle et un sac, et était invité à se servir parmi les diamants bruts. Si aujourd'hui la compagnie se refuse à tout commentaire officiel, les dirigeants qui ont repris les rênes après le départ du président reconnaissent du bout des lèvres le rôle de bailleur de fonds de Mukamba auprès de Mobutu. «Mais très franchement, comment aurait-il pu faire autrement ? s'interrogeait un collègue de la MIBA. C'est facile de criti-quer, mais tout n'est pas noir et blanc. Vers la fin, il était devenu impossible de travailler avec Mobutu si on ne jouait pas le jeu. Et au passage, Mukamba a fait beaucoup de bien à cette ville. »

Car, en échange de cette dîme présidentielle, Mukamba pouvait gérer Mbujimayi et ses environs à peu près comme il l'entendait. Occupant la place laissée vacante par le gouvernement, il a instauré le nec plus ultra en matière de paternalisme industriel. La MIBA réparait les routes, puisait l'eau potable, four-nissait la municipalité en électricité, grâce à une centrale locale, subventionnait l'école et la vente de denrées alimentaires. Elle patronnait aussi l'université naissante, finançait la venue d'enseignants étrangers en avion et approvision-nait l'hôpital en médicaments. Un jeune habitant du Kasaï pouvait facilement passer son existence dans des institutions soutenues par la MIBA. «Je suis un homme d'affaires, mais je suis aussi un homme politique, et mon travail, c'est de veiller sur la population, m'a expliqué Mukamba, peu de temps avant son licenciement. Les gens savent très bien ce que la MIBA fait ou ne fait pas, et si on ne fait pas, on est sévèrement critiqués. »

Doté de sa propre monnaie, et d'un système de santé et d'éducation financé par la société minière, l'encombrant Kasaï-Oriental jouissait d'une indépen-dance relative. Mais cela demeurait une autonomie par défaut, sans envergure. À la fin des années 1990, malgré tous les efforts de la MIBA, de nombreuses routes s'affaissaient pendant la saison des pluies et la plus grande partie de la ville restait plongée dans l'obscurité la nuit. L'université tant vantée se limitait à quelques bâtiments de fortune et une salle remplie de livres. L'orphelinat parrainé par la MIBA consistait en une case morne et nue, où des enfants morveux savaient leur catéchisme, mais allaient pieds nus. La population, ayant compris qu'elle n'obtiendrait jamais mieux que cette sécession au rabais, continuait simplement à chercher à s'enrichir, un parti pris qui rendait furieux les plus idéalistes. Gaston Muyombo, un prêtre catholique, accusait ce qu'il appelait la « philosophie bantoue » : « Les gens s'accrochent à la vie et n'en sont pas encore au stade où ils sont prêts à se battre pour la qualité de cette vie. Ils estiment que tant qu'ils survivent, cela suffit. »

La liberté d'action de Mukamba était entravée par son rôle de pourvoyeur de fonds officieux du président, mais aussi par le fait que la MIBA payait toujours des impôts accablants à Kinshasa. « Notre vœu le plus cher serait de dépenser localement l'argent de ces impôts, expliquait-il. Mais la loi nous oblige à payer. Depuis trente ans, le pouvoir est bien trop centralisé au Zaïre. »

Combinées, ces deux ponctions financières – les impôts et la part de Mobutu – ont précipité la MIBA sur la même pente que Gécamines. En 1997, année de la chute de Mobutu, la production était passée de 10 millions de carats par an à 6,4 millions. La société était déficitaire depuis six ans et bénéficiait, elle aussi, d'un régime fiscal allégé. La malédiction de la prospérité avait de nouveau frappé. Encore un exemple de sabotage d'une industrie florissante, sur laquelle l'État aurait pu bâtir une ascension internationale.

La bascule du Katanga au Kasaï, du cuivre aux diamants, a marqué une autre étape dans l'itinéraire de Mobutu. L'homme qui avait édifié son empire grâce à sa capacité à distribuer des pots-de-vin se retrouvait pris de vitesse par les membres les plus entreprenants de la classe politique qu'il avait aidé à créer, lesquels avaient un peu trop bien retenu la leçon du maître. Plusieurs des fils de Mobutu, ses proches collaborateurs, les généraux, tous ont rapidement ouvert leur propre comptoir en diamants sur l'avenue Inga. Ils servaient aussi d'intermédiaires pour les diamants de joaillerie de plus grande qualité, extraits de l'autre côté de la frontière en Angola par le mouvement rebelle de l'UNITA, qui avait besoin de débouchés légaux pour ces pierres, afin de financer sa campagne militaire. « Mobutu ne parvenait plus à tenir la bride à ses gars, a expliqué un fonctionnaire du ministère des Finances américain. Les comptoirs de diamants illicites commençaient à lui échapper et les occasions de piller les divers mécanismes d'État s'étaient énormément réduites. »

En tant qu'expert en diamants, Larry Devlin remarquait le même phénomène. « J'ai appris par mes contacts qu'un des adjoints les plus proches de Mobutu devait se rendre à Anvers avec 9 millions de dollars en diamants, à vendre pour le compte du président. Il a dit à l'acheteur : "Faites-moi une facture pour six et je garde les trois autres". Avant, une chose pareille ne serait jamais arrivée. Il serait retourné voir Mobutu avec 9 millions et aurait attendu que le président lui donne sa part. Il n'aurait jamais osé se servir tout seul d'abord. » La kleptocratie n'était plus l'œuvre d'un seul homme. Elle avait acquis une dynamique propre et rien ne semblait pouvoir l'arrêter.

Sur l'une des principales avenues du quartier verdoyant de Gombe à Kinshasa, qui abrite les résidences des ambassadeurs et les ministères de la ville, un énorme bâtiment en forme de C inversé se dresse derrière de hauts murs de béton et de métal. Autrefois, il était possible de passer en voiture devant ce mastodonte de ciment, mais depuis qu'une fusillade entre deux unités rivales de l'armée a alerté les nouvelles autorités sur la vulnérabilité de l'institution, le trafic a été détourné vers les ruelles adjacentes. De loin, pourtant, on peut toujours apercevoir une curieuse sphère blanche, perchée sur un des coins de la bâtisse. C'était là qu'une mosaïque de Mobutu montait autrefois la garde, avec toque de léopard et lunettes noires. Elle a été recouverte de peinture quand les rebelles de Kabila sont entrés dans la ville, tandis que les habitants de la capitale se hâtaient de retourner leur veste et de se refaire une virginité.

S'il est aisé de cacher un portrait sous une couche de peinture, il est plus difficile d'annuler le passé. C'est là, à la Banque centrale, que s'est joué l'acte final de la kleptocratie de Mobutu. Gécamines et la MIBA n'étant plus que l'ombre d'elles-mêmes, le président et son élite de plus en plus incontrôlable se retrouvaient sans source substantielle de revenu. Il n'y avait plus qu'une seule solution pour survivre : imprimer de l'argent. Ordre a donc été donné de faire tourner la planche à billets. Des camions de l'armée étaient envoyés à la Banque centrale et les épaisses liasses de zaïres tout neufs étaient discrètement déchargées sur ce qui avait été surnommé « Wall Street » : les ruelles où une armada de divorcées, de veuves et de mère célibataires – ces agents de change teigneux étaient presque toujours des femmes – s'asseyait avec des sacs d'argent ventrus sur les genoux et décidait du taux du moment. De hauts fonctionnaires venaient refourguer leurs billets, encore sous enveloppe plastique, pour les changer en toute hâte contre des dollars, des francs belges ou français, seuls repères stables dans un monde de valeurs en évolution permanente. Mais lorsque la rumeur se répandait sur Wall Street d'une énième livraison mystère, le taux du jour changeait et le zaïre continuait à chuter – encore et encore.

En 1991, l'inflation, déjà exprimée en taux à deux chiffres qui auraient suffi à renverser un gouvernement occidental responsable, est soudain grimpée en flèche pour atteindre un ahurissant 4 130 %. L'année suivante, elle est légèrement redescendue à 2 990 %, pour remonter de nouveau l'année suivante à 4 650 %. Le pic est survenu en 1994 : l'inflation a explosé à 9 800 %.

Pour les Zaïrois, payés dans la monnaie locale, l'effet de ce qui s'apparentait en réalité à une taxe officieuse sur toutes les transactions a été désastreux. Le temps de boire un café, le taux pouvait avoir changé plusieurs fois. Si on traînait un peu trop à régler l'addition, le montant pouvait être différent. De retour d'un voyage, les réserves de zaïres qui permettaient naguère de fournir un repas à une famille suffisaient à peine à acheter un savon.

Dans les supermarchés, plus personne ne prenait la peine d'étiqueter les marchandises une par une, tant les prix évoluaient rapidement. À la place, les produits étaient classés par catégorie avec un index unique, facile à mettre à jour, qui indiquait le tarif en vigueur. Les billets valaient à présent si peu que le secteur bancaire s'est bel et bien arrêté, incapable de fournir les liquidités nécessaires pour les transactions majeures. Parfois, on apercevait derrière les caissiers des montagnes de billets sales et étrangement aromatiques, empilés contre le mur, telles des briques : ils étaient par exemple destinés à une petite entreprise qui peinait à réunir la somme pour payer ses salariés ou à acheter une photocopieuse. Il y avait rarement assez de billets pour envisager plus ambitieux. Vérifier les montants pouvait prendre des heures, bien que, pour simplifier le comptage, les billets étaient regroupés en paquets de vingt-cinq. Il fallait faire confiance à son agent de change sur le marché noir ; ou plutôt, il fallait faire confiance à tous les Zaïrois avec qui on traitait pour ne pas subvertir le système tout entier en retirant en douce quelques billets dans chaque liasse. De façon ironique, cette crise provoquée avec une telle malhonnêteté aux plus hauts échelons de la société a engendré ses propres normes morales parmi les victimes, qui les respectaient plus consciencieusement que les réglementations du système financier conventionnel.

Elle a aussi donné naissance à une stratégie d'entraide imaginative, en vigueur chez les citoyens assez tenaces pour continuer à fonctionner dans une société où les billets de banque n'avaient plus aucune valeur. Exportateurs de café et vendeurs d'armes, organisations humanitaires et trafiquants de diamants, tous se sont étrangement retrouvés dans le même bateau et ont établi ensemble un dispositif informel d'échange d'argent. Un simple coup de fil permettait à un patron d'usine de localiser les zaïres nécessaires pour payer ses employés, ou à un négociant libanais de dénicher les dollars dont il avait besoin pour acheter ses diamants. C'était du bricolage bancaire et ça fonctionnait. « Je trouvais ça très enthousiasmant, a confessé un jour un homme d'affaires britannique. Des centaines de milliers de dollars en devises pouvaient être échangés par téléphone, la transaction prenait quelques secondes, au lieu des semaines habituelles en passant par une banque. Tout se réglait oralement et personne ne manquait jamais à sa parole, parce qu'on savait que ça risquait de compromettre l'édifice tout entier et que tout le monde serait alors perdant. »

Toutefois, même si ce processus se déroulait dans un ralenti gracieux, le système était bel et bien en train de s'effondrer sous le poids de ses propres excentricités. Chaque fois qu'un billet d'une nouvelle valeur était émis, dans un vain effort pour courir après l'inflation, les hommes politiques retenaient leur souffle pour savoir si la population allait l'accepter comme devise officielle, ou bien le considérer comme inflationnaire et le bouder. C'est d'ailleurs ce qui a poussé les soldats à se rebeller en 1993, lorsque des commerçants ont rejeté l'argent de leur solde. L'un des derniers billets créés sous Mobutu – 500 000 zaïres, effrontément surnommé la «prostate», en l'honneur de l'organe présidentiel malade – a été refusé en bloc à Kinshasa, fournissant au passage à quelques mouvanciers une occasion en or. S'appropriant les billets sans valeur à Kinshasa, ils ont affrété des avions pour transporter des monceaux de «prostates» à Lubumbashi, au sud, afin d'inonder le marché noir, plus souple qu'à la capitale.

Au Kasaï, bien sûr, les nouveaux zaïres n'ont jamais été acceptés du tout. Une brèche lucrative dans laquelle se sont engouffrés certains fonctionnaires, qui engrangeaient les anciens zaïres, au lieu de les brûler comme cela était ordonné, et qui se sont mis à les déverser sur les marchés de Mbujimayi et Kananga. À l'extrémité est du pays, les nouveaux zaïres étaient bien admis, mais ils s'échangeaient contre des dollars à un taux différent de Kinshasa, opportunité supplémentaire pour ceux qui avaient l'occasion de voyager et pouvaient donc se faire une marge sur l'écart. Un pays, au moins quatre zones monétaires distinctes : le Zaïre était au bord de l'explosion. Mobutu, le nationaliste africain, n'appréciait sans doute pas tout ce que cela impliquait. Mais avec son propre palmarès, que pouvait-il faire contre les activités parallèles de plus en plus dangereuses de son entourage ?

Des leçons de morale seraient passées pour une marque d'hypocrisie inacceptable. «Comme il se servait lui-même, il ne pouvait pas punir les autres», explique Kitenge Yezu.

Évidemment, pas la moindre trace de cet univers digne de Lewis Carroll dans les rapports mensuels et annuels émis par la Banque centrale. Les comptables et les économistes jonglaient avec les chiffres pour s'efforcer de présenter un simulacre sophistiqué de respectabilité financière, quelque chose susceptible de berner un expert du FMI ou de la Banque mondiale qui s'intéresserait encore assez au Zaïre pour exiger de mettre le nez dans les comptes.

Au fur et à mesure que la marge de manœuvre de Mobutu se réduisait, les gouvernements occidentaux se sont tournés vers Kengo wa Dondo pour concrétiser leurs espoirs de réforme. L'ancien procureur général, un homme au teint clair et à l'esprit vif, avait été deux fois Premier ministre pendant la période du parti unique, puis avait de nouveau été nommé à ce poste en 1994. Figure de proue d'un groupe de grosses légumes apparu en 1990 et considéré comme impitoyable envers le pouvoir absolu, Kengo était, selon les ambassades, assez pointu pour comprendre que cette gestion catastrophique devait cesser. Au début, les efforts de Kengo pour faire baisser l'inflation ont connu un certain succès. Malheureusement, une série de magouilles est ensuite survenue, des combines si scandaleuses et d'une telle ampleur, qu'elles trahissaient chez les personnes impliquées un mépris total de la loi, de la population et des principes mêmes d'un État-nation.

Le matin du 2 septembre 1994, un Boeing 707 appartenant à une compagnie aérienne enregistrée au Liberia a atterri à l'aéroport de Ndjili. L'avion, inspecté avant qu'il redécolle pour un vol intérieur sans autorisation, transportait un chargement inhabituel : trente tonnes de billets de banque, pour une valeur totale de 12 à 15 milliards de nouveaux zaïres. Un réseau de faux-monnayeurs venait-il d'être démasqué ? La vérité s'est révélée un peu plus complexe.

Le gouvernement de Kengo était à ce point en manque de liquidités qu'il avait fini par confier la fabrication de ses nouveaux billets de banque, effectuée en Argentine et au Brésil, à des intermédiaires libanais. Ces derniers avançaient l'argent pour financer l'opération et se payaient ensuite sur les billets imprimés. Mais les Libanais en question, Naim et Harif Khanafer, hommes d'affaires influents, ne se sont pas arrêtés en si bon chemin. Profitant de leur position unique de représentants des autorités monétaires du Zaïre, ils ont demandé aux imprimeurs brésiliens et argentins d'émettre, non pas un exemplaire de chaque billet numéroté, mais deux, trois ou même quatre. Identiques en qualité jusque dans les moindres détails, ces billets ne constituaient pas de la fausse monnaie à proprement parler et il était impossible de les détecter. Quand ils ont envahi le marché noir, la catastrophe est devenue inévitable.

Après une réunion d'urgence du cabinet, le ministre de l'Information de Kengo est passé à la télévision nationale pour dénoncer le scandale, sans doute soulagé de pouvoir faire porter le chapeau de l'inflation à quelqu'un d'autre que le Trésor public et la Banque centrale, qui avaient pourtant validé la fabrication des billets. La licence de la compagnie aérienne a été révoquée, les frères libanais ont été placés en garde à vue pour être interrogés, Interpol a été sollicité et une investigation de grande ampleur a été ouverte, avec des enquêteurs officiels dépêchés au Brésil, en Argentine, en Belgique et en France. Un mois plus tard, un second chargement de quatorze tonnes de billets de banque était découvert dans la ville fluviale de Mbandaka. Cette fois, le gouvernement a réussi à confisquer le butin.

Personne ne saura jamais qui tirait les ficelles derrière les frères Khanafer. Ce qui est certain, en revanche, c'est qu'en tant que citoyens libanais, ils dépendaient de leur réseau pour travailler et résider au Zaïre. Ils ne se seraient donc jamais lancés dans une opération illégale d'une telle ampleur, sans des soutiens en haut lieu. Quand on a demandé à Kengo de dénoncer les responsables, il a cité certains «individus civils et militaires», mais a refusé d'entrer dans les détails, «afin de ne pas compromettre l'enquête en cours».

Avec une épuisante prévisibilité, l'instruction a traîné en longueur, avant d'être discrètement mise sous le tapis. Aucune plainte officielle n'a jamais été déposée contre les coupables et, en décembre de la même année, le gouvernement, toujours à sec, a carrément ordonné la levée du gel sur les quatorze tonnes de billets de Mbandaka, afin de pouvoir injecter ces «faux» billets dans le système monétaire. Kengo avait sous-estimé l'influence des «forces souterraines» derrière cette magouille. Face aux puissants lobbys impliqués, il a préféré la survie politique à une confrontation qui risquait de lui coûter son ministère.

Le visage hideux de ce régime qui suçait la moelle de ses propres citoyens avait été dévoilé aux yeux de tous. Si les Zaïrois ont été légèrement surpris par l'ampleur de la cupidité ainsi exposée, ils n'ont certainement pas été choqués par les motifs invoqués. Ils avaient l'habitude de considérer l'État comme un prédateur vorace. Tout ce qui comptait, c'était de savoir comment survivre aux conséquences.

CHAPITRE 6
LOW BATT

Mobutu, Jacques Chirac et Bill Clinton sont dans un avion, de retour d'une conférence internationale. Après plusieurs heures de voyage, le pilote avoue qu'il est perdu dans le brouillard et n'a pas la moindre idée de l'endroit où ils se trouvent. Clinton entrouvre alors un hublot et sort son bras.

— Je sais où on est, décrète-t-il au bout d'un moment. On survole les États-Unis.

— Comment tu le sais ? demandent les deux autres.

— Je viens de toucher le sommet de la statue de la Liberté. Quelques heures plus tard, le pilote est toujours aussi perdu. Chirac ouvre un hublot et sort son bras à son tour.

— Je sais où on est. On survole la France, décrète-t-il.

— Comment tu le sais ? interrogent ses collègues.

— Je viens de toucher la tour Eiffel.

Encore plus tard, l'avion est toujours perdu. Finalement, Mobutu remonte sa manche et passe son bras par le hublot.

— Je sais où on est, annonce-t-il en retirant sa main.

— Où ça ?

— Au-dessus du Zaïre.

— Comment peux-tu en être aussi sûr ?

— On vient de me piquer ma Rolex.

> Plaisanterie populaire chez les expatriés de Kinshasa.

Vers le milieu des années 1980, le réseau téléphonique du Zaïre, hérité des Belges, était dans un tel état que les communications nationales et internationales devenaient impossibles. C'est alors qu'un jeune Américain, qui venait de perdre son emploi dans une compagnie aérienne, a eu l'idée géniale d'équiper les notables de Kinshasa de talkies-walkies Motorola, afin de leur permettre de rester en contact au sein de la capitale.

Peu de temps après, un service de téléphonie mobile privé a vu le jour et des appareils massifs ont remplacé les Motorola. Ainsi est né Telecel – ou comment contourner un État défaillant ou simplement se substituer à lui, quand les besoins de l'élite se font trop pressants. Des routes quasi inexistantes ? Achetez un 4x4. La télévision nationale est en panne ? Installez une parabole dans votre jardin pour capter CNN. Le téléphone ne fonctionne plus ? Louez un Telecel. Alors que le Zaïre se délitait, une partie de la population au moins avait les moyens d'échapper à l'anarchie.

Les clients ont beau râler contre le tarif exorbitant – sept dollars la minute à une certaine époque pour les appels internationaux –, ils prennent toujours bien soin de ne jamais être coupés. Bien avant que les téléphones mobiles envahissent l'Occident, le Telecel représentait au Zaïre le summum du prestige, un marqueur de distinction entre les acteurs importants du pays et ceux qui restent à la marge. Pour les nouveaux venus, diplomates ou journalistes, c'est un moyen pratique de séparer les torchons des serviettes. Si à l'issue d'une rencontre, vous découvrez que votre interlocuteur ne possède pas de Telecel, vous comprenez alors que, malgré tout son mérite et son éloquence, il porte l'empreinte caractéristique de l'insignifiance. En revanche, je sais aussitôt me trouver en présence d'un homme important, quand je vois Bemba Saolona, éminent businessman du Zaïre, en train de jongler avec ses Telecel soigneusement alignés devant lui sur la table et qui sonnent sans répit, les uns après les autres.

Comme toujours au Zaïre, le Telecel et ses particularités sont entrés dans la langue de tous les jours. L'un des problèmes du Telecel, c'est sa batterie rechargeable qui se vide à toute vitesse. Les mots « *Low Batt* » (batterie faible) se mettent alors à clignoter sur l'écran, accompagnés d'un double bip de plus en plus insistant, jusqu'à ce que la communication soit coupée. « Je te rappelle, je suis *Low Batt* », avertissent régulièrement les utilisateurs. Au fil du temps, l'expression a acquis une signification plus symbolique. Au début des années 1990, la nation tout entière semble dans un état perpétuel de « *Low Batt* », se contentant de survivre, de vivoter, sans jamais s'accomplir pleinement.

Les Zaïrois ont développé un langage propre pour affronter cette réalité déprimante, des jeux de mots ironiques empreints de scepticisme, seule forme de rébellion discrète possible dans un système en apparence imperméable au changement. Les ratages sont attribués au « facteur Z » et les retards, à « l'heure zaïroise », rythme léthargique local. La capitale, autrefois surnommée « Kin-la-Belle », a été rebaptisée « Kin-la-Poubelle », référence aux monceaux d'ordures jamais évacués. Le long des routes, les vendeurs d'essence à la sauvette sont des « Khadafi », hommage au président de la Libye et à son pétrole ; les gamins qui dorment dehors sont des « phaseurs », parce qu'ils sont « en phase avec la vie », comme me l'a expliqué en riant un ami. Les jeunes chômeurs qui n'ont rien d'autre à faire que de palabrer au coin de la rue sont surnommés avec mépris des « parlementaires debout ». Si on demande à l'un d'eux comment il va, la réponse n'est jamais un « bien » automatique. Non. Avec un haussement d'épaules, il soupire : « au rythme du pays », ou bien « au taux du jour », allusion au déclin inéluctable de la devise nationale.

Chaque fois que je rentre de déplacements dans les pays voisins, je constate avec stupeur que les batteries, que je croyais pourtant presque à plat, se sont encore vidées. Je le mesure à l'état du taxi qui me véhicule quotidiennement et à l'humeur de son propriétaire, Pierre Mambele[11], le plus grognon et le plus débrouillard des chauffeurs de la ville. À mon arrivée, sa vieille Fiat de dix-huit ans, cadeau d'un homme d'affaires napolitain reconnaissant, approchait déjà de la fin de sa carrière naturelle. Cette voiture est un véritable triomphe de la détermination sur la logique, et il faut trop souvent la pousser pour qu'elle daigne se mettre en route. Sièges éviscérés, pare-brise fêlé en deux endroits et rétroviseurs disparus depuis longtemps, tout comme les clignotants, le klaxon et les balais d'essuie-glace, ce qui rend la conduite sous la pluie particulièrement exaltante. Les vitres automatiques doivent être péniblement hissées du plat de la main et le moteur ne démarre qu'à condition de bien emmêler trois câbles. À hauteur de flaque, le plancher rouillé affiche la texture délicate de la dentelle. Les portières avant ont la fâcheuse habitude de s'ouvrir brusquement quand on roule vite et doivent parfois être attachées au châssis, à l'aide d'une corde faite de sacs plastiques noués entre eux.

L'humeur de Pierre, jamais joyeuse, se détériore au même rythme que sa voiture. Conscient qu'une égratignure ou un choc de plus ne changerait pas grand-chose à la fiabilité de sa Fiat, il n'accorde au Code de la route qu'un intérêt purement formel. Toute remarque sur son imprudence déclenche chez lui des réactions de plus en plus agressives, au point que des passants scandalisés viennent se plaindre à moi quand je monte. Lorsque nous roulons avec perte et fracas à cinquante kilomètres-heure, traînant parfois le pot d'échappement derrière nous, Pierre, qui est rongé par des ulcères à l'estomac, marmonne dans sa barbe, hochant la tête d'un air entendu : « Ce pays est foutu. Qui en voudrait ? Même pas les Japonais. Si j'étais malin, je serais parti depuis longtemps. »

---

11. Craignant de lui causer des problèmes auprès des autorités, j'avais modifié le prénom de Pierre dans la première édition anglaise de cet ouvrage. Il ne s'est jamais rien produit. Qui oserait s'en prendre à Pierre ? À présent qu'il n'est plus là, il me semble normal de lui rendre la place qui lui revient dans ce récit.

C'est lors de mes passages réguliers au ministère de l'Information que je prends conscience que le Congo est vraiment au bout du rouleau. Le ministère est situé au dix-neuvième étage d'une tour concave, érigée à la douce époque de la coopération internationale par une entreprise dirigée par un cousin de Valéry Giscard d'Estaing, alors président de la France. Sur tout le continent, j'ai emprunté en pestant les escaliers parfumés à l'urine de ce genre de monolithes interminables, surgis de l'imagination d'hommes qui calquaient l'itinéraire de l'Afrique sur celui de leur propre nation. Visiblement incapables de se représenter un avenir moins radieux que leur propre présent plein de promesses, les ingénieurs étrangers ne pouvaient envisager que l'électricité serait un jour sporadique, les pièces de rechange, impossibles à trouver, et la maintenance, une plaisanterie. C'est pourtant exactement ce qui s'est produit, ainsi que le prouvent ces imposantes anomalies de vingt étages, monstruosités de ciment rattrapées par l'Histoire. Conçus pour la climatisation, des sols en moquettes et des ascenseurs réglés comme des horloges, ces édifices se retrouvent échoués dans des pays en train de retourner à l'époque précoloniale.

Au ministère de l'Information, il vaut toujours mieux envoyer un éclaireur vérifier que les ascenseurs sont en service. Dans n'importe quel autre pays, il suffirait de téléphoner le matin de votre rendez-vous pour vous assurer que la personne chargée de votre dossier est bien à son poste. Mais le fonctionnaire en question, étant donné son grade, n'a pas la chance de posséder un Telecel. Une solution consiste alors à se placer au pied du bâtiment et à appeler jusqu'à ce que quelqu'un vous entende dans les étages et vous confirme la présence de votre interlocuteur. Il faut ensuite entreprendre une ascension douloureuse dans la cage d'escalier sombre, qui sert aussi de toilettes pour hommes. Si c'est votre jour de chance, vous parvenez à avertir quelqu'un de votre arrivée, en tapant avec un trousseau de clés contre les portes de métal de l'ascenseur au rez-de-chaussée. On vous envoie alors la cabine. Parfois, l'appareil fonctionne, mais pas les lumières. La solution, dans ce cas-là, c'est une lampe tempête, transmise avec solennité par ceux qui sortent à ceux qui entrent.

Au sommet du ministère, souffle toujours une brise bienvenue. La climatisation est hors service, mais comme les fenêtres restent ouvertes, l'air circule. De là-haut, on jouit d'une belle vue d'ensemble. Des voitures miniatures roulent sur l'avenue du 24 novembre, les gens ressemblent à de minuscules poupées et la disposition des casernes voisines, du palais du Peuple et du stade moderne – deux autres cadeaux architecturaux offerts par des étrangers à un Mobutu reconnaissant – prend une nouvelle dimension.

Pourtant, le détail qui me frappe toujours le plus est des plus banals. De là-haut, on voit émerger ce qu'on remarque à peine en bas : un quadrillage régulier, tracé dans la terre rouge. À des kilomètres à la ronde, le moindre espace libre a été divisé en petits jardinets soigneusement arrosés. Au bord des routes, sur les terre-pleins centraux, même sur ce qui devrait être la pelouse du ministère, poussent les feuilles pointues caractéristiques du manioc. Kinshasa est une ville verte, mais cette verdure n'a pas un but esthétique. Pendant que Mobutu s'essayait au paysagisme à Gbadolite, la nation à plat n'avait que faire des pelouses. Préoccupés par le besoin immédiat de trouver de quoi se nourrir, les habitants ont transformé la capitale en un immense potager.

Au nord-est, on entraperçoit l'enceinte d'un établissement public, situé juste aux abords du centre-ville. Construit par les Belges, c'est un bâtiment bas, dont l'accès est gardé par deux individus en uniforme beige. Depuis la rue, leur tâche semble bien fastidieuse – ouvrir et fermer le lourd portail de métal, à une fréquence abrutissante. Mais quand on y regarde de plus près, on découvre que les deux hommes sont armés de ces matraques en caoutchouc noir utilisées par la police antiémeute. Ils surveillent tout avec vigilance et scrutent la foule filtrée à l'entrée, traquant des pensionnaires qui tenteraient de s'évader.

Il ne s'agit pourtant pas de matons en service et ce n'est pas la prison de Makala à Kinshasa. C'est l'hôpital autrefois connu sous le nom de Mama Yemo, à présent devenu l'Hôpital général de Kinshasa. Et la mission de ces hommes consiste à empêcher de sortir, manu militari, les patients assez téméraires pour essayer de prendre la tangente sans avoir réglé leur note. Pour l'administration du principal hôpital de la ville, toujours exsangue, les soins impayés constituent un luxe au-dessus de ses moyens. « On appelle ça la séquestration de malades, m'explique le docteur Henri Kasongo, chef du service de chirurgie d'urgence au Mama Yemo. Tous les hôpitaux le font, même s'ils ne le reconnaîtront jamais. Les gardes doivent se montrer vigilants et faire la distinction entre ceux qui ont été malades et les bien-portants. Souvent, les gens essaient de se fondre dans la foule, aux heures des visites. Il y a beaucoup d'évasions, parce que, pour être honnêtes, ces hôpitaux sont devenus comme des prisons. »

Avec ses 2 000 lits, Mama Yemo s'est longtemps targué d'être le grand hôpital d'Afrique centrale. Mobutu avait de toute évidence envisagé un avenir glorieux pour l'établissement, quand il l'a baptisé en l'honneur de sa mère et a ordonné qu'un buste de bronze d'elle soit érigé, sur l'un de sentiers qui relient les pavillons peints en bleu et blanc. En tant qu'hôpital « du peuple », Mama Yemo était censé recevoir près de cinquante pour cent du budget de la Santé, mais aucune action n'a jamais concrétisé ces bonnes intentions. Le matériel médical s'est réduit comme peau de chagrin. Les salaires, les rares fois où ils sont payés, sont tombés à des niveaux risibles. Les mouvanciers malades se rendent à présent dans des cliniques privées ou, suivant l'exemple de Mobutu, s'envolent pour la

Suisse à bord de leur jet pour être soignés. Le Mama Yemo a dû apprendre à se débrouiller tout seul.

Selon le docteur Kasongo, grand homme dont la mâchoire carrée annonce une certaine pugnacité, cette situation a inévitablement provoqué l'apparition d'une pathologie jamais évoquée dans les manuels de médecine classiques : un durcissement généralisé du cœur. « Dans la presse populaire, on nous décrit comme des bouchers sans pitié. Mais sans les miettes qu'on récupère des patients, l'hôpital fermerait pour de bon. Quelle autre solution avons-nous ? »

De l'extérieur, la situation ne paraît pas si grave. Des aigrettes blanches arpentent les pelouses vertes, à la recherche d'ordures comestibles ; des lessives étendues sur les haies apportent des taches de couleurs vives et il y a l'habituel défilé de femmes amenant à manger à leurs proches dans des plats en métal. Des panneaux interdisant les armes à feu ont été affichés, après un incident de trop avec des soldats blessés, exigeant d'être soignés en priorité. Un impact de balle marque l'un des murs, témoin de l'insistance dont ces derniers peuvent faire preuve.

À l'intérieur des services, toutefois, on comprend tout de suite mieux pourquoi même le personnel qualifie le Mama Yemo de mouroir. Les portes sont fendues, les murs auraient bien besoin d'un coup de peinture et il n'y a aucune moustiquaire aux fenêtres pour tenir à distance les insectes porteurs de paludisme. Des hommes et des femmes, des soldats et des civils, de potentiels séropositifs et des séronégatifs, tout ce monde se mêle sans distinction, dans des lits serrés les uns contre les autres. L'air est lourd d'un arôme acide qu'on remarque rarement dans les hôpitaux occidentaux, car il est alors noyé sous une couche de détergent et de désinfectant. Un mélange de pus, de corps chauds, d'urine et de sécrétions humaines. Promesse de contagion possible, cette odeur douceâtre vous reste dans le nez pendant des heures, même après avoir quitté les lieux.

En cas d'urgence, que Dieu vienne en aide aux malheureux admis *in extremis,* sans amis ou famille pour fournir rapidement de l'argent. Autrefois, l'hôpital disposait d'un stock de médicaments et de consommables. Mais tout a fini par disparaître, car une fois l'urgence passée, les patients n'étaient pas en mesure de payer. « À présent, le médecin est confronté à un dilemme : le patient n'a pas d'argent, le médecin voit bien qu'il va mourir, mais il n'a aucun médicament et aucun matériel. C'est comme ça que je perds sans doute deux patients sur dix, dans les cas graves », reconnaît Kasongo.

Ceux qui disposent d'un peu plus de temps connaissent la marche à suivre : scalpel, fil de suture, plâtre et gants en latex, tout devra être fourni avant que le médecin lève le petit doigt. Au portail, les vigiles ont pour instruction de ne pas laisser partir un patient, tant que ce qui est nommé avec délicatesse le «service de recouvrement» n'a pas confirmé que la note a bien été réglée. «Un patient peut se retrouver à devoir plusieurs milliers de dollars. Mais comment un fonctionnaire qui n'est jamais payé peut-il se le permettre? On l'empêche donc physiquement de quitter les lieux et, en général, au bout d'un mois, sa famille a réussi à rassembler la somme nécessaire pour le faire sortir.»

Les plus vulnérables face à de telles pressions sont les jeunes mères, dont les nouveau-nés peuvent facilement et discrètement être séquestrés dans leur berceau, jusqu'à ce que la facture soit acquittée. «Une femme a passé deux mois ici, se souvient Kasongo. Elle avait accouché et ne pouvait pas partir. Ça faisait rire tout le monde.» Un hôpital rival, selon lui, est allé jusqu'à ouvrir une salle spéciale pour les patients endettés. «C'est plus pratique, parce que ça libère de la place. En tant que médecin, je ne veux pas avoir des services pleins de gens bien portants.»

Impossible de faire confiance à qui que ce soit. Parfois, l'hôpital joue les prêteurs sur gages, confisquant postes de radio, montres ou télévisions comme garantie. «Les patients affirment souvent qu'ils n'ont rien, qu'ils sont démunis. Dans ce cas, on leur demande s'ils possèdent des biens. Si l'un d'eux admet avoir un poste de télévision, on lui dit : "D'accord, vous n'avez qu'à l'apporter".»

Même la mort ne semble pas permettre d'échapper à ses dettes. Tout comme les patients vivants retenus en otage, les corps peuvent être conservés à la morgue jusqu'à ce que la famille paie – une pratique, reconnaît le médecin, qui viole tous les principes moraux d'une culture où inhumer correctement un défunt a toujours revêtu une importance spirituelle immense. «Confisquer un mort, c'est scandaleux, c'est une monstruosité, c'est tout simplement inacceptable. Ceux qui le peuvent règlent aussitôt pour récupérer le corps.» Mais tout le monde n'a pas les moyens. D'où la tendance grandissante chez les plus démunis à abandonner la dépouille de leurs proches. Tous les trois ou quatre mois, la morgue du Mama Yemo se retrouve donc pleine de défunts non réclamés. Entre la chaleur et les caprices du réseau électrique, les réfrigérateurs ne se montrent en général pas à la hauteur et les cadavres commencent à se décomposer. Au bout d'un moment, quand la situation devient insoutenable, des volontaires avec l'estomac bien accroché évacuent les cadavres vers une fosse commune. La télévision nationale diffuse parfois des images de ces héros en train d'accomplir leur terrible besogne. Derrière leur masque, ils sont pris de haut-le-cœur, lorsque des corps se délitent pendant le transport, perdant là une main, là un pied ou un bras.

Avec de telles horreurs, évidemment, les patients ne se présentent au Mama Yemo qu'en tout dernier recours. Les médecins, quant à eux, ne pratiquent la chirurgie que lorsque c'est absolument nécessaire, par crainte des infections. Ils savent qu'une mauvaise médecine encourage des affections qu'on pensait enrayées à redémarrer de plus belle. « Maladie du sommeil, lèpre, typhoïde. Toutes ces maladies qui étaient presque éradiquées sont en train de revenir et cela ne doit rien au hasard. »

Kasango lui-même touche un salaire mensuel de vingt dollars, mais il n'a pas été payé depuis cinq mois. La plupart des médecins du secteur public, selon lui, rêvent de partir à l'étranger. Il est un des rares à souhaiter améliorer les choses sur place, malgré son scepticisme. Il n'est plus tout jeune et son crâne se dégarnit. Parfois, reconnaît-il d'un ton désabusé, il se demande s'il n'a pas commis une erreur en choisissant de devenir médecin. « Je n'ai pas fait médecine pour soigner les malades en fonction de leur richesse ni pour extorquer de l'argent aux patients ou laisser des gens mourir sans intervenir. Ça me démoralise. Si je croisais quelqu'un qui voulait devenir médecin aujourd'hui, je lui conseillerais d'y réfléchir à deux fois. C'est une grande déception. Il y a quelque chose d'inhumain dans ce mode de vie. »

Sur le chemin de la sortie, où les sentinelles en uniforme montent la garde, tels des cerbères devant les grilles de l'Hadès, nous passons près du socle qui accueillait autrefois le buste de Mama Yemo. Quelques heures à peine après la prise de pouvoir par Kabila, le bronze a été retiré par des membres du personnel. Peut-être ces derniers se souvenaient-ils d'une autre statue, renversée sur les ordres d'un autre leader alors porteur d'espérance, mais qui avait laissé l'hôpital baptisé du nom de sa mère pourrir sur place. « C'est drôle comme un événement peut soudain révéler ce que tout le monde pense, fait remarquer le docteur. Tout le monde détestait cette statue, mais personne n'osait rien dire. »

***

Si des batteries à plat entraînent des conséquences souvent fatales pour les malheureux patients admis au Mama Yemo, il existe à Kinshasa un autre établissement public où cet épuisement chronique représente une menace pour la capitale tout entière. Sur une colline surplombant la ville se dresse un bâtiment qui a brièvement attiré l'attention des médias locaux, quelques années après la prise de pouvoir par Kabila.

Les journaux ont alors rapporté qu'un projectile de métal avait percuté le mur de cet établissement. Comme aucune victime n'était à déplorer, le débat s'est surtout concentré sur la provenance mystérieuse de ce missile. Certes, une guerre civile faisait rage de l'autre côté du fleuve, à Brazzaville. Mais il semblait peu probable qu'un mortier, même en visant très mal, ait pu s'égarer si loin à l'intérieur des terres. L'autre possibilité était qu'il s'agisse en réalité d'un fragment d'un petit avion qui s'était récemment écrasé près de l'aéroport de Ndjili. Mais là encore, difficile de comprendre comment un débris a pu tomber à l'écart de toute trajectoire de vol.

Le sujet aurait pu rester d'un intérêt purement théorique, sans un détail crucial : le bâtiment en question abrite un réacteur nucléaire, le premier jamais construit sur le continent africain. Avec sa capacité d'un mégawatt, on est loin de Tchernobyl et de ses 1 000 mégawatts. Néanmoins, en cas de pépin, il peut répandre de la radioactivité à des kilomètres à la ronde, contaminant le réseau d'eau potable de la ville. Lors de mon passage sur le campus de l'université, je ne suis donc pas étonnée par le commentaire d'un technicien en blouse blanche, penché sur le mur percé : « C'est plus qu'inquiétant, c'est une menace. Si le centre avait été touché, cela n'aurait pas été drôle du tout. »

De l'extérieur, peu d'indices annoncent la fonction du bâtiment. Pour y parvenir, il faut d'abord traverser la commune de Limete, fief d'Étienne Tshisekedi, l'ancien champion de l'opposition. Aujourd'hui, c'est un vieillard têtu qui aime faire la grasse matinée et sort rarement de chez lui[12]. La route dessine un long ruban noir, où se mêlent, dans un vacarme assourdissant, des cars surchargés au point d'afficher en permanence un petit air avachi, des Mercedes conduites par des capitaines de l'armée qui klaxonnent à tout-va et des taxi-bus avec des gamins agrippés aux pare-chocs. Tous roulent à tombeau ouvert en esquivant les nids-de-poule. Au bout du boulevard, il faut contourner la place de l'Échangeur, esplanade sur laquelle se dressent la tour du même nom et la statue de Patrice Lumumba, érigée par Mobutu pour béatifier le héros national qu'il avait aidé à détruire. La tour, équivalent de la tour Eiffel à Kinshasa, devait à l'origine accueillir un restaurant panoramique à son sommet, mais les grues sur les plateformes aériennes ont depuis longtemps cessé de tourner. À l'instar du projet national envisagé par Lumumba, elle n'a jamais été achevée. Chaque année, des morceaux disparaissent, phagocytés par des patriotes pragmatiques[13].

---

12. Tshisekedi a décidé de boycotter les élections de 2006, mais s'est présenté à la présidentielle de 2011. Après avoir perdu contre Joseph Kabila, il a dénoncé des fraudes électorales et s'est autoproclamé « président élu » du Congo, affirmation largement ignorée. Il est mort en Belgique en 2017 à l'âge de 84 ans. Son fils Félix a repris la tête de l'UDPS et a créé la surprise en remportant l'élection présidentielle de 2019, malgré des rumeurs sur un accord secret passé avec Kabila. Félix a été réélu en 2023, après une nouvelle élection controversée.
13. En juin 2022, pour le 62e anniversaire de l'indépendance du Congo, la dent de Lumumba, seul vestige de son corps, a été enterrée en grande pompe dans un mausolée spécialement construit pour l'occasion, au pied de la tour de l'Échangeur. L'emplacement est à présent dominé par une statue en bronze fabriquée en Corée et représentant Lumumba, un bras levé.

À ce carrefour, il faut bifurquer vers l'intérieur, grimper dans la commune de Lemba et traverser une série de marchés éparpillés, où règne une puanteur acide de fiente de poule. On y croise des femmes qui vendent des baguettes de pain dans de larges bassines en métal, des camions qui chargent de jeunes travailleurs et des groupes de filles assises, se tressant avec patience les unes aux autres des nattes jaunes, mauve et orange. Petit à petit, le ministère de l'Information et les gratte-ciel prennent l'apparence de petites briques de Lego scintillant dans la brume de la vallée ; dans la fraîcheur des collines verdoyantes, la ville s'estompe enfin. C'est l'entrée de l'université de Kinshasa. La marée soudaine de chemises bien blanches et de frais visages se protégeant du soleil sous des ombrelles colorées nous rappelle combien cette ville est jeune.

Sur le campus, aucun grillage jalousement surveillé, pas de chien de garde ni d'alarme électrique. Seul un petit panneau – un de ces pictogrammes représentant un électron qui tournoie autour d'un noyau atomique, autrefois tellement moderne, mais aujourd'hui très daté – vous alerte de la présence de matière radioactive. Derrière le portail rouillé, fermé par un simple cadenas, la cour ressemble à une casse automobile, jonchée de carcasses attendant d'être réparées, dans l'espoir de rouler de nouveau un jour. Comme d'habitude, le terrain a été mis à contribution vivrière, avec des touffes de manioc et des papayers qui poussent de chaque côté de l'entrée principale.

Le jour de ma visite, la seule formalité exigée consiste à signer le registre que me tend un homme en faction dans une annexe miteuse. Ce n'est que plus tard, lorsque le chef du réacteur évoquera qu'une super équipe de gendarmes est affectée à la surveillance du bâtiment, que je me rendrai compte que j'ai croisé l'unité d'élite en question. Si à l'hôpital Mama Yemo, le personnel a douloureusement conscience d'avoir été abandonné par un État en bout de course, le professeur Félix Malu wa Kalenga affiche, lui, une ignorance bienheureuse face à cette réalité écrasante. « Je n'ai absolument aucune inquiétude en ce qui concerne la sécurité », m'assure-t-il. Quelques instants plus tard, il me raconte tranquillement qu'une barre de combustible disparue depuis deux décennies a, au grand étonnement de l'administration, été déterrée par la police italienne sur une propriété appartenant à la mafia sicilienne. « Un des anciens directeurs ne devait pas être très prudent avec ses clés, commente-t-il. Il les a sans doute prêtées à quelqu'un, sans se rendre compte que la clé du réacteur se trouvait sur le même trousseau. » Tout le monde peut se tromper, c'est vrai.

Le professeur Malu est un grand homme dégingandé, tout en bras et en jambes – même ses doigts sont interminables –, avec une masse de cheveux grisonnants. Il porte une prothèse auditive qui ne semble pas fonctionner. Je lui pose des questions et il me fournit de longues réponses détaillées ; parfois, pendant de brefs interludes, les deux coïncident. Mais la plupart du temps, il répond à des questions que je n'ai pas posées et je lui soumets des questions qui restent sans réponse. Sa surdité le rend vague et un peu vain, mais je soupçonne cet homme intelligent d'être en réalité embarrassé par son état et de chercher en permanence à devancer ses interlocuteurs. La surdité présente toutefois des avantages pour ce physicien aguerri : cela renforce le rempart de sérénité inexplicable qu'il a érigé autour de lui, afin de permettre à son petit projet de perdurer.

Car avant même l'impact du missile et le vol du combustible, le réacteur nucléaire a déjà suscité la panique, bien au-delà des frontières du pays. En 1997, la garde présidentielle de Mobutu, comprenant qu'elle risquait la défaite face aux troupes en marche de Kabila, a envisagé de faire sauter le réacteur – bien heureusement, le plan n'a jamais été concrétisé. Régulièrement, des politiciens locaux signalent les dangers d'un glissement de terrain qui pourrait emporter le site. Le campus universitaire, comme la plus grande partie de Kinshasa, est construit sur un sol sablonneux terriblement sujet à l'érosion, au point que des pans entiers de colline peuvent s'effondrer du jour au lendemain. « Évidemment, ce ne serait pas bon qu'il y ait un glissement de terrain près d'un centre nucléaire, reconnaît le professeur. Mais le dernier est survenu à cent mètres d'ici. Il n'y avait pas de vrai danger. »

Étant donné que Kinshasa a survécu à deux vagues de pillage, un coup d'État militaire et une grave attaque rebelle au cours des huit dernières années seulement, suggéré-je au professeur, ne serait-il pas raisonnable de demander à l'Agence internationale de l'énergie atomique (AIEA) à Vienne de retirer toute la matière radioactive et de fermer la structure pour de bon ? « Certainement pas ! réplique le professeur Malu. Nous n'avons jamais rencontré de réels problèmes, même si j'ai bien l'impression que l'AIEA se méfie un peu de nous, parce que notre pays est en ruines. »

Le simple fait que Kinshasa possède un réacteur nucléaire, sans doute l'installation la plus inappropriée pour un pays incapable de fournir en électricité ou en eau potable des millions d'habitants, est sans doute le fruit d'un hasard historique extraordinaire. Quand j'en ai entendu parler pour la première fois, j'ai tout de suite pensé qu'il s'agissait encore d'un exemple de la folie des grandeurs de Mobutu, un éléphant blanc particulièrement périlleux. Mais j'avais tort. Le réacteur de Kinshasa est un don de Dieu. C'est l'œuvre de monseigneur Luc Gillon, prêtre belge d'une énergie féroce qui a reçu une formation en physique nucléaire, étudié à Princeton et, par la suite, s'est consacré à la création de la première université du Congo belge. À l'instar d'un administrateur colonial qui profite de ses années sous les tropiques pour compléter sa collection de papillons, monseigneur Gillon a saisi l'occasion de se livrer à son passe-temps préféré : la recherche nucléaire.

Dans les années précédant la Seconde Guerre mondiale, alors que les Albert Einstein et les Robert Oppenheimer s'intéressaient de plus en plus à la fission nucléaire, le Congo belge était le plus gros producteur d'uranium au monde. La substance jaune vif, trouvée à des taux de concentration considérés comme presque inouïs ailleurs, était extraite des mines de Shinkolobwe, dans la province méridionale du Katanga. Comme les autorités coloniales n'avaient elles-mêmes aucun intérêt pour ce minerai – elles préféraient le radium extrait en même temps, utilisé pour traiter le cancer –, l'Union minière du Haut-Katanga a autorisé un directeur clairvoyant à expédier trois ans de stock d'uranium aux États-Unis. Ainsi, quand les travaux du projet Manhattan ont débuté, la matière première ne manquait pas. La bombe larguée par l'Enola Gay sur Hiroshima et Nagasaki en 1945 était donc fabriquée avec du combustible congolais.

Selon le contrat d'approvisionnement secret signé avec les États-Unis, la Belgique a accepté de vendre l'uranium congolais à un prix insignifiant, en échange de l'aide américaine pour parrainer un programme nucléaire civil. Pour monseigneur Gillon, il était juste que la colonie ayant fourni la matière première qui avait permis de mettre un terme à la Seconde Guerre mondiale profite aussi un peu. Le responsable du programme atomique belge, de façon compréhensible peut-être, n'était pas de cet avis. « Il pensait qu'un réacteur atomique serait inutile au Congo et a indiqué que les dollars américains sur lesquels je comptais pour le financement avaient tous été dépensés », évoque monseigneur Gillon dans ses mémoires. Cela n'avait cependant pas suffi à arrêter le prêtre, dont l'assurance frisait parfois l'arrogance.

Il a alors entrepris d'acheter un TRIGA américain de 50 kilowatts (acronyme pour *Training, Research, Isotopes, General Atomics)*, petit réacteur atomique de recherche dont il était « tombé amoureux » lors d'une exposition à Genève. Bien que Léopoldville ait été ébranlée par de violentes émeutes quelques jours à peine avant l'arrivée du réacteur TRIGA au Congo, au début de l'année 1959, la question de savoir si une invention potentiellement dangereuse constituait un héritage adapté pour un gouvernement instable et terrifié par sa propre armée remuante ne semble pas avoir effleuré le bien intentionné monseigneur Gillon. « À l'époque, les gens n'envisageaient pas l'indépendance avant trente ans », explique le professeur Malu. Moins d'un an et demi plus tard, le Congo devait se débrouiller tout seul.

C'est ainsi que le pays est devenu le premier membre africain de l'AIEA, exploit qui a par la suite été une source d'immense fierté pour Mobutu. En 1970, Gillon et Malu, son jeune acolyte, ont décidé d'augmenter la capacité du réacteur à son niveau actuel. La mine de Shinkolobwe étant alors fermée, le Congo n'était plus en mesure de fournir la matière première nécessaire. Le pays a donc été obligé de racheter son propre combustible aux Américains. Une telle humiliation n'a toujours pas été digérée, contribuant à un profond sentiment d'injustice au Congo, où les habitants demeurent persuadés que l'accord d'approvisionnement secret de 1944 a permis à la Belgique de s'en mettre plein les poches sur la vente de l'uranium et qu'une fois encore, leur pays a été dépouillé par un Occident cynique.

Le professeur Malu reste infiniment fier d'avoir réussi cette montée en puissance. « C'était une opération très, très dangereuse. Un faux geste et on pouvait se retrouver irradiés. Personne ne nous a aidés, nous avons tout financé nous-mêmes et nous avons tout fait tous seuls. »

À quoi bon ? suis-je tentée de demander. Car le réacteur TRIGA n'a aucune pertinence pratique. Il n'a jamais été conçu pour fournir de l'électricité dans une nation qui, en théorie, possède déjà la capacité hydroélectrique pour exporter dans toute la région. La raison d'être du réacteur est purement pédagogique : produire des isotopes utilisés dans des expériences scientifiques, comme irradier des graines dans l'espoir de créer des espèces résistantes aux maladies. À présent, même cette fonction absconse a été abandonnée, car il revient plus cher de fabriquer sur place les éléments radioactifs nécessaires pour de telles recherches que de les acheter à l'étranger. L'institution n'est plus qu'une simple cible tentante, pour qui aurait un peu de doigté, mais sans grand intérêt au bout du compte. « Après le deuxième pillage », il paraît même que les animaux utilisés pour des expériences dans le réacteur ont été dérobés et mangés, radioactifs ou pas.

Mais c'était sans compter l'amour propre national. Mobutu se passionnait pour le réacteur nucléaire, mettant un point d'honneur à assister à tous les événements importants le concernant et fournissant les fonds nécessaires en cas d'urgence. Kabila a eu une approche tout aussi bienveillante ; c'est d'ailleurs lui qui a détaché l'équipe de trente gendarmes pour assurer la sécurité du site. À l'instar de son prédécesseur, le nouveau président n'a pas du tout l'intention de fermer cet équipement qu'il considère, aussi ridicule que cela puisse paraître, comme un symbole de prestige.

« En théorie », explique le professeur Malu, le réacteur est encore allumé brièvement une fois par semaine, afin de vérifier qu'il fonctionne toujours correctement. Mais rien de plus ambitieux ne peut être envisagé, par manque de moyens. Cette baisse généralisée de financements le préoccupe visiblement. « Les policiers qui protègent l'installation gagnent entre 200 et 300 dollars par mois. C'est dix fois plus qu'un professeur d'université. C'est pas normal. » Au fil du temps, reconnaît-il, il est devenu de plus en plus compliqué d'assurer la maintenance du réacteur, vieux de quarante ans. Le monde de la technologie nucléaire est passé à autre chose et le matériel de surveillance de Kinshasa est devenu obsolète, avec des pièces usées impossibles à remplacer. Cela oblige les techniciens à « bricoler » un peu, un aveu qui me fait dresser les cheveux sur la tête.

Ce genre de bricolage ne suffit sans doute plus. Des visiteurs ont signalé que l'eau utilisée pour refroidir les barres d'uranium commencerait à se troubler, signe d'impureté. Si rien n'est fait, le processus pourrait conduire à la corrosion du combustible et une éventuelle contamination du site. « Il faut faire quelque chose », a soupiré un porte-parole de l'AIEA. Responsable de l'industrie nucléaire mondiale, l'organisme est loin d'être rassuré par le résultat d'une inspection de sécurité effectuée à la demande du gouvernement de Kabila. « Il y a un problème avec les fondations des bâtiments et un manque général de soutien infrastructurel de la part du gouvernement. Ils sont conscients que la situation est loin d'être idéale et nous essayons de les aider. »

Visiblement, pas conscients au point de reconnaître que l'aventure nucléaire au Congo doit prendre fin. En novembre 1999, l'équipe du réacteur a contacté les États-Unis pour leur proposer un accord bizarre. Des experts américains seraient autorisés à enlever le combustible déclassé lors de la fameuse augmentation de capacité, en échange de quoi, le gouvernement congolais obtiendrait un investissement dans divers projets d'étude sur le nucléaire. Fidèle à l'esprit insatiable de monseigneur Gillon, la construction d'un réacteur tout neuf figurait en haut de la liste.

Des experts industriels ont estimé que, si les conditions se détérioraient au-delà d'un certain point dans le réacteur de Kinshasa, Washington, qui redoutait de plus en plus que des terroristes soient tentés par des barres radioactives aussi mal gardées, se sentirait obligé de lancer une opération pour retirer l'uranium, comme cela a été le cas au Vietnam, juste avant que le pays tombe aux mains des Vietcong.

Quel danger réel représente l'installation de Kinshasa ? ai-je demandé à l'AIEA. « Nous avons fait quelques calculs sur un coin de table, quand les rebelles approchaient en 1997, et nous en avons conclu qu'il y aurait pu avoir une contamination, si le réacteur avait été touché, mais que cela se serait principalement limité à l'université », m'a affirmé un expert. « Évidemment, en ce qui concerne la sécurité, ce réacteur se trouve tout en bas de l'échelle mondiale. S'il ne faut bien entendu faire preuve d'aucune complaisance, le taux de contamination potentielle est en gros mille fois plus faible qu'à Tchernobyl, parce que le réacteur est mille fois plus petit. »

Étrangement, tandis que je redescends la colline pour regagner la vallée, m'éloignant de cette installation décrépite pleine d'une eau trouble et pilotée par des scientifiques ayant perdu le sens des réalités, ces chiffres ne parviennent pas à me rassurer. Avant mon départ, le professeur Malu a fait un signe à un technicien, qui a alors désactivé ce qui ressemblait à une alarme de voiture. Malu a ensuite ouvert une salle verrouillée et en est ressorti en brandissant fièrement un tube en métal argenté. La barre d'uranium luisait doucement. Pour mon œil profane, elle semblait en excellent état, sans la moindre trace de corrosion. Mais dans une nation «*Low Batt*», je me demande combien de temps cela peut durer[14].

____

14. Le réacteur de Kinshasa a été fermé en 2004, mais le gouvernement de la RDC envisage sa réactivation. L'AIEA a dépêché plusieurs missions d'experts afin d'inspecter le site et de discuter de sa remise à neuf. Le professeur Malu est décédé en avril 2011, à l'âge de 74 ans.

César et Brutus. Tandis que Patrice Lumumba (au centre) forme son premier gouvernement, Mobutu (tout à droite, second rang) attend son heure. © Keystone

Mobutu et Kennedy : un jeune président et un chef de l'armée trouvent un accord pendant les années de guerre froide. © Keystone

Un léopard déclinant. © *Patrick Robert - Corbis*

Chapitre 7
Jamais tout nu

« Un homme originaire du Congo et résidant à Bruxelles se rendait régulièrement à Londres en Eurostar pour toucher des allocations logement. Le tribunal d'Old Bayley jugeait l'affaire aujourd'hui.

Ngolompati Moka, 33 ans, de nationalité belge, s'est servi de faux contrats de location pour convaincre les municipalités de Hounslow et Haringey de lui verser la somme totale de 4 653,36 £, selon l'accusation. La cour a appris que Moka, né au Congo, avait recours à diverses identités pour percevoir l'argent. Après que l'homme a été arrêté au bureau pour l'emploi de Hounslow en août dernier, la police a découvert plusieurs documents incriminants, notamment des baux, une carte d'identité belge et des reçus de billets d'Eurostar. "Cela prouve qu'il faisait le voyage depuis Bruxelles pour toucher des allocations dans ce pays", a expliqué l'avocat général. »

Article paru dans le *Evening Standard*, 28 janvier 1999.

« Une souris qui meurt de faim dans un grenier plein d'arachides ne peut s'en prendre qu'à elle-même. »

Proverbe du Bas-Congo

Pendant la période tumultueuse qui a suivi l'indépendance, alors que le monde louchait sur le Congo comme sur un énorme cake aux fruits prêt à s'effriter en une centaine de morceaux bien appétissants, et que Mobutu, incertain, sondait le moral des troupes, le Sud-Kasaï est brièvement devenu un empire.

Avec la bénédiction discrète des sociétés minières belges, plus soucieuses de préserver leur accès aux richesses du Congo que des questions de souveraineté nationale, la province diamantifère, berceau des Luba, a proclamé son indépendance, suivant l'exemple du Katanga. Le nouvel empereur, Albert Kalonji, s'est alors retrouvé assailli par des rapatriés luba qui fuyaient l'armée. Dans le reste du pays, en effet, les forces régulières avaient interprété l'ordre reçu de mater la révolte sécessionniste comme une invitation à massacrer les membres de ce groupe ethnique. Exaspéré par des demandes incessantes pour des logements, des semences, des outils ou de l'argent, Kalonji a fini par intimer aux réfugiés d'arrêter de déranger le gouvernement avec leurs problèmes ; selon certains, il est même allé jusqu'à inscrire ce principe dans la nouvelle Constitution de l'empire. « Vous êtes chez vous, débrouillez-vous. » Le message était clair.

Ainsi est donc né le tristement célèbre Article 15. « Je me débrouille », comme disaient les Kasaïens d'un air entendu, quand ils s'autorisaient un peu de contrebande de diamants. « Article 15 », plaidaient les membres de l'administration de Kalonji avec un fatalisme philosophe, s'abritant derrière la Constitution pour justifier les pots-de-vin exigés. Par la suite, alors que l'empire avait depuis longtemps disparu dans les oubliettes de l'histoire, le principe a été validé au plus haut degré de l'État. À l'occasion d'une conférence du parti, Mobutu en personne a reconnu qu'il était acceptable de « voler un peu », tant qu'on ne dépassait pas certaines limites.

Dans les années 1990, l'Article 15 sert de filigrane goguenard au tissu social zaïrois. C'est la raison d'être d'un leader, d'un gouvernement, d'un régime tout entier. Les Premiers ministres défilent, les uns après les autres, chacun distribuant des postes de fonctionnaire autour de lui. Il y a des chauffeurs ministériels sans voiture, des standardistes dans des services dépourvus de téléphones, des secrétaires sans machine à écrire. Tous ne touchent en moyenne que 6 dollars par mois, mais s'accrochent bec et ongles à leur emploi, dans l'espoir que l'économie se rétablira un jour et qu'ils percevront enfin ce qu'on leur doit. Dans cet univers de salaires fantômes, savoir « se débrouiller » est presque devenu un art.

Pour les fonctionnaires, la norme est de jongler avec deux emplois : l'officiel, qui consiste à lire le journal dans un bureau mal éclairé ; et le second, qui commence à midi et qui, avec un peu de chance, rapporte vraiment de quoi vivre. La ruse, c'est de trouver une niche darwinienne dans l'écosystème local, un angle compétitif qui fait qu'on a quelque chose à vendre, un moyen de subsistance dans ce monde sans pitié.

Pour les enseignants, c'est par exemple échanger de bonnes notes contre des provisions avec des étudiants ambitieux. Pour les soldats, qui louent leurs services comme gardes du corps à des hommes d'affaires privés ou comme vigiles dans des restaurants, c'est une promesse de sécurité. Pour les diplomates en poste à l'étranger, c'est l'accès à des produits non taxés. Pour les bureaucrates, c'est monnayer leur pouvoir à faire traîner, ou au contraire à expédier des formalités importantes, ou bien leur influence auprès de leurs supérieurs.

Comme Mobutu lui-même l'a fait remarquer lors d'un de ses discours à la franchise surprenante : «Tout est à vendre et tout peut être acheté dans ce pays. Et dans cette transaction, le moindre accès au pouvoir constitue une véritable monnaie d'échange.»

Toutefois, dans cette économie atrophiée, la plupart des Zaïrois ne parviennent jamais à pénétrer le système des salaires et des retraites – même si ces derniers sont rarement payés. En 1955, près de quarante pour cent de la population active travaillait dans le secteur formel. Dans les années 1990, ce taux s'est réduit à cinq pour cent et le chiffre officiel du revenu par habitant est tombé à un risible – et évidemment impossible – 120 dollars par an[15]. L'économie réelle du Zaïre a disparu des radars. La grande majorité des Zaïrois vivent grâce aux potagers omniprésents et à leur habileté à acheter et vendre, marchander et frauder, bricoler et se débrouiller.

Un jour, alors que je suis assise dans un petit restaurant derrière la grande poste de Kinshasa, un monolithe hérissé d'une impressionnante collection d'antennes et de paraboles obsolètes, je m'amuse à noter le nombre de vendeurs à la sauvette qui entrent, font leur petit tour et repartent. C'est un véritable supermarché ambulant, avec des vendeurs réguliers, cigarettes et bonbons sur des présentoirs portatifs, comme les ouvreuses de cinéma, et d'autres pour qui l'occasion fait le larron : une chemise plus très neuve sur un bras, une ceinture solitaire suspendue à un doigt, quelques barres chocolatées écrasées prêtes à être dégainées du fond d'une poche.

En l'espace de quarante-cinq minutes, tandis que je fais un sort à un plat fumant de riz aux haricots, les articles suivants me sont proposés, sans que j'aie besoin de bouger de mon siège : cigarettes, chewing-gum, œufs durs, noix de cola, sachets d'épices et carottes (le tout tiré d'une caisse de médicaments destinés à soigner la mauvaise haleine ou le mal de gorge); du parfum français (deux boîtes abîmées, des contrefaçons, de toute évidence), des valises et sandales en plastique (tout un assortiment), un cirage de chaussures (un petit garçon qui frappe sa brosse contre son tabouret pour attirer l'attention), des pantalons pour homme, des transistors (deux modèles au choix), une plaque garnie de minuscules montres et de lunettes de soleil, du gingembre instantané, deux ou trois polos, des cravates en nylon bon marché, des rasoirs jetables, des caleçons (lot de trois), des chemises, des mouchoirs en papier, des arachides grillées (en sachet), des crevettes grillées (sur des piques en bois) et

---

15. En 2023, le revenu par habitant était de 653,7 dollars, tandis que quatre-vingts pour cent des travailleurs urbains opéraient toujours dans le secteur informel. Entre 2003 et 2020, en raison de la croissance démographique, le nombre de Congolais vivant dans la pauvreté a augmenté de 20 millions, selon la Banque mondiale.

des chaussettes (couleurs diverses). Les vendeurs attendent patiemment que les clients sceptiques, mais jamais malveillants, examinent la marchandise avec moult commentaires, avant de reprendre inlassablement leur route. C'est comme observer des prédateurs, tapis dans les hautes herbes de la savane, scrutant sans cesse l'horizon, à l'affût d'une proie.

La variété de formes adoptées par l'Article 15 à Kinshasa n'a jamais cessé de me surprendre. Sur les marchés, des sculpteurs sur bois ont perfectionné l'art de transformer des masques, des tabourets et des fétiches en antiquités patinées, point de départ d'un trafic qui aboutit dans des galeries européennes, où ces supposés artefacts s'écoulent des centaines de fois plus cher que leur valeur initiale. Au coin des rues, des gamins de mèche avec des employés des postes vendent des exemplaires volés du *Time* ou de *Newsweek*, à l'origine destinés à des expatriés encore assez naïfs pour croire que des abonnements aussi tentants peuvent parvenir jusqu'à eux. À l'heure de pointe, ces jeunes garçons se campent parfois le long des circuits de bus et, moyennant paiement, jouent férocement des coudes pour garantir une place assise aux usagers désireux de ne pas froisser leurs habits. Leurs grands frères opèrent dans le quartier de change de la Cité en tant que « chargeurs », dont le travail consiste à se précipiter sur toutes les voitures qui approchent pour attirer les passagers vers un bureau de change en particulier. Les policiers préposés à la circulation ferment les yeux avec bienveillance, puisqu'ils vendent eux-mêmes des permis de conduire zaïrois à la demande. Et puis, il y a les entreprises nobles et solitaires, comme cet homme, debout au beau milieu de l'avenue du colonel Lukusa, qui s'évertue chaque jour à désigner d'un geste théâtral le trou dans la route qu'il a comblé avec du sable au profit des automobiles, et qui exige d'un ton de plus en plus indigné d'être payé pour ses efforts.

***

En matière d'étrangeté pure et simple, en revanche, difficile de rivaliser avec le Beach Ngobila, le port fluvial où accostent les lourds ferries. C'est le principal lien entre Kinshasa et Brazzaville, située de l'autre côté des eaux marron et tumultueuses, et c'est par là que je suis entrée pour la première fois au Zaïre. Comme tout poste-frontière, le Beach Ngobila propose un million d'occasions alléchantes d'appliquer l'Article 15.

Quand je m'approche du Mona Lisa, un café au coin du port, le patron est tellement sidéré par les deux hommes qui m'accompagnent qu'il en reste d'abord sans voix. Toutefois, au bout de vingt minutes, n'y tenant plus, il finit par nous faire signe d'entrer, dans l'espoir surtout de nous éloigner de sa terrasse.

« Vous connaissez vraiment ces types ? » demande-t-il avec une moue de dégoût, avant de supplier : « S'il vous plaît, soyez brefs. Je n'aime pas ces gens ». De façon prévisible, notre commande n'arrivera jamais.

Pour être honnête, notre trio a de quoi surprendre. Aucun de mes deux invités n'est particulièrement propre, en raison d'un contact régulier avec le sol. Collectivement, nous devons sentir plutôt mauvais et, à nous trois, nous ne possédons que trois jambes valides : les deux miennes et une appartenant à Ntambwe Mpanya, président de la Mutuelle des handicapés du Beach Ngobila. C'est un homme large d'épaules, avec un visage rond d'une expressivité extraordinaire et une jambe atrophiée qui le condamne à boiter très sévèrement. Un pas sur deux, on a l'impression qu'il plonge vers le sol, évitant de justesse l'impact quand sa jambe valide prend le relais.

Le secrétaire général de la Mutuelle, Zege Osenge, est encore plus à plaindre. À première vue, on dirait qu'il n'a pas de jambes du tout. Mais un examen plus attentif révèle deux appendices incapables de soutenir son poids. Tant qu'il est assis sur la chaise en plastique du café, tout paraît normal ; il est même plutôt bel homme. Mais dès qu'il quitte son siège, une terrible métamorphose s'opère : dégringolant à hauteur de hanches, il devient une vision d'horreur difforme, de celles qui défient toute logique et surgissent la nuit en titubant, dans un concert de borborygmes, des profondeurs de l'inconscient. L'agilité avec laquelle sa silhouette tronquée bondit dans une voiture, négocie une porte et parcourt les trottoirs est si inattendue qu'on en reste bouche bée, et pas juste d'étonnement.

Pour les infirmes, difficile d'imaginer continent plus rude que l'Afrique, à mille lieues des euphémismes linguistiques, de la culpabilité collective et du zèle emprunté propres à l'Occident. Les enfants handicapés – pour la plupart victimes d'épidémies de polio, maladie contre laquelle leurs parents n'ont pas eu les moyens de les vacciner – ne sont souvent pas scolarisés. Une fois devenus adultes, ils peinent à trouver du travail, sont mal soignés à l'hôpital et sont considérés comme des prétendants indignes. Les valides masquent à peine un frisson d'horreur instinctif ou leur refus automatique d'entrer en contact avec eux. L'unique mérite de cette conception est son absence totale d'hypocrisie.

Au Congo, la pauvreté et l'accablement exercent une pression supplémentaire sur les familles concernées, qui sont souvent tentées de chasser de la maison ces fardeaux financiers. Les bannis rejoignent alors les aveugles et les albinos brûlés par le soleil qui mendient aux carrefours. Ils viennent grossir les rangs difformes de gangs à la tête d'une sorte de système mafieux, des organisations basées sur un principe simple : un cul-de-jatte tout seul ne peut espérer grand-chose, mais si toute une troupe d'entre eux se met à exprimer une revendication, on les écoute beaucoup plus facilement. En bande, ils font la tournée des étals et des magasins et menacent de briser la vitrine ou de bloquer l'entrée, à moins que le commerçant verse un tribut régulier. La vue d'une foule d'invalides furieux, massés devant un établissement sur leurs planches à roulettes ou leurs tricycles, suffit en général à persuader le propriétaire de payer. Si on les provoque, les paraplégiques peuvent traquer méthodiquement leurs ennemis en meute. À l'effroi physique éprouvé par les valides, consternés par une agression aussi flagrante, s'ajoute une autre inquiétude : les handicapés posséderaient des pouvoirs maléfiques, comme un don surnaturel, censé compenser les méchants attributs que le destin leur a réservé.

Ntambwe explique que c'est justement pour éviter d'avoir recours à de telles pratiques mafieuses que la Mutuelle a été fondée. Forte de 213 membres, hommes et femmes, elle règne à présent sur les échanges commerciaux autour du Beach Ngobila. Toujours selon Ntambwe, c'est la seule association de paraplégiques qui parvient à gagner de l'argent. « L'Article 15, c'est nous. Nous étions déterminés à ne pas mendier. Comme personne ne voulait nous donner du travail, nous avons décidé, en tant qu'intellectuels, de créer nous-mêmes notre activité. » Chaque matin, des groupes de handicapés se rassemblent aux entrepôts, dans les ruelles étroites du port. Installés sur des tricycles à propulsion manuelle, ils attendent avec impatience que leurs jeunes aides finissent de charger la marchandise à l'arrière, dans des compartiments spécialement conçus à cet effet. Lorsqu'il n'y a vraiment plus de place, ils prennent la direction de la berge, les conducteurs peinant au guidon, poussés par les assistants en sueur. Chaque soir, l'étrange procession fait le chemin inverse depuis le port, tout aussi chargée, mais avec des articles différents.

En matière d'avantages concurrentiels, on peut difficilement imaginer plus fragile que celui-là. La mutuelle doit sa viabilité commerciale à une particularité de la loi, qui permet aux handicapés de traverser en ferry à tarif réduit. Ces derniers peuvent donc proposer leur cargaison à des prix un peu plus intéressants et, ainsi, devenir des intermédiaires de choix pour les féroces « sœurs ya poids », ces matrones qui officient dans les marchés de chaque côté du fleuve. Les invalides bénéficient d'un autre atout : comme les policiers répugnent à les toucher, terrifiés par la malédiction de l'infirme, ils peuvent passer la frontière après une inspection sommaire et des frais de douane succincts. Ils sont donc parfaits, selon les habitants de Kinshasa, pour transporter drogues, devises et toute autre petite marchandise précieuse qu'un exportateur préfère ne pas déclarer.

Leur véritable compétence reste cependant d'exploiter les pénuries temporaires qui peuvent surgir de façon subite dans l'une ou l'autre capitale – riz, lait, farine, sucre ou margarine. « On apporte à Kinshasa ce qui manque à Brazzaville, et ce qui manque à Kinshasa, on le rapporte de Brazza, m'explique Ntambwe. Si on se trompe, ce qui arrive parfois, il faut tout ramener et la journée est perdue. »

Non loin de l'endroit où nous sommes assis, un infirme s'affaire à profiter d'un récent rebondissement du marché. Avec l'aide d'amis, il tente péniblement de faire tenir en équilibre des jerricans géants remplis de gasoil à l'arrière de son tricycle. Ce jour-là, en raison des combats intermilices à Brazzaville, l'essence manque. Le carburant de Kinshasa, bien que rare lui aussi, peut donc se négocier à un prix très intéressant de l'autre côté du fleuve. Suffisamment, en tout cas, pour qu'une victime de la polio prenne le risque de se transformer en cocktail Molotov sur roues, en cas d'étincelle intempestive. « Grâce à la guerre, je devrais pouvoir vendre mon gasoil deux fois plus cher de l'autre côté, m'assure-t-il. Ensuite, je rapporterai du lait dans les mêmes bidons. »

Essentiels à ce négoce, les tricycles à propulsion manuelle sont fabriqués à Kinshasa, sur les instructions précises des handicapés eux-mêmes. Il en existe de toutes les formes et de tous les styles. Un modèle léger et mobile permet des courses rapides dans toute la ville. Ceux utilisés pour le commerce sont plus lourds et plus volumineux, équipés d'un compartiment en métal à l'arrière. Il y a enfin la version « cargo », avec une benne si vaste qu'il faut deux pousseurs pour manœuvrer le véhicule.

Ces jeunes garçons, les « aides-handicapés » sont tout aussi importants pour le succès en affaires. « C'est vital de pouvoir faire confiance à son assistant, explique Zege. Les invalides ne peuvent pas entrer eux-mêmes dans le marché pour acheter du riz ou de la farine. Il faut donc être sûr que l'auxiliaire ne va pas vous arnaquer. C'est pour ça qu'il s'agit en général d'un membre de la famille. » Pour le duo, c'est un travail qui demande de la combativité et une certaine résistance aux inévitables imprévus, aux cris, au marchandage et aux accès de colère qui accompagnent chaque passage de frontière en Afrique centrale. « Les policiers, c'est l'ennemi public n° 1 des handicapés, se plaint Ntambwe, le visage plissé par une vilaine moue. Ils nous traitent pire que des chiens enragés. Pour les douaniers de Ngobila, nous ne sommes pas humains. De l'autre côté, à Brazzaville, ce n'est pas mieux. L'ONU parle du droit des handicapés, mais ici, nous n'en avons aucun. C'est un mal africain. »

Le président, malgré ses efforts, n'est pas très convaincant dans son rôle de victime. Quelque chose dans son visage rusé signale un survivant, une combativité virulente construite par la force des choses au fil des ans, couche après couche, comme une carapace contre le monde hostile. Pour cet acteur de premier plan, le jeu en vaut clairement la chandelle. Frappé par la polio à l'âge d'un an, Ntambwe était déterminé à s'en sortir, au point qu'il suivait ses copains à l'école primaire, contre l'avis de ses parents. Ces derniers ont fini par céder et l'ont inscrit. Il a fait une partie de sa scolarité, sans aller aussi loin qu'il l'aurait voulu. À présent, partout où il passe, on l'appelle respectueusement « président ». Il possède une Vespa motorisée d'une valeur de 800 dollars, et parvient à faire vivre sa femme et leurs huit enfants. Il caresse des projets d'expansion – une seconde Vespa pour un usage collectif au sein de la mutuelle – et rêve de proposer des formations en cordonnerie et en aviculture à ses membres.

Son secrétaire, handicapé à la suite d'une injection ratée, espérait sans doute une vie meilleure lorsqu'il étudiait le droit à l'université de Kinshasa. Selon lui, sa carrière s'est prématurément arrêtée à cause d'un recteur qui a pris en grippe cet étudiant disgracieux et l'a fait exclure. Toutefois, il parvient à nourrir sa femme et leurs trois enfants. Il s'en sort peut-être d'ailleurs mieux que nombre de ses anciens camarades à présent au chômage, qui croyaient autrefois que leur statut d'« intellectuels » leur garantirait un emploi de bureau.

La capacité de ces deux hommes à gagner leur vie a miraculeusement changé le comportement de leur belle-famille. Au départ hostiles, les proches de leur épouse ont fini par comprendre que ces maris, dont ils craignaient qu'ils jettent l'opprobre sur la famille, rapportaient en réalité des revenus convenables. Aucun des deux n'est assez naïf pour penser que cette affection soudaine soit très profonde. « Dès qu'on montre des signes de réussite, la belle-famille rapplique aussi sec, raconte Zege. Récemment, nous avons dû acheter un cercueil pour un membre de la Mutuelle qui a été battu à mort par un porteur. Dès que l'argent s'est tari, la famille s'est faite tout à coup très discrète. Quand on est handicapé, on ne peut compter que sur un autre handicapé. »

Si la Mutuelle illustre parfaitement l'inventivité de l'Article 15, elle souligne aussi la rapidité à laquelle ces techniques de survie peuvent être écrasées et les avantages, balayés en un instant par une infime modification dans la loi.

Après notre rencontre, j'ai perdu de vue les deux compères pendant quelques semaines, malgré mes allées et venues sur le port à leur recherche. Un jour, enfin, j'aperçois par hasard Ntambwe, qui revient de Brazzaville sur sa bien-aimée Vespa. Pierre, mon taxi, avec sa délicatesse habituelle, décide d'attirer son attention en franchissant la bordure juste devant lui. Je remarque avec amusement le grondement instinctif et l'exclamation furieuse de Ntambwe, face à ce qu'il pense être une nouvelle insulte du monde valide dirigée contre lui. Quand il comprend qu'il a simplement été hélé par une amie, la mine renfrognée laisse place à un sourire.

Les choses vont mal pour lui et pour la Mutuelle en général, se plaint-il. La Vespa a été impliquée dans un accident sans gravité, mais dont elle est sortie avec un pare-chocs cabossé. Simultanément, le gouvernement de Kabila manque d'argent au point d'avoir décidé de taxer les agents de change et les coiffeurs qui travaillent au bord des routes, et de supprimer les privilèges dont les voyageurs handicapés jouissaient jusque-là. Lors d'une visite du port, le ministre des Finances a récemment déclaré qu'à ses yeux, les membres de la Mutuelle valaient à peine mieux que des contrebandiers, œuvrant main dans la main avec les «sœurs ya poids» pour tromper les autorités. «L'État n'a jamais rien fait pour nous. Nous n'avons pas de retraite, pas de sécurité sociale. Si mon enfant tombe malade et qu'il doit être hospitalisé, c'est fichu. Et maintenant, ils veulent qu'on paye comme les autres. Nous ne savons plus vers qui nous tourner.» À cause de cette nouvelle politique douanière et du prix du billet, poursuit-il, les bénéfices des paraplégiques ont déjà baissé d'un quart. «Ils nous étouffent, marmonne le président, l'air sombre. Il faut faire changer ces mesures, parce que ça ne peut pas continuer ainsi.»

L'humeur est maussade quand j'accompagne les deux représentants jusqu'à la berge pour regarder accoster la dernière navette de la journée. La police et les invalides ont déjà pris leur position respective sur le quai. Dès que la coque du ferry racle le béton, un agent robuste se met à donner de grands coups avec un long fouet noir, déterminé à endiguer le flot des handicapés qui tentent de monter à bord en resquillant. Des cris fusent, le fouet claque contre le bois et les forces de sécurité paraissent avoir le dessus. Mais soudain, j'aperçois un des membres de la Mutuelle, si rachitique qu'il semble n'être qu'une tête attachée à une paire de bras interminables. Il a profité de sa taille pour se glisser discrète-ment par un trou du grillage qui nous sépare de l'eau. Une main après l'autre, il se hisse à la force des bras sous la rampe d'accès bloquée par la police. Une fois à bord, il se retourne avec un sourire triomphant puis, désignant les adversaires qu'il vient de coiffer au poteau, il articule quelque chose. Je ne parle pas lingala, mais j'ai tout de suite compris que c'était vraiment grossier.

✳✳✳

«Jamais nu! crie Charles en frappant le volant pour souligner ses propos, comme si cela avait été nécessaire. Non, non, Madame, jamais tout nu!»

Tandis que nous traversons le centre-ville dans son 4x4 rutilant, Charles passe en revue les spécificités de sa religion. Car Charles est un kimbanguiste et l'église kimbanguiste, visiblement, a un petit problème avec la boisson, la danse, la polygamie et la nudité. Un vrai croyant, m'explique Charles d'une voix forte, ne se déshabille jamais complètement, gardant même ses sous-vêtements sous la douche, dans le bain et au lit. Le Christ lui-même, me fait-il remarquer, a conservé son caleçon pendant son baptême. En présence de Dieu, il est primor-dial d'être vêtu décemment et Dieu est présent tout le temps, après tout.

Pour les infirmes du Beach Ngobila, qui affrontent l'avenir sans sécurité sociale, l'Article 15 est assumé, sans la moindre gêne. Toutefois, même dans le désespoir du Congo moderne, je découvre que certains se sentent obligés de draper leurs mécanismes de survie d'une certaine respectabilité.

Charles me fait un peu penser à une balle en caoutchouc. C'est un homme tout rond, d'une joie de vivre à toute épreuve, qui semble né sans cou ni articulations entre les diverses parties de son corps. On a l'impression que, si on lui donne une tape, sa physionomie replète va simplement rebondir contre le mur le plus proche, pour revenir aussitôt, le sourire intact et animé du même entrain.

Le dialogue est pour lui un concept étranger : Charles aime les grandes déclarations, qu'il souligne en brandissant un doigt boudiné. Il s'exprime avec la vigueur rythmée du prédicateur amateur qu'il est, sans souffrir le moindre désaccord. Rayonnant d'enthousiasme, il ponctue toujours ses propos d'un « merci » emphatique, signalant ainsi qu'il vient non seulement de dérouler ses arguments, mais aussi de valider leur fondement. Ses collègues le surnomment « Papa Pasteur » avec respect. Il possède une collection de manuels religieux kimbanguistes, se rend à l'église dès qu'il le peut et aimerait visiblement assister à l'office tous les jours de la semaine. Avec fierté, il me montre le petit badge en forme de losange – un portrait du guide spirituel de son église – qu'il porte en permanence au revers des vestons miteux qu'il affectionne. Ensuite, il sort de son sac à dos un flacon en plastique avec pipette et m'explique qu'il s'agit d'eau bénite provenant de N'kamba. Lieu de naissance du prophète fondateur de l'église, le village est devenu un site de pèlerinage pour les fidèles, l'équivalent de Jérusalem pour les kimbanguistes. « Chaque matin, je prie et j'avale quelques gouttes. Comme ça, je suis béni pour toute la journée. »

Dans ce tableau de dévotion, il y a cependant une note discordante : la question délicate de son travail, qui, me semble-t-il, devrait poser quelques problèmes de conscience à un chrétien aussi fervent. Car Charles est ce qu'on appelle un « protocole ». Employé par une des rares multinationales existant encore à Kinshasa, il est chargé depuis treize ans de faciliter le passage des salariés à l'aéroport de Ndjili, à l'aller comme au retour. Grosso modo, cela fait de lui un distributeur de pots-de-vin professionnel. En tant que bon chrétien, ne se trouve-t-il pas face à un dilemme moral ?

Aucun métier ne côtoie autant le cœur de l'Article 15 que celui qui se cache derrière l'euphémisme de « protocole ». Dans la plupart des aéroports du monde, les gens se débrouillent pour présenter leur billet, enregistrer leurs bagages et franchir la douane. Seules peut-être les personnes malades, très âgées ou au contraire très jeunes doivent se faire accompagner dans ces démarches. Le fait qu'au Congo, on ait inventé une profession spécifique pour gérer ces procédures simples est un hommage à l'imagination sans borne de l'administration du pays.

Sous Mobutu, l'aéroport est devenu bien plus que l'endroit où on prend l'avion. C'est devenu un défi. Une épreuve. Chaque barrage représente pour des fonctionnaires sous-payés une occasion d'échanger leur bienveillance et leur coopération contre un «petit quelque chose». Et donc, les contrôles se sont multipliés, au fur et à mesure que les membres des diverses forces de sécurité rivales s'installaient sous la coupole pelée de Ndjili, avec leurs chiens policiers hargneux, leurs barrières en métal, leurs matraques en caoutchouc et une flopée d'amis, de parents et de proches dans leur sillage – à une époque, il y a eu jusqu'à sept services différents autorisés à vérifier les papiers d'identité. Ce n'est plus un simple aéroport : c'est une lutte intellectuelle, un jeu vidéo grandeur nature, truffé de chausse-trapes et d'obstacles soudains, où la péna-lité va de l'humiliation publique à l'arrestation, et où la récompense – cette place tant espérée à bord du prochain avion en partance – s'obtient à des prix très variables.

L'état de l'aéroport reflète celui du corps politique, offrant aux arrivants un baromètre précis de ce qui les attend dehors. De temps en temps, un nouveau gouvernement plein de confiance tente de mettre un peu d'ordre. Un général se voit chargé de la question, le nombre de barrages sécuritaires chute et les rebuts de la société sont expulsés. Mais telles des hyènes attirées par l'odeur du sang, les prédateurs refont petit à petit leur apparition. Lorsque les nouveaux administrateurs comprennent l'impossibilité de réformer, ils rejoignent les pickpockets, les cireurs de chaussures et les mendiants dans une course pour déterminer qui parviendra à dépouiller le plus efficacement les passagers. Si vous sortez de là sans trop de difficultés, vous pouvez être sûr de trouver un semblant d'ordre dehors. En revanche, si vous émergez de l'aéroport au bord de l'hystérie, allégé de quelques centaines de dollars, vous savez que la situation a de nouveau dégénéré.

Je n'ai jamais atterri à Ndjili sans éprouver une certaine nausée. J'ai beau savoir à quoi m'attendre, mon ventre se noue chaque fois qu'un employé s'em-pare de mon passeport, avant de s'éclipser dans les entrailles du bâtiment. On a d'ailleurs l'impression que cette disparition est dûment calculée pour déstabiliser le passager nerveux. Les visiteurs qui ne peuvent se payer un proto-cole mettent au point leurs propres techniques de survie. La mienne consiste à placer une couche de vêtements sales sur le haut de mon bagage, afin de décourager une exploration trop poussée, à voyager le plus léger possible et à toujours conserver dans ma poche des billets de vingt dollars pliés, prêts à être glissés discrètement lors de la poignée de main faussement amicale qui met un terme au supplice. Tout est une question de *timing*. Présentez trop tôt la première offrande – destinée à couvrir tous les agents à proximité – et le douanier sympathique qui vous a promis de « tout arranger » disparaît soudain, bientôt remplacé par une ribambelle de nouveaux uniformes, tous décidés à obtenir leur part du gâteau. Le mieux, c'est après être monté dans le taxi, quand le chauffeur a déjà le pied sur l'accélérateur, mais avant qu'un des soldats, qui rôdent sur le parking comme des requins, remarque que de l'argent change de main. Ce n'est pas toujours évident.

Dans cette jungle, les protocoles font office d'experts. Parce que ce sont des habitués, ils peuvent troquer des faveurs, savent qui a de l'importance et connaissent le tarif réel de chaque service. S'ils sont compétents, ils prennent en charge toutes les demandes sordides de corruption, les vilains petits accords et le marchandage mesquin, permettant ainsi à leurs clients – grosses légumes et hommes d'affaires expatriés – de rester assis dans le salon VIP climatisé, les mains dans les poches et l'esprit tranquille. « Ma responsabilité, c'est de m'assurer que personne n'embête mes Blancs », m'explique Charles, avec une sollicitude possessive.

Ce n'est pourtant sans doute pas dans cet esprit que Simon Kimbangu a décidé de s'attaquer à l'Administration belge. Car le fondateur de l'église kimbanguiste était un véritable rebelle, qui représentait une telle menace que les autorités coloniales l'ont gardé en prison pendant trente ans. Par-dessus tout, il se fichait bien des Blancs que Charles passe ses journées à protéger des aspects les plus désagréables de l'existence congolaise. C'est pour cela que les convictions religieuses de Charles, qu'il détaille joyeusement sur le chemin de la plus grande église kimbanguiste de Kinshasa, m'intriguent autant.

Il est toujours curieux d'observer une religion et ses mythes prendre forme sous ses yeux. La vie de Kimbangu est pleine de parallèles avec celle du Christ et elle est racontée à peu près dans les mêmes termes : les miracles, les douze apôtres, le refus initial d'accepter une destinée divine, le martyr final et les apparitions posthumes. Toutefois, les récits que me fait Charles n'ont pas été tissés petit à petit pendant 2000 ans, s'enrichissant au passage d'une qualité allégorique. Kimbangu est mort en 1951, à une époque pas si lointaine, dont de nombreux Zaïrois se souviennent encore. Son histoire est ponctuée de références déconcertantes à des inventions modernes, comme le train, le revolver, le ferry et les embouteillages. C'est le mythe chrétien, rejoué au XXe siècle.

Il existe quelques photos floues de Kimbangu. Elles dévoilent un homme en tunique de prisonnier, étonnamment corpulent malgré ses jeûnes répétés, les yeux plissés contre le soleil brûlant. Il a l'air austère et on ne discerne pas le moindre charisme chez lui. Mais à en croire ses adeptes, Simon Kimbangu n'était pas un simple prophète envoyé répandre la bonne parole, mais le Saint-Esprit en personne. Dans ce cas, ces clichés représentent l'incarnation d'une entité chrétienne mystérieuse, capturée pour la toute première fois sur une pellicule.

Kimbangu est né en 1887 à Nkamba, un village à l'ouest de Kinshasa, où le fleuve se sépare en une série de cataractes pour rejoindre le niveau de la mer. La région du Bas-Congo a toujours été imprégnée de spiritualité, du fait de sa proximité avec la côte : c'est cette région en effet que les missionnaires portugais ont découverte en premier. Selon la légende, Kimbangu a commencé à recevoir des messages de Dieu pendant l'adolescence ; au moment de son mariage, il savait déjà qu'un destin hors du commun l'attendait. Dans les années 1920, il avait la réputation de guérir les malades, de ressusciter les morts et de rendre la vue aux aveugles, au nom de Jésus-Christ. Au départ, les missionnaires ont fait bon accueil aux efforts de cet homme capable de convertir les villages voisins avec une étonnante facilité. Mais lorsqu'il est apparu que Kimbangu contestait ce qu'il considérait comme une volonté d'établir un monopole blanc sur la religion chrétienne – un message certain de trouver un écho au sein d'une population qui regimbait sous le joug colonial –, les autorités belges ont compris qu'il y avait là un risque de rébellion potentiellement dangereux.

Tandis que la parole de Kimbangu se diffusait, annonçant la venue d'un messie noir qui chasserait les Blancs, les ouvriers ont commencé à abandonner les usines, à refuser de payer des impôts et à défier les règles du travail forcé. Ils se sont réunis à Nkamba par milliers. « Les Blancs deviendront noirs et les Noirs deviendront blancs », prêchait Kimbangu, propageant un évangile au sein duquel l'anticolonialisme, la fierté noire et le salut personnel se mêlaient intimement.

Alarmées par un mouvement qui se répandait comme une traînée de poudre, les autorités ont arrêté Kimbangu après une longue partie de cache-cache. À la fin du procès, comparé par les kimbanguistes à l'entrevue de Jésus-Christ avec Ponce Pilate, Kimbangu a été condamné à mort, pour menace contre la sécurité de l'État. La sentence a par la suite été commuée en prison à perpétuité et Kimbangu a été envoyé à ce qui était à l'époque Élisabethville, aujourd'hui la ville méridionale de Lubumbashi.

Pendant que Kimbangu purgeait sa peine, les Belges ont tenté, sans succès, d'endiguer le phénomène, en interdisant le mouvement, en arrêtant les adeptes et en déportant des milliers de familles kimbanguistes. Cette tactique n'a toutefois servi qu'à propager la croyance au-delà du Bas-Congo. Après trente années de prison et de châtiments – tel qu'être plongé dans de l'eau salée après avoir été battu –, Kimbangu est décédé. Si les autorités coloniales de l'époque ont imputé ce décès à la dysenterie, les fidèles prétendent que le prophète avait prévu sa mort. Ce n'est que lorsque l'indépendance a commencé à poindre à l'horizon, en décembre 1959, que les Belges ont fini par accepter la popularité impossible à étouffer du mouvement et par dépénaliser le kimbanguisme. En 1960, le corps du prophète a été exhumé et transféré à Nkamba, pour y être enterré de nouveau, recevant au passage les honneurs militaires de l'armée qui le pourchassait autrefois. Selon des témoins, le cadavre ne portait aucun signe de corruption après neuf ans.

Le kimbanguisme est l'antithèse de l'humilité. Malgré une absence flagrante de références au nom de Kimbangu dans les Écritures, des millions de fidèles au Congo et dans les pays voisins placent ce dernier aux côtés du Fils et du Père dans la Sainte Trinité. Une affirmation qui doit certainement faire grincer des dents au Vatican. Et ce que Jésus a accompli, précisent des adeptes comme Charles, Kimbangu l'a fait en mieux. Pour un œil extérieur, en revanche, ces histoires paraissent un brin loufoques et suggèrent que le processus de réinterprétation symbolique doit se poursuivre, si le récit espère rivaliser avec le Nouveau Testament et toucher un plus large public.

Kimbangu, apprend-on, a un jour déjoué une tentative d'empoisonnement avec une tranche de chikwangue, l'aliment de base local – un peu comme si on essayait de vous tuer avec une tartine beurrée. Lors d'une promenade sur le fleuve Congo, il a non seulement marché sur l'eau, mais il a fait mieux : du savon et une serviette sont apparus comme par miracle, et il s'est lavé et séché les mains. Quand les Belges ont décidé de l'envoyer en prison, le moteur du train est tombé en panne pendant trois jours symboliques, le temps qu'il fasse ses adieux à ses enfants. («Trois jours, Madame! s'enthousiasme Charles en me pointant du doigt. Trois jours! Et personne ne comprenait pourquoi!») Et lorsque les autorités coloniales ont pratiqué une autopsie sur son corps, elles ont découvert l'absence de plusieurs organes internes, les intestins, le foie et les poumons, ce qui rend la bedaine capturée par l'objectif encore plus énigmatique.

De telles singularités n'ont pas empêché Mobutu de flairer une icône bien commode dans une nation toute jeune, et il a tenté de s'approprier Kimbangu de la même façon qu'il s'était approprié Lumumba. La première pierre du centre administratif de l'église a été posée par Mobutu à Kinshasa. Il maintenait également des relations cordiales avec les dirigeants de l'église, dont les membres passaient pour jouir de privilèges. Aux yeux de certains Congolais, le kimbanguisme reste entaché par le manque d'enthousiasme du clergé kimbanguiste à suivre l'exemple des églises catholique et protestante, quand celles-ci usaient de leur influence pour inciter Mobutu à instaurer de réelles réformes démocratiques.

De telles accusations laissent Charles indifférent. « Nul n'est prophète en son pays, rappelle-t-il avec un haussement d'épaules, tandis que nous franchissons le portail de l'église kimbanguiste. Des gens viennent d'aussi loin que l'Angola et la Zambie pour rencontrer notre chef spirituel. Mais il y en a à Nkamba qui ne croient pas à Kimbangu. Vous imaginez un peu ? » De fait, il est difficile de trouver un kimbanguiste tiède ou non-pratiquant. Peut-être grâce à une spiritualité savamment entremêlée de sujets sensibles, comme la race ou le pouvoir. Quoi qu'il en soit, le kimbanguisme semble avoir le chic pour se servir de la ferveur fanatique d'une population qui a bu la coupe de l'humiliation jusqu'à la lie. « Dieu est noir, explique Charles. Le pape l'a affirmé lors de sa visite à Lagos dans les années 1960. Il a dit : "Dieu est noir et on peut le trouver en Afrique". On sait tous de qui il parlait. Il parlait de nous. »

Tandis que nous traversons la propriété, franchissant les échafaudages d'une future salle de 4 000 places, qui sera accompagnée d'une suite de réception tout aussi démesurée – avec climatisation glaciale et rangées de canapés en chintz, une illustration du kitch présidentiel à l'africaine qui n'a rien à envier aux autres exemples que j'ai pu voir à Kinshasa –, je tente plusieurs fois de ramener la conversation sur le sujet délicat de la profession de Charles. Mais autant peler une mangue avec un couteau et une fourchette : à chaque tentative, le sujet se dérobe et Charles repart en boucle sur le seul sujet qui l'intéresse : la religion.

La situation est bien meilleure à l'aéroport depuis que l'administration Kabila a pris le relais, finit-il par préciser, devant mon insistance. L'aéroport a été nettoyé, la racaille, mise à la porte, et toute personne surprise en flagrant délit de corruption risque d'être arrêtée par les espions du gouvernement. Tant que Charles porte le badge prouvant qu'il fait partie des centaines de protocoles accrédités – il brandit fièrement sa carte –, alors il n'y a vraiment aucun problème. « Les Congolais veulent changer de mentalité. Ils sont dégoûtés par ce qui s'est passé autrefois. Dieu nous regarde et dit : "Le moment est venu". L'homme noir doit apprendre à se connaître. »

Certes, admet-il, il existe encore cinq services de sécurité en activité à l'aéroport. Et certes, leurs agents exigent encore souvent de l'argent, juste pour acheter un « sucré » – un soda. « Mais il faudrait vraiment avoir un cœur de pierre pour refuser un Coca à homme qui n'a pas les moyens d'envoyer ses enfants à l'école. En bon chrétien, je ne peux pas rester insensible devant la souffrance. » Et oui, poursuit-il, l'accès au salon VIP climatisé nécessite toujours un « petit cadeau ». Combien ? Oh, un joli cadeau, environ 30 dollars. Évidemment, les expatriés dont Charles s'occupe préfèrent que ce cadeau soit payé, plutôt que de voir leurs bagages inspectés par les douaniers. Une question me brûle les lèvres : si l'Article 15 a réellement été banni de l'aéroport de Ndjili, qui peut encore avoir besoin d'un protocole ? Si le nouveau système est si irréprochable, pourquoi Charles n'est-il pas au chômage ?

Il y a un silence, pendant lequel Charles s'autorise un moment de malaise peu habituel. « Écoutez, il y a certaines choses que je fais pour mon travail et que, clairement, je ne devrais pas faire en tant que chrétien. Mais notre chef spirituel nous a dit : "Votre travail, c'est votre mère et votre père". Donc, si c'est dans le contexte du travail, alors il n'y a pas de problème. »

Une fois encore, le prophète trapu de Nkamba se fait l'écho du Christ. « Rendez à César ce qui est César », a indiqué le Messie, autorisant ses adeptes à payer l'impôt romain et à travailler pour un régime terrestre dont les valeurs étaient en théorie honnies. Au XXe siècle, la version kimbanguiste de cette instruction est tout aussi pragmatique que les miracles du prophète, et tout aussi réaliste que le conseil de Mobutu en personne : « L'article 15 est toléré, tant que c'est pour des raisons professionnelles ».

Chapitre 8
L'importance d'être élégant

« On dirait que notre pays a été
Abandonné à son triste sort
Pourquoi avons-nous lutté contre le joug de l'homme blanc ?
Avons-nous versé notre sang pour l'indépendance,
afin d'écouter les querelles stériles de nos nouveaux maîtres
Qui se battent uniquement pour leurs privilèges politiques ?
Le pays est en ruines.
Quelle humiliation devant le monde !
Un pays si riche, doté de responsables qui se fichent de l'avenir
L'heure a sonné
Kasavubu, Lumumba, Bolikango, Vieux Tshombé
Pourquoi avez-vous abandonné votre pays ? »

Chanson de Tabu Ley Rochereau

Si l'Article 15 incarne une réaction pragmatique à la privation, tout le monde ne choisit pas de faire contre mauvaise fortune bon cœur et de subsister au jour le jour, en improvisant au fur et à mesure. Pour certains, la simple survie est une ambition trop médiocre. Ceux-là préfèrent emprunter la voie de la sublimation pour affronter l'adversité. Ils s'évadent dans des univers parallèles d'intellect ou de spiritualité, où les règles sont plus douces et où l'accomplissement personnel et la dignité – le sel qui manque tant à leur quotidien – deviennent enfin possibles.

Difficile de faire deux pas au Congo sans croiser un attroupement d'adventistes du septième jour, une réunion de moonistes, une assemblée de témoins de Jéhovah ou une des nombreuses sectes fondamentalistes importées des États-Unis qui s'épanouissent dans le climat fébrile du Congo. Toutefois, ce sont les formes séculaires de cette sublimation qui restent les plus intéressantes. Un exemple, en particulier, a d'abord intrigué, puis franchement alarmé l'Administration de Mobutu, comme celle de Kabila.

Le public, lui, a découvert le phénomène à l'occasion d'une petite manifestation organisée devant les bureaux de la radio et de la télévision nationale, environ un an après la chute de Mobutu. La procession, qui comptait une trentaine de membres, arrivait de Makala, quartier populaire où se trouve la célèbre prison de Kinshasa, et revendiquait la diffusion d'un message simple : le président Laurent Kabila devait démissionner, retourner dans son Shaba natal et laisser place au seul homme moralement habilité à gouverner : Mizele 1er, roi du Kongo.

Le service d'ordre de la radio a dispersé sans peine les manifestants, mais on ressentait à présent une sorte d'inquiétude. Que se passait-il donc à Makala ? On parlait d'une cour royale installée dans une modeste maison. Un escadron a été envoyé en éclaireur, en prenant quand même soin d'organiser une descente à l'aube. Précaution insuffisante finalement, car les soldats ont été accueillis par une volée de balles, tirée par des gens retranchés à l'intérieur et qui semblaient avoir à leur disposition un véritable arsenal. Les affrontements qui ont suivi entre les membres de la « cour royale » et les forces de l'ordre ont duré toute la journée, chassant du quartier des milliers d'habitants terrifiés et faisant au moins huit victimes, dont deux « kadogos » – les jeunes garçons qui constituaient le gros des troupes de Kabila.

Une fois le calme revenu, une situation bizarre est apparue. Les services secrets ont compris que depuis des mois, voire des années, un petit vieillard s'affairait à créer un État au sein de l'État depuis la maison de Makala, compensant son manque de cohérence par un certain charisme. Son projet était de ressusciter l'ancienne nation du Kongo, cette structure étatique sophistiquée, découverte par les explorateurs portugais au XVe siècle, et détruite par le commerce des esclaves et les dissensions civiles. Évidemment, il devait en être le premier monarque.

Les manigances de Bernard Mizele Nsemi étaient déjà connues des autorités locales, qui n'y avaient vu que les divagations d'un fou. Toutefois, si l'Administration refusait de le prendre au sérieux, il n'en allait pas de même pour ses adeptes. Ils étaient des milliers, tous âges et classes sociales confondus, à détenir une carte d'identité émise au nom du royaume. Des pères enrôlaient leurs enfants, des oncles, leurs neveux – souvent à l'insu des individus concernés, comme on l'a compris par la suite. Ils payaient même un impôt symbolique, marque de reconnaissance et de respect que la plupart des citoyens congolais avaient depuis longtemps cessé d'accorder à l'État.

Avec le goût prononcé des Congolais pour la hiérarchie, les éléments constitutifs du royaume avaient été définis et les postes-clés étaient attribués : Premier ministre royal, ministre de l'Intérieur, gouverneur de la Banque centrale et maire du port de Matadi. On retrouvait d'ailleurs d'étranges échos des tactiques du « diviser pour mieux régner » de Mobutu dans la multiplication des forces de sécurité créées, chacune avec son commandement propre. Pendant la courte existence de la cour, on peut être certain que le chef de la mythique armée royale était à couteaux tirés avec le chef de la police royale, qui se prenait sans nul doute le bec avec le général à la tête de l'armée, lequel ne faisait aucune confiance au commandant de la police royale et soupçonnait le chef de l'armée mixte kongolaise de fomenter un coup d'État.

Lorsqu'un tribunal militaire s'est réuni le 9 juillet 1998 pour juger les 118 suspects, pour des faits de meurtres, d'association de malfaiteurs et de complot visant à renverser un gouvernement établi, la foule rassemblée pour assister au procès était si nombreuse que le magistrat, un peu dépassé, a un temps envisagé de tenir les audiences à huis clos. Si la curiosité oisive expliquait pour beaucoup un tel engouement, un autre facteur était à prendre en compte : le public savait se trouver en présence de personnes qui avaient cessé de se plaindre de l'âpreté de la vie ordinaire et de rêver vaguement à un destin meilleur – le pain quotidien de tout Congolais –, pour tenter de provoquer l'avènement de cet avenir, par la méthode la plus directe qui soit.

Comme les davidiens de David Koresh à Waco, Mizele et ses sujets avaient fini par franchir le pas qui sépare le fantasme inoffensif de l'action violente. Comme à Waco, les autorités avaient mis du temps à comprendre réellement ce qui se tramait. Le nouveau gouvernement avait d'abord dénigré le roi Mizele, caricaturé en comique insignifiant. Puis, le mouvement tout entier avait été assimilé à une tentative de déstabilisation instiguée par l'Europe. Enfin, on avait conclu qu'il s'agissait d'une rébellion à la sauce locale, similaire en nature à la propre opération récente de Kabila, mais teintée de connotations mystiques dangereuses et tout à fait susceptibles de frapper l'imaginaire d'une partie de la population, au moins.

Le procès, qui a été couvert par la presse jusqu'à saturation, représentait un défi organisationnel majeur. Mizele et les autres suspects ayant refusé ou n'ayant pas les moyens d'être défendus, onze avocats ont dû être commis d'office. Lorsque les accusés étaient rassemblés, avec leurs T-shirts bleu brillant, marqués d'un « P » géant pour « prisonnier », ils faisaient davantage penser à une équipe de foot attendant le début du match sur le banc de touche. Toutefois, ce n'étaient pas les nobles de la cour royale qui attiraient la foule. On venait voir Mizele 1er, l'homme à l'origine de tout ce remue-ménage.

C'était un vieillard grisonnant à l'air bonhomme qui ressemblait un peu au tonton préféré qu'on trouve dans toutes les familles. Il possédait en revanche la détermination des visionnaires ou des fous, rattrapant son absence de sang bleu par une assurance inébranlable. Car Mizele n'asseyait pas sa légitimité sur une quelconque lignée avec un chef traditionnel. «Il racontait à sa cour que c'était Dieu qui l'inspirait, a expliqué son avocat. Il disait être en contact avec nos ancêtres, notamment Simon Kimbangu et Joseph Kasavubu, le premier président du Congo.» Lorsqu'un représentant de la partie adverse l'a mis au défi d'étayer ces affirmations, le souverain lui a proposé de l'emmener rencontrer ses propres ancêtres. C'est à ce moment-là que la défense a demandé un examen médical pour évaluer si le prévenu pouvait ou non être tenu pour responsable de ses actes.

Ce n'était pas la première fois que Mizele avait des démêlés avec la justice, loin de là. Un incident similaire était survenu en 1996, sous Mobutu, quand des employés de la régie de l'eau s'étaient présentés à la cour royale pour exiger le règlement de factures impayées. Les fonctionnaires avaient été frappés et pris en otages puis, dans l'affrontement qui avait éclaté entre les représentants de Mizele et les soldats envoyés pour libérer les malheureux, un homme était mort. Le roi avait été condamné à quinze ans de réclusion, mais était sorti rapidement, comme beaucoup d'autres détenus, lorsque les gardiens de Makala avaient abandonné leur poste, au moment de l'arrivée des rebelles en 1997.

Mizele était ensuite tranquillement retourné à ses affaires, affirmant même avoir été en contact régulier avec Kabila. Selon ses lieutenants, l'ancien chef rebelle s'était engagé à se retirer six mois après avoir renversé Mobutu, en échange de leur soutien. Si la monarchie avait décidé de marcher sur la maison de la radio, c'était uniquement parce qu'il était évident que Kabila n'avait aucune intention d'honorer sa parole. Étant donné la propension de Kabila à faire des promesses à tout-va, le public n'avait aucun mal à croire à cette partie de l'histoire. Toutefois, les huées ont commencé quand la nature xénophobe de l'État fantasmé du roi Mizele est apparue. Le royaume du Kongo entendait unifier la région natale de Mizele, le Bas-Congo, avec Kinshasa et la province du Bandundu. Il était prévu que les ethnies de ces trois régions de l'ouest – en particulier le Bas-Congo – jouissent de privilèges. Les soldats qui s'engageaient dans l'armée royale devaient être originaires de cette zone, sur ordre du souverain, qui ne voulait pas de «mercenaires» au sein de ses forces. Les «étrangers» étaient invités à quitter Kinshasa de leur propre chef.

Pendant les décennies de son règne, Mobutu a instrumentalisé l'épuration ethnique de façon répétée, n'hésitant pas à attiser les haines tribales pour servir son intérêt politique. Marquée par les massacres et les expulsions, la population de Kinshasa refusait de revivre la même chose. Pour ceux nés en dehors des trois provinces élues, le royaume du Kongo ne promettait qu'une redite de tels déchaînements. Lorsque le roi et son secrétaire personnel ont été condamnés à vingt ans de prison, avec des sentences et des amendes moins élevées pour les autres notables, il y a eu un sentiment général de soulagement. «Nous avons tenté de faire valoir que, puisque le roi se trouvait au Bas-Congo au moment de la fusillade, il n'avait pas pu donner le moindre ordre direct à ses fidèles et ne pouvait donc être considéré comme responsable, a expliqué un des avocats de la défense. Mais la justice a décidé que le simple fait d'avoir demandé à Kabila de renoncer au pouvoir constituait une culpabilité suffisante.»

Cherchant à prévenir d'éventuelles résurgences, les autorités ont fait en sorte d'effacer toute trace de cet épisode national gênant. Les activités de la cour royale ont été déclarées illégales, la maison familiale que le roi Mizele utilisait comme base a été saisie et convertie en commissariat de police. Si le secrétaire personnel du roi est mort en détention, Mizele lui-même, incarcéré dans l'aile réservée aux condamnés pour des crimes militaires, semble aujourd'hui toujours en pleine forme. Il a pris de l'embonpoint, affiche une humeur excellente et annoncerait à ses visiteurs sa libération prochaine. On ne sait pas trop s'il espère être gracié ou s'il a l'intention de s'évader, grande spécialité à la prison de Makala, de l'aveu même du gardien en chef. L'entrain de Mizele est peut-être dû – comme Mobutu et Kabila s'en sont rendu compte trop tard – à la certitude qu'il y aura toujours au Congo des gens assez excédés pour se laisser tenter par des sirènes célébrant des vocations mystiques, des droits ancestraux et un avenir radieux[16].

***

Si les sujets contrariés du roi Mizele se sont tournés vers le passé pour trouver du réconfort, tissant leurs rêves autour d'un folklorique royaume antique, un événement organisé en plein cœur de Kinshasa me révèle comment d'autres Zaïrois préfèrent se recentrer sur eux-mêmes pour échapper à la réalité et embrasser résolument le trivial dans leur quête d'accomplissement.

---

16. Le séjour en prison n'a en rien apaisé les ardeurs insurrectionnistes du roi Mizele. Après sa libération, il a recommencé en juin 2023 : avec trente adeptes, il s'est emparé de bâtiments gouvernementaux à Luozi, une ville à 220 kilomètres au sud-ouest de Kinshasa. Après avoir abaissé le drapeau congolais, ils ont déclaré Mizele roi et hissé l'étendard de leur prétendu royaume. La police, dépêchée sur les lieux, a arrêté six personnes.

Difficile de supporter sans broncher les larsens stridents en provenance de la scène, bientôt suivis de monotones « Un-deux, un-deux, un... allo, allo... Un-deux, un-deux » du test micro. Wenge Musica 4x4 a entamé sa balance ; le groupe répète en prévision d'un concert annoncé quelques jours plus tard. L'équipement est rudimentaire, les amplis sont réglés trop fort et il en résulte un rugissement saturé, dans lequel voix et instruments se mêlent dans un vacarme éprouvant.

Quel dommage, pourtant. Car peu de mélodies sont plus agréables à l'oreille que celles de la rumba congolaise. Si le Congo a échoué dans la plupart des domaines, la musique fait figure de glorieuse exception. À travers tout le continent et jusque dans les discothèques afro-caribéennes de Paris, Bruxelles et Londres, des fans dédaignent les stars locales pour se déhancher sur des airs cadencés surgis des bidonvilles du Congo.

Comment des airs aussi innocents et d'une légèreté aussi contagieuse peuvent-ils émerger dans des conditions aussi déprimantes ? Mystère. Comme l'a écrit un spécialiste : certes, les critiques n'ont pas entièrement tort de se moquer des guitaristes congolais, qui ne savent jouer que trois accords ; mais le fait que cela leur suffise à mettre tout un continent en transe depuis plus de trente ans représente un exploit en soi. Aussi convenue soit-elle, la rumba congolaise est le premier produit d'exportation du Congo et son succès commercial incarne la porte de sortie la plus fiable pour la jeunesse. Le but, c'est d'être repéré par un des agents qui écument les centaines de petites boîtes de nuit de Kinshasa, de s'envoler pour Paris ou Bruxelles pour enregistrer une première cassette, de percer sur la scène internationale et – suivant le modèle imposé par des stars telles que Papa Wemba, Koffi Olomide, Tabu Ley Rochereau et le regretté Pepe Kalle – de commencer une nouvelle vie à l'étranger, en ne revenant qu'occasionnellement à Kinshasa pour des concerts devant une foule de fans reconnaissants.

Wenge est l'un des derniers groupes à avoir suivi ce parcours, reproduisant au passage la plupart des clichés liés à cette industrie. À l'instar des partis politiques du pays, les groupes de musique congolais ont tendance à se fracturer quelques secondes à peine après leur formation, car les membres les plus talentueux rivalisent pour se voler la vedette. Chaque faction dissidente, comprenant l'importance du facteur de reconnaissance, revendique alors la dénomination originale. Ainsi, les rejetons prolifèrent, au point de prêter à confusion. Ce qui a débuté sous le nom de Wenge Musica existe à présent en quatre versions concurrentes : Wenga Musica 4x4 (le groupe sur le point de se produire), Wenge Musica BCBG, Wenge Musica Kumbela et Wenge Musica Aile Paris. De toute évidence, d'autres ne tarderont pas.

La nuit tombe. Un vol de hérons passe en formation au-dessus du bâtiment blanchi à la chaux. Le groupe répète ses chorégraphies, la volonté de clarté perdant en permanence la bataille contre les décibels. Le prix de l'entrée pour écouter cet enchaînement de tubes est minime, mais encore trop élevé pour de nombreux fans qui tournent en rond devant la salle de concert en plein air. Les balcons des appartements du quartier sont bondés de spectateurs sans billet et les phaseurs occupent en force les toits de tôle ondulée voisins, malgré les tentatives des organisateurs pour les chasser.

Wenge Musica 4x4 semble suivre la tendance récente, qui consiste moins à endosser le rôle de griot – la voix angélique qui chante traditionnellement les louanges des rois –, que celui d'animateur de soirée, lequel se limite souvent à scander d'une voix tonitruante de brefs refrains. À la demande du chanteur, les danseurs se tiennent à présent en ligne, jambes fléchies. Un coup de reins passe de l'un à l'autre, comme une onde contagieuse, jusqu'à ce que six paires de fesses se déhanchent à l'unisson. Puis, le groupe éclate, chaque élément s'éloignant soudain dans une apparente confusion, pour se rassembler en une nouvelle formation.

Tandis que les musiciens de Wenge travaillent, un ballet d'un autre genre se dessine parmi les jeunes gens qui arrivent pour aider à la répétition. Chacun traverse l'espace avec une nonchalance étudiée qui semble inviter l'admiration de la foule, affichant l'air un peu emprunté des débutantes à la cour, tête haute, pieds tournés vers l'extérieur, épaules souples. Il n'y a rien de spontané dans ce défilé. Chaque personnage arbore au moins un vêtement qui pourrait être qualifié de tape-à-l'œil – une chemise à col pelle à tarte, dont les pointes descendent presque au milieu du torse, une veste à fines rayures avec une épingle de nourrice géante accrochée au revers, un T-shirt en mailles filet, un sweat avec cordon et double capuche, une devant et une derrière, un ensemble top-pantalon dans des tons acidulés à faire grincer les dents. Je note avec satisfaction que la « Sape » (un dandysme à l'africaine) se porte comme un charme, malgré des conditions difficiles. Elle avait quand même été déclarée morte quelques années plus tôt par des animateurs radio congolais blasés. Fière de son statut de «*fashion victim*», une nouvelle génération de sapeurs a transformé la mode en une quasi-religion (surnommée «kitendi»), avec ses «grands prêtres» (les plus élégants), ses divinités (les créateurs du monde entier), et tout le tralala. De toute évidence, le spectacle continue.

Acronyme de «Société des Ambianceurs et des Personnes Élégantes», la Sape est en réalité née de l'autre côté du fleuve, au Congo-Brazzaville, dans les années 1970. Mais c'est au Zaïre que le mouvement a véritablement pris son essor, avec l'explosion de la rumba congolaise sur la scène internationale et l'apparition d'une élite urbaine aisée qui voyageait, s'habillait à l'étranger et savait faire la différence entre du Yamamoto et du Montana, entre une veste déstructurée et un costume déconstruit.

Dès qu'un groupe signait un contrat en France ou en Belgique, les membres se jetaient sur les boutiques de créateurs des places Vendôme et Stéphanie, et revenaient frimer à Kinshasa avec des valises pleines à craquer de «griffes». Entre les fans de groupes concurrents, c'était à qui aurait le look le plus cool et on perfectionnait sur la piste de danse des chorégraphies qui permettaient de mettre en valeur les chaussettes ou bien de dévoiler les sacro-saintes étiquettes en soie cousues sur l'intérieur des vestes. La plus grande star de toutes, Papa Wemba, avait hérité du joyeux titre de «Pape de la Sape», et déclenchait de nouveaux engouements à chacune de ses apparitions sur scène. Il y a eu l'époque du pantalon trois-quarts, la période bretelles et celle où tout le monde ne jurait que par Jean-Paul Gaultier.

Le mouvement a toutefois connu un certain déclin avec la baisse sévère des revenus. Un autre coup dur a été la mort de Niarkos, un célèbre chanteur et truand qui rivalisait de narcissisme avec Papa Wemba. Pourtant, ils sont bien là : les chemises sont un peu grisâtres, les vestes sont loin d'être neuves; les chaussures fatiguées, surtout, sont les plus révélatrices. Mais cette volée de jeunes paons miteux s'efforce néanmoins de sauver les apparences.

«Évidemment que ça existe toujours! s'esclaffe un homme connu sous le nom de "Colonel Jagger", que je rencontre quelque temps plus tard. La Sape est même devenue grand public, elle s'est vulgarisée. Les ministres du gouvernement portent de la haute couture et ont des coupes de sapeurs. Regardez les pasteurs dans les églises – même eux cherchent à s'affirmer.»

S'affirmer. C'est l'un des concepts clés dans le lexique de la Sape, comme l'importance de savoir «débarquer» – faire son entrée (jamais, au grand jamais passer inaperçu) – et comment se déplacer. La démarche d'un sapeur est une forme d'art à part entière, un mélange d'aplomb et de nonchalance, aussi unique que la signature d'un graffeur. «Vous vous souvenez de la démarche de John Travolta dans *La fièvre du samedi soir*? Eh bien, on faisait pareil bien avant lui, explique le Colonel Jagger. On se déhanche, on danse presque. À chacun sa façon de se démarquer des autres.»

Reconnu comme un des représentants majeurs de la Sape, le Colonel Jagger, manager du groupe rival Viva La Musica, se révèle néanmoins légèrement décevant lors de notre première rencontre. Vêtu d'un simple T-shirt et d'un jean noir, cet homme posé et plutôt austère n'a rien du personnage flamboyant auquel je m'attendais. Ah, mais c'est justement là que je me trompe, m'explique le Colonel Jagger, quand je confesse ma surprise. «C'est peut-être discret, mais c'est toujours la sape. Les chaussures sont des Weston, le jean, un Ferre, et le T-shirt est de Jean-Paul Gaultier. Au final, l'ensemble doit coûter plus de 12 000 francs. »[17]

Nous sommes en plein cœur du quartier bruyant et puant de Matonge – « mon Matonge », comme dit le Colonel Jagger. Le bâtiment aux murs roses est pourtant situé dans une enclave inhabituellement calme, près d'une avenue bordée d'acacias. Dans la rue, les gamins jouent au foot et les voisins bavardent entre eux, assis à l'ombre des arbres. Ils nous observent avec curiosité, tout en veillant à maintenir une distance respectueuse avec le Colonel, une des stars reconnues de Kinshasa. Et se tenir à l'écart, établir un certain espace personnel est un des principes fondamentaux de la Sape. Tout comme le mépris cinglant envers les « suivistes » et ceux qui ont de l'argent, mais aucun sens de la mode (les « taureaux »). « Notre devise, c'est "Pas de contact avec n'importe qui", affirme le Colonel Jagger. Cela veut dire pas de démêlés avec la police ou les autorités, et pas de politique. On ne fréquente pas ces gens-là, parce qu'ils ne nous comprennent pas. Ça les rend fous que quelqu'un qui n'a pas un sou vaillant puisse se promener avec 12 000 francs sur le dos. » Quand les aspirations personnelles sont étouffées depuis toujours, l'élégance vestimentaire devient bien plus qu'un plaisir : c'est une mission.

À l'origine, le mouvement s'inspirait en grande partie des premiers films projetés à Kinshasa. À l'époque coloniale, les Belges envoyaient des camions dans ce qu'ils appelaient les « quartiers indigènes », installaient leur matériel et passaient des films en plein air pour la population. Les aventures de cape et d'épée des Trois Mousquetaires et les films noirs des années 1940 et 1950, pleins de gangsters en costume croisé, représentaient la quintessence de la classe occidentale. Par la suite, c'est la scène pop britannique qui a servi d'inspiration. Le Colonel a d'ailleurs emprunté son nom à sa rock star favorite, Mick Jagger, et clame haut et fort son admiration pour Bryan Ferry, son « Anglais préféré ».

Depuis peu, certains signes confirment la contamination de la Sape par la mode des Noirs américains, tout en jeans ou salopettes baggy, et shorts qui tombent jusqu'aux mollets. Le Colonel Jagger, lui, n'a que mépris pour ce « look de Blanc » et demeure un puriste, avec une philosophie frisant l'austérité. Il souligne l'importance de la propreté, prêche la non-violence, abhorre les drogues (« Si vous consommez des drogues dures, vous vous salissez, donc vous ne pouvez pas être un sapeur ») et se rase la tête une fois par semaine pour éviter d'avoir l'air négligé.

---

17. Environ 2 700 euros aujourd'hui, en tenant compte de l'inflation.

Les sapeurs se considèrent comme les meilleurs danseurs de la ville et ce sont souvent eux qui décident quelle figure a fait son temps et quand c'est le moment d'en adopter une autre. Le kwasa-kwasa, le kotcho-kotcho, l'otshule : ces danses naissent, se répandent telle une traînée de poudre à travers les clubs d'Afrique et d'Europe, puis disparaissent mystérieusement, remplacées par de nouvelles, qui insistent un peu plus sur le bassin, suivent un rythme légèrement différent ou exigent de coordonner les mouvements du pied et du bras.

Bien souvent, ces engouements se teintent d'une certaine satire politique ou sociale. L'etunana, dont le principe est de se frotter vigoureusement contre son partenaire en répétant « Ah c'est bon », est apparu en réaction aux campagnes de prévention contre le sida, qui tentaient de persuader les jeunes Congolais de ne plus avoir de relations sexuelles non protégées. Plus récemment, c'est le ndombolo qui a fait sensation. Il aurait été inventé par des gamins des rues à Kinshasa et consiste à ouvrir et refermer les jambes en rythme, les genoux fléchis, tout en basculant le bassin en arrière. Interdit pour obscénité au Cameroun, le ndombolo n'a rien de très gracieux et, à vrai dire, il n'a pas été conçu pour ça. Il combine en effet une imitation crue de l'acte sexuel avec une caricature de la démarche du bedonnant Laurent Kabila. Voilà donc une danse qui ne vient pas des sapeurs, lesquels la considèrent comme indigne d'eux. « Jamais un sapeur ne dansera le ndombolo, affirme le Colonel Jagger. Onduler des hanches, c'est bon pour les femmes, voilà ce qu'on pense. À vrai dire, un sapeur bouge le moins possible, juste assez pour bien faire voir son pantalon ou ses chaussures. Quand on est bien habillé, pas question de se retrouver trempé de sueur. »

Lorsqu'on demande à un sapeur ce qui a pu motiver un tel phénomène, il évoque en général le désir de prouver aux Européens, qui ont introduit les vêtements en Afrique centrale, qu'ils pouvaient être battus à leur propre jeu. Que les sauvages nus d'autrefois étaient devenus plus cool et plus élégants que leurs colonisateurs ringards. Mais il y avait également la volonté de protester contre la monotonie vestimentaire des années Mobutu, quand l'Authenticité avait mené au bannissement des tenues occidentales, quand les cravates étaient considérées comme subversives et quand tout citoyen modèle se devait de posséder l'infâme abacost dans sa garde-robe. Rien de plus démoralisant pour une population réputée coquette et soucieuse de sa mise.

« Pendant vingt ans, les gens d'ici ont porté un uniforme, rappelle le Colonel Jagger. Nous étions les seuls à refuser. Aux concerts, les sapeurs se faisaient taper parce qu'ils étaient en costume. C'était une façon de dire non au système, de montrer qu'il existait une différence entre nous et tous les autres. Une façon de nous sentir bien. » Une fois qu'un sapeur a embrassé ce mode de vie, les jours de repos ne sont plus permis. « Les sapeurs ne s'habillent pas pour les autres. Ils s'habillent pour eux-mêmes. Et contrairement à la plupart des gens, qui se font beaux uniquement le week-end ou pour sortir, les sapeurs sont élégants tous les jours de la semaine. »

Mais n'est-ce pas là une façon un peu triviale d'exprimer la révolte ? Dans certains pays, la jeunesse déçue descend dans la rue ou se mêle de politique. À Kinshasa, la génération montante se préoccupe surtout de la couleur de ses chaussettes. N'est-ce pas gâcher une énergie qui pourrait être employée autrement ? « C'est facile de dire ça, répond le Colonel Jagger. Mais l'ancienne génération ici a verrouillé la scène politique. C'est un monde où on ne peut pas sortir dans la rue et protester, un monde suffocant, parce qu'il n'y a pas de place pour respirer. Je n'ai pas d'arme, alors à la place, je me fabrique mon propre monde. »

Évidemment, quand on connaît les difficultés pratiques que rencontre aujourd'hui un sapeur, par rapport aux années où l'argent circulait dans tout le système, la lutte pour « s'affirmer » prend une qualité quasi héroïque.

Une belle paire de souliers coûte au moins 100 dollars à Kinshasa, soit presque l'équivalent du revenu moyen annuel, d'après les agences de l'ONU. Les vêtements présentés dans les boutiques de l'hôtel Intercontinental, qui restent chers même selon les standards européens, sont bien au-dessus des moyens de la population. Incapables de s'offrir les authentiques vestes Versace, les chaussures Paul Smith ou les pantalons Gianfranco Ferre dont ils rêvent, les sapeurs comptent sur leurs collègues – surtout ceux résidant à l'étranger – pour des prêts ou des trocs. « La plupart du temps, nous échangeons des articles avec des amis, plutôt que de les acheter vraiment, raconte le Colonel Jagger. Il y a une certaine solidarité. Je sais toujours lequel de mes amis est en fonds et on s'entraide. On se serre la ceinture. Mais soit on est un sapeur, soit on ne l'est pas. Ce n'est pas une question d'argent. C'est une question de goût. »

Tandis que je discute avec le mélancolique colonel, je suis soudain envahie par un tragique sentiment de gâchis, de potentiel stoppé dans son élan, comme on le ressent souvent quand on est en Afrique. Ce monsieur subtil et éloquent n'est plus tout jeune. Il a atteint l'âge où la plupart des hommes ont relégué leur obsession pour les marques de jean et les vestes cintrées dans le tiroir mental où ils conservent aussi les manuels de leur moto et des posters de mannequins. Pourtant, nous sommes bien en train de discuter de marques de chaussures et de pas de danse, avec le sérieux qu'un bouddhiste réserve aux techniques de méditation.

Et puis, je me souviens d'un extrait du *quai de Wigan*, dans lequel George Orwell évoque les habitudes de consommation des pauvres, la tendance de ceux qui s'ennuient, sont malheureux et désemparés à gaspiller leur salaire en frites et en glaces, au lieu d'acheter des nourritures saines et insipides qui leur permettraient de rester en bonne santé. Cet étonnement bourgeois est complètement à côté de la plaque, suggère Orwell, car être en mesure de «se faire plaisir», c'est la seule chose qui rend supportable une telle existence. Je comprends alors que la Sape, c'est ce même principe poussé à sa conclusion philosophique. Dépenser son argent pour un luxe au lieu d'une nécessité, c'est en partie ce qui permet de demeurer humain. C'est aussi essentiel à la confiance en soi qu'une trace de rouge à lèvres sur la joue d'un collégien. Se comporter en dandy dans le Congo moderne revient à jouer les gourmets dans un camp de concentration. Plus une chemise Comme des Garçons est difficile à trouver, plus celui qui l'enfile parvient à convaincre qu'il reste maître de son destin.

«Papa Wemba, Niarkos et moi, on était porteurs d'espoir pour les jeunes d'ici – on leur faisait prendre conscience qu'on n'est pas obligés d'avoir un père riche pour réussir, me confie le Colonel Jagger. Ils nous considèrent comme des modèles. Ils ont beau être pauvres, ils aspirent à s'habiller comme nous un jour. Même un gamin de la rue saura vous dire qui est son créateur favori.» Je dois paraître sceptique, car le colonel Jagger interpelle un des gosses qui jouent au foot dans la poussière. «Allez-y, posez-lui la question.» «Qui est ton couturier préféré?» demandé-je alors. Le garçon aux pieds nus se tortille un peu et tire sur son short crasseux, les yeux baissés. «Je ne sais pas.» «Il ne comprend pas», intervient le Colonel Jagger avec patience, avant de traduire : «Griffe oyo olingaka mingi ezali nini ?» Au mot «griffe», le regard du gamin s'illumine. «Versace pour les vestes et Girbaud pour les jeans», répond-il sans l'ombre d'une hésitation.

***

Si les sapeurs ont réussi à maintenir leur rêve en vie, surfant à la périphérie du désespoir sans jamais sombrer, d'autres, en revanche, ont vu s'effondrer l'édifice complexe de leurs fantasmes. Debout parmi les ruines, ils regardent autour d'eux avec une lucidité nouvelle et ce qu'ils découvrent les fait frissonner.

La plupart des expatriés entrent dans cette catégorie. Souvent, ce sont des enfants d'administrateurs belges, d'hommes d'affaires grecs ou de commerçants portugais, qui se souviennent encore de leur mère terrorisée qui montait la garde, une machette à la main, pendant les troubles civils des années 1960; ou qui écoutaient avec stupeur des histoires de lions rôdant autour des maisons à la campagne. Parfois, il s'agit d'Européens d'origine modeste et dotés d'ambitions grandioses, qui pensaient avoir trouvé en Afrique le moyen de se libérer des fers et des préjugés de leur classe pour se réinventer.

Le Congo représentait autrefois une terre d'asile pleine de chaleur et de rires, où s'offraient à eux des perspectives infinies, ainsi que le respect automatique accordé aux Blancs en Afrique. À leurs yeux, l'Europe est devenue un territoire étranger d'aspirations restreintes et de relations empruntées. Persuadés au départ de posséder la compréhension intuitive qui leur permettrait de résoudre l'énigme, de percer le mystère congolais, ils sont restés vaille que vaille, malgré chaque épisode de violence. «Ce pays est comme une femme, se lamente un avocat belge. Elle vous trompe une fois, vous lui pardonnez et vous revenez. Et puis, elle vous trompe encore et vous pardonnez encore. Et elle continue à vous tromper et vous revenez toujours.»

À présent, leurs affaires sont presque au point mort et ils sont de moins en moins nombreux, car leurs amis plient bagage les uns après les autres. Résignés à se tenir à l'écart de la politique, ils ont fini par comprendre qu'ils ne pourraient pas non plus devenir riches. Lorsqu'ils sont arrêtés ou menacés par les autorités, ils ne trouvent que peu de soutien auprès de leur ambassade, car les jeunes diplomates les considèrent comme des colonialistes invétérés n'ayant en fin de compte que ce qu'ils méritaient. Si on leur donne toujours du «patron», le titre leur fait grincer des dents, tant la nature de leur minuscule ghetto est à présent flagrante. Ils comprennent qu'ils sont condamnés à rester des étrangers, figés dans le bourbier du paternalisme, en raison de la couleur de leur peau.

Contrairement à la plupart des Congolais, ils ont encore le luxe de choisir leur lieu de résidence. En revanche, ils sont coincés d'une autre façon. Mal à l'aise et mal définis, ils sont le miroir des exilés congolais qui tentent un nouveau départ à Paris ou Bruxelles. Telles des âmes perdues dans les limbes, ils savent que la réussite n'est plus possible au Congo, mais ils n'ont plus rien à offrir à un continent européen dont la froide efficacité les glace. Lorsque des Blancs arrivés plus récemment, en mode expatriés avec leurs gros sabots, s'emportent contre la perfidie des autochtones, eux dissimulent leur colère. Leur tragédie, c'est qu'ils aiment ce pays, mais qu'ils n'ont plus l'espoir d'être aimés en retour. Ils partagent avec Mobutu une certaine forme d'obsolescence. «Nous sommes des dinosaures qui s'éteignent les uns après les autres, reconnaît l'avocat. Nous avons l'impression d'être très impliqués, mais en fait, nous sommes complètement à la marge, incapables de peser sur le moindre événement.»

C'est sur les berges du fleuve Congo, à une heure de voiture à l'est de Kinshasa, avant le village de pêcheurs de Maluku, que je rencontre Daniel Thomas, un des représentants les plus poignants de cette espèce. En faisant le tour de ses vergers luxuriants d'avocatiers, de pamplemoussiers, de citronniers et de litchis qu'il a plantés et soignés, ou quand il vient surveiller ses étangs tièdes grouillant de poissons, il dresse le bilan de cette vie entière de labeur qui s'apprête à le laisser les mains vides, aux portes de la vieillesse.

Sa démarche exhale une paix paresseuse, une satisfaction baignée de soleil. Des flopées de pintades picorent sur les pelouses vertes, agitant leurs petites têtes aux plumes d'un bleu turquoise presque métallique. Des papillons volettent parmi les hibiscus jaunes et un oiseau tournoie de buisson en buisson, laissant flotter derrière lui les longues plumes noires et blanches de sa queue. Il fait chaud. Tandis que les employés préparent des grillades, le chien de Thomas creuse avec détermination un trou dans l'herbe, pour s'y coucher, haletant, et se rafraîchir les flancs contre la terre ainsi découverte. Du fleuve nous parvient le bruit d'une péniche qui pousse en hoquetant des troncs d'arbres coupés à des kilomètres en amont, quelque part dans la jungle équatoriale où M. Kurtz a petit à petit perdu la raison. La progression du bateau est pourtant écrasée par une étendue aussi vaste que ses rêves : le ciel ponctué de nuages et la surface nacrée de l'eau se fondent l'un dans l'autre, sur une ligne d'horizon à peine marquée par un scintillement gris-bleu.

Depuis la ferme de Daniel Thomas, la courbe imperceptible du Pool Malebo se manifeste parfois. Sur la droite, au milieu du fleuve, se dresse une île couverte d'une épaisse végétation. À gauche, on distingue la mince tour de N'sele, où des ouvriers chinois ont construit un pavillon orné pour Mobutu, et où est né le système à parti unique. Derrière, on aperçoit scintiller les gratte-ciel des deux turbulentes capitales africaines. Le mirage de chaleur est parfois percé par un petit panache de fumée en provenance d'une ferme, fine traînée blanche s'élevant des vallonnements vert vif, qui ont dû autrefois sembler si étrangers à Stanley et Brazza, habitués aux champs bordés de haies bien nettes de l'Europe.

« Il n'y avait rien ici quand on est arrivés en 1976, juste des broussailles à défricher, raconte Thomas. Et maintenant, regardez ces manguiers. » Il désigne les bourgeons dans l'épais feuillage, émerveillé par la fertilité de cette terre. « Ils recommencent à fleurir, alors qu'on termine à peine de manger la récolte précédente, qui était délicieuse. Quelle sensation de cueillir les fruits d'un arbre qu'on a planté soi-même ! Il n'y a rien de meilleur au monde. » Le visage de Thomas a la couleur de la terre cuite et son teint patiné trahit une vie de labeur au grand air. Ses dents, tachées par les cigarettes locales bon marché, pointent dans diverses directions peu conventionnelles. Ses yeux bleus, bien que fatigués et un peu larmoyants à présent, reflètent encore l'innocence confiante d'un enfant. Ce qui n'a rien d'étonnant, car Thomas lui-même admet avoir fait preuve d'une certaine puérilité dans sa lenteur à tirer les leçons de sa pénible expérience. Envoûté par sa vision d'un jardin d'Eden africain, il s'est comporté comme un bambin qui trébuche, se relève, tombe une seconde fois, puis une autre encore, se redresse tant bien que mal, et recommence tout le processus depuis le début. Difficile de savoir s'il faut admirer sa persévérance ou le traiter d'idiot. D'une façon ou d'une autre, son énergie force le respect.

Thomas et son épouse, une femme pâle et mélancolique, ont essuyé non pas un ni deux, mais trois pillages en huit ans, une escalade de vols et de destruction qui a épuisé les réserves d'optimisme immenses qu'ils avaient apportées avec eux. D'ailleurs, si on compte la zaïrianisation, on peut considérer que le couple a tout perdu quatre fois, dans le pays où ils ont autrefois voulu s'installer, mais qu'ils envisagent à présent de quitter.

Daniel Thomas est arrivé au Zaïre en 1970 en tant qu'expert en construction. Cet homme, qui parlait alors avec l'accent du nord de la France, venait mettre en route des manufactures produisant un thé de qualité dans la province orientale du Kivu, afin d'exporter vers le Marché commun. Aujourd'hui, le Kivu est associé aux soulèvements rebelles et aux camps de réfugiés qui s'étendent à perte de vue, mais la province était autrefois une contrée paisible de collines vertes et de montagnes noyées de brume. Rapidement, Thomas a été subjugué, saisi de la passion caractéristique du paysan pour ses terres. « Le climat, les gens, le sol. C'était le paradis : j'ai acheté 150 hectares près de Bukavu et je vivais comme un roi. »

Et puis, Mobutu a introduit la zaïrianisation et les fermes, usines et entreprises dirigées par des étrangers ont été redistribuées à de proches partisans, peu enclins à se salir les mains. « Le Zaïre a commencé à s'autodétruire », selon Thomas. Il n'a fallu que trois ans pour que la manufacture de thé périclite. Thomas, qui s'attendait à voir ses propres terres confisquées, en a fait don à un ordre franciscain et a déménagé à Kinshasa pour repartir de zéro. Il a fait l'acquisition de 114 hectares près de Maluku pour élever des canards de Barbarie, activité rentable, jusqu'à ce que la plupart des bêtes périssent à cause d'un aliment pour volaille impropre, acheté chez le seul fournisseur du pays. « J'ai fait analyser la composition et on m'a dit que c'était plein de sciure et de marc de café. Les canards sont morts de faim, l'estomac plein. » Thomas s'est donc formé tout seul à greffer des arbres fruitiers, et a constitué un troupeau de vaches et de moutons, avec lesquels il approvisionnait la communauté musulmane de Kinshasa pour la fête annuelle de l'Aïd el-Kébir.

En creusant un canal de trois kilomètres pour dévier un cours d'eau voisin, il a créé cinq étangs pour y élever des tilapias et des capitaines, espèces de poissons les plus appréciées dans cette région d'Afrique. Quelques amateurs capables de supporter le sauna sur la berge venaient pêcher leur propre repas. Le couple a ensuite fait construire des paillotes et l'endroit est rapidement devenu une adresse agréable pour déjeuner le week-end. Le dimanche après-midi, il leur arrivait de courir pour servir du poisson rôti, de l'agneau grillé et de la ratatouille maison à plus de 300 clients.

En 1991, l'affaire était florissante. C'est alors que le pays a connu sa première vague de pillages, menée par l'armée. Cette fois-là, Thomas estime avoir déboursé 100 000 francs français (environ 15 000 euros aujourd'hui) pour réparer les dégâts causés sur la propriété et renouveler le cheptel. Deux ans plus tard, lorsqu'émeutes et pillages ont recommencé à Kinshasa, la ferme a été plus gravement touchée. «On nous a volé toute la volaille ainsi que l'équipement agricole, et on a perdu 280 moutons. Il y en avait pour environ 700 000 francs.»[18]

Toutefois, ces incidents ne sont rien en comparaison avec ce qui est survenu en 1997, juste avant la prise de pouvoir de Kabila. Le couple était alors sur le point de récolter ses poissons. Coincé à Kinshasa, Thomas s'inquiétait pour le bétail de la ferme, située dangereusement près d'une nationale que les soldats de Mobutu étaient censés défendre contre les rebelles en approche. Il a fini par se mettre en route avec une pile de billets et a méthodiquement acheté son passage à une vingtaine de barrages militaires, avant d'être retenu en otage au dernier, pendant que les hommes de la garde civile envisageaient de conserver sa voiture.

Lorsqu'il a enfin été relâché, le spectacle qu'il redoutait tant l'attendait : les paillotes avaient été brûlées, la ferme, vidée, les troupeaux de moutons et de bovins, abattus, et, pour la première fois, les vannes des canaux avaient été ouvertes et les étangs étaient à sec. Tous les tilapias et capitaines ont été vendus sur un marché local. Cette fois, les pertes s'élevaient à 1,2 million de francs[19].

Si les entreprises victimes des divers pillages à Kinshasa avaient du mal à identifier leurs agresseurs, le couple Thomas n'a pas connu le luxe d'un tel anonymat. De façon déprimante, ceux qui avaient conduit les soldats jusqu'à la ferme chaque fois étaient des habitants des villages alentour. Au lieu de voir en l'exploitation un projet digne d'être encouragé, ou du moins d'être toléré en raison des investissements et des emplois générés dans la région, ils observaient jalousement la propriété depuis le début, comme des enfants surveillant chaque jour la maturité d'un fruit sur le chemin de l'école, guettant la moindre faille dans le droit et l'ordre pour s'approprier sans danger ce bien voisin. «C'est toujours le même noyau dur qui excite les autres villageois et guide les soldats jusqu'ici. On sait qui ils sont, on connaît leur nom. Mais ils n'ont jamais été punis et ne le seront jamais», explique Thomas. Incapable de ruer dans les brancards, il a reconstitué le stock de poissons et reconstruit les paillotes, même si les clients sont de plus en plus rares à se risquer à faire le trajet.

---

18. Environ 170 000 euros aujourd'hui.
19. 280 000 euros aujourd'hui.

Avec sa chemise tachée et son vieux pantalon, Thomas arpente les berges, armé de son sécateur, s'extasiant tel un poète sur les merveilles de son royaume d'émeraude. Il ne parvient pas à regretter les sommes exorbitantes dépensées pour la ferme au fil du temps. À l'instar de l'avocat, il éprouve pour cette terre un amour presque charnel. « C'est comme une belle femme, on ne compte pas. »

Daniel Thomas ne paraît pas nourrir beaucoup de rancœur, imputant les pillages répétés à l'instinct de chasseur-cueilleur, dont les Congolais faisaient preuve pour survivre très récemment encore. Cette fois pourtant, quelque chose semble s'être brisé chez cet homme qui attribuait jusqu'alors sa réussite à un « éternel optimisme ». Peut-être a-t-il été déstabilisé en prenant conscience que son entourage n'a jamais vu en lui qu'un colon blanc comme les autres, juste bon à être mené en bateau ou, au mieux, à être traité avec déférence. Depuis le dernier pillage, me confie-t-il, son épouse et lui ont abandonné leurs anciens rêves de bâtir quelque chose de permanent et de finir leur vie au Congo. « Le punch n'est tout simplement plus là. Il est évident que personne ici n'a compris ce que nous tentions d'accomplir. Nous n'avons plus d'espoir. Tout ce que nous voulons, c'est qu'on nous laisse en paix. » On sent la pression douce de sa femme, qui a eu des problèmes de santé. Son visage n'a pas le rayonnement enfantin de celui de son mari ; il semble au contraire blanchi par la déception et la trahison. « Deux fois, nous avons mis tout notre cœur dans cet endroit et deux fois notre cœur a été brisé, dit-elle. Nous avons été brisés. On essaie, encore et encore et encore, et puis un jour, on n'a plus l'énergie. »

À présent âgés d'une soixantaine d'années, ils se retrouvent face à un dilemme financier fréquent chez les expatriés. Ayant toujours pensé qu'ils prendraient leur retraite au Congo, ils ont investi toutes leurs économies dans l'exploitation, laquelle est invendable dans le climat politique actuel. Ils n'envisagent plus un avenir dans le pays, mais s'ils partent, la ferme étant le seul vestige de leurs efforts passés, ils risquent de connaître l'existence misérable des retraités sans pension en Europe.

Daniel Thomas évoque vaguement la possibilité de recruter un homme de confiance pour gérer la production en son absence et envoyer les bénéfices en Europe. Mais même cet « éternel optimiste » a du mal à croire qu'un tel être existe. Le scénario est trop facile à imaginer : qualité du restaurant en baisse, bétail qui disparaît mystérieusement et puis, un jour, le gérant qui se volatilise, les comptes falsifiés et une exploitation qui retourne petit à petit à la brousse.

Derrière la question financière, on perçoit une interrogation plus profonde et plus philosophique. La nature sauvage qui a enivré l'antihéros de Joseph Conrad a aussi transformé l'ancien ouvrier du bâtiment en un être hybride d'une richesse étrange. Thomas a beau avoir vu son rêve s'effriter entre ses doigts, il n'en a pas moins régné sur un empire verdoyant, jouissant du plaisir de modeler le paysage, de regarder ses arbrisseaux se déployer vers le ciel et ses poissons engraisser dans les eaux brunes et tièdes. Après presque un demi-siècle au Congo, Thomas, comme ses fruitiers, est devenu une sorte de croisement singulier, ni européen ni africain. Impossible d'imaginer le seigneur meurtri de ce royaume fluvial frayer avec les habitants d'un village français.

Cette perspective l'horrifie, reconnaît-il à contrecœur. « Je me sens mal à l'aise en Europe. Je trouve que les gens se sont laissé aller. Peut-être ont-ils la vie un peu trop facile, mais ils semblent avoir perdu leur esprit d'initiative. Je sais que le retour ne sera pas aisé. Mais je me retrouve face à un choix cornélien : une retraite ici, pleine de problèmes et de tracas, ou une autre là-bas, dans un environnement étranger. C'est de ma faute. Je n'aurais jamais dû commencer, encore moins rester aussi longtemps. »

Sur la route du retour à Kinshasa, dans la lumière dorée du crépuscule, l'humeur est à la réflexion. « Je suis prêt à parier qu'ils seront toujours là dans un an, commente l'avocat. À dire qu'ils sont sur le point de partir, sans jamais trouver le courage de le faire. Au fond de leur cœur, ils savent qu'ils ne trouveront jamais le gérant qu'ils cherchent. J'ai déjà vu ça cent fois. Partir leur est insupportable et rester leur est tout autant. »

Sur la nationale, des groupes de soldats lourdement armés se matérialisent devant nous, surgissant des hautes herbes avec une soudaineté alarmante. Le président du Zimbabwe est attendu en ville, si bien que la sécurité a été renforcée. Aux barrages routiers, des militaires aboient en lingala en direction des voitures qui roulent au pas, empochant les pots-de-vin ou ordonnant aux passagers de sortir pour une fouille. Le vacarme et l'agressivité achèvent de rompre l'atmosphère de paresse dominicale. On nous rappelle qui est le patron.

Tandis que je fais la queue pour l'inspection de mon sac, j'aperçois les Thomas qui rentrent chez eux à Kinshasa, après avoir passé la journée sur l'exploitation. Ils sont serrés à l'avant d'un petit pick-up vert, avec une fillette congolaise et un régime de bananes à l'arrière. Après la zaïrianisation et trois vagues de pillages, les barrages militaires représentent une forme plus subtile de racket. À cause de leur présence, le nombre de visiteurs à la ferme et au restaurant demeure insignifiant.

Les Thomas ont mal compris les ordres des soldats ou bien n'ont même pas pris la peine de descendre, et se trouvent encore tous les deux dans leur véhicule. Thomas plisse les yeux face au soleil couchant, le visage creusé de rides profondes. À ses côtés, sa femme a l'air épuisé. Ils finissent par m'apercevoir sur le bord de la route et me sourient, juste avant qu'on leur fasse signe de passer, en échappant à la fouille. Dans cette situation des plus triviales, au moins, la chance est de leur côté.

CHAPITRE 9
WITH A LITTLE HELP FROM MY FRIENDS

« Je ne peux pas dépasser le budget. D'où viendrait l'argent ? C'est tout simplement impossible. Mes ennemis disent n'importe quoi pour me faire tomber. »

Mobutu Sese Seko

Il y a quelque chose de très touchant dans la figure d'Erwin Blumenthal, le banquier allemand aujourd'hui décédé, qui a un temps entrepris de remettre de l'ordre dans les finances du Zaïre. Mais il a trouvé l'expérience si terrifiante, les règles du jeu, au-delà de tout ce qu'il avait pu connaître jusqu'alors, qu'il a fini par dormir avec un pistolet sous son oreiller, dans la crainte d'une tentative d'assassinat imminente.

Au sein des institutions de Washington où il a travaillé, il ne semble pas s'être fait beaucoup d'amis. Pour le décrire, ses collègues employaient des adjectifs comme « irascible », « pointilleux » et « prudent ». « C'était un bureaucrate sans envergure, et s'il y a une chose dont les Zaïrois n'ont jamais manqué, c'est bien l'envergure », faisait remarquer l'un d'eux, sans cacher son mépris. « Il était habitué à l'efficacité bien huilée de la Bundesbank et n'a simplement pas su s'adapter à l'Afrique », selon un autre. Le commentaire le plus accablant de tous étant : « Il était très, TRÈS allemand ».

Non, décidément, Blumenthal n'avait pas l'étoffe d'un héros. Mais c'est justement cette méticulosité prussienne, recouverte d'une épaisse couche d'obstination, qui lui a permis de laisser une trace dans l'Histoire. Ce bureaucrate qui agaçait tant son entourage a réussi un double coup : non seulement il a levé le voile sur les machinations financières de Mobutu et de ses grosses légumes, mais il a surtout empêché l'Occident de continuer à faire comme si personne n'était au courant de ce qui se passait, lui mettant le nez dans sa propre hypocrisie.

Au fil des ans, tandis que le Zaïre s'appauvrissait, on aurait pu pardonner à un regard extérieur de conclure que le monde était maintenu dans un état d'ignorance bénie en ce qui concernait la vénalité de Mobutu. Comment expliquer autrement le niveau d'aide dont le pays a continué à bénéficier ? Entre le début de la crise économique zaïroise en 1975 et le départ de Mobutu en 1997, le Zaïre a perçu un total de 9,3 milliards de dollars d'aide étrangère. Entre 1975 et 1984, la somme atteignait en moyenne 331 millions de dollars par an, avant de grimper à 542 millions de dollars annuels entre 1985 et 1994.

En tête de cortège, la Banque mondiale et le FMI, deux institutions fondées en 1944 avec le soutien du président américain Franklin Roosevelt. Ce dernier était convaincu que les krachs boursiers, les dépressions et les désordres monétaires avaient été au cœur des deux guerres mondiales, et que la liberté d'échange, la reconstruction et le développement des pays affichant des retards économiques étaient la clé de la paix internationale.

Depuis leurs débuts dans un hôtel de Bretton Woods, New Hampshire, ces deux institutions jouent le rôle crucial – et controversé – de bailleurs « catalyseurs » pour le tiers-monde. Les sommes qu'elles prêtent réellement sont peut-être modestes, mais sur le plan symbolique, leur feu vert et leur confiance sont le signal que guettent gouvernements et banques privées pour se lancer.

Étant donné que la Banque mondiale et le FMI ont établi des relations institutionnelles avec Mobutu dès la prise de pouvoir de celui-ci, et qu'ils les ont maintenues jusque dans les années 1990, en dépit de l'échec répété des programmes de stabilisation économique mis en place au Zaïre, on pourrait naturellement penser que les deux organismes n'avaient pas connaissance de l'hideuse vérité, pendant toutes ces années. En réalité, les soutiens financiers étrangers de Mobutu étaient parfaitement au courant de la situation. Comme si les anecdotes surréalistes relatées par les hommes d'affaires expatriés ou les articles de presse évoquant le voyage en Concorde du président et de sa famille à Disneyland ne suffisaient pas, les employés des deux grandes institutions tiraient eux aussi la sonnette d'alarme depuis des années, comme le prouve le rapport rédigé par Blumenthal.

Malgré les commentaires dédaigneux de ses collègues, Blumenthal était loin d'être un petit nouveau en Afrique, lorsqu'il a été nommé par le FMI au poste de directeur de la Banque centrale du Zaïre en 1978. Il avait auparavant travaillé en Tanzanie et avait servi de conseiller à Moïse Tshombe, le chef de la sécession au Katanga, devenu brièvement Premier ministre. Ce sont pourtant les quatorze années passées à la tête de la section des affaires étrangères de la banque centrale allemande qui faisaient de lui le candidat idéal pour redresser la barre au Zaïre.

En théorie, le FMI et la Banque mondiale envoyaient des consultants dans des institutions clés pour pallier le manque de compétences des administrations postcoloniales. Dans le cas du Zaïre, la présence d'experts à la Banque centrale, aux douanes et au ministère des Finances trahissait surtout une inquiétude concernant les fuites de capitaux qui risquaient de saboter toute tentative de ranimer l'économie.

Blumenthal est resté jusqu'en 1979, avant de jeter l'éponge. Il ne s'est pas aussitôt précipité chez un éditeur – en tant que directeur de la banque centrale, il était tenu au secret professionnel –, mais trois ans après son départ brutal, un organisme rattaché à un gouvernement créancier lui a demandé d'évaluer la probabilité pour le Zaïre de rembourser sa dette extérieure, qui atteignait alors la somme écrasante de 5 milliards de dollars. Le texte que Blumenthal a rédigé est à l'image de son auteur. Destiné à un usage interne, le texte était bien heureusement dépourvu de toutes les circonlocutions habituelles des publications de la Banque mondiale ou du FMI pour contourner des termes aussi tabous que « corruption » et « détournement ». Si le ton se voulait neutre, le banquier avait du mal à cacher sa fureur, et le rapport possédait la fraîcheur caractéristique de la libération d'une exaspération longtemps contenue.

En dépit d'aides extérieures massives, commençait Blumenthal, tous les indicateurs du Zaïre attestaient d'une chute désastreuse depuis cinq ans. Malgré cela, demandait-il, pourquoi le FMI et les donateurs étrangers persistaient-ils à renouveler des accords de prêt ? Avec des ressources naturelles extraordinaires et un président prompt à promettre de respecter les conditions du FMI, le Zaïre était en théorie le rêve de tout investisseur, reconnaissait Blumenthal. Mais ç'aurait été ignorer le principal paramètre : « Il y avait, et il y a encore, un seul obstacle majeur qui anéantit toutes les perspectives : la CORRUPTION de l'équipe au pouvoir. »

Blumenthal égrainait une litanie d'incidents, survenus alors qu'il était en poste : bras de fer furieux avec des généraux, soldats armés et membres du gouvernement exigeant des dizaines de milliers de dollars (en liquide, bien sûr), la prise de conscience que les comptes de la Banque du Zaïre à l'étranger avaient d'abord été pillés, puis falsifiés ; et enfin, la découverte de « comptes spéciaux » ouverts par la banque centrale à Bruxelles, Francfort, Genève et Londres au nom du président. Comptes qui, ô surprise, n'avaient jamais figuré dans aucun registre officiel. Ironiquement, cela correspondait à l'année où Mobutu avait annoncé une grande campagne de moralisation.

Le rapport comportait parfois une note d'humour involontaire. Blumenthal, professionnel intègre et digne de foi, était estomaqué par la capacité de Mobutu à débiter sans broncher les pires mensonges. On imagine l'hilarité générale au palais, après chacune de ses nobles et pompeuses réprimandes contre un énième monstrueux bobard présidentiel.

Avec la bénédiction du chef d'État, Blumenthal a placé en interdit bancaire l'oncle de Mobutu, qui avait contracté d'énormes dettes. Quelques semaines plus tard, la banque centrale a payé au même oncle 50 000 dollars en liquide, et au diable l'interdiction. Mobutu a accepté que le salaire exorbitant d'un professeur d'université belge soit supprimé, tout ça pour rétablir en douce les paiements à cet homme, qui se trouvait être le tuteur légal de son fils en Belgique. Le plus savoureux reste encore les expressions de sympathie de Mobutu, ses regrets, les reproches adressés au gouverneur de la banque centrale quand Blumenthal s'en va, vaincu par le sabotage tranquille de son travail par le président. « Quel acteur ! » s'émerveillait Blumenthal dans son rapport.

C'était d'ailleurs son principal argument. La corruption au Zaïre, selon lui, n'était pas une calamité généralisée, une plaie sans visage ni origine. Mobutu, affirmait-il, était trop craint, trop puissant pour que ses sbires lèvent le petit doigt sans son approbation. Malgré tout – et on sent presque la tension artérielle de Blumenthal grimper en flèche –, le FMI et la Banque mondiale ont continué à accorder aux plans de réforme de Mobutu une attention sérieuse au début des années 1980, alors même que Blumenthal les tenait scrupuleusement informés de la situation. « Aucun des responsables du Fonds ou de la Banque mondiale n'ignore que toute tentative visant à un contrôle budgétaire plus strict tourne court devant un obstacle majeur : la présidence ! fulminait-il. Tout contrôle s'avère en fait impossible sur toutes les transactions financières de la présidence. Dans ce bureau, on ne fait plus la différence entre les dépenses officielles et les besoins personnels. Comment est-il encore envisageable que les Institutions internationales et les gouvernements occidentaux accordent une confiance aveugle au président Mobutu ? » Il en arrivait à une conclusion déprimante : « Il y aura certainement de nouvelles promesses de Mobutu et des membres de son gouvernement, et la dette extérieure qui ne cesse d'augmenter obtiendra de nouveaux délais, mais il n'y a aucune – je répète AUCUNE – chance à l'horizon pour que les nombreux créanciers du Zaïre récupèrent leurs fonds. »

En guise de bouquet final, Blumenthal retranscrivait en annexe les réponses à un questionnaire soumis à Nguza Karl I Bond, l'ancien Premier ministre parti en exil. Nguza devait par la suite rallier une fois encore le président, lors d'une de ces volte-face politiques que Mobutu excellait à orchestrer. Mais à cette époque de sa vie, il était en mode détracteur et il détaillait obligeamment les fonds détournés, confirmait l'existence d'une ribambelle de comptes dans des banques à l'international, expliquait la méthode employée par Mobutu pour récupérer sa part sur les ventes de cobalt et de cuivre, et fournissait une liste des propriétés présidentielles connues en France, Belgique, Suisse, Italie et en Afrique.

Ce sont toutefois les dernières pages qui étaient les plus embarrassantes pour les alliés étrangers, parce qu'elles laissaient entendre à quel point Mobutu, qui dépensait sans doute plus que tout autre leader africain en agences de relations avec la presse, en «amis» politiques et en lobbyistes bien placés dans quelques capitales occidentales, se servait de sa fortune pour s'assurer un soutien à l'extérieur. Nguza citait nommément de hauts fonctionnaires, des politiciens et des journalistes belges à la solde de Mobutu. L'ancien président français Valéry Giscard d'Estaing faisait aussi partie de ceux qui bénéficiaient des largesses de Mobutu, selon Karl I Bond, sous forme de diamants pour son épouse ou d'un remboursement prioritaire des entreprises françaises dans lesquelles la famille de Giscard avait des intérêts.

Le document était trop juteux pour qu'il n'y ait pas de fuites. En revanche, on ne sait pas clairement si cela s'est fait avec ou sans l'accord de Blumenthal. Dans l'atmosphère d'amnésie collective qui entoure cet épisode, le FMI et la Banque mondiale ont à présent tendance à minimiser la portée du rapport. «Oh, il ne contient rien que nous sachions déjà», m'a-t-on assuré. Ou encore : «De toute façon, Blumenthal n'a fait que mentionner une fraction de ce qui se passait vraiment.»

L'importance de ce rapport, ce n'étaient pas tant les informations divulguées que la fin d'un arrangement confortable : les Zaïrois savaient que les financiers internationaux savaient, et les financiers internationaux savaient que les Zaïrois savaient qu'ils savaient. Mais tout le monde continuait à jouer le jeu des emprunts, des conditions, des objectifs et des accords de confirmation avec une innocence apparente. «Ça a fait l'effet d'une bombe, a reconnu un représentant de la Banque mondiale. Le texte est sorti juste avant une rencontre prévue avec une délégation zaïroise, et j'avais envie de rentrer sous terre. Je ne pouvais pas les regarder en face. Qu'est-ce qu'on pouvait leur dire, après ça ?»

Bizarrement, Mobutu lui-même semble avoir contribué à faire circuler largement le rapport, ordonnant à un émissaire d'en remettre un exemplaire au ministre belge des Affaires étrangères. À l'époque, un bulletin d'information africain a émis l'hypothèse que le président se servait du document pour instaurer une sorte de chantage moral avec la communauté internationale : trop de hauts fonctionnaires occidentaux étaient complices de ce système pour que les prêts s'arrêtent ainsi. Quels qu'aient été les calculs de Mobutu, il a eu raison de partir du principe arrogant que les fonds continueraient d'affluer, même s'il y a bien eu quelques hoquets. Au moment de la sortie du rapport, quatre plans de stabilisation du FMI avaient déjà capoté. Mais le rééchelonnement de la dette du Zaïre s'est poursuivi – neuf fois entre 1976 et 1989. Ce n'est qu'en 1990 que la Banque mondiale a fini par interrompre le programme de financement du Zaïre, rapidement suivie par le FMI et les donateurs bilatéraux.

Après le rapport Blumenthal, il y a eu un épuisant échange de menaces, supplications et pressions, d'un côté, et de promesses rompues, de procrastination et de mauvaise foi, de l'autre. Il faudrait huit longues années pour que les deux institutions parviennent enfin à une conclusion identique à celle de l'irritable banquier allemand en 1982 : l'argent n'était pas la réponse aux maux du Zaïre. Au contraire, il en était la source même.

***

À Washington, plusieurs signes permettent de deviner qu'on entre sur les terres de Bretton Woods. Dès le carrefour entre Pennsylvania Avenue et la 18ᵉ Rue, les hommes en complet élégant commencent à avoir l'air un peu plus cosmopolite. Les teints se font plus variés, et on perçoit soudain, çà et là, des bribes de conversations en français, russe ou swahili. Mais l'indice le plus révélateur, ce sont les badges, en général suspendus à une chaîne en métal – le sésame pour pénétrer dans le saint des saints de ces deux institutions, dont Roosevelt pensait qu'elles pouvaient changer le monde.

Le siège du FMI est plus modeste, niché dans une rue latérale. C'est un discret bâtiment marron beige qui abrite un infâme labyrinthe de couloirs jaunes et de petits bureaux. Autrefois, les employés travaillaient dans le même immeuble que la Banque mondiale, mais ils ont été évincés quand l'autre organisation a commencé à se développer, débordant du vaste bloc gris clair pour envahir les tours voisines.

À la Banque centrale, en jetant un œil dans l'atrium lumineux, où le murmure des fontaines couvre le babillage international, je constate avec plaisir qu'ici au moins règne une certaine grandeur architecturale. Ayant travaillé dans de très nombreux pays africains où les décisions de cet organisme représentent une question de vie ou de mort pour les habitants, je n'avais pas très envie de me retrouver devant un immeuble anonyme rempli de bureaux. Pour ceux dont la vie a été endommagée pour toujours, un peu de magnificence est de rigueur.

Reconstituer l'intervention de ces deux institutions au Zaïre, tenter d'établir avec précision pourquoi elles ont choisi d'ignorer leur propre émissaire devrait être aisé. Au contraire. Depuis James Wolfensohn, le banquier privé australien qui en a pris la présidence en 1995, s'engageant à améliorer la transparence et la responsabilité, les évaluations sur les pays, autrefois jalousement gardées par les représentants de la Banque mondiale, sont censées être accessibles au public. Mais il est difficile de savoir si cette transparence nouvelle est rétroactive. De toute façon, le siège de Washington ne conserve que les documents récents. Les études datant de plus de dix ans doivent être exhumées des archives en Pennsylvanie et transférées, m'a-t-on expliqué. Il faut une autorisation qu'on ne m'a jamais accordée.

C'est donc sur les balcons ou dans les jardins bien propres, en discutant avec des fonctionnaires qui étaient tombés amoureux du Zaïre, avaient pratiqué Mobutu et fini par renoncer, de guerre lasse, que j'entreprends de rassembler des souvenirs personnels éparpillés, remontant parfois à dix, quinze ou vingt ans : une anecdote ici, un incident par là. Les dates ne collent pas toujours – la mémoire est sélective –, mais elles sont suffisamment cohérentes pour faire apparaître un tableau grossier de l'époque post-Blumenthal.

Pour d'éventuelles séances d'autoflagellation, il faudra repasser. Libérés par la retraite ou employés à présent comme consultants par des gouvernements étrangers, les hommes que je rencontre se montrent certes d'une grande franchise. Mais parmi ces individus instruits et d'une intelligence supérieure – des acteurs qui aident encore à prendre des décisions cruciales pour savoir quel gouvernement en difficulté recevra ou non l'aide du FMI ou de la Banque mondiale –, peu ont l'impression de devoir des excuses aux 45 millions de Congolais qui se retrouvent aujourd'hui avec une dette de 14,5 milliards de dollars impossible à rembourser. Au contraire, ils semblent plutôt contents d'eux, pour avoir tenu tête à Mobutu avec autant d'obstination. « Vous ne pouvez pas envisager le problème selon les critères de 1999. Il faut se souvenir du contexte dans lequel nous opérions à l'époque. » Tel est le refrain que j'entends constamment. Le contexte en question se caractérisait par un réseau d'intérêts, qui se combinaient tous pour servir un maître manipulateur, l'élève de Machiavel qui avait fait sienne la devise du « diviser pour mieux régner ».

Pour les Américains, l'afro-optimisme des années 1960 s'était estompé, remplacé par une vision pragmatique : les États-Unis avaient besoin du Zaïre comme allié pour empêcher le communisme de s'étendre. Avant même que Mobutu devienne chef d'État, la Maison-Blanche avait affiché sa considération en invitant le commandant de l'armée à rencontrer le président Kennedy à Washington. Cet accueil s'est par la suite répété sous chaque président, tout au long des années 1970 et 1980. Les États-Unis, qui utilisaient leurs bases au Zaïre pour faire passer des armes aux rebelles angolais, étaient déterminés à garder Mobutu dans leur camp.

Pour les Français, la motivation était différente, mais tout aussi impérieuse. En dépit de ses racines belges, le Zaïre avait fini par être considéré comme une

« chasse gardée » de Paris – un réseau d'alliés africains qui permettait à la France de jouer dans la cour des grands sur le plan international.

Le Zaïre, appartenant à la panoplie d'États francophones qui formaient un rempart contre l'influence dévorante du monde anglophone, était un pays où les hommes d'affaires français espéraient s'implanter, confortés par la certitude qu'eux au moins comprenaient la psyché africaine, contrairement à ces lourdauds d'Anglo-Saxons. Les écoles et les médias propageaient la langue, la culture et les valeurs françaises. En retour, Paris assurait à Mobutu, et à tous ses copains dinosaures africains, un soutien sans faille.

Pour les Belges, il était surtout question de garder un pied dans cette ancienne colonie, où vivaient encore plusieurs milliers de ressortissants belges. La sécurité de ces derniers importait moins que le prestige national : même si les stigmates de la colonisation rendaient la tâche difficile, Bruxelles était déterminée à maintenir ce lien historique, qui permettait à un État européen sans grande envergure de compter un peu sur l'échiquier mondial.

Ces trois nations voulaient se garantir un accès aux ressources minières du Zaïre – surtout le cobalt, dans le cas des États-Unis, nécessaire à la construction d'avions de chasse. Et toutes trois entendaient bien, alors que Mobutu démarrait sa collection d'éléphants blancs, récupérer au passage quelques contrats juteux. Toutefois, il y avait une question stratégique sous-jacente. « Après moi, le déluge », avait affirmé Mobutu aux Occidentaux, se faisant l'écho de Mme de Pompadour. Ces derniers, ayant encore en mémoire les terribles années 1960, étaient tout à fait disposés à le croire. « L'idée que seul Mobutu pouvait tenir le pays s'est propagée à toute vitesse, selon un responsable américain. Et Mobutu l'encourageait. » Lorsque Chester Crocker, ancien sous-secrétaire d'État aux Affaires africaines, évoquait les dernières frasques de Mobutu devant Alexander Haig et George Shultz, deux des secrétaires d'État en fonction sous Ronald Reagan, la remarque habituelle refaisait surface : « On sait qu'il est mauvais, mais il n'y a personne d'autre. »

Au fil des ans, cette « troïka » occidentale devait démontrer son engagement envers Mobutu en des termes militaires solides. Lorsque les rebelles ont envahi le Shaba depuis l'Angola dans les années 1970, les États-Unis ont organisé un pont aérien et la France a parachuté des légionnaires dans la ville de Kolwezi, au sud du pays. Dans les années 1990, quand l'armée a déclenché des émeutes dans les villes du Zaïre, des troupes françaises et belges ont été envoyées pour rétablir l'ordre. Officiellement, elles étaient là pour évacuer leurs ressortissants, mais elles en ont profité pour sauver le régime de Mobutu.

Les votes de cette troïka au sein du FMI et de la Banque mondiale allaient dans le même sens que l'aide militaire. Mobutu savait d'ailleurs exactement comment s'y prendre pour que ces trois pays maintiennent la pression : en exploitant la peur de chacun de le voir tomber dans les bras, non pas de l'Union soviétique, mais de leurs rivaux occidentaux, si jamais ils se risquaient à exprimer leur désaccord avec trop de véhémence. «Il jouait avec nous et tout son entourage comme un artiste sur un Stradivarius, se souvient Crocker, un peu penaud. Il nous montait contre les Français, les Français contre les Belges, la CIA contre le département d'État. Si nous osions évoquer les inquiétudes du FMI et de la Banque mondiale, c'était : "Vous voulez vraiment me faire croire que vous avez les mêmes inquiétudes en ce qui concerne Israël ou l'Égypte ? Je devrais peut-être me convertir au judaïsme". Les voyages au Zaïre étaient difficiles, parce que je savais que j'allais devoir supporter beaucoup de conneries. ».

Si un allié se montrait réticent, Mobutu pouvait toujours se tourner vers son rival. Quand les aides menaçaient de se tarir, il persuadait les États-Unis d'acheter six mois de stock de cobalt pour compléter leurs réserves stratégiques. Mais la plupart du temps, cela n'était pas nécessaire, grâce à l'influence subtile dont les représentants de la troïka jouissaient au sein des institutions internationales. Si les pressions étaient en général discrètes, elles pouvaient à l'occasion se faire plus explicites. Par exemple, alors que la Banque mondiale était sur le point de rompre les relations avec Mobutu, l'ambassadeur américain de l'époque à Kinshasa a fait irruption dans le bureau de Jaycox, vice-président régional pour l'Afrique de l'organisation à Washington. Malgré sa haine du régime Mobutu, l'ambassadeur se sentait obligé d'avertir Jaycox que Washington n'était pas d'accord et qu'il y aurait des «conséquences», si le Zaïre venait à être écarté. Le divorce a néanmoins eu lieu, mais cette menace a permis de comprendre pourquoi cela a pris tant de temps.

Les intérêts égoïstes de cette troïka ne suffisent pas à expliquer pourquoi les aides ont continué à être versées. Il a fallu attendre 1979 pour que les deux institutions s'estiment assez légitimes pour dicter des politiques économiques aux pays auxquels elles prêtaient de l'argent – c'est en 1979 que Robert McNamara, alors le président hyperactif de la Banque mondiale, a détaillé le concept d'«ajustement structurel», selon lequel les prêts devaient dorénavant être conditionnés à des mesures pour transformer l'économie. Aujourd'hui considérées comme une modalité indispensable pour l'obtention d'aides, les « questions de gouvernance » étaient au départ un tabou pour les responsables, qui redoutaient d'être taxés de néo-impérialisme. Même après 1979, les critères macro-économiques, tels que la libéralisation du régime de change, le maintien des taux d'intérêt dans la fourchette imposée ou la privatisation du secteur public passaient avant les comptes en Suisse du chef d'État.

«À l'époque, on ne parlait pas de problèmes de gouvernance ou de corruption. Notre département juridique nous tombait dessus si on essayait. Ça ne se faisait pas», explique un économiste de la Banque mondiale. En théorie au moins, le Zaïre est resté pendant de nombreuses années l'un des rares pays d'Afrique à remplir les conditions macro-économiques requises. Et tant pis si l'ingérence de Mobutu rendait ces exploits nationaux inconséquents. Les représentants de Bretton Woods allaient payer le prix d'une naïveté aussi sidérante.

Il existe toutefois une autre raison, plus insidieuse, pour expliquer que la relation malsaine avec le Zaïre ait duré tant d'années. À partir de 1970 – quand McNamara a entamé sa campagne pour promouvoir les prêts, sans se soucier de la dette que cette frénésie de crédits risquait de générer avec la hausse des taux d'intérêt –, les fonctionnaires de Bretton Woods étaient évalués sur leur capacité à «distribuer l'argent», pour reprendre la phraséologie de la Banque mondiale. Il est toujours plus facile de juger une carrière sur le nombre de projets et des programmes lancés, alors que suspensions et interruptions font un peu tache sur un CV, avec leurs conséquences incalculables et opaques.

Dans une petite banque locale, une mauvaise créance revient hanter celui ou celle qui a accordé le prêt, car quelqu'un devra bien finir par couvrir la perte. Dans les institutions bancaires mondiales, en revanche, où les prêts sont octroyés par des gouvernements occidentaux, le remboursement est toujours garanti et les dettes irrécouvrables sont plus signe d'une bonne intention que d'un manque de discernement. Et personne ne veut qu'on se souvienne de lui comme le fonctionnaire qui a «perdu» le Zaïre, le Kenya, la Zambie ou la Tanzanie. «Il ne faut jamais sous-estimer l'inertie d'une grande institution, a expliqué un diplomate autrefois en poste à Kinshasa. Tout ce qui compte pour les banques, ce sont les flux financiers. Elles existent pour prêter de l'argent. La Banque mondiale et le FMI se fichaient bien de savoir où allaient les aides ou même si les sommes étaient remboursées. Tant que ça continuait à circuler.»

La brièveté des affectations contribuait à l'absence de toute mémoire institutionnelle. Un représentant fraîchement nommé débarquait de Washington, débordant d'enthousiasme et déterminé à élever le volume des prêts, pour un gouvernement de toute évidence dans une grande misère. Trois ans plus tard, devenu plus lucide et beaucoup plus cynique, il avait enfin saisi que les «problèmes de gouvernance» sabotaient tous les projets et il se retrouvait, pauvreté ou non, à conseiller à Washington de durcir ses conditions de prêts. À ce stade, en général, le fonctionnaire était remplacé par un petit nouveau plein d'entrain, qui ne comprenait pas pourquoi le dossier était si mince et soupçonnait son prédécesseur d'avoir perdu de vue ses objectifs. Le cycle recommençait alors, pour le plus grand amusement du président bénéficiaire, qui connaissait bien la musique et savait exactement quand frapper.

***

Ainsi, grâce à ces facteurs combinés, Mobutu pouvait se permettre les comportements les plus scandaleux. Tous les fonctionnaires s'accordent à dire que les relations avec les Zaïrois étaient particulièrement éprouvantes et qu'ils étaient au bout du compte tous soulagés de tourner la page. « De tous ceux à qui j'ai eu affaire, les Zaïrois étaient les plus arrogants, a confié un ancien représentant américain qui venait souvent à Kinshasa pour rencontrer Mobutu. Ils étaient arrogants et condescendants, sauf quand ils avaient besoin de quelque chose. Là, ils se montraient obséquieux. » Même Kim Jaycox, qui n'était pas du genre à se laisser marcher sur les pieds, trouvait que les réunions avec Mobutu étaient difficiles. « C'était un adversaire formidable, très rusé et qui avait tendance à personnaliser la confrontation. On avait vraiment l'impression d'être *mano a mano* avec ce type. »

Malgré les enjeux, Mobutu pouvait parfois se départir de son charme légendaire. Il alternait cajoleries, brutalité, menaces et intimidations, et sa loyauté ne pouvait jamais être considérée comme acquise. Il aimait montrer qui était le patron et n'hésitait pas à rappeler son indépendance à ses fidèles soutiens par des coups d'éclat. En 1975, par exemple, il a accusé la CIA de comploter pour le renverser et a expulsé tous les représentants du gouvernement américain. Le message était clair : on ne pouvait jamais être sûr de rien avec lui.

Le maintenir dans le bon camp coûtait cher. Roger Morris, responsable des Affaires africaines au Conseil national de sécurité sous Lyndon Johnson et Richard Nixon, a une fois estimé que Mobutu avait reçu près de 150 millions de dollars de la CIA, pendant la première décennie de son règne. À l'origine, cet argent n'était pas pour lui. John Stockwell, un agent de la CIA qui dirigeait une opération secrète pour déstabiliser le gouvernement marxiste de l'Angola via le Zaïre, a rapporté que Mobutu écrémait tout ce qui était destiné à l'Angola. En 1976, il a même tranquillement empoché 1,4 million de dollars que lui avaient donnés les États-Unis pour acheter les rebelles. Dix ans plus tard, un fonctionnaire du département d'État était toujours confronté au problème : « On s'en tenait surtout à des équipements, car on savait que, si on expédiait de l'argent, celui-ci disparaîtrait. Mais même quand on envoyait des équipements ou du gasoil, les Zaïrois en volaient une partie. Ils étaient incapables de faire des affaires normalement. »

Les tactiques du président allaient de l'espièglerie à une brutalité vicieuse digne d'un mafieux. À Washington, le FMI et la Banque mondiale avaient conscience que leurs employés sur le terrain risquaient plus que leur intégrité morale en acceptant un poste à Kinshasa. La crainte qu'avait Blumenthal d'être assassiné ne semble plus si absurde, si on considère ce qui est arrivé à un fonctionnaire des institutions de Bretton Woods, qui avait dû mécontenter le président à la fin des années 1970. Un commando militaire a fait une descente à son domicile, situé dans un quartier diplomatique habituellement paisible. Au cours de l'assaut prolongé qui a suivi, l'homme a été passé à tabac, et sa femme et sa fille ont été violées. Les voisins alarmés ont appelé la police, qui s'est abstenue de se mêler de ce qui était très clairement un raid politiquement approuvé. « Il ne faisait aucun doute pour nous, étant donné la nature de l'attaque et le refus de la police d'intervenir, que tout avait été autorisé par Mobutu, a évoqué un ancien supérieur de la victime. Nous avons rapatrié la famille, et exigé des excuses et des réparations de la part de Mobutu, s'il voulait que le programme se poursuive. Et nous avons obtenu gain de cause, mais le mal était fait, évidemment. »

Willi Wapenhans, le vice-président régional de la Banque mondiale pour le sud et l'est de l'Afrique de 1976 à 1983, a été le témoin direct des tactiques musclées dont Mobutu était prêt à user. En 1979, il s'est rendu à Kinshasa en compagnie de son directeur local pour réclamer des explications sur la disparition soudaine de plus de 100 millions de dollars sur les comptes d'exportation de Gécamines, un gouffre qui risquait de mettre le géant du cuivre en faillite. À leur arrivée, les deux hommes, à qui le gouverneur de la banque centrale avait avoué que le président en personne était responsable, ont été conduits à leur logement, l'une des maisons du « village » construit lorsque Kinshasa avait accueilli le sommet de l'Organisation de l'Union africaine. « L'exercice s'est révélé assez hasardeux. Nous pensions rejoindre Mobutu. À la place, nous avons soudain vu des soldats en tenue de combat encercler la maison. Nous étions bel et bien pris en otage. Le gouverneur de la banque centrale et le ministre des Finances venaient nous rendre visite de temps en temps. Nous avons fini par rédiger un mémorandum détaillant les événements, en leur disant que, si nous n'étions pas autorisés à rencontrer Mobutu, nous donnerions l'ordre à notre représentant local de communiquer le document à quelques ambassades de choix. »

La menace a fonctionné et une réunion a été organisée, au cours de laquelle Mobutu a expliqué que les soldats avaient bien sûr été postés autour de la maison pour la sécurité de ses hôtes, avant de promettre de rendre les 100 millions de dollars. L'argent a bel et bien été restitué, mais peu de temps après, le gouvernement belge a transmis au président de la Banque mondiale une récrimination émanant de Mobutu, selon laquelle la Banque faisait preuve d'un degré de prudence financière «inapproprié». Un avis que Bruxelles partageait visiblement. «Évidemment, ce n'était pas très motivant», a admis Wapenhans.

Une autre fois, Mobutu s'est arrangé pour faire muter le représentant-résident de la Banque mondiale, en se plaignant de prétendues «insultes racistes» que celui-ci aurait proférées lors d'un entretien. «Tous ceux qui connaissaient l'homme en question savait que ce ne pouvait être vrai. J'ai enquêté sur l'affaire et il n'y avait aucune preuve. Mais il a été muté quand même, car il était clair que tout dialogue était devenu impossible avec Mobutu. Voilà le genre de coups dont il était capable», expliquait Wapenhans.

Au fil des ans, Mobutu a continué à noyer le poisson en donnant l'impression de mouvement et d'évolution, grâce à une série de remaniements ministériels, de limogeages au sein de son cabinet et de nominations à la tête de la banque centrale. Le monde extérieur pensait qu'il avait compris la leçon et que des réformes étaient en cours, mais évidemment, la figure au centre de la toile ne changeait jamais.

Une autre arme puissante dans l'arsenal de Mobutu était les statistiques nébuleuses. Le processus de recueil de données au Zaïre était si inadéquat que beaucoup d'informations se basaient sur des extrapolations d'enquêtes menées en 1959, alors que le pays était encore sous domination coloniale. Curieusement, les registres d'exportation partiels, le comptage multiple des fonctionnaires, le fait que personne, pas même Mobutu, ne connaisse le nombre exact d'habitants ou de soldats dans le pays, rien de tout cela n'a jamais empêché la Banque mondiale ou le FMI de publier de volumineux rapports pleins d'analyses majestueuses et de projections confiantes. «Nous n'avions aucune donnée solide, parce qu'ils refusaient de nous en fournir, admet un économiste haut placé à la Banque mondiale. Nous ne pouvions avoir aucune vision précise de ce qui se passait.»

Il n'en était que plus facile pour Mobutu de trafiquer les comptes, ce qui lui permettait de se concentrer sur son objectif principal, à savoir la dotation présidentielle. Cette allocation, que des camions de l'armée allaient périodiquement récupérer à la banque centrale, sans tenir compte de ce que le Trésor public avait officiellement accordé au président, était censée couvrir la sécurité personnelle de Mobutu, l'entretien de son entourage et ses frais de déplacement. Pourtant, elle représentait régulièrement entre quinze et vingt pour cent du budget de fonctionnement du gouvernement.

Cléophas Kamitatu, qui a été ministre de l'Agriculture puis des Finances, a eu la malchance de servir de médiateur au début des années 1980, alors que les institutions de Bretton Woods tentaient une fois encore de maîtriser cette allocation, qui commençait à prendre des proportions démesurées, au fur et à mesure que le palais de Gbadolite s'épanouissait. «Nous avons décidé ensemble que 2 millions de dollars par mois devaient suffire. Quand je suis allé voir Mobutu pour le lui annoncer, il a répondu : "Vous vous fichez de moi. C'est hors de question. J'ai besoin de 10 millions". J'ai dit que la Banque mondiale et le FMI n'accepteraient jamais et, après de longues discussions, nous avons fini par tomber d'accord sur 3 millions de dollars mensuels. Ce qui représentait tout de même 36 millions de dollars par an. »

Cependant, une semaine à peine après le retour de la délégation zaïroise à Kinshasa, Mobutu a réclamé 10 millions de dollars au gouverneur de la banque centrale, prétextant «l'intérêt du pays». Un mois plus tard, rebelote : une nouvelle demande pour 10 millions de dollars. «Quatre mois après la rencontre avec le FMI et la Banque mondiale, il avait déjà obtenu 36 millions de dollars, soit le budget convenu pour un an», s'émerveillait Kamitatu.

Un peu plus tard, à la fin de l'année 1982, le premier programme d'ajustement structurel est entré en vigueur. Une nouvelle génération de décideurs avait pris le relais – l'inertie institutionnelle dans toute sa splendeur – et Washington avait le sentiment que, puisque la faillite nationale représentait une menace concrète et que le régime était incontesté sur le front politique, Mobutu allait peut-être enfin comprendre qu'il était temps de se retrousser les manches. Pendant trois ans, le calcul a semblé payer, car sous la tutelle du Premier ministre Kengo wa Dondo, le Zaïre a instauré un programme de réforme considéré comme un modèle du genre. La monnaie a été dévaluée, les monopoles de commercialisation ont été démantelés, des fonctionnaires ont été renvoyés et les «fuites» se sont taries. En revanche, le remboursement de la dette était si élevé que les transferts nets de l'aide revenaient pratiquement à zéro. En 1986, Mobutu a tapé du poing sur la table et affirmé devant la population que «l'austérité ne se mange pas».

Évidemment, des trous n'ont pas tardé à réapparaître dans les finances publiques. Louis Goreux, représentant du FMI de l'époque, a enfilé sa casquette de détective pour localiser 100 à 200 millions de dollars, disparus des comptes d'exportation d'une entreprise d'État. «Quelqu'un avait transféré l'argent, et ce quelqu'un, c'était Mobutu», selon Jaycox. Lorsque Jaycox et Goreux ont abordé la question de front et menacé de suspendre le prêt, Mobutu a accepté de prendre 20 à 30 millions de dollars sur ses comptes personnels à l'étranger pour sauver les relations. Cela a donné lieu à un épisode remarquable, que Mobutu a dû considérer comme la preuve ultime que les bailleurs de fonds internationaux lui mangeaient vraiment dans la main.

Le virement ayant été effectué trop tard par rapport à la date butoir imposée par le FMI, le siège de l'institution a décidé d'interrompre le programme, au grand agacement des fonctionnaires sur place qui avaient tout organisé. Mobutu, furieux et persuadé d'avoir consenti à un sacrifice personnel majeur, a alors accusé le FMI de lui avoir menti. Quand le FMI a fini par céder et tenté de mettre sur pieds un nouvel accord, Mobutu, à la stupeur générale, lui a répondu d'aller se faire cuire un œuf. « S'il y a bien une chose que le Fonds n'apprécie pas, c'est qu'on lui dise d'aller se faire voir. C'était une véritable insulte », se souvient Goreux. Une solution a donc été envisagée pour sauver la face : les financements octroyés dans le cadre du nouveau programme devaient être discrètement versés sur un compte spécial, établi au nom du Zaïre à Washington. Mais Mobutu a continué à bouder. Goreux s'est démené pour trouver un politicien assez copain avec lui pour l'amadouer. Il a fallu un coup de fil de Jacques Chirac, alors Premier ministre, pour que le président zaïrois finisse par céder. Il pouvait se présenter devant son peuple comme l'homme qui avait défié les institutions internationales, sans pour autant perdre le bénéfice des programmes d'aide.

L'image du Fonds suppliant à genoux un des leaders les plus corrompus du monde d'accepter son argent n'a rien de très reluisant. Cela explique peut-être pourquoi en 1987, David Finch, économiste australien à la tête du département du commerce et de la finance du FMI, a démissionné après qu'un nouveau prêt a été accordé. Selon lui, les États-Unis avaient exercé des pressions excessives. Le programme a continué vaille que vaille, même s'il n'en restait que des bribes pitoyables. Kengo avait été limogé et la confiance dans les bonnes intentions de Mobutu s'était réduite comme une peau de chagrin.

Le FMI et la Banque mondiale n'étaient pas les seules institutions à être victimes des ruses de Mobutu. En 1988, par exemple, le Zaïre a négocié un emprunt de 120 millions de dollars auprès de la Banque africaine de développement. La somme était destinée à des importations de pétrole, afin d'aider le pays à traverser une crise de carburant, et avait surtout été attribuée parce que Cléophas Kamitatu, alors ministre des Finances, était l'un des membres fondateurs de la Banque.

Peu après la signature de l'accord, Kamitatu se souvient avoir été convoqué par le gouverneur de la banque centrale, qui lui a annoncé que le président exigeait 40 millions de dollars pour des « besoins de souveraineté ». Légalement, l'aval des deux hommes était requis pour autoriser un tel transfert. Quand Kamitatu a refusé, Mobutu a faxé un décret stipulant que, dorénavant, seule la signature du gouverneur était nécessaire. Kamitatu a été évincé peu après. « Mon successeur a tout signé », évoque-t-il, non sans ironie.

Le jeu ne pouvait pourtant pas continuer éternellement. Avec le déclin de l'économie, les énormes parts englouties par la présidence sont devenues d'une évidence de plus en plus pénible : entre 600 et 700 millions de dollars. Jaycox a rencontré Mobutu une dernière fois. Auparavant, les entrevues avec le président se déroulaient devant les caméras. À présent que les relations avaient tourné au vinaigre, il préférait son yacht personnel. C'était le seul endroit où Mobutu se sentait en sécurité. Il larguait les amarres et allait jeter l'ancre au milieu du fleuve, tandis que des soldats armés scrutaient l'horizon et qu'un hélicoptère se tenait toujours prêt à décoller depuis le pont.

C'était une situation qui n'arrangeait pas vraiment Jaycox, car il avait contracté une gardiase, une infection parasitaire tropicale. « J'étais malade comme un chien. J'avais perdu du poids et je devais courir aux toilettes toutes les vingt minutes. Nous étions sur ce bateau et mon inconfort l'amusait. De temps en temps, il menaçait en plaisantant de me jeter aux crocodiles. »

Face à cette anomalie financière énorme qu'on lui reprochait, Mobutu ne s'est pas démonté – ce qui n'a peut-être rien d'étonnant, étant donné l'indulgence dont il avait bénéficié jusqu'alors. « Il voulait simplement qu'on passe à autre chose, se souvient Jaycox, en riant. Il voulait qu'on arrange tout. Nous avons documenté l'écart. Il ne cessait d'évoquer sa "parole de soldat". Je lui ai fait remarquer qu'à mes yeux, sa parole n'avait plus aucune valeur – c'était le niveau des discussions que nous avions. En ce qui me concernait, sa crédibilité s'était complètement évaporée. La seule question à présent était de savoir si nous allions laisser notre propre crédibilité subir le même sort. »

Mobutu avait reçu un dernier avertissement – mais une fois encore, il pensait peut-être que ses interlocuteurs bluffaient. En juin 1989, les Américains ont élu George Bush, ancien chef de la CIA et vieil ami de Mobutu. De façon sidérante, ce dernier a été le premier leader africain à fouler les pelouses de la Maison-Blanche en compagnie du nouveau président.

Les dérapages se sont poursuivis. Mobutu allait avoir soixante ans et entendait marquer le coup en accueillant un sommet francophone avec d'énormes festivités. Il puisait l'argent dont il avait besoin pour sa fête dans les comptes d'exportation de Gécamines, dont la restructuration était financée par la Banque mondiale. Un courrier de cette dernière signalant ces écarts de comptabilité a provoqué une réponse scandalisée de la part de Mobutu, qui a interdit aux fonctionnaires de l'institution de communiquer avec Gécamines sans la permission du gouvernement. En mars 1990, de guerre lasse, la Banque mondiale a décidé de jeter l'éponge et c'est Jérôme Chevallier, alors représentant-résident, qui a été chargé de transmettre le message. « Je suis allé remettre en mains propres la lettre à Mobutu, dans la ville de Kindu. Nous avions toujours entretenu des relations très cordiales. Il me tutoyait. Mais là, il m'a vouvoyé. "Vous faites du très mauvais travail ici", m'a-t-il déclaré. » Peu de temps après, Chevallier a demandé sa mutation, car il avait l'impression que « tout pouvait arriver » dans ce pays au bord du précipice économique.

Si de petits projets ont continué à être financés tant bien que mal, c'en était fini des ajustements structurels. Pour la première fois dans l'histoire de la Banque mondiale, un programme a été suspendu auprès d'un gouvernement africain en exercice. Même après cette expérience qui aurait dû laisser les organisations de Bretton Woods allergiques au simple nom de Mobutu, il y a eu quelques tentatives pour relancer le plan d'aide. Exemples ultimes de l'inertie institutionnelle, elles ont toutefois été étouffées par des représentants, qui avaient fini par suivre les conseils de Blumenthal. Mieux vaut tard que jamais.

***

À l'exception de quelques remords sur des questions de *timing*, la teneur générale de mes entretiens avec les vétérans du FMI et de la Banque mondiale était simple : « Je ne regrette rien ». Une telle réponse est-elle vraiment acceptable ?

L'argument pragmatique est le suivant : aussi désagréable qu'ait pu être l'expérience, l'Occident avait tout intérêt à se montrer indulgent envers Mobutu. « Si nous avions tenté d'appliquer à Mobutu les mêmes conditions de gouvernance que dans les années 1990, nous aurions provoqué sa chute, affirme Chester Crocker. Si nous lui avions demandé de fermer les robinets, son peuple l'aurait renversé. Pour nous, cela serait revenu à encourager un coup d'État. J'en suis certain. »

Toutefois, un putsch militaire au Zaïre ne constituait une perspective désastreuse que si on partait du principe qu'il n'existait pas mieux que Mobutu. Beaucoup ont l'impression que l'Occident a accepté un peu trop vite la façon dont Mobutu se présentait comme le seul acteur sur une scène politique étonnamment vide. Impression qu'il provoquait soit en faisant fuir ses rivaux en exil, soit en achetant leur loyauté. En défendant si ouvertement Mobutu, les Occidentaux ont aidé ce scénario à se réaliser. À Washington, les économistes et les politiciens n'ont jamais compris à quel point leur soutien a amplifié la vision que le pays avait de Mobutu, une sorte de demi-dieu malin, imposé au Zaïre par quelque puissance étrangère impénétrable. Habituée depuis Léopold II à ce que des forces extérieures décident de son sort, la population, défaitiste et engourdie, a fini par se convaincre que Mobutu ne pouvait être chassé que par une intervention internationale.

« Quand les Américains vont-ils nous débarrasser de Mobutu ? m'a demandé un député, alors que le soleil se couchait sur le Palais du Peuple à Kinshasa, à la fin d'une nouvelle journée de querelles stériles. Pourquoi ne débarquent-ils pas avec leurs hélicoptères, comme au Panama ? » L'idée que, en tant que membre de l'*establishment* politique, c'était à lui et ses collègues de prendre la responsabilité du retrait de Mobutu ne lui avait visiblement jamais traversé l'esprit.

Les idéalistes suivent une piste différente, affirmant que, aussi défectueuse qu'ait été l'aide occidentale, traiter avec Mobutu était une obligation morale. Les dictateurs, selon les défenseurs de cet argument, s'épanouissent dans l'isolement. Même si une bonne partie des aides est détournée au passage, cajoler les leaders autocrates pour qu'ils libéralisent leur économie, ouvrent leur pays au commerce international et instaurent les institutions associées aux gouvernements plus contraints peut les affaiblir de façon bien plus efficace que toute la désapprobation étrangère du monde. D'ailleurs, existe-t-il vraiment une autre solution ?

« Est-ce qu'on laisse tomber une génération de Zaïrois ? demande Kim Jaycox. Est-ce la réponse la plus maligne ? Est-ce que ça vous paraît sage ? Pas à moi. Avec du recul, cela valait le coup. C'est le genre de risques que ces institutions ont été conçues pour prendre. »

Le problème, c'est qu'en dépit de toute cette bonne volonté, une génération de Zaïrois a bel et bien été perdue. Pour ne citer que quelques statistiques de la Banque mondiale, l'économie du Congo au tournant du nouveau millénaire est retombée au niveau de 1958. Pendant ce temps, la population a triplé. L'espérance de vie moyenne est de 52 ans, quatre-vingts pour cent des habitants sont employés à des « activités de subsistance » ; l'illettrisme croît ; le SIDA prolifère et des pathologies telles que la peste bubonique et la maladie du sommeil font leur grand retour. Au début des années 2000, le budget de fonctionnement annuel du gouvernement, dans ce qui est sans doute l'un des États les plus riches d'Afrique était inférieur aux bénéfices quotidiens du supermarché américain Wal-Mart[20]. Difficile d'imaginer comment la situation aurait pu être plus désastreuse, si la Banque mondiale et le FMI avaient boycotté le Zaïre plus tôt. Comme le soulignent les militants occidentaux pour l'abolition de la dette, les Congolais peuvent aujourd'hui légitimement se demander pourquoi ils devraient rembourser un seul centime des sommes prêtées à un homme

---

20. Aujourd'hui, la Banque mondiale classe la RDC parmi les cinq pays les plus pauvres du monde. Alors que la population est six fois plus nombreuse qu'au moment de l'indépendance, soixante-deux pour cent des Congolais, soit environ 60 millions de personnes, vivent avec moins de 2,15 dollars par jour. L'espérance de vie moyenne est de 59 ans. La malnutrition est la cause sous-jacente de près de la moitié des décès des enfants de moins de cinq ans et la RDC présente l'un des plus forts taux de retard de croissance de l'Afrique subsaharienne. La moitié des enfants congolais n'ont pas reçu les vaccins les plus basiques. Près de quatre-vingts pour cent de la population n'a pas accès à l'électricité.

d'une malhonnêteté notoire et qui a lamentablement échoué à leur apporter les bienfaits tant promis.

L'aide extérieure, qu'elle ait été versée par pragmatisme ou par grandeur d'âme, n'a fait que figer le Congo dans une sorte de marasme purulent. Certes, le pays ne s'est pas effondré, comme on le craignait après l'indépendance, et la succession de soulèvements, de coups d'État et de tentatives de sécession qui aurait très certainement suivi le départ de Mobutu a été évitée. Ce genre d'expériences épouvantables engendre pourtant la maturité politique, des leaders passionnés et une orientation claire.

Privée de l'occasion de tirer des leçons de sa propre histoire, la population du Zaïre a été maintenue dans un état infantilisant par une forme de colonialisme bien plus insidieux. En épargnant à la société congolaise les montagnes russes de la guerre, de la destruction et d'une régénération ultime, l'intervention des États-Unis, de la France et de la Belgique, de la Banque mondiale et du FMI, l'a condamnée à un déclin économique interminable. Frustrées dans leur désir d'expression, incapables d'avancer, les mentalités sont restées figées quelque part dans les années 1960, laissant les leaders du pays au début du millénaire, coincés dans une impasse idéologique.

Chapitre 10
Une folie dans la jungle

« Si un prince veut se faire dans le monde la réputation de libéral, il faut nécessairement qu'il n'épargne aucune sorte de somptuosité ; ce qui l'obligera à épuiser son trésor par ce genre de dépenses ; d'où il s'ensuivra que, pour conserver la réputation qu'il a acquise, il se verra contraint à grever son peuple de charges extraordinaires, à devenir fiscal, et à faire, en un mot, tout ce qu'on peut faire pour avoir de l'argent. Aussi commencera-t-il bientôt à être odieux à ses sujets, et à mesure qu'il s'appauvrira, il sera bien moins considéré. Ainsi, ayant par sa libéralité, gratifié bien peu d'individus, et déplu à un très grand nombre, le moindre embarras sera considérable pour lui, et le plus léger revers le mettra en danger. [...]

Enfin, la libéralité, plus que toute autre chose, se dévore elle-même ; car, à mesure qu'on l'exerce, on perd la faculté de l'exercer encore : on devient pauvre, méprisé, ou bien rapace et odieux. »

Nicolas Machiavel, *Le Prince.*

Célèbre pour la faconde enlevée de ses récits de voyages, Henry Morton Stanley affirmait n'avoir jamais oublié les horreurs vues lors de sa traversée des forêts humides de l'est du Congo, à la recherche du fleuve légendaire qui, il l'espérait, permettrait de parcourir la jungle plus tranquillement. « Les arbres nous versaient leur rosée, chaque feuille pleurait sur nous ; et de toutes les branches, de toutes les lianes, de toutes les tiges, l'eau nous arrivait en larges gouttes. Au-dessus de nos têtes, des lits de rameaux enlacés nous cachaient la lumière. Nous ne savions pas si le jour était clair ou sombre, ensoleillé ou brumeux. Nous marchions au milieu d'un faible crépuscule. »

« Certes, nous avions vu des forêts auparavant, concluait Stanley. Mais celle-ci devait faire époque dans notre conscience – souvenir d'une amertume à ne jamais oublier. Tout mettait le comble à nos misères, l'obscurité des lieux, l'humidité pénétrante, l'insalubrité de l'atmosphère, la monotonie de la scène : toujours des branches enlacées, des amas de feuillages, toujours les hautes tiges des arbres, s'élevant d'une jungle éternelle où nous avions à faire notre trouée, et à passer en rampant sur les mains et les genoux. »

Si cette mer de verdure, une des plus imposantes forêts tropicales restantes au monde, terrifiait l'Anglo-Américain, c'était là que Mobutu se sentait le plus à l'aise. Lorsqu'il contemplait la vaste étendue d'arbres dont la cime évoquait un énorme brocoli ou quand il traversait en voiture les villages avec leurs huttes au toit de chaume, le fardeau de ses fonctions lui semblait moins lourd à porter, son humeur s'allégeait et il respirait mieux. Après tout, Mobutu était un Ngbandi et c'était sa terre natale.

C'est là, à la fin des années 1970, qu'il a ordonné la construction d'un palais. À l'origine, un projet plus ambitieux était envisagé, censé apporter le progrès à Gbadolite – comme beaucoup de leaders africains, Mobutu espérait transformer sa ville d'origine en capitale d'un coup de baguette magique. Mais au fil des années, comme l'élite urbaine de Kinshasa ne se décidait pas à quitter la capitale pour déménager en pleine jungle, à plus de 1 000 kilomètres au nord-est, le président a consacré son énergie à ériger une citadelle digne d'un roi.

Des avions gros porteurs allaient et venaient, transportant des matériaux, des parachutistes israéliens pour former le contingent de la DSP affecté sur place, des centaines d'ouvriers chinois pour bâtir un village de pagodes, et des animaux rares, du chimpanzé au célèbre okapi du Zaïre – curieux mélange d'antilope, de girafe et de zèbre – pour le zoo privé. Si Mobutu ne pouvait forcer les grosses légumes à plier bagage, il pouvait au moins créer une merveille dont le Tout-Kinshasa parlerait lors des dîners mondains.

Des émissaires rapportaient du marbre d'Italie pour un vaste mausolée et une chapelle, des antiquités de France pour les chambres, des verres de Venise. De façon ironique, l'inventeur de l'Authenticité, l'homme qui avait milité pour la redécouverte des valeurs culturelles africaines, s'est laissé tenter par tous les clichés possibles de l'arrivisme. « Je veux une tonnelle dans le jardin et tout de suite », lançait le pétulant président à ses adjoints. Et la tonnelle était expédiée par avion, à grands frais.

La piste d'atterrissage a été spécialement agrandie pour accueillir un Concorde, que Mobutu faisait régulièrement affréter par Air France et qu'on apercevait souvent en attente sur le tarmac. Lorsqu'un journaliste du *Spiegel* lui a un jour demandé de justifier la location d'un appareil aussi cher, Mobutu ne s'est pas démonté. « Je suis incapable de dormir en avion et les somnifères me font très peur, a-t-il expliqué. M'accuser de jeter l'argent par les fenêtres... Non, je suis désolé. Pensez un peu au temps que je gagne. »

Au départ, Gbadolite était un paradis vide, sans Adam ni Eve. Mobutu, toujours pressé, s'y rendait quatre ou cinq fois par an seulement, suivi des cent membres de sa cour entassés dans trois avions. Il restait quelques jours, faisait le tour du propriétaire dans un convoi de vingt véhicules, et s'envolait de nouveau. C'est en 1990, quand Mobutu a dû céder face à la pression nationale et internationale pour entreprendre des réformes politiques et annoncer la fin du parti unique, que Gbadolite a pris tout son sens. Délaissant Kinshasa, Mobutu faisait à présent la navette entre sa retraite équatoriale, son yacht de trois étages qui mouillait sur le fleuve Zaïre et ses villas à l'étranger.

Gbadolite, la terre de ses ancêtres, a toujours revêtu une immense importance symbolique et spirituelle pour lui. Ce site perdu au cœur de l'Afrique présentait en outre un avantage majeur, rarement évoqué publiquement. Situé sur l'Ubangi, Gbadolite n'était qu'à un saut de puce de la frontière avec la République centrafricaine, argument crucial pour un homme qui gardait en permanence à l'esprit l'éventualité d'un exil. Chaque kilomètre de forêt qui l'éloignait d'une capitale grondante de protestations le rapprochait de la sécurité. Car c'est dans la crainte qu'il avait quitté Kinshasa, après que ses généraux l'avaient averti d'un risque d'assassinat. Mobutu était également indigné. Depuis une répression féroce à l'université de Lumumbashi, bizarrement ordonnée quelques semaines à peine après un discours audacieux de libéralisme politique, les alliés étrangers le snobaient. Sur le plan national, les politiciens qu'il avait inondés de largesses, bichonnés et aidés à se développer, profitaient à présent de la Conférence nationale souveraine pour se retourner contre leur ancien mentor.

Mobutu s'efforçait toujours de ne pas s'attarder sur l'hypocrisie de ses acolytes. Les opposants qui le dénigraient à l'étranger étaient accueillis comme des fils prodigues à leur retour. Quel que soit le degré de grossièreté d'un article de journal, il n'intentait jamais de procès. « Il pardonnait beaucoup, parce que les trahisons étaient nombreuses, explique son fils Nzanga. Il disait : "Ne jamais oublier, mais ne jamais se venger. Parce que le jugement n'est pas bon quand on garde de la rancœur". » Pourtant, ces trahisons lui pesaient.

Si Mobutu avait lu Machiavel, alors il ne prenait pas vraiment à cœur son principe selon lequel il valait mieux être craint qu'être aimé de ses sujets. Se souvenant d'une époque où il était acclamé dans la rue, salué comme l'homme qui avait sauvé le Congo de l'anarchie, Mobutu ne pouvait accepter d'être haï. « Dès ce moment, quelque chose de précieux mourut en Mobutu », évoque son ancien collaborateur le plus proche, Honoré Ngbanda. Ce dernier remarquait que le président interrompait des audiences importantes sur son yacht pour se précipiter sur le pont, et écouter les chants et les louanges que les gens lui adressaient depuis des bateaux de passage, tant cela lui manquait d'être applaudi.

Dans une sorte de fureur revancharde, sur le mode « Je m'en vais leur faire voir », il a décidé de laisser ses compatriotes ingrats à la démocratie multipartite qu'ils réclamaient, constatant avec un malin plaisir avec quelle facilité il parvenait à saboter le processus à coups de Mercedes par-ci, de virement bancaire par-là. Sa vengeance consistait à vivre dans le luxe. Rien ne lui procurait plus de joie que d'inviter un groupe de VIP occidentaux à ce que la presse avait surnommé le « Versailles dans la jungle », et de savourer leur ébahissement. « C'était tellement incongru qu'on en restait bouche bée, se souvient un visiteur américain régulier. Il y avait cette énorme pagode dorée à l'aéroport. Le hall d'accueil était si vaste que, si quelqu'un était assis à l'autre bout, on ne le reconnaissait pas. Ensuite, on passait en voiture devant des cases avec des toits en paille et des villages indigènes intacts, et puis il y avait ce palais comme le Louvre. C'était indescriptible. »

Les hôtes de marque arrivaient, exprimaient la stupeur qu'on attendait d'eux devant les fontaines musicales, les cygnes glissant sur des lacs d'ornement, la ferme modèle aux 500 moutons argentins, et le cœur de Mobutu se gonflait d'une joie toute propriétaire. Il restait toutefois aveugle à la nature réelle de la stupéfaction de ces hôtes. On était loin de l'ébahissement devant un travail bien fait. Au mépris condescendant du vieux monde raffiné pour la trivialité du nouveau riche se mêlait un sentiment de choc causé par l'insensibilité de Mobutu ; l'incrédulité de voir le dirigeant d'un pays embourbé dans une situation aussi difficile se permettre de pareilles extravagances, sans comprendre le message qu'une telle grossièreté transmettait au monde extérieur ; et, en filigrane, la prise de conscience horrifiée que c'était là que passait une bonne partie des aides occidentales.

Car Gbadolite, c'était le summum de la folie présidentielle africaine. Il y avait tout simplement trop de tout : trop de champagne, trop de bière, trop de marbre, trop de dorures. C'était le Graceland de Mobutu, un monument dont la vulgarité était à la mesure de son vaste ego, qui expliquait en partie comment une seule et unique famille – certes élargie, au sens africain du terme – parvenait à engloutir autant de la richesse d'un pays.

C'est donc presque justice si Gbadolite a fini par représenter une folie d'un tout autre genre. Car le déménagement dans ce palais a été la pire erreur dans une carrière jusqu'alors caractérisée par un superbe instinct de conservation, et il devait en fin de compte causer sa perte. C'était un geste de défi agacé adressé à une population qui s'était retournée contre lui, un appel à peine déguisé qui trahissait le besoin d'être aimé.

***

Que cela lui plaise ou non, tout grand homme se retrouve tôt ou tard flanqué d'un truchement, un simple mortel qui s'autoproclame à la fois guide, conseiller et interprète. Véritable médiateur entre le monde et son patron, il espère, tel le poisson-pilote menant un requin blanc jusqu'à sa proie, s'engraisser des restes de la chasse. Dans le cas de Mobutu, cette fonction a toujours été farouchement disputée, mais pendant un bref épisode, un jeune Blanc a été assez naïf pour penser qu'elle était à sa portée. Pierre Janssen est devenu un membre de la cour de Mobutu, seul Européen à intégrer le cercle familial intime du président, grâce à une rencontre fortuite à l'hôtel Hilton de Bruxelles.

Jeune homme d'affaires pressé, fier d'avoir compris très tôt que « l'argent crée le pouvoir », il a été présenté par un ami zaïrois à Yakpwa Mobutu, fille que Mobutu a eue avec sa première épouse. Selon lui, c'est sa prédilection naturelle pour les femmes noires, plutôt que sa fascination pour la célébrité, qui l'a attiré vers « Yaki ». Ils ont bavardé, se sont découvert une affection mutuelle et ont commencé à se fréquenter. Deux ans plus tard, ils étaient mariés.

Janssen est un cas intéressant, car en tant que nouveau venu dans l'univers de Mobutu, il ne partageait pas la vision blasée de l'élite zaïroise qui évoluait dans le sillage du président, tandis que celui-ci parcourait le monde en avion. Pour le gendre, tout était neuf et incroyable. Ses impressions – commentaires excités d'un arriviste belge qui flaire un potentiel insoupçonné bientôt à portée de main – sont celles de M. Tout-le-Monde collant le nez à la fenêtre de riches célébrités.

Janssen n'a rien du compagnon fidèle qui enregistre les bons mots et les réflexions de son maître. Le livre qu'il a tiré de son expérience contient des récits ampoulés de séances vaudou au domicile des Mobutu et des descriptions mélodramatiques de réunions secrètes avec des francs-maçons. Il s'y vante aussi d'une intimité avec le président que les membres de la famille remettent en question. « Vous pouvez prendre ce livre et le jeter directement à la poubelle », m'a affirmé avec mépris Nzanga, le fils de Mobutu. L'ouvrage comporte toutefois des détails que seul un homme doté des préoccupations les plus matérialistes peut fournir.

Car Janssen possède une âme d'épicier. Lors de son passage dans le clan Mobutu, il consacrait visiblement beaucoup d'énergie à faire des estimations mentales : combien Mobutu dépensait en champagne, combien en voitures, combien en bijoux, les surfacturations du restaurant, les rapines flagrantes de ses conseillers. Son livre, par conséquent, est un inventaire pointilleux qui apporte une lumière captivante sur les subtilités d'une kleptocratie, le train de vie qu'un ancien fils de cuisinier avait fini par considérer comme normal, après trois décennies au pouvoir.

Sa fascination pour Mobutu est renforcée par une disgrâce parallèle à celle du président. Lorsque je le rencontre à Paris, Janssen a trente-cinq ans. Il se présente comme un homme trahi par la fortune et qui paie au prix fort ses bonnes intentions au Zaïre. À présent qu'il est séparé de Yaki, sa belle-famille ne lui adresse plus la parole et il vaut à ses yeux à peine mieux qu'un gigolo. L'éditeur français qui a publié ses mémoires a fait faillite, ses diverses entreprises se sont effondrées et il ne lui reste presque plus rien. La maison du Cap-Ferrat où il loge ne lui appartient pas, m'assure-t-il. «Je suis ruiné, je suis à la rue, ajoute-t-il avec un rire amer. Quand je suis parti pour Kinshasa, j'avais une carrière, je gagnais bien ma vie. À présent que je suis séparé de ma femme, j'ai "Mobutu" inscrit en plein milieu du front et je ne peux plus retourner au Congo. Mon mariage a été le pire jour de ma vie.»

Cependant, son visage joufflu et hâlé n'évoque pas vraiment la privation. Comme les habitués des soirées mondaines, il ne regarde jamais son interlocuteur dans les yeux, préférant scruter la salle du restaurant chinois chic où nous nous sommes retirés, dans l'espoir d'apercevoir quelqu'un de plus intéressant. Lorsque ses attentes sont comblées («Regardez, c'est John Galliano»), je me rends compte que Janssen, qui confesse dans son livre ne voyager qu'en première classe parce que cela augmente ses chances de croiser un VIP, a sans doute choisi cet établissement de l'élégante avenue Montaigne, précisément parce qu'il est sûr d'y rencontrer des célébrités.

Il y avait certainement du beau linge le jour de son mariage à Gbadolite, le 4 juillet 1992. La liste des invités – 2 500 personnes – comportait des présidents voisins, des princes saoudiens, des dignitaires du Moyen-Orient, des ambassadeurs étrangers et tout le gouvernement zaïrois; à la grande déception de Janssen, il n'y avait cependant aucun membre de la famille royale de Monaco. Un DC 10 et deux Boeing ont fait des allers-retours entre l'Europe et le Zaïre pour transporter tout ce beau linge à Gbadolite. C'était pour Mobutu une des rares occasions de faire bon usage du complexe immobilier de 100 millions de dollars. Le président s'était un peu emporté en imaginant les plans du palais principal à Gbadolite. Le bâtiment occupait près de 15 000 mètres carrés et ses portes en malachite de sept mètres de haut étaient si lourdes qu'il fallait plus d'un homme pour les ouvrir. C'était un édifice conçu pour des géants. Les immenses salons en marbre étaient impossibles à remplir.

Mobutu avait fini par se rendre compte qu'il était difficile de vivre dans une telle grandeur. Il avait alors commandé la construction d'un second palais à taille plus humaine à Kawele, à quelques kilomètres de là, avec discothèque, piscine olympique et abri antinucléaire. Entre le mobilier Louis xiv, les lustres de Murano, les tapisseries d'Aubusson, les couverts en argent à monogramme et les murs tendus de soie verte – le vert était la couleur préférée de Mobutu –, Kawele n'avait rien d'un taudis. Mais c'était tout à fait intime, comparé à la monstruosité de l'édifice principal, qui ne servait que pour les grandes occasions, comme le mariage de sa fille.

Pour la cérémonie, la promise portait de la haute couture : une robe de mariée Jean-Louis Scherrer brodée à la main, avec six mètres de traîne, d'une valeur de 70 000 dollars. Ensuite, elle s'est changée pour enfiler un ensemble saumon Nina Ricci avec passementerie en soie. Pendant la journée, elle a alterné trois parures achetées à des joailliers de la place Vendôme, cadeau de mariage de son père, que Janssen estimait à 3 millions de dollars.

Après la célébration religieuse, les invités, qui s'étiolaient dans l'humidité équatoriale, se sont rendus à la réception, où un repas de homard, de saumon et de caviar les attendait, arrosé d'un millier de grands crus sortis de la cave personnelle de Mobutu, riche de quelque 15 000 bouteilles. Ensuite, il y a eu un énorme feu d'artifice et trois orchestres ont assuré l'ambiance sonore. Le tour de force a cependant été la pièce montée, une merveille de quatre mètres de haut en meringue et crème glacée qui menaçait de fondre dans la chaleur tropicale. Préparé par un chef pâtissier parisien le matin même, le gâteau avait été démonté, chargé dans un avion spécialement affrété et expédié à Gbadolite : un aller-retour de quatorze heures qui, selon Janssen, avait coûté 65 000 dollars.

La lune de miel ? Un séjour à Phuket en Thaïlande, où un seigneur local les accueillait. Une vie facile attendait les jeunes mariés à leur retour. Mobutu avait été généreux : une villa à Uccle, le quartier chic de Bruxelles, une autre à Kinshasa, une enveloppe bourrée de 300 000 dollars en cash et la promesse d'un appartement à Monaco.

Après une introduction pareille, il aurait été presque impossible pour un homme tel que Janssen de ne pas aspirer à plus. Même s'il affirme avoir été le seul membre de l'entourage de Mobutu à refuser régulièrement des cadeaux en liquide, Janssen espérait visiblement que son mariage lui donne accès à tout un tas d'opportunités professionnelles. Sa femme, plus sceptique, avait beau le mettre en garde, lui conseillant de ne pas se mêler de ce qu'il ne comprenait pas, il a entrepris de faire copain-copain avec son beau-père.

Tout d'abord, Janssen a tenté de gérer les dépenses courantes de la maison Mobutu. Puis, il a suggéré au président de le nommer consul à Monaco, pensant que ce poste serait idéal pour courtiser les riches Arabes en vacances dans la principauté. Il y a eu un programme pour revitaliser l'industrie de l'huile de palme, défaillante au Zaïre, et un autre, qui impliquait d'aider la Libye à enfreindre des sanctions de l'ONU. Les uns après les autres, des projets étaient ébauchés et mûris. Et, bien souvent selon Janssen, ils étaient torpillés par une subtile campagne de rumeurs montée contre lui par des membres jaloux de sa belle-famille ou des conseillers méfiants qui avaient autrefois occupé la fonction de Janssen, bien avant que celui-ci ne débarque avec ses gros sabots.

Au fil du temps, l'image que Janssen se faisait de Mobutu a évolué. « Je m'étais représenté un horrible dictateur qui tuait des gens, se souvient-il. Mais l'homme que j'ai rencontré n'avait rien à voir. Il était très sensible, un très bon chef de famille, un homme qui aimait ses enfants par-dessus tout et qui aimait son pays, mais qui avait des faiblesses, comme tout le monde. »

La journée de Mobutu commençait à 6 h 30. À 7 heures, une équipe de masseurs du village chinois frappait à sa porte pour sa séance quotidienne. À 8 heures, après avoir lu la presse internationale, il prenait son petit déjeuner sur la terrasse, jetant parfois des miettes aux paons qui se pavanaient dans les jardins à la française. À 9 heures, il entrait dans son bureau et débouchait une première bouteille de champagne rosé Laurent Perrier.

Pour le déjeuner, c'étaient souvent des moules-frites, avec des moules en provenance directe de Zeebruges, arrosées d'un millésime 1930, année de naissance de Mobutu. Lorsqu'une pièce avait besoin d'être égayée, on envoyait chercher des fleurs par avion à Amsterdam. Un barbier de New York, un coiffeur de Paris, le couturier français Francesco Smalto : tous étaient convoqués et traversaient les continents en jet chaque fois que c'était nécessaire. « Ils affrétaient des Boeing comme la plupart des gens poussent un chariot de supermarché », se souvient Janssen.

Pour se délasser, Mobutu écoutait des chants grégoriens, goût peut-être acquis pendant ses années chez les pères belges. Mais les moments de détente étaient rares, car il y avait toujours du monde. À Kawele, au sommet d'une colline, Mobutu et ses gardes de la DSP jouissaient d'un panorama dégagé, idéal pour repérer les visiteurs en approche. S'il s'agissait d'invités de marque, Mobutu faisait parfois avancer sa Chevrolet personnelle et emmenait lui-même ses hôtes à la pêche ou dans une clairière paisible pour un pique-nique arrosé de champagne, au frais dans un seau à glace en argent orné d'un monogramme. L'expérience avait de quoi faire dresser les cheveux sur la tête, car Mobutu conduisait n'importe comment. Un ancien représentant du département d'État américain, visiteur fréquent à Gbadolite, a eu la désagréable surprise de se retrouver agrippé à son siège, tandis que Mobutu roulait à tombeau ouvert. Les gardes du corps étaient visiblement tout aussi terrifiés et des villageois qu'ils croisaient sur la piste devaient bondir dans les fourrés pour éviter de se faire écraser. « C'était comme dans un dessin animé. Les gens et le paysage semblaient prendre leurs jambes à leur cou devant la voiture. Quand l'ambassadeur a fait une remarque, Mobutu a dit : "Tout va bien, ce sont toutes *mes* routes". »

Malgré la distance, il y avait toujours une queue interminable de gens venus de Kinshasa présenter des doléances. La plupart des visiteurs, que ce soient des politiciens de l'opposition ou du MPR, des membres de la famille ou des étrangers, n'attendaient souvent qu'une seule chose : une de ces grosses enveloppes remplies de billets de 100 dollars que Mobutu conservait dans le tiroir de son bureau. « Il payait et payait. Il était entouré de sangsues assoiffées de dollars, se souvient Janssen. Quand je croisais son regard, j'avais de la peine pour lui. »

Dans la vie d'un homme, les mêmes événements, les mêmes éléments peuvent être analysés depuis des points de vue différents, parfois si diamétralement opposés que le tableau final peut sembler méconnaissable à des rivaux revendiquant une perspective exclusive. Il en était ainsi avec Mobutu, au cœur d'une féroce et perpétuelle « guerre d'influence ». Pour les enfants du président, les années à Gbadolite correspondent à une époque où Mobutu, distant depuis tant d'années à cause des affaires d'État, instaurait de nouvelles priorités et prenait un repos bien mérité. Depuis le décès de deux de ses fils – Niwa et Konga, morts de maladies –, il appréciait pleinement la fragilité des relations humaines et l'importance de la famille. « Nous le voyions beaucoup plus qu'avant, se souvient son fils Nzanga. Il goûtait à des joies qu'il n'avait jamais connues, il redécouvrait la vie de famille. »

Pour un regard extérieur comme celui de Janssen, le même scénario prend une tournure très différente. Selon lui, Mobutu était aux mains d'une famille prédatrice qui, exploitant son désir d'être un bon *pater familias*, se montrait aussi insatiable qu'il l'avait été envers l'État. Quand on adopte ce point de vue, il est impossible de ne pas avoir pitié de cet homme dont les relations personnelles, après des décennies de népotisme et de corruption, étaient totalement gangrenées par ce qu'il était en mesure de donner.

Malgré sa générosité spontanée – ou plutôt, à cause d'elle –, Mobutu en avait à peine pour son argent, selon Janssen. En discutant avec le cuisinier de Gbadolite, ce dernier a découvert que Mobutu payait trois fois le prix de gros pour les 10 000 à 12 000 bouteilles de champagne que la maison éclusait chaque année. Au cap Ferrat, il payait deux fois le tarif en vigueur pour la flotte de Mercedes qu'il louait. À Bruxelles, les exilés zaïrois nantis se rendaient carrément chez lui pour bavarder pendant des heures sur le téléphone satellite présidentiel, sachant que la note serait réglée sans la moindre question. Tout le monde l'arnaquait : l'intendant belge qui a fini par être viré quand Mobutu a compris qu'il lui faisait systématiquement payer trop cher, les ambassadeurs chargés de lui trouver un logement lors de ses déplacements à l'étranger, jusqu'aux marabouts sénégalais qu'il consultait avant chaque décision majeure. Ces derniers, à qui Mobutu faisait implicitement confiance – il jonglait sans soucis entre les croyances animistes africaines et sa foi catholique –, étaient rémunérés deux fois : une première, par le président ; et une seconde, par les politiciens qui leur demandaient de guider le chef d'État dans une direction précise.

Les pires, d'après Janssen, étaient souvent ses propres enfants. Il prétend qu'une fois, un des fils, envoyé aux États-Unis pour acheter six Cadillac blindées, du même modèle que celui utilisé par George Bush, a gonflé le prix de 40 000 dollars par véhicule, puis a téléphoné depuis New York pour annoncer qu'il avait été victime d'une agression et s'était fait voler les 600 000 dollars donnés par son père. Mobutu, en toute confiance, lui a refait un virement de 600 000 dollars, tout ça pour voir son fils rentrer les mains vides, en affirmant que le modèle en question n'était plus disponible. Les émeutes de 1993, toujours selon Janssen, ont fourni au même fils une occasion similaire : il a emprunté le yacht présidentiel, le *Kamanyola*, et proposé ses services aux mouvanciers souhaitant traverser le fleuve pour rejoindre Brazzaville, à raison de 2 000 dollars par famille. « Tout le monde le volait, exploitait sa générosité inépuisable. Et Mobutu ne semblait se rendre compte de rien », affirme Janssen.

Pour de nombreux témoins, ces excès ont commencé à la mort de Marie-Antoinette, la première épouse de Mobutu, décédée d'insuffisance cardiaque en 1977. Cette femme, dont la population se souvenait encore avec affection, exerçait une influence modératrice sur son mari, faisait ressortir ses meilleures qualités et contenait ses vices. « De son vivant, Marie-Antoinette offrait une sorte de rempart contre les exigences du clan, alors qu'elle était elle-même une Ngbandi, selon une connaissance d'enfance. Après sa mort, il y a eu un relâchement général. Le clan a commencé à prendre le dessus dans tous les domaines. »

L'organisation privée extraordinaire de Mobutu n'arrangeait rien. Marie-Antoinette a été remplacée par Bobi Ladawa, une ancienne maîtresse. Mais malgré les nombreuses aventures surveillées par les ambassades à Kinshasa, Mobutu ressentait toujours le besoin d'avoir un « deuxième bureau », selon l'euphémisme congolais. Si la plupart des hommes mariés cherchent des relations avec des femmes radicalement différentes de leur compagne, en apparence ou en caractère, Mobutu a lui opté pour une véritable familiarité, choisissant pour maîtresse Kassia, la sœur jumelle de Bobi Ladawa. Pour beaucoup de Zaïrois, effrayés de ne jamais pouvoir distinguer laquelle des deux femmes, l'épouse ou la concubine, se trouvait au bras de Mobutu lors des événements officiels, cet arrangement représentait une sorte de porte-bonheur pour le superstitieux Mobutu – dans de nombreuses régions d'Afrique, on confère aux jumeaux des pouvoirs magiques. « C'était une façon de tenir à distance l'esprit en colère de sa première épouse, a expliqué un fonctionnaire congolais. Avec une jumelle de chaque côté de Mobutu, Marie-Antoinette ne pouvait pas l'atteindre. »

Une autre possibilité est que le président se soit senti obligé de mettre la sœur dans son lit pour éviter d'être cocu, car quiconque aurait épousé la sœur jumelle de Bobi Ladawa aurait symboliquement goûté aux plaisirs de coucher avec la première dame. S'approprier la sœur de sa femme est de toute façon une coutume fréquente dans la région équatoriale. « Il faut toujours monter, jamais descendre, m'a un jour expliqué Pierre, mon chauffeur. Vous pouvez coucher avec la grande sœur, mais pas avec la petite sœur. » Et pour tout le monde, à part peut-être la sage-femme présente au moment de l'accouchement, difficile de savoir laquelle des deux jumelles était l'aînée.

En apparence, le ménage à trois fonctionnait. Un marchand de diamants invité à dîner à Gbadolite se souvient de Mobutu, flanqué de ses deux femmes – autrefois d'une grande beauté, leurs traits s'étaient sérieusement empâtés –, en train de régler des questions domestiques, sans la moindre tension perceptible. Pourtant, la compétition était inévitable. Toutefois, les deux sœurs savaient unir leurs forces quand il fallait défendre les intérêts des enfants de Bobi Ladawa contre les demandes concurrentes des rejetons de Marie-Antoinette. « Il y avait un problème de rivalité entre elles, mais c'étaient des femmes intelligentes et, à un moment donné, elles ont compris qu'il valait mieux s'allier », raconte Janssen.

Le président était donc entouré d'une famille qui se disputait son amour. Et dans le clan Mobutu, bien sûr, les marques d'affection se manifestaient exclusivement de façon financière. Et puis, comment un homme qui avait élevé le détournement de fonds publics au rang d'art pouvait-il donner des leçons d'honnêteté à sa famille et à ses serviteurs ?

Un autre facteur empêchait Mobutu de balayer devant sa porte. Il avait beau être considéré comme le chef d'État le plus rapace de tous les temps, son incompréhension crasse des questions économiques n'avait d'égale qu'une méconnaissance totale de ses propres dépenses domestiques.

Préservé depuis des décennies des détails pratiques du quotidien, il n'avait plus aucune idée du coût de la vie réelle et ignorait ce que la population déboursait pour se loger ou se nourrir. Lors d'une interview, on le voit même patauger laborieusement quand un journaliste lui demande s'il connaît le prix du pain à Kinshasa. Comme l'a fait remarquer un diplomate : « Pour un si grand voleur, il était plutôt naïf sur les questions d'argent. »

Les cordons de la bourse étaient fermement tenus par les jumelles et le manque de sophistication de ces dernières – la simplicité de la paysanne africaine qui conserve son pécule sous son matelas et ne s'approchera jamais d'une banque – se manifestait dans leur prédilection pour le cash. Il n'était presque jamais question de chèques et de cartes de crédit à Gbadolite, où tout se réglait à coups de billets, que ce soit pour payer les factures ou distribuer des cadeaux. Avant chaque déplacement, des liasses étaient entassées, à la mode gangster, dans des valises Louis Vuitton, alignées dans le vestibule par ordre décroissant de taille.

Le président n'avait aucune idée des entrées et sorties d'argent quotidiennes. Selon Jenssen, « Mobutu ne vérifiait jamais un reçu. Il annonçait à ses collaborateurs : "Je pars en Suisse demain, donnez-moi 3 millions de dollars". Mais il se fichait bien de savoir d'où venait cet argent. C'était à eux de se débrouiller. »

Toutefois, ce n'est pas le coût exorbitant des palais et leurs résidents qui a précipité la chute de Mobutu. En se retirant au plus profond de la jungle, il a ridiculisé la fonction présidentielle et s'est rendu lui-même de plus en plus inutile face aux événements qui se déroulaient. En théorie, un mouvement rebelle un tant soit peu organisé n'aurait eu qu'à bombarder la piste d'atterrissage de Gbadolite et à brouiller le signal satellite pour rendre le président totalement superflu. Cet isolement progressif était pourtant délibéré. Insidieusement, sa décennie de bouderie l'a privé du contact direct dont il avait besoin pour prendre le pouls du pays, de la population et des forces armées.

Pour les Premiers ministres, les ambassadeurs et les émissaires étrangers, la moindre décision présidentielle impliquait à présent un aller-retour de quatre heures au cœur de la jungle, et parfois, des journées entières d'attente, dans l'espoir d'être reçus. Dans cette nation qui était devenue le dépotoir des avions obsolètes du monde, un tel voyage pouvait d'ailleurs se révéler fatal. Un ministre étranger, un ambassadeur tunisien et un contingent de soldats ont payé de leur vie une visite à Gbadolite, lorsque leurs jets se sont écrasés, à l'approche de l'aéroport Ndjili de Kinshasa.

Jack Lunzer, un Britannique négociant en diamants, a échappé de peu à un sort similaire, lors d'un vol qui soulignait bien l'isolement grandissant de Mobutu. Convoqué à Gbadolite, Lunzer a commencé à s'inquiéter en voyant les heures passer, sans qu'aucune descente ne soit amorcée. Le pilote belge a fini par avouer qu'il ne recevait aucun signal de la tour de contrôle de Gbadolite, laquelle semblait ne plus avoir de courant. En raison de la couche nuageuse très basse sur les arbres, il était hors de question de tenter un atterrissage sans guidage et l'avion ne disposait plus que de cinquante minutes de carburant pour rejoindre la piste la plus proche au Zaïre, située à une heure de là. Ralentissant le plus possible les moteurs, le pilote a poussé l'appareil jusqu'à la ville de Mbandaka, pendant que ses passagers comptaient les minutes. « Lorsque nous avons touché le tarmac, le moteur s'est mis à tousser, tousser, tousser et puis tout s'est arrêté, a raconté Lunzer. Quand on est descendus, je suais à grosses gouttes. »

Une fois à Gbadolite, il fallait encore réussir à capter l'attention du président. De plus en plus souvent, les entretiens personnels étaient sabordés par Mobutu lui-même, qui embarquait toute sa cour dans une de ces virées qu'il affectionnait tant. Honoré Ngbanda, le plus proche conseiller politique du président, se souvient des difficultés qu'il avait à amener le chef d'État à se concentrer sur des problèmes aussi pressants que la crise des réfugiés dans l'est du Zaïre ou la rébellion naissante de Kabila. Le patron préférait jouer les gentlemen-farmers. « Le Président Mobutu n'avait plus de bureau officiel !... Nous le rejoignions souvent avec nos dossiers dans des fermes aux environs de Gbadolite, au milieu des champs de maïs et de manioc, dans le brouhaha des machines agricoles et sous les cris des travailleurs !... La concentration était très difficile pour approfondir avec lui les dossiers urgents et délicats. Bien qu'il ait une capacité légendaire à assimiler facilement le dossiers et à en dégager les directives en vue d'une action, la gravité de la conjuncture du pays à ce moment-là ne répondait plus à cette méthode de travail. »

Les visiteurs remarquaient bien que l'horizon de Mobutu se réduisait un peu plus chaque année. Comme les nobles à la cour de Versailles qui jouaient au berger et à la laitière, alors que l'ombre de la guillotine approchait, Mobutu adorait aller à la rencontre des paysans du coin, pour discuter des récoltes, de la terre et des pluies.

Cet intérêt agricole avait pourtant semblé forcé, au départ. En 1979, Andreas Wagner, vétérinaire suisse recruté par Mobutu, a accompagné quarante excellentes vaches laitières lors d'un vol en C130, qui les a conduits directement de la Suisse jusqu'à Gbadolite. Quand Wagner, à qui on avait annoncé un projet visant à développer l'agriculture dans la région, s'est retrouvé confronté à une grave pénurie de pâturages, il s'est bien vite rendu compte que son travail n'était qu'une vitrine, résultat d'une lubie présidentielle. « Mobutu est venu une seule fois pour inspecter le bétail et il est resté dix minutes. J'ai tenté de lui exposer les divers problèmes, mais on voit rapidement quand quelqu'un n'écoute pas. Cela ne l'intéressait pas du tout », se souvient Wagner, qui a ensuite pris ses jambes à son cou, lorsqu'il s'est aperçu que ses reproches avaient déclenché l'émission d'un mandat d'arrêt contre lui.

Dans les années 1990, Mobutu se sentait visiblement un peu plus concerné par la terre. C'était là que tout avait commencé, à l'époque où il courait pieds nus à travers champs, aidant sa mère à planter le manioc, vivant du fruit de leur labeur. Il redécouvrait à la fois ses racines tribales et les plaisirs simples de l'enfance. Il adorait pouvoir tendre le bras par la fenêtre de sa voiture pour cueillir un fruit sur un arbre planté selon ses instructions. Parfois, il se demandait s'il n'avait pas raté sa vocation. «Il répétait toujours : "Si je devais tout recommencer, je serais agriculteur", affirme Nzanga. Je crois que c'est ce qu'il aurait vraiment aimé faire. »

Daniel Simpson, ambassadeur américain, s'est une fois rendu pour une entrevue à Goroma, ferme modèle créée par Mobutu à dix kilomètres de Gbadolite. «Il avait récupéré des boutures en Égypte et lors de ses divers déplacements à l'étranger, et lui et sa femme supervisaient personnellement la plantation d'orangers et de citronniers. » Lorsque Mobutu passait, les habitants de Gbadolite s'alignaient le long de la route pour acclamer l'homme qui leur avait apporté l'électricité et le téléphone, tout comme la population de Kinshasa à la belle époque, avant qu'elle ne se retourne contre lui. Mobutu passait de plus en plus ses journées dehors, à gérer des disputes de clan, à régler des problèmes de village ou à distribuer des présents en liquide. S'il avait échoué à diriger son énorme pays, il pouvait encore jouer le rôle du chef traditionnel avec conviction.

Tout cela rendait complètement dingues les visiteurs importants qui attendaient des décisions, et l'influence de «l'oncle Fangbi» ne faisait qu'aggraver leur fureur. Lorsque Ngbanda ou Vunduawe Te Pemako, autre proche conseiller de Mobutu, parvenaient à aborder un point extrêmement sensible, l'oncle Fangbi, beau-frère de Mobutu, venait les interrompre pour rappeler au président que c'était l'heure de sa sieste ou qu'il avait promis de se rendre dans tel ou tel village.

Ancien aide-infirmier, l'oncle Fangbi ne connaissait pas grand-chose à la politique ou aux affaires militaires. Pendant les dernières années, cela n'a pas empêché celui qui s'était arrogé le titre de «représentant du couple présidentiel» d'élargir son champ d'influence : il était responsable de l'emploi du temps quotidien de Mobutu, validait ses réunions, tant privées que professionnelles, contrôlait le budget de la famille et avait même le pouvoir de suspendre des fonctionnaires travaillant à Gbadolite.

Oncle Fangbi organisait des sorties dont il ne révélait la destination que cinq minutes avant le départ, ce qui rendait impossible toute mesure de sécurité. Il autorisait Mobutu à conduire la voiture de tête du convoi et encourageait le président – dont la paranoïa n'avait d'égal que son désir désespéré d'une forme de spontanéité, d'un peu de liberté dans sa vie – à aller visiter les villages et goûter le vin de palme local. Les hommes de la DSP haïssaient l'oncle Fangbi, non seulement parce qu'il les court-circuitait, mais aussi, selon leurs affirmations, parce qu'il empochait leur solde. Mais lorsque les conseillers se plaignaient, Mobutu répondait simplement «Je m'en occupe» – sa façon de signaler que le débat était clos.

Visiblement, le président rêvait d'une retraite paisible, pour finir en apothéose dans son lit, entouré de sa famille et de ses proches en adoration. Il avait fait construire un mausolée de marbre qui accueillait déjà le corps de Marie-Antoinette ; son nom et celui de ses enfants avaient été gravés dans la pierre, dans l'attente de leur décès. Malgré toutes ces précautions, malgré tous les investissements à l'étranger, Mobutu espérait ne jamais devoir quitter son pays. «Il n'a jamais envisagé de finir en exil, affirme Janssen. Il répétait à ses conseillers : "Je ne lirai jamais *Nice-Matin*".»

Mobutu ne se rendait-il pas compte du risque qu'il prenait en fuyant ainsi la réalité ? Aujourd'hui, tous les adjoints, tous les politiciens, tous les membres de la famille vous diront combien de fois ils ont tenté d'avertir Mobutu, combien de fois ils ont cherché à persuader le président de rentrer à Kinshasa et combien la marginalisation volontaire de Mobutu servait divers acteurs mal intentionnés. «J'ai la conscience tranquille, insiste son fils Nzanga. Il écoutait Vunduawe et Ngbanda, à l'époque. Et je sais que ça les arrangeait bien qu'il reste à l'écart de Kinshasa. Ils venaient à Gbadolite et demandaient à mon père de signer des décrets, de nommer des directeurs d'entreprises. Tout cela pour leur propre bénéfice.» Absolument pas, rétorque Ngbanda. «On a essayé de le faire revenir à Kinshasa, mais sans succès. Il avait été englouti par la famille.»

La vacance du pouvoir se creusant, des chefs d'État étrangers, de plus en plus inquiets, ont à leur tour tenté de convaincre Mobutu. En vain. «J'attends les élections. Si je gagne, je rentre à Kinshasa. Si je perds, je reste ici», grognait Mobutu, en guise de réponse. Lui qui avait par le passé subjugué les foules aurait dû connaître, mieux que quiconque, l'importance de garder le contact avec la population, de prendre régulièrement le pouls de la nation. Si, intellec-tuellement, il enregistrait le danger qu'il courait, il ne parvenait visiblement pas à trouver l'énergie pour remédier à la situation. Comme M. Kurtz, il avait été avalé par la forêt et les fantasmes qu'elle engendrait.

Les unes après les autres, il mettait un terme aux obligations qui ryth-maient naguère son existence professionnelle. «À une époque, Mobutu venait en personne faire prêter serment aux officiers, se souvient Daniel Simpson. Ils lui prêtaient allégeance directement, les yeux dans les yeux. Vers 1986, il avait cessé. Il a également cessé ses voyages à l'intérieur du pays. Ses conseillers programmaient des périples et des tournées pour la campagne électorale, mais il disait : "Laissez tomber". Il n'en tirait simplement plus aucun plaisir.» Le grand manipulateur semblait avoir perdu le goût de la politique, parvenant à peine à éprouver une lueur de curiosité pour les rouages du gouvernement qui l'obsédaient autrefois. « Au début, il présidait toutes les réunions de cabinet. Et puis, cela l'a intéressé de moins en moins. C'est devenu une fois par mois, puis il a pratiquement cessé de venir », selon un ancien Premier ministre.

Comment lui tenir rigueur d'un tel désenchantement ? On perçoit une fatigue immense du pouvoir et du fardeau inhérent à la fonction. Le même ennui las que Larry Devlin remarquait déjà, lors de son retour à Kinshasa dans les années 1970, quand il a retrouvé son vieil allié vautré dans la flagornerie. Comme l'a exprimé l'ancien chef de la CIA : « Une fois accepté le fait qu'il était un génie, que pouvait-il faire de plus ? » Il avait vu la nature humaine sous son jour le moins séduisant : cupide, fausse et traîtresse. Il avait appris, tel un émissaire de Hadès envoyé pour mettre à l'épreuve la dépravation de l'humanité, à encourager et exploiter ces défauts.

***

Malgré toute l'attention et l'argent consacrés à Gbadolite, le complexe architectural ne semble jamais avoir été voué à durer. Un jour, alors qu'il attendait d'être reçu par Mobutu, Leo Tindemans, visiteur fréquent, a remarqué des singes qui gambadaient dans les jardins. « J'ai été frappé par le fait que, quand Mobutu ne serait plus là, la nature reprendrait rapidement ses droits », a expliqué l'ancien Premier ministre belge.

L'avenir lui a donné raison. Lorsque les forces de Kabila se sont emparées de la zone, le site a été vandalisé, autant par les rebelles que par les fidèles villageois de Mobutu. Ils ont vidé la cave à vin, passé le bétail importé au barbecue et se sont enfuis avec la flotte de Mercedes. Le palais a été dépouillé de ses meubles et de ses installations, qui ont fini sur les étals des marchés de Bangui, capitale de la République centrafricaine.

Les murs autrefois drapés de soie verte sont aujourd'hui recouverts de graffitis ; les mauvaises herbes ont envahi la piscine et du verre brisé crisse sous les pieds dans les salons où Janssen a célébré sa brève union avec Yaki ; les lustres ont servi de cible d'entraînement aux soldats qui s'ennuyaient. Seule la structure du pavillon chinois, avec ses mares ornementales et ses dragons de pierre, est à peu près intacte. Tout comme les monstrueuses baignoires de marbre, trop lourdes, même pour le plus déterminé des pillards.

Le ministère du Tourisme de Kabila a un moment caressé l'idée de faire de Gbadolite et du yacht *Kamanyola* des destinations touristiques pour les voyageurs en quête d'insolite, escales d'un circuit qui aurait pu s'intituler « La vie des riches et tristement célèbres ». Un groupe d'hommes d'affaires français est d'ailleurs venu jusqu'à Gbadolite pour évaluer le potentiel du site, mais s'est découragé en constatant le peu qu'il restait des installations d'origine.

De toute façon, le tourisme a dû attendre, car une nouvelle guerre a éclaté en 1998. Une unité militaire du Tchad, l'un des pays africains qui se sont rangés du côté de Kabila au cours de ce second conflit, a établi ses quartiers à Gbadolite. Lorsque les Tchadiens se sont lassés de leur escapade à l'étranger, ce sont les forces rebelles de Jean-Pierre Bemba, fils d'un homme d'affaires ami de Mobutu, qui ont pris le contrôle de la région. Les soldats ougandais qui soutenaient la campagne de Bemba se sont installés dans le palais de Kawele, après avoir réenterré les corps des membres de la famille qui avaient été exhumés du mausolée de marbre – exactement le cauchemar que Mobutu avait toujours redouté. «Il y a des limites à la revanche», expliquait un des rebelles.

Bemba a été acclamé comme un libérateur par la population affamée, qui attendait avec impatience la reprise des investissements et les emplois de l'ère Mobutu[21]. Mais le quart d'heure de gloire de Gbadolite était passé. Il y avait peu de chance pour qu'un futur président soit un Ngbandi, et seul le plus confiant des successeurs aurait eu la hardiesse de se retirer à Gbadolite. Comme tant d'autres villes natales de présidents soudain privées de la protection de leur héros local, la région de Gbadolite était condamnée à retourner à l'obscurité dont elle avait brièvement été tirée.

À l'instar des vaches suisses et des moutons argentins qui peinaient dans la chaleur tropicale, Gbadolite était une construction artificielle, totalement dépendante de Mobutu, incapable de survivre à la chute de son créateur. C'était inévitable. Car pendant que le président pique-niquait sous les arbres, admirait le paysage et prenait du bon temps avec ses proches, des hommes plus jeunes, dotés eux aussi d'une famille vorace à satisfaire, élaboraient des plans et complotaient. Incapable d'entendre les avertissements constants qui lui étaient adressés, Mobutu était condamné à quitter le Zaïre, non pas avec la dignité qui sied à un des leaders africains restés le plus longtemps au pouvoir, mais dans une débauche de terreur moite, d'humiliation et de trahison.

---

21. La suite de la carrière de Jean-Pierre Bemba relève des montagnes russes. Lorsqu'un gouvernement de transition a été instauré en 2003 pour unifier un pays divisé par les factions rebelles soutenues par l'Ouganda et le Rwanda, il a été nommé l'un des quatre vice-présidents. Il s'est présenté aux élections présidentielles de 2006, mais a été devancé par Joseph Kabila. Un an plus tard, de violents combats opposant les hommes de Bemba à ceux de Kabila à Kinshasa ont fait des centaines de morts. En 2008, il a été arrêté lors d'un séjour en Europe et a passé dix ans en prison à La Haye, après avoir été condamné par la Cour pénale internationale pour crimes contre l'humanité, commis par ses troupes en République centrafricaine. En 2018, ces verdicts ont été annulés et il est rentré en RDC. En 2023, il a été nommé vice-Premier ministre et ministre de la Défense par Félix Tshisekedi.

Chapitre 11
On range le champagne

« Quand il pleut, on peut pisser dans son pantalon en toute tranquillité. »

Proverbe du Kasaï

Tout comme chaque baby-boomer sait exactement ce qu'il faisait quand il a appris l'assassinat de John Kennedy, je me souviens avec précision où je me trouvais le 6 avril 1994 – un jour qui devait marquer toute une génération d'Africains, aussi profondément que la fusillade de Dallas avait frappé les Américains.

J'étais ce soir-là invitée chez le chef des douanes de l'époque, en compagnie d'une poignée de journalistes zaïrois. Grâce aux magnifiques opportunités de corruption que permettaient ses fonctions, notre hôte passait pour être la première fortune du Zaïre, devançant même Mobutu. Le président accordait une telle liberté à celui qui avait naguère été le tuteur de ses enfants et qu'il considérait un peu comme son fils adoptif.

D'une vanité incroyable, le chef des douanes faisait partie de cette génération baptisée les « bébés dinosaures ». De plus, sa richesse croissante lui avait donné des ambitions politiques et il briguait à présent le poste de Premier ministre. Pour qui connaissait vaguement la scène locale, il paraissait inconcevable qu'il puisse l'obtenir, mais pour une raison inexplicable, lui-même semblait penser que faire parler de lui dans la presse convaincrait le Vieux de la valeur de sa candidature.

Tous sur notre trente-et-un, comme il se devait pour un tel événement, nous avons traversé le dédale des rues de Binza, quartier de l'élite de Kinshasa, jusqu'à une villa toute neuve où nous avons annoncé notre arrivée par un coup de klaxon. C'était une maison typique au Zaïre, avec ses murs blancs et ses nombreux gardes. Comme le chantier n'était pas terminé, le décor n'avait cependant pas encore atteint son potentiel maximum en matière de vulgarité.

En me glissant en douce dans la salle de bain, au cours de la soirée, j'ai pu confirmer avec satisfaction que des robinets en or étaient prévus.

Assis sur la terrasse surplombant Kinshasa, les lumières de Brazzaville scintillant au loin, nous écoutions poliment le maître des lieux vanter sa perspicacité politique, avec toute la subtilité d'un vendeur de voitures d'occasion. Le message qui nous était destiné était qu'il avait l'oreille du président, qu'il en savait beaucoup, mais ne pouvait malheureusement pas nous dire grand-chose. Aucun signe de son épouse. À la place, une femme sensuelle, présentatrice du journal télévisé, jouait les hôtesses. Le trophée idéal pour un homme riche.

Pendant que la famille se mettait à table autour d'un plantureux repas à l'intérieur, le régime sur la terrasse était strictement liquide – le champagne rosé préféré de Mobutu. Si nous avions le malheur de délaisser notre verre plus de quelques minutes, notre hôte en jetait le contenu par-dessus la rambarde avec ostentation et nous resservait en s'exclamant : « Vous ne pouvez pas boire ça, il n'a plus de bulles ». Cette mise en scène, destinée à des invités qui gagnaient sans doute moins en un mois que ce qu'il venait de lancer dans la nuit, constituait un étalage de richesse d'une efficacité rudimentaire.

Nous étions tous passablement éméchés lorsque le Telecel du douanier en chef a sonné. Un bref échange en lingala s'est ensuivi et, quand notre hôte a raccroché, il avait des yeux comme des soucoupes. Un avion transportant les présidents du Rwanda et du Burundi avait été abattu, alors qu'il s'apprêtait à atterrir à l'aéroport de Kigali. Selon les rumeurs, Mobutu avait initialement prévu d'emprunter le même vol, mais il avait changé ses plans à la dernière minute. Les deux dirigeants étaient morts.

Il y a eu un silence sidéré. Qui avait bien pu faire ça ? Que cela signifiait-il pour l'Afrique, et pour le Zaïre en particulier ? La soirée a pris fin brusquement et les invités sont rentrés chez eux en murmurant des questions sans réponse.

***

Les conséquences devaient être cataclysmiques. Et quoi de plus normal que d'apprendre une telle nouvelle sur cette terrasse, en compagnie d'un homme qui incarnait ce qu'il y avait de pire dans le régime Mobutu ? Car l'explosion de cet avion présidentiel dans un pays montagneux et minuscule, presque à l'autre bout du continent, marquait le début d'un effet domino qui devait s'étirer sur plus d'un millier de kilomètres, depuis la fraîcheur des collines de la capitale rwandaise jusqu'à la chaleur torpide de Kinshasa.

Mobutu a passé cette nuit-là en larmes, pleurant son ami le président rwandais Juvénal Habyarimana et craignant pour l'avenir. Il avait raison de pleurer.

Trois ans plus tard, les répliques du 6 avril devaient provoquer la chute de son propre régime, siffler la fin de la politique de guerre froide en Afrique et marquer l'entrée du continent dans des eaux nouvelles et inconnues.

Habyarimana a sans doute été offert en sacrifice par les extrémistes hutu de son propre clan. Ces derniers, furieux que leur leader ait envisagé de partager le pouvoir avec le Front patriotique rwandais (FPR), un groupe rebelle à dominance tutsi, ont fait d'une pierre deux coups : ils se sont débarrassés d'un supposé traître et ont donné à la communauté hutu une excuse pour s'en prendre avec une férocité inouïe à la minorité tutsi qui vivait à leurs côtés[22].

Des désirs de massacre qui couvaient depuis longtemps contre les Tutsi, autrefois les aristocrates du Rwanda, se sont concrétisés sous l'impulsion des autorités locales, qui comptaient sur une obéissance inconditionnelle et instinctive de la population, conditionnée très tôt par l'un des États d'Afrique les plus strictement bureaucratiques. Comme prévu, les villageois hutu ont fait exactement ce qu'on leur ordonnait. Menés par les milices connues sous le nom d'Interahamwe (« Ceux qui travaillent ensemble »), ils se sont jetés sur leurs voisins tutsi. En l'espace de trois mois, le Rwanda était jonché de monceaux de cadavres puants. Entre 500 000 et 1 million de Tutsi et de Hutu modérés sont morts, dans le génocide le plus rapide du monde, perpétré la plupart du temps avec un outil des plus basiques : la machette.

Les massacres n'ont toutefois pas eu l'effet escompté. Les extrémistes hutu avaient pour objectif final le contrôle d'un État mono-ethnique. Mais le FPR, dont les combattants étaient surnommés les « cafards » par les Hutu, a au contraire intensifié sa campagne militaire. En juillet, ils ont pris Kigali, forçant les fanatiques hutu à se réfugier dans les pays voisins. Clamant haut et fort que les Tutsi risquaient de se venger des massacres commis par une communauté tout entière, les fuyards ont entraîné à leur suite plus de 2 millions de paysans. Chargé de paillasses et de marmites – le strict nécessaire de l'existence –, plus d'un quart de la population rwandaise a abandonné les villages, au cours de l'exode le plus rapide de l'histoire moderne.

---

22. Avec le temps, j'ai fini par remettre en question cette version des faits. Comme je le rapporte dans mon ouvrage, *Rwanda, Assassins sans frontières, Enquête sur le régime Kagame*, paru également aux éditions Max Milo en 2023, certains membres importants de l'élite du FPR ont par la suite affirmé que c'était en réalité leur mouvement rebelle qui était responsable de l'explosion de l'avion présidentiel. Leur intention, m'ont-ils expliqué, était de mettre K.O le régime de Habyarimana. S'ils s'attendaient bien à quelques représailles contre la communauté tutsi, personne n'a jamais envisagé un massacre d'une telle ampleur. Une série d'enquêtes concernant l'accident d'avion, menées par la France, la Belgique et le Rwanda, sont parvenues à des conclusions différentes.

Ravageant tout sur leur passage, tel un essaim humain engloutissant bois, bétail et récoltes, les Hutu ont pris la direction de la Tanzanie, du Burundi, de l'Ouganda et du Zaïre. Heure après heure, des centaines de milliers de pieds nus traversaient à la hâte des postes-frontières débordés, dans un concert de chuchotements coupables et apeurés. Une fois la frontière franchie en toute sécurité, les réfugiés se sont arrêtés. Plus de la moitié d'entre eux se sont retrouvés au Zaïre, dans la région du Kivu, et se sont installés sur la roche noire impitoyable de Goma, Bukavu et Uvira.

Au départ, alors qu'une épidémie de choléra tuait des dizaines de milliers de personnes, ces réfugiés ont été considérés par l'Occident comme les victimes impuissantes d'un conflit ethnique. L'une des opérations humanitaires les plus complexes que le monde ait jamais vues s'est mise en place dans la région des Grands Lacs, avec 200 organisations sur le pied de guerre pour fournir médicaments, abris, médecins, infirmiers, nourriture et eau. Une fois passée la crise immédiate, un statu quo d'un genre plus sinistre a émergé de la fine nappe grise qui se formait au-dessus de chaque campement, produite par les innombrables feux de charbon de bois.

Encouragés par les organismes humanitaires, qui trouvaient plus facile de distribuer l'aide via des voies hiérarchiques déjà établies, les maires et préfets qui avaient orchestré le génocide au Rwanda ont habilement repris le contrôle de leur groupe. Les Interahamwe et les soldats de l'armée fournissaient les muscles nécessaires pour maintenir l'ordre au nom de ce gouvernement de fortune. Les hommes qui figuraient sur les listes des ONG enquêtant sur le génocide au Rwanda n'avaient pas été écartés par la communauté qu'ils avaient si douloureusement trompée. Au contraire, c'était eux qui décidaient à présent qui recevait de la nourriture et en quelles quantités, et ils prélevaient même une sorte de taxe. Déterminés à empêcher un retour en masse au pays, ce qui les priverait de leur pouvoir politique, ils racontaient aux crédules que, s'ils repartaient au Rwanda, ils se feraient crever les yeux. Les corps de ceux qui osaient les défier étaient retrouvés le matin par les humanitaires, comme une leçon lapidaire à destination des autres.

Tel un monstrueux cancer, les camps s'étendaient, fusionnaient, s'amalgamaient et s'implantaient dans la chair de l'est du Zaïre. Cet exil qui devait ne durer que quelques semaines s'est prolongé. Les semaines sont devenues des mois, les mois, des années. Régulièrement, le bureau du Haut-Commissariat aux réfugiés de l'ONU (UNHCR) annonçait que les conditions étaient réunies pour un retour. Tout était prêt : le transport, les étapes prévues, on avait même obtenu le prétendu soutien de leaders de la communauté. Pourtant, les cars partaient presque vides et les rares passagers à bord s'attiraient des regards mornes de la foule. Car les exilés hutu avaient décidé que tout retour ne se ferait qu'à la tête d'une armée conquérante. À cette fin, les anciens généraux et miliciens rwandais se réarmaient et recrutaient, transformant le supposé statut de réfugiés des habitants du camp en une farce grotesque. Les extrémistes étaient si confiants qu'ils formaient même de jeunes combattants sous le nez des ONG. Préoccupés par leurs objectifs, conscients que la communauté internationale n'était pas prête à saisir à bras le corps l'immense problème posé par ces radicaux, les humanitaires se voilaient la face.

Il y avait de moins en moins de raisons de partir. Depuis le ciel, d'où apparaissaient clairement les ruelles, les points de distribution, les cliniques et les préfectures divisant cette mosaïque de tentes bleues, rouges ou vertes, on comprenait qu'il s'agissait moins de campements que de véritables villes, avec les allées et venues et l'incessante agitation commerciale caractéristique de toute agglomération urbaine complexe. En matière d'adaptation à l'adversité, les réfugiés rwandais auraient même eu une chose ou deux à enseigner sur l'Article 15 à leurs voisins zaïrois. Les troupeaux de bovins, qui fournissaient le célèbre fromage de Goma, ont petit à petit disparu des collines environnantes, volés par les Rwandais qui possédaient leur propre abattoir. Il circulait tellement de viande dans les campements que celle-ci coûtait moins cher que dans le centre de Goma. La faune locale – des singes écorchés comme des cuissots d'hippopotame – offrait une alternative exotique. Lorsqu'ils s'aventuraient dans le parc national des Virunga, ancienne attraction touristique située non loin de là, les réfugiés prenaient tout ce qu'ils trouvaient. Les zones dénudées qu'ils laissaient derrière eux après avoir abattu les arbres pour faire du charbon étaient si vastes qu'elles apparaissaient sur les clichés satellites.

En 1995, une enquête de l'UNHCR a recensé près de 82 000 entreprises florissantes dans les camps, notamment 2 324 bars, 450 restaurants, 589 magasins généraux, 62 coiffeurs, 51 pharmacies et 25 bouchers. Des cinémas côtoyaient des studios de photo. Il était possible de boire une Primus dans l'un des nombreux cafés, en attendant qu'un tailleur termine de vous coudre un costume. Les marchés des campements étaient si bien achalandés en légumes, cultivés par des réfugiés dans de minuscules potagers, qu'il arrivait que des Zaïrois viennent y faire leurs courses. Les réfugiés avaient même mis en place leur propre service de transport entre les camps et Goma, grâce à des cars autrefois donnés au gouvernement rwandais par le Japon. Si ce n'était pas le grand luxe, l'existence était certainement tolérable. Avec la vaccination, une alimentation régulière et des visites médicales, les Rwandais bénéficiaient d'un niveau de vie plus élevé que la plupart des paysans zaïrois de la région.

Tout cela grâce à l'UNHCR et la myriade d'organisations humanitaires installées à Goma. Dans les premiers jours de la crise, ces dernières ont inondé les camps de nourriture, de bâches en plastique et d'ustensiles, sans se rendre compte qu'elles faisaient double emploi. Ce surplus initial a permis aux leaders des communautés de constituer des stocks, matière première pour amorcer l'économie du camp et faire commerce avec la population locale. Le soudain afflux d'argent ne s'est pas arrêté avec la stabilisation de la crise. Les agences avaient besoin de camions et d'avions, elles louaient des bureaux, des entrepôts et des chambres d'hôtel, embauchaient des interprètes, des administrateurs et des chauffeurs. Dans les neuf derniers mois de 1994 seulement, l'UNHCR et les ONG ont consacré pas moins de 336 millions de dollars à la partie zaïroise d'une vaste opération d'aide aux réfugiés dans toute la région des Grands Lacs. Une enveloppe qui dépassait le budget de fonctionnement annuel du gouvernement de Kinshasa. Même si la somme était en partie dépensée hors de cette zone, pour des vols en avion et de la logistique, le reliquat constituait déjà une injection conséquente dans cette province reculée et jusqu'alors négligée.

Pour Mobutu, président habitué à maintenir son emprise sur le pays grâce à l'argent, l'afflux financier dans cette bande de 150 kilomètres le long du lac Kivu a marqué un tournant. Alors que Gécamines et la MIBA, ses sources traditionnelles de revenus, fonctionnaient à peine, le Zaïre était inondé d'une manne qu'il ne pouvait ni contrôler ni s'approprier. Pour les généraux et les grosses légumes, qui considéraient autrefois Mobutu comme leur seul pourvoyeur, il y avait des armes à vendre, des accords de sécurité à négocier avec les extrémistes hutu, des contrats pour des vivres et des moyens de transport à passer avec les ONG. Chaque transaction était une occasion de corruption, avec les commissions et les « fuites » habituelles, tout cela sans solliciter Mobutu. Pour un leader dont la survie dépendait du népotisme financier, c'était la dernière étape d'un interminable processus de marginalisation économique.

Si les camps de réfugiés du Kivu ont enseigné à l'élite du Zaïre qu'elle n'avait plus besoin de Mobutu pour prospérer, ils ont également fait prendre conscience aux États voisins que ce dernier n'était plus vraiment dans la partie. Tout au long de sa carrière, Mobutu avait aidé, accueilli ou simplement toléré sur son territoire des groupes de guérilla qui cherchaient à renverser ses homologues d'Afrique centrale. Les extrémistes hutu, déterminés à ébranler l'hégémonie tutsi à Kigali, ne faisaient pas exception. Ils avaient établi de solides liens d'amitié avec les commandants de l'armée zaïroise, qui les ont laissés saboter à loisir les tentatives du FPR pour bâtir une société post-génocide, par une série de raids lancés depuis l'autre côté de la frontière. Ayant importé du Rwanda leur contagieuse haine ethnique, ils ont remporté le soutien des Zaïrois pour une grande opération de nettoyage dans le territoire de Masisi, dans le Nord-Kivu, afin de se débarrasser des Tutsi, qui n'avaient jamais été très populaires auprès des autres ethnies zaïroises. On était à l'étroit dans les camps et les Hutu cherchaient une patrie temporaire d'où préparer et planifier leur invasion.

À la fin de l'année 1996, le Sud-Kivu a connu à son tour une épuration ethnique. Le sous-gouverneur local a notifié aux Tutsi des collines banyamulenge qu'ils étaient *persona non grata* au Zaïre. Aux yeux des Banyamulenge, qui avaient vu leurs frères tutsi au Rwanda et au Masisi être massacrés et chassés, cela revenait à annoncer l'imminence d'un nouveau génocide. Pour les autorités à Kigali, cela n'avait rien de surprenant. Elles avaient vu les extrémistes établir leur fief dans le Kivu et avaient tenté en vain de prévenir les raids de guérilla lancés depuis le Zaïre, qui laissaient dans leur sillage des cars calcinés et des écoles criblées de balles, et faisaient de la réconciliation ethnique une mauvaise plaisanterie. Avec leur allié l'Ouganda, elles s'étaient plaintes de façon répétée auprès du Zaïre, avaient réclamé à l'ONU que les camps soient éloignés de la frontière ou que les extrémistes soient mis au pas, et avaient même laissé entendre qu'elles envisageaient une action unilatérale. Mais rien n'avait bougé.

Les Rwandais ont alors commencé à infiltrer des combattants tutsi et des armes dans l'est du Zaïre. En octobre 1996, à leur instigation, quatre mouvements de guérilla ont annoncé la formation de l'Alliance des forces démocratiques pour la libération (AFDL) à Lemera, dans le Sud-Kivu. Dans les affrontements qui ont suivi, il a fallu moins d'un mois à la coalition rebelle et ses alliés voisins pour accomplir ce que l'ONU et le Zaïre n'avaient pas réussi à faire en deux ans et demi. Lorsque les Interahawme ont fui vers l'ouest, embarquant tous ceux qu'ils pouvaient avec eux, l'emprise des extrémistes sur les campements s'est enfin brisée. Les projets de l'ONU pour créer une force internationale et « sauver » les réfugiés rwandais coincés dans les camps ont discrètement été remisés. À chaque poste-frontière, un ruban multicolore de réfugiés – ployant sous les matelas et les ustensiles de cuisine – s'étirait à perte de vue. L'air résonnait de nouveau du chuintement de milliers de pieds dans la poussière. Les Hutu du Rwanda rentraient chez eux, vaille que vaille[23].

---

23. Tous les réfugiés rwandais ne sont pas retournés chez eux. Certains, notamment des miliciens hutu, des membres de l'ancienne armée de Habyarimana et de nombreux civils non armés ont fui plus loin au Zaïre, où ils ont été pourchassés par l'AFDL et la nouvelle armée du Rwanda. En 2010, l'ONU a publié un rapport Mapping, qui cartographiait 617 atrocités distinctes commises entre 1993 et 2003 en RDC et soulevait la question de savoir si certains de ces actes pouvaient être classés comme crimes de génocide.

CHAPITRE 12
LES QUATRE INSÉPARABLES

«Les dictateurs vont et viennent sur le dos de tigres dont ils n'osent pas descendre. Pendant ce temps, les tigres commencent à avoir faim.»

Winston Churchill

À la fin de l'année 1996, lorsque les représentants de l'AFDL ont commencé à appeler les bureaux de la BBC à Nairobi pour faire part de leur intention de marcher jusqu'à Kinshasa, les journalistes les ont accueillis avec lassitude : encore un de ces mouvements de guérilla inconnus, à l'acronyme aussi long qu'obscur, qui ébauchaient des projets fous et lançaient des déclarations grotesques. L'Afrique n'en manque pas : ce genre de groupes apparaissent, se scindent en factions – nouveaux acronymes et sigles –, pour disparaître tout aussi soudainement.

Partout ailleurs dans le monde, il aurait sans doute été question de raids sur des villages sans défense, de quelques affrontements avec l'armée et d'annexions limitées de territoire. La coalition de l'AFDL était un salmigondis de convictions, d'expériences et de motivations. Parmi ses membres, on trouvait autant des communistes que des universitaires formés aux États-Unis, en passant par des petits malfrats de la campagne. Ils avaient à peine eu le temps de se mettre d'accord sur une structure claire ou une ligne idéologique, que le vice-gouverneur du Sud-Kivu les propulsait sur le devant de la scène. Laurent Kabila, porte-parole devenu chef, était un maoïste doté d'un sens commercial aigu qui avait établi un fief à l'est du Zaïre en faisant de la contrebande d'or et d'ivoire, trafic à l'occasion agrémenté de quelques prises d'otages d'Occidentaux. Certains de ses collègues se battaient pour renverser le capitalisme, d'autres, pour la survie de la communauté tutsi du Zaïre, d'autres encore, pour précipiter la fin de Mobutu.

Rapidement, des histoires ont commencé à parvenir du Kivu : viols, pillages, vols de voitures, meurtres commis par des combattants hystériques effrénés. Mais en y regardant d'un peu plus près, ces exactions n'étaient pas perpétrées par les rebelles en déroute. Au premier signe d'un affrontement avec l'AFDL et leurs alliés rwandais et ougandais, l'armée honnie du Zaïre prenait ses jambes à son cou, emportant tout ce qui lui tombait sous la main, dérobant les 4x4 des ONG pour gagner l'intérieur du pays.

Pendant que Kinshasa promettait une « contre-attaque implacable » qui n'aurait jamais lieu, les villages se rendaient les uns après les autres à l'AFDL, dont les combattants, chaussés de leurs bottes en caoutchouc noir caractéristiques, parvenaient à peine à suivre la débâcle des forces régulières. Malgré des appels impuissants de l'ONU pour un cessez-le-feu, on s'est vite rendu compte qu'il y avait peu de batailles. Les victoires ont commencé à respecter une routine prévisible : les rebelles en approche annonçaient haut et fort leur intention de conquérir telle ou telle ville. Les dignitaires locaux, alertés par l'arrivée des premiers déserteurs éméchés de l'armée, rassemblaient alors des fonds pour affréter des camions ou des avions et évacuer les FAZ qui battaient en retraite. Si les habitants n'avaient pas les moyens de payer le transport, ils prenaient la route, craignant plus la brutalité de leurs propres troupes que toutes les exactions des rebelles.

Le régime de Mobutu n'en croyait pas ses yeux et l'Occident non plus. Avec le recul historique, les télégrammes envoyés par Daniel Simpson, ambassadeur des États-Unis à Kinshasa à l'époque, sont un modèle d'incompréhension totale. Ils illustrent parfaitement à quel point le corps diplomatique en poste au Zaïre – tout comme la population – était sous le charme de Mobutu. « Le pire est presque passé. Les Rwandais ont atteint leurs objectifs », affirmait Simpson à Washington, au début du mois de novembre. Quelques jours plus tard, alors que l'AFDL gagnait encore du terrain, il estimait impossible que les rebelles bénéficient de soutien en dehors de la région du Kivu. Pour lui, l'idée que le mouvement puisse avoir des partisans dans tout le pays était « simplement stupide ».

Début décembre, Simpson écartait tout risque de voir les rebelles bifurquer plein ouest pour se diriger vers la capitale. « Un état tampon comme au Sud-Liban, c'est simplement ça que le Rwanda et l'Ouganda veulent », affirmait-il. En janvier 1997, lors d'un bref répit qui a précédé l'entrée de l'armée angolaise dans l'assaut contre Mobutu, Simpson concluait : « La rébellion rwando-ougandaise dans l'est du Zaïre est en train de s'essouffler ».

Quoi qu'aient pu en penser les grosses légumes de Kinshasa, la progression éclair de l'AFDL ne devait rien au soutien logistique massif des nations anglophones occidentales, déterminées à détruire leur ancien allié. La défense du Zaïre s'effondrait sur elle-même, tel un fruit rongé de l'intérieur. Tandis que les villages accueillaient les «libérateurs» de l'AFDL, l'expédition, lancée à l'origine par le Rwanda et l'Ouganda pour régler un problème de frontières, s'est soudain muée en invasion d'un vaste pays. Pour détourner la citation de Churchill : jamais dans l'histoire des conflits militaires, tant de territoire a été capturé par si peu de gens avec si peu d'effort.

***

L'armée du Zaïre, source d'embarras national, trouvait ses racines dans la Force publique de l'époque coloniale, à l'efficacité aussi brutale que détestée. Les officiers zaïrois étaient formés dans les meilleures académies des États-Unis, de France, de Belgique et d'Israël, instruits par des experts venus d'Allemagne, d'Égypte, de Chine ou de Corée du Sud, et équipés du matériel le plus sophistiqué jamais vu en Afrique. La France avait fourni un lot de Mirage, la CIA, des techniciens pour l'entretien de la flotte aérienne. Dans les années 1970, cette force était considérée comme assez crédible pour contribuer à des opérations internationales de maintien de la paix. D'autres nations africaines envoyaient même leurs propres officiers s'instruire dans des centres d'excellence militaire au Zaïre.

Pendant la première décennie du règne de Mobutu, l'armée faisait la joie et la fierté du président – moderne, bien développée et restructurée. L'ancien sergent devait son ascension à son succès à contenir une mutinerie et à sa compréhension de ce qui faisait vibrer les simples recrues. Sa capacité à se maintenir au pouvoir malgré une popularité en berne était en partie due à la peur qu'inspiraient à la population ces soldats qui se débarrassaient à présent de leur uniforme en toute discrétion, pour se fondre dans la masse. Personne, certainement, n'avait plus conscience que Mobutu de l'importance du moral de l'armée. Que s'était-il donc passé ?

Au bar de l'hôtel Intercontinental à Paris, je retrouve un homme qui pense connaître la réponse à cette question. Dehors, un soleil resplendissant inonde les touristes qui arpentent les allées de gravier du jardin des Tuileries, mais à l'intérieur, c'est la pénombre. Par conséquent, les verres photosensibles de mon interlocuteur se sont éclaircis et je distingue ses yeux, d'habitude dissimulés derrière ses lunettes noires. Il est un peu plus petit que dans mon souvenir et, l'espace d'un instant, je me demande comment cet individu discret et sobrement vêtu – la seule extravagance visible est une montre en or incrustée de diamants – a jamais pu être une personnalité aussi controversée.

C'est lorsqu'il commence à parler que son surnom me revient à la mémoire. C'est un détail auquel il ne fait pas bon faire allusion en la présence de l'intéressé, mais Honoré Ngbanda Nzambo Ko Atumba est plus connu parmi les Zaïrois comme le « Terminator ». C'est une référence aux horreurs commises par les « Hibous », sinistre unité responsable de disparitions nocturnes et d'interrogatoires musclés visant militants d'opposition et étudiants turbulents, pendant les cinq années où il a dirigé le service des renseignements. C'est vrai qu'il y a quelque chose dans la voix du Terminator qui vous glace le sang. Une voix sèche, légèrement nasale et reconnaissable entre mille. Son français est impeccable, sa syntaxe navigue à merveille dans les méandres des subordonnées et des subjonctifs, signalant un esprit froid et précis en coulisses. C'est cette sophistication qui a déterminé le cours de sa vie.

Honoré Ngbanda Nzambo Ko Atumba était un jeune homme brillant, ancien séminariste, quand Mobutu l'a repéré. Envoyé par le corps des étudiants pour présenter des doléances au président, il a si bien défendu sa cause que Mobutu a demandé au responsable de ses services secrets de suivre de près le parcours universitaire du garçon et de le recruter dès qu'il aurait obtenu ses diplômes. Sur une suggestion de sa mère, Ngbanda a renoncé à ses ambitions de devenir prêtre, ce qui ne l'a pas empêché de conserver une ferveur chrétienne certaine. Le monde séculaire l'appelait, qui devait lui apporter une opulence peu monacale, mais partageait certaines caractéristiques avec la prêtrise : une parfaite connaissance des forces occultes et des secrets les plus intimes, une conscience aiguë des rouages invisibles aux yeux du peuple et enfin, un accès privilégié à un être suprême qui inspirait effroi et admiration au commun des mortels. Comme les Jésuites l'ont prouvé pendant l'Inquisition, la spiritualité peut aller de pair avec une détermination implacable, quand un individu est convaincu de la justesse de sa cause.

Après plusieurs affectations à l'étranger, il a obtenu un poste d'ambassadeur, puis la direction du Service national d'intelligence et de protection (SNIP), avant de faire trois passages au ministère de la Défense et d'être nommé conseiller spécial de Mobutu sur les questions de sécurité. Le Terminator a réussi là où Janssen, le play-boy blanc aux yeux plus gros que le ventre, avait échoué. Il était dans le secret des pensées les plus intimes du président et on lui confiait les missions diplomatiques les plus délicates. Son rôle, qui lui a valu le sobriquet de « Spécial » de la part de Mobutu, a fait de lui une cible de choix pour les médias populaires de Kinshasa. Les journalistes spéculaient sur ses intérêts financiers, les dessinateurs de presse le caricaturaient – avec ses éternelles rouflaquettes et ses lunettes de soleil – comme une sorte d'espion-voyou fomentant de noirs complots avec son complice Vunduawe Te Pemako, les deux puissances réellement à l'œuvre derrière le trône laissé vacant, tandis que Mobutu folâtrait à Gbadolite.

C'est cette image que Ngbanda a entrepris de déconstruire en racontant les derniers moments de Mobutu, depuis un confortable exil en Afrique du Sud. Bien qu'évoquant son bien-aimé « Maréchal » avec intimité et affection, le Terminator n'en délivre pas moins dans cet ouvrage une série d'uppercuts ravageurs. Brossant un portrait pitoyable d'un président vacillant, d'une naïveté surprenante et souvent en larmes, Ngbanda adresse un message clair : malgré son rôle primordial de confident, il n'en a jamais fait plus que ce qu'on lui demandait. Ses conseils étaient fréquemment ignorés ou appliqués trop tard par un chef d'État dépassé par les événements. La débâcle consécutive est à mettre sur le compte de la famille, des généraux, de l'Occident, mais jamais, ô grand jamais, sur celui du conseiller spécial en sécurité du président[24].

Une posture qui exaspère de nombreux membres de l'ancienne élite, y compris la famille Mobutu. « C'est bien trop facile pour les adjoints de répéter : "On donnait de bons conseils à Mobutu, mais il ne les écoutait jamais" », fulmine Nzanga, son fils, qui est fier de n'avoir eu aucun contact avec le Terminator depuis son départ de Kinshasa. « Si un président n'écoute pas vos conseils pendant dix ans, il faut démissionner. Je pense qu'un vague *mea culpa* n'aurait pas été de trop, de la part de gens comme Ngbanda. »

Il y a en effet certains passages dans le récit déroulé par Ngbanda, où il devient un peu trop flagrant qu'il réécrit l'histoire pour s'assurer d'en émerger indemne. Étant donné sa proximité avec le cœur palpitant du pouvoir, il est surprenant de constater avec quelle régularité le Terminator était pris au dépourvu, avec quelle constance les ambassadeurs et chefs d'État étrangers devaient détailler à cet homme du sérail des faits dont tout Kinshasa avait déjà connaissance. Pourtant, quand on met de côté l'innocence soigneusement affichée et les excuses toutes trouvées, on voit apparaître la capacité d'analyse qui impressionnait tant Mobutu. Les critiques du Terminator à l'encontre des forces armées du Zaïre – ce corps qui s'est retourné contre ses citoyens, dévorant ses propres entrailles, tel un animal enragé – sont si bien argumentées, que même ses pires ennemis ne peuvent qu'acquiescer sombrement.

Pour Honoré Ngbanda, le problème prend sa source dans la technique de gestion sur laquelle Mobutu a fondé son régime. Appliqué pendant des décennies, ce « diviser pour mieux régner » consistait au bout du compte à ériger

---

24. Honoré Ngbanda a par la suite cosigné plusieurs ouvrages en exil et a lancé un parti d'opposition constitué d'anciens mobutistes, qui critiquait avec virulence l'influence du Rwanda sur les présidents Laurent et Joseph Kabila. Il a ensuite déménagé au Maroc, comme son ancien patron, où il est mort en 2021, à l'âge de 74 ans.

l'inaction au rang d'art. Là où il aurait dû y avoir un processus décisionnel, il n'y avait que du vide. Certes, cela permettait une certaine forme de stabilité, mais c'était la stabilité d'un élastique tendu à l'extrême, le calme au cœur d'une centaine de forces tendant toutes vers des objectifs différents. Pour vraiment accomplir quelque chose, pour construire un pont, paver une route ou remporter une guerre, ces énergies doivent, au moins brièvement, œuvrer dans le même sens. Tout comme il empêchait la moindre action concertée au niveau politique, Mobutu, maître en mystification, s'assurait avec soin que les forces armées ne bénéficiaient jamais d'une structure hiérarchique unifiée qui aurait pu être exploitée par un rival populaire.

Son attitude envers l'armée a connu un changement radical à la fin des années 1970, lorsqu'il a pris conscience du danger que représentait une force disciplinée et motivée. En 1975, plusieurs officiers de la région centrale des Tetela ont été arrêtés, accusés de chercher à renverser le président. Trois ans plus tard, une autre tentative présumée de coup d'État a été déjouée. Treize personnes ont été exécutées et plus de 200 officiers du Kasaï, du Bandundu et du Shaba ont été éliminés.

Mobutu avait déjà incité les commandants les plus âgés qui l'avaient aidé à prendre le pouvoir à partir à la retraite. À présent, l'armée perdait une énorme portion de ses éléments les plus gradés. Les Kasaïens étaient jugés peu dignes de confiance, étant originaires de la même province que Tshisekedi. Mais quand le Bandundu et le Shaba ont également été déclarés interdits de recrutement, les forces armées ont commencé à revêtir une teinte de plus en plus équatoriale. Cette ethnicisation n'avait rien de nouveau. Comme toute puissance coloniale, la Belgique avait tendance à classer les différents peuples du Congo en «guerriers» et «non-guerriers». Les hommes du clan de Mobutu avaient été catégorisés comme des guerriers naturels et, par conséquent, ils occupaient déjà un nombre de postes disproportionné au sein de l'armée. Mobutu a simplement poussé ce principe un peu plus loin, en veillant à ce que les échelons les plus élevés de la hiérarchie militaire soient réservés à des ethnies favorables à son règne.

L'Occident continuait à abreuver le Zaïre de financements, d'équipement et d'experts, pour tenter d'instaurer une armée respectable. Mais cela ne servait pas à grand-chose. De plus en plus, l'expérience et le professionnalisme étaient considérés comme superflus pour accéder à des postes gradés, qui étaient attribués à des hommes des provinces du Haut-Zaïre ou de l'Équateur. Rapidement, cette réserve de recrutement, déjà limitée, s'est encore restreinte à la région du Nord-Ubangi, dont sont originaires les Ngbandi. Avec les membres de la Division spéciale présidentielle (DSP), enrôlés très majoritairement chez les

Ngbandi, le concept a été poussé à sa logique extrême. La loyauté de ces soldats d'élite, étrangers à Kinshasa, craints par la population, était quasiment garantie. Tout en prêchant publiquement pour une grande nation zaïroise, Mobutu ne faisait clairement confiance qu'à sa propre ethnie pour sa sécurité.

Parmi les Ngbandi, c'étaient les membres de la famille de Mobutu qui s'en sortaient le mieux, avec des étoiles de généraux libéralement distribuées aux cousins et beaux-frères. Toutefois, Mobutu connaissait trop bien ses proches pour être totalement à l'aise avec ce genre d'arrangement. Pour distraire ces hauts gradés, il les maintenait dans un état d'incertitude et veillait à ce qu'ils passent leur temps à se chamailler entre eux. Faisant usage d'une méthode perfectionnée par Adolf Hitler, Mobutu donnait des responsabilités similaires à des ennemis jurés, puis se calait dans son fauteuil pour regarder voler les plumes. «Tous les ministres de la Défense, généraux de l'armée, ont eu chacun, à la tête de l'armée ou dans l'entourage du président Mobutu, son "opposant" qu'ils devaient combattre ou dont ils devaient se défendre : Bumba subit les assauts de Molongya ; Singa affronta les attaques de Lomponda ; Likulia fit avaler des couleuvres à Eluki ; Mahele en fit voir de toutes les couleurs à Eluki ; tandis que Singa, revenu à la Défense, subit les coups de maîtres que lui a portés Likulia comme secrétaire d'État... La liste est longue», se souvient le Terminator. Une telle rivalité, souligne-t-il, ne devait rien au hasard ; c'était le principe même de la gestion des forces armées.

Tandis que les généraux se prenaient le bec, une myriade de forces d'élite surgissait, toutes sous les ordres directs de Mobutu. Chaque général tentait de renforcer sa position en recrutant le plus possible de jeunes de son propre village et en poussant à des promotions répétées. Les montées en grade survenaient à une vitesse fulgurante. En 1997, l'état-major avait atteint des proportions ridicules, avec cinquante généraux et plus de 600 colonels.

À cheval sur le tigre, Mobutu endossait plus le rôle d'un «*capo dei capi*» mafieux, point focal de plusieurs gangs profondément ethnicisés, que celui de commandant suprême des forces armées. Il autorisait une certaine élite à se développer, puis quand celle-ci menaçait de devenir un véritable problème, il faisait basculer les ressources et son soutien à une autre. D'où la multiplication d'unités spéciales et d'organismes de sécurité qui empiétaient bien souvent sur les terres les uns des autres : la DSP, la Garde civile, le SARM (Service d'actions et de renseignements militaires), la division Kamanyola, les paracommandos, la 21e Brigade, la 31e Brigade, le SNIP et, pour fermer la marche, la gendarmerie, la police et les forces régulières de l'armée zaïroise (les FAZ). Malgré la taille du pays, la plupart de ces troupes d'élite étaient maintenues à proximité de Kinshasa, plutôt que d'être envoyées patrouiller aux frontières. Leur positionnement était à l'image de leur rôle. L'armée zaïroise n'avait pas pour but de résister à une attaque extérieure ; c'était une machinerie de sécurité intérieure, dont la seule raison d'être était de protéger le président.

Si l'état-major bénéficiait au moins d'un salaire élevé, d'équipements corrects et du respect social né de la peur, les membres de l'armée régulière étaient traités comme des chiens. À eux tous, les généraux ngbandi ne capitalisaient pas beaucoup d'expérience, mais ils n'avaient pas leur pareil pour se remplir les poches. La méthode la plus simple était de s'approprier le contenu des camions qui apportaient la paie des soldats chaque mois. Cette pratique explique d'ailleurs pourquoi, curieusement, personne n'a jamais su le nombre exact de soldats au Zaïre. Les généraux demandaient la solde pour 140 000 hommes, presque le double des 80 000 estimés par la plupart des experts. Le gouvernement savait qu'il se faisait avoir. Mais lorsque Ngbanda, fraîchement nommé ministre de la Défense, a tenté d'organiser un comptage précis pour mettre un terme à cette double facturation, il a découvert quels redoutables adversaires les généraux pouvaient devenir. Ces derniers ont déclaré à leurs troupes que le nouveau ministre avait suspendu leur paie pour indiscipline, avant d'avertir Mobutu qu'une mutinerie menaçait d'exploser. Le président a alors supplié Ngbanda de renoncer à son projet.

Comme on pouvait s'y attendre, ces soldats armés, mais rémunérés une misère, n'ont pas tardé à prendre les choses en main. Émergeant des casernes, ils se sont jetés sur leurs concitoyens, selon une tradition fermement établie par la Force publique. Encouragées par le président à « puiser dans les ressources » de leur pays, les FAZ se sont petit à petit désagrégées, pour devenir expertes en braquages de voitures et vols de bière, mais totalement incompétentes dans les affaires de la guerre. Pour qui n'a pas vécu dans un pays tombé aux mains d'une armée-voyou, il est impossible d'imaginer à quel point un tel phénomène affecte une société. Le cœur d'un Occidental blanc de la classe moyenne ne se met pas à battre la chamade à la vue d'un uniforme militaire. Le mien, en revanche, après les années passées à Kinshasa, a pris le pli. Un déclic s'était produit dans ma tête et je ne considérais à présent plus l'armée comme un bouclier protégeant la société, mais comme une bombe à retardement bourrée de testostérone, prête à exploser à la figure de sa propre population.

Ces jeunes gens en colère, avec leurs lunettes de soleil de mafieux, leurs chargeurs de kalachnikov scotchés ensemble et leur pantalon retenu par un lacet de chaussure, ont infiltré tous les aspects de la vie – l'Article 15 dans toute sa laideur. À des « barrages routiers » – un bout de ficelle tendu en travers du goudron –, ils se prélassaient, ivres, et prélevaient des « taxes » sur les marchandises qui entraient dans la capitale. Dans les bars, ils ordonnaient aux clients de leur offrir des bières ; ils grimpaient avec leur arsenal dans des taxis et obligeaient les passagers terrifiés à accepter leur « protection ».

Chaque mois, la nervosité croissait au fur et à mesure que la solde dérisoire des soldats s'épuisait, et les abus devenaient plus flagrants. Puis venaient quelques semaines d'incertitude et de rumeurs. Untel était sûr que les troupes avaient été payées, mais Untel affirmait qu'elles n'étaient pas satisfaites du montant. Il suffisait d'une coupure de courant pour que les hommes d'affaires en panique se ruent sur leur Telecel pour avertir d'une nouvelle vague de pillages.

Tel un adolescent maussade qui terrorise ses propres parents, l'armée prenait le Zaïre en otage. Et les Zaïrois tendaient le dos, si fiers de leur tradition de non-violence, si englués dans leur passivité. « Les Zaïrois sont en grande partie responsables, affirme un médecin qui a travaillé seize ans à Kinshasa. Il aurait suffi que quelques-uns de ces soldats qui se pavanaient en ville se retrouvent une nuit avec la gorge tranchée et cela aurait tout changé. Au lieu de ça, les Zaïrois laissaient les coupables vivre parmi eux. »

Mobutu aussi a fini par payer le prix d'un tel sabotage, comme un joueur de poker avec de mauvaises cartes qui espère que ses adversaires n'auront pas le cran de dénoncer son bluff. Son propre courage n'a jamais fait aucun doute. Un expatrié qui l'a accompagné sur plusieurs zones de conflit se souvient de lui, debout, le dos droit malgré les balles qui sifflaient, exhortant les soldats tremblants à se lancer dans l'action pour sauver leur amour-propre. Toutefois, il faut avoir de bons yeux pour dénicher des victoires sur la liste des combats menés par les FAZ. Elles étaient même si rares qu'elles donnaient lieu à des commémorations d'une redondance écœurante. Le yacht présidentiel, une division de l'armée et le stade de Kinshasa ont tous été baptisés d'après la ville de Kamanyola, située dans l'est du pays, où Mobutu et ses hommes ont repris un pont aux rebelles.

Mobutu a rendu les FAZ si inaptes qu'il devait faire appel à des étrangers pour s'occuper des véritables combats. En engageant les « Affreux » – groupe de mercenaires français tristement célèbre, dirigé par Bob Denard – pour soutenir sa tentative de sécession au Katanga après l'indépendance, Moïse Tshombe avait établi un précédent que Mobutu s'est empressé d'imiter. Quand la situation devenait tendue, des mercenaires américains, français, belges, cubains, sud-africains et rhodésiens entraient en scène. Ce n'était pas simplement le savoir-faire d'hommes comme le Français Bob Denard ou le Belge Jean Schramme qui intéressait Mobutu. Il recrutait aussi un mythe, un concept impitoyable, convaincu que la plupart des troupes africaines avaient hérité de l'expérience coloniale un colossal complexe d'infériorité, qui les avait persuadées qu'un homme blanc armé d'un fusil vaudrait toujours vingt guerriers du cru.

Toutefois, Mobutu ne faisait appel à des mercenaires que lorsqu'il ne pouvait pas compter sur ses amis étrangers pour combattre à sa place. Et la plupart du temps, ces derniers acceptaient de bonne grâce. En 1977, quand il a suffi de 1 500 rebelles katangais pour mettre les FAZ en déroute dans la zone stratégique du sud, la France a fait intervenir des troupes marocaines pour remporter la première guerre du Shaba. L'année suivante, une tentative similaire a été balayée par des légionnaires français et des paras belges, bientôt rejoints par une force de maintien de la paix panafricaine. Et lorsque l'armée elle-même a semblé sur le point de renverser Mobutu en 1991 et 1993, les unités françaises et belges sont une fois encore intervenues pour lui sauver la mise, les premières patrouillant dans les rues de Kinshasa, pendant que les secondes se rassemblaient le long de la frontière à Brazzaville. Pour quiconque envisageait de s'en prendre à Mobutu, le message était clair.

Toutefois, les deux « pillages » trahissaient que la tactique du diviser pour mieux régner commençait à montrer ses limites. L'anarchie que Mobutu avait nourrie pour se protéger menaçait à présent de faire s'écrouler tout le régime. Un signal, selon Ngbanda, que Mobutu a choisi de ne pas écouter. Au lieu de recadrer les généraux, il a distribué des promotions. Au lieu de discipliner les troupes mutines, il a accordé des augmentations de salaire – exercice assez vain, étant donné que les soldats voyaient rarement la couleur de leur solde.

Le retour de bâton ne s'est pas fait attendre, sous la forme d'une petite clique d'hommes qui devaient plus leurs étoiles de généraux à des liens de mariage, d'amitié ou de parenté avec le président qu'à de réelles compétences professionnelles. Surnommés les « Quatre Inséparables » par la population, ils formaient en réalité un groupe dans lequel deux généraux, Nzimbi Ngbale, cousin de Mobutu et chef de la DSP, et Baramoto Kpama Kata, commandant de la Garde civile, brillaient avec plus d'éclat, tandis que le général Eluki Monga et l'amiral Mavua Mudima faisaient office de satellites secondaires. Quand Mobutu s'est isolé à Gbadolite, les Quatre Inséparables en ont profité pour reprendre les rênes et devenir les véritables décideurs à Kinshasa. « Ils ne se quittaient jamais, que ce soit aux événements officiels ou en privé », faisait remarquer le général Ilunga Shamanga qui, en tant que Kasaïen, était maintenu à l'écart du cercle magique. « Ce qui ressemblait à un merveilleux exemple de solidarité et de cohésion était en réalité une simple association de malfaiteurs. »

En 1990, Mobutu a laissé les généraux prendre le contrôle des services de renseignement. Une bourde qui a particulièrement irrité Ngbanda et a eu de graves conséquences à long terme : les généraux pouvaient à présent transmettre au président des données frauduleuses sur la situation aux frontières et sur le moral des troupes. À partir de là, l'information objective nécessaire au président pour prendre des décisions réfléchies était corrompue. Pendant que les intentions de Mobutu continuaient d'obséder les journaux d'opposition, et que même les diplomates étrangers semblaient hypnotisés par le mythe du pouvoir présidentiel, la page avait en réalité déjà été tournée. Se pavanant dans la capitale à bord de leurs jeeps aux vitres teintées, les généraux trempaient dans toutes les entourloupes financières, depuis le commerce de diamants jusqu'à l'importation de faux billets. Ils commençaient aussi à tenter de mettre un pied dans la porte pour prendre part aux décisions politiques.

Le Terminator a compris que ce n'était plus son chef qui tirait les ficelles, quand les Quatre Inséparables se sont offusqués de ne pas avoir été consultés avant la nomination de nouveaux directeurs, à la banque centrale et dans plusieurs entreprises d'État, sources potentielles de revenus illicites. Ils ont envoyé des troupes et des chars cerner chaque bâtiment, empêchant ainsi les responsables de rejoindre leurs bureaux. Furieux, Mobutu les a alors convoqués à sa résidence. « Vous allez me libérer les entreprises assiégées, ou alors je démissione ! » a-t-il crié. Les généraux ont obéi, mais l'ultimatum de Mobutu avait réduit son entourage au silence. « Il n'avait pas menacé ses généraux de révocation ni de sanction disciplinaire pour insubordination, se souvient Ngbanda. C'est lui qui avait menacé de démissionner. Je compris que quelque chose venait de changer dans ses rapports avec ses généraux : le rapport de force !... J'avais l'intime conviction que le glas avait sonné pour le pouvoir du maréchal Mobutu. »

Plus significatifs encore que les ambitions politiques contrariées des généraux : leurs intérêts commerciaux, et particulièrement, le culot dont ils ont fait preuve en écoulant le contenu de l'arsenal national. Le général Ilunga évoque un épisode presque comique survenu en septembre 1995, lorsqu'il a appris que la flotte de Mirage du Zaïre, officiellement envoyée en France pour maintenance, avait en réalité été vendue en douce un an plus tôt. Quand Mobutu lui a demandé d'enquêter sur le sujet, Ilunga a découvert que les Mirage avaient été cédés pour permettre la modernisation des hélicoptères du président. Évidemment, personne n'a jamais vu la couleur des appareils en question.

En général, le trafic était cependant moins ambitieux. Il se limitait souvent à la vente de munitions et de fusils à des mouvements de guérillas ayant établi leur base sur les frontières à peine surveillées du Zaïre, sans tenir compte de leurs intentions amicales ou hostiles envers le régime de Mobutu. Il y avait quelque chose de presque absurde dans le comportement des commandants au Kivu : en dépit de signes clairs d'un conflit imminent, ils écoulaient gaiement des armes aux insurgés de l'AFDL – ceux-là mêmes qui finiraient par les chasser de la région. Puis, ils incendiaient l'entrepôt pour dissimuler la disparition. Avec toute la sagesse de celui qui tend un bidon d'essence et une boîte d'allumettes à son voisin pyromane, les généraux ne pouvaient s'empêcher de sceller ce genre d'accords, quitte à compromettre leur propre avenir.

Lorsque l'AFDL a entamé sa progression à travers le pays, dans ce qui devait être une des campagnes militaires les plus rapides de l'histoire africaine moderne, les généraux ont demandé l'augmentation du budget de la Défense. Ils ont ensuite siphonné les meilleures livraisons, laissant les FAZ avec des munitions qui ne correspondaient pas à leurs fusils et du matériel plus tout jeune en provenance d'Europe de l'Est. Peut-être les généraux avaient-ils fini par croire eux-mêmes aux rapports rassurants qu'ils servaient à Mobutu. Peut-être étaient-ils trop stupides pour envisager les conséquences de leurs actes. «Une telle attitude est incompréhensible, s'émerveillait un ambassadeur. Ils sabotaient leur propre campagne. Mais il faut envisager ces gens comme des gangsters, plutôt que des politiciens. Et un gangster tente de se faire de l'argent jusqu'au bout.»

Ce trafic n'était pas seulement préjudiciable parce qu'il émasculait les FAZ. Le soutien de longue date de Mobutu à ce genre de groupes de guérilla – particulièrement son amitié avec le chef des rebelles angolais, Jonas Savimbi – était un sujet douloureux avec les nations voisines depuis des décennies. Les pays concernés estimaient que, soit cette contrebande d'armes était validée par Mobutu, soit les généraux agissaient dans le dos du président, signe que ce dernier ne contrôlait plus du tout la situation. D'une façon ou d'une autre, il était temps que Mobutu s'en aille.

Lambert Mende, ministre des Transports de l'ultime gouvernement Mobutu, a noté que sept entreprises appartenant aux généraux et à des membres de l'entourage de Mobutu continuaient à passer outre une interdiction officielle sur les fuites d'armes vers les territoires tenus par l'UNITA, alors même que la rébellion de l'AFDL gagnait du terrain. «Les Angolais disaient : "Si ça continue, on va entrer en guerre". Mais ils ont continué, alors les Angolais sont entrés en guerre.»

C'est ainsi que, d'abord le Rwanda, puis l'Ouganda et enfin, l'Angola ont fini par unir leurs forces avec l'AFDL, au cours d'une coalition temporaire d'intérêts régionaux encore jamais vue en Afrique. Le Zaïre est alors devenu un terrain sur lequel se réglaient de vieilles rancœurs, aux dépens des populations locales. Les troupes tutsi du Rwanda pourchassaient les Interahamwe dans les forêts équatoriales, tuant au passage d'innombrables réfugiés hutu. Les soldats angolais en profitaient pour traquer les combattants de l'UNITA qui se servaient du Zaïre comme base arrière. La Zambie coopérait en laissant l'AFDL traverser son territoire pour accéder au sud. Le Zimbabwe et l'Érythrée fournissaient des armes et la Tanzanie fermait les yeux sur les camps d'entraînement factieux sur son sol.

Quand l'opération rebelle a commencé, les Zaïrois s'attendaient à ce que Mobutu envoie vers l'est les forces d'élite tant vantées. Personne n'envisageait que les FAZ puissent tenir tête à des adversaires animés par la haine que la division ethnique au Rwanda semblait générer. Comme un serveur du Kivu me l'a un jour confié, lors d'un de ces instants de lucidité zaïroise si attachants : « Nous autres, Zaïrois, on est peut-être des voleurs. Mais ces gars-là... » Il a désigné du menton la direction de la frontière. « Ces gars-là sont des tueurs. »

Ils ont attendu. Et attendu encore. Mobutu s'essayait-il à une sorte de petit jeu tactique ? Comptait-il garder la DSP pour plus tard ? Selon le Terminator, la réponse était beaucoup plus simple : en dépit d'ordres répétés émanant du président, aucun des Quatre Inséparables n'a jamais accepté de suivre l'exemple posé par Mobutu dans sa jeunesse et de monter au front. Ils n'avaient aucune intention de risquer leur propre vie ou les troupes qu'ils considéraient comme d'inestimables outils d'extorsion financière.

En désespoir de cause, Mobutu a alors appliqué la méthode qui l'avait tiré d'affaire jusque-là : il a fait appel à ses amis occidentaux. La France, toujours la plus fidèle, a insisté auprès de l'ONU pour qu'une force internationale soit envoyée dans l'est du Zaïre, afin de « sauver » les réfugiés rwandais. Mais le projet a capoté lorsque la plupart des personnes déplacées sont massivement rentrées chez elles. Et suite au tollé provoqué par le soutien de Paris au régime génocidaire renversé du Rwanda, une opération en solo était inenvisageable. Quant à la Belgique et aux États-Unis, ils se lavaient publiquement les mains de Mobutu.

Isolé à Gbadolite, ce dernier avait échoué à apprécier combien la *realpolitik* avait changé, dans un monde post-guerre froide où les leaders récitaient le mantra des droits de l'homme et de la démocratie. « Cette erreur d'appréciation fut l'une des plus fatales dans l'attitude politique du président Mobutu, explique Ngbanda, exaspéré. Dieu seul sait combien de fois nous avons débattu de ce problème avec lui. Toute tentative de lui expliquer les fondements objectifs de revirement de la politique des États-Unis envers lui était rejetée avec violence et reprobation. »

Se rendant compte un peu tard que les Quatre Inséparables représentaient plus un obstacle qu'une aide, Mobutu a limogé Baramoto de son poste de chef des armées, nommant à sa place Donatien Mahele Lieko. Ce général, originaire de la province de l'Équateur comme les autres, possédait enfin les compétences professionnelles absentes chez ses collègues. Mais Mahele ne pouvait pallier en quelques mois des décennies de sabotage. Bien que Mobutu lui ait donné les pleins pouvoirs, Mahele a rapidement compris que Nzimbi et Baramoto ordonnaient à leurs unités spéciales de désobéir à ses instructions. Même sous la menace d'une arme, ils ont refusé de livrer des réserves d'équipements vitales. L'armée régulière n'était toujours pas payée. Comme toujours dans ce système, il était impossible de savoir ce qui émanait du président et ce qui était l'œuvre de subordonnés. D'autant moins que Mobutu se montrait distrait et hésitant, revenant sur des décisions importantes, réagissant avec une lenteur éprouvante aux événements. « Je connais le président, a lancé un Mahele agacé au Terminator, quelques jours à peine après sa prise de fonctions. Il recommence le jeu d'opposer les gens. Moi, je n'en veux plus. S'il ne veut pas me donner les armes, je démissionne. »

Pour respecter la tradition, des mercenaires blancs ont été appelés à la rescousse, dans le cadre d'une opération coordonnée par les services secrets français. Mais ainsi que Machiavel aurait pu l'enseigner à Mobutu, les mercenaires – peu enclins à prendre d'énormes risques et d'une loyauté toujours sujette à caution – sont loin d'être une solution idéale. Comme l'a fait remarquer avec une ironie acerbe un analyste militaire : « Ce qu'il faut garder à l'esprit avec les mercenaires, c'est que beaucoup d'entre eux survivent pour rédiger leurs mémoires ».

La force mercenaire, gonflée par l'arrivée de psychopathes serbes fraîchement débarqués des charniers de Bosnie – des hommes qui seraient arrêtés près de deux ans plus tard à Belgrade, accusés d'avoir fomenté l'assassinat du président yougoslave Slobodan Milošević –, avait du mal à collaborer avec les FAZ. Il y avait la barrière de la langue et on a déploré plusieurs incidents de « tirs amis ». Impossible de savoir clairement à qui obéissaient les mercenaires : à Mobutu, au Premier ministre, à Mahele ou à l'ambassadeur français ? Ils finiraient par s'enfuir, ayant parfaitement réussi à terroriser la population avec leurs atrocités, sans pour autant parvenir à insuffler un second souffle à la campagne des FAZ.

Dans un ultime sursaut, Mobutu a supplié ses alliés africains de l'aider. Le leader militaire nigérian Sani Abacha, qui n'avait pas oublié le rôle que les troupes de Mobutu avaient joué pour combattre la sécession au Biafra, a été un des rares à répondre de façon positive. Toutefois, rien ne s'est jamais concrétisé. Alors qu'il était déjà bien trop tard, Ngbanda a découvert qu'un chef d'État africain francophone, affirmant parler au nom de Mobutu, avait conseillé à Abacha de se retirer. Toute la région semblait avoir décidé que l'ère du dinosaure était terminée.

Au cours des sept mois qui ont séparé la naissance de l'AFDL de la prise de Kinshasa, un certain nombre de mythes ont été dynamités. Déjà écornée, l'image du mercenaire blanc invincible en Afrique s'est enfin effondrée. L'idée que la France serait toujours là pour envoyer des troupes et soutenir ses amis africains, aussi corrompus soient-ils, a sombré. Par-dessus tout, la conviction que Mobutu contrôlait les forces armées, atout qui le maintenait au pouvoir malgré son impopularité grandissante, s'est évaporée.

En mars 1997, l'AFDL a pris Kisangani, étape stratégique. Le mois suivant, c'est Mbujimayi qui est tombée, puis Lumumbashi, où Kabila a été chaleureusement accueilli par ses concitoyens katangais. Au fur et à mesure que les FAZ battaient en retraite, laissant les Interahamwe et les rebelles de l'UNITA se charger des vrais combats, Kinshasa, coupée des ressources minières, devenait une capitale isolée, sans arrière-pays.

C'est peut-être quand les premiers bateaux de déserteurs ont accosté à Kinshasa que les généraux ont cessé de croire à leurs propres mensonges. Tandis que des barrages étaient installés sur les routes menant à la capitale – tenus par des soldats qui se méfiaient bien plus de l'armée que de n'importe quel rebelle infiltré –, ces hommes, dont Mobutu espérait qu'ils ne le trahiraient jamais, pour des raisons d'amitié, de loyauté ethnique ou de liens familiaux, ont commencé à comploter contre leur ancien champion.

Si cette succession de revers et de trahisons était survenue un an plus tôt, alors que Mobutu était encore en bonne santé, il aurait peut-être été en mesure de puiser dans ses vastes réserves pour tenter un dernier coup diplomatique rusé. Sa chute politique avait été annoncée à maintes reprises, mais il avait surmonté chaque crise, tel le phénix renaissant de ses cendres. Mais le président était malade. Flairant l'odeur douceâtre de la putréfaction, ses ennemis se massaient autour de lui, comme des hyènes prêtes à déchiqueter un léopard blessé.

Chapitre 13
Les couches du président

« Ce n'est pas une chose de peu d'importance pour un prince que le choix de ses ministres, qui sont bons ou mauvais selon qu'il est plus ou moins sage lui-même. Aussi, quand on veut apprécier sa capacité, c'est d'abord par les personnes qui l'entourent que l'on en juge. Si elles sont habiles et fidèles, on présume toujours qu'il est sage lui-même, puisqu'il a su discerner leur habileté et s'assurer de leur fidélité ; mais on en pense tout autrement si ces personnes ne sont point telles ; et le choix qu'il en a fait ayant dû être sa première opération, l'erreur qu'il y a commise est d'un très fâcheux augure. »

Nicolas Machiavel, *Le Prince*.

En 1996, le jeune athlète qui battait ses contemporains à la course et se délectait de parachutisme et autres exploits de ce genre avait bien changé. Mobutu avait soixante ans et portait les stigmates de trois décennies au pouvoir. Ses cheveux étaient toujours noirs, mais leur couleur provenait dorénavant d'un flacon, dont le contenu était appliqué par un coiffeur libanais, régulièrement amené en avion pour accomplir son office. Son visage semblait afficher la trace de chaque transaction douteuse, de chaque compromis moral accumulé au fil des ans. Il avait la paupière tombante, ses traits s'étaient épaissis et sa moue caractéristique présentait à présent un affaissement naturel qui suggérait le scepticisme et la déception.

Mobutu n'avait pas bonne mine et la CIA, faisant une fois de plus preuve d'une incroyable perspicacité, a annoncé à Washington que le président était atteint du SIDA. Mobutu ayant la réputation d'exercer un droit présidentiel de cuissage, le diagnostic devait sembler plausible. Il était bel et bien malade, mais ce dont il souffrait en réalité était plus prosaïque, bien que tout aussi fatal à long terme : un cancer de la prostate, une des causes de mortalité les plus fréquentes chez les hommes, passé un certain âge.

Si ce cancer est détecté tôt et traité correctement, comme cela a été le cas pour François Mitterrand et l'archevêque Desmond Tutu, le patient peut espérer vivre encore plusieurs années. Mais le diagnostic n'est pas évident. Pour les médecins, difficile d'insister pour pratiquer l'examen physique, qui consiste à insérer un doigt dans le rectum du patient, surtout si ce dernier est un autocrate africain grincheux. Lorsque le cancer ne fait plus aucun doute, la maladie peut déjà s'être propagée aux tissus alentour, avec des métastases dans la moelle épinière et les poumons.

La première fois que la famille et les conseillers ont eu connaissance du problème, c'est quand Mobutu a été envoyé en urgence dans une clinique à Lausanne, en août 1996, après qu'une visite médicale de routine a révélé une anomalie. À moins que Mobutu ait réussi à garder pour lui seul un secret aussi énorme pendant plusieurs années, ce qui semble peu probable, nous devons partir du principe qu'il a appris l'existence de sa pathologie presque en même temps que le reste du monde : en d'autres termes, juste au moment où il devait faire face à la plus importante menace de sa carrière. La décision d'opérer immédiatement et la progression rapide de la maladie par la suite indiquent clairement qu'il ne s'agissait pas d'un cancer lent, comme pour Mitterrand. Il se propageait dans son corps aussi vite que l'AFDL sur le territoire national.

Le traitement médical a dû rappeler que le grand Guide, le Timonier omniscient n'était après tout qu'un simple mortel. Comme cela consiste en l'ablation chirurgicale de la prostate ou une thérapie hormonale pour réduire le taux de testostérone dans le sang – en clair, une castration chimique –, l'impuissance est la norme. Les patients peuvent aussi présenter une «féminisation», la perte de la pilosité faciale et le développement de la poitrine. Pour un symbole africain de virilité tel que Mobutu, l'homme censé «couvrir toutes les poules», cela a dû être difficile à encaisser. De pires humiliations menaçaient : en raison de la position de la prostate, il est délicat de retirer celle-ci sans endommager la vessie ou l'urètre. Par conséquent, l'opération peut provoquer une incontinence urinaire. Pour couronner le tout, la radiothérapie est épuisante.

Il n'est donc pas surprenant que Mobutu se soit montré plus hésitant et lent que jamais, incapable – à la grande stupéfaction de son entourage – de prendre les décisions instantanées dont dépendait sa survie. Pas étonnant non plus, avec une estime de soi ainsi écornée et la perspective brutale d'une mort prochaine, qu'il ait pu parfois sembler paralysé par la dépression. Ngbanda, le conseiller spécial, avait de plus en plus l'impression d'avoir affaire à deux individus distincts : l'un qui affichait toute la vivacité et le dynamisme du Mobutu d'autrefois, et l'autre, morose et léthargique.

Toutefois, le président fournissait un effort surhumain pour repousser ses propres problèmes physiques. À la fin du mois de décembre, il a mis en scène un retour symbolique à Kinshasa, la capitale qu'il avait boudée pendant tant d'années. Ceux qui ont assisté au défilé racontent que c'était comme dans les années 1970. Des milliers d'habitants, redoutant les conséquences de cette « invasion étrangère » dans l'Est et curieux de voir si « Papa » était aussi malade qu'on le disait, se sont rassemblés pour acclamer le chef venu partager cette épreuve avec eux. Revigoré par cette adulation inespérée, Mobutu est resté debout dans sa limousine décapotable pendant les trente-cinq kilomètres qui séparaient l'aéroport du camp Tshatshi, brandissant sa canne présidentielle et profitant des ovations : un exploit notable dans la chaleur africaine pour un homme en bonne santé, encore plus pour un sexagénaire cancéreux. Mobutu avait la voix tellement cassée à force d'avoir salué la foule qu'il parvenait à peine à lire son discours, plus tard dans la soirée. La gorge nouée par l'émotion, il a promis de répondre aux attentes de la population.

Cela devait être son dernier moment de gloire. Comme il échouait à apporter une solution miracle, le soutien populaire est retombé et l'énergie du chef d'État a suivi la même pente. À la fin du mois de mars 1997, cherchant à échapper aux médecins et infirmiers, il a quitté Nice pour rentrer à Kinshasa. Mais c'en était fini de la foule en délire. Son retour a surtout été marqué par un étrange incident survenu à l'aéroport. L'avion présidentiel venait d'atterrir, le tapis rouge était déroulé et les membres du gouvernement étaient alignés sur le tarmac. Tout le monde attendait, attendait, mais Mobutu n'apparaissait pas. Finalement, la presse a été congédiée et les ministres ont reçu l'ordre de se disperser. Cela a aussitôt déclenché une rumeur, selon laquelle Mobutu était mort pendant le trajet ou bien qu'il refusait de rencontrer Kengo wa Dondo, le Premier ministre envers lequel il éprouvait une animosité notoire.

En réalité, Mobutu s'était ankylosé pendant le vol, au point que son personnel soignant a dû lui masser les jambes pour qu'il soit de nouveau en mesure de tenir debout. Lorsqu'il a fini par descendre de l'avion, loin du regard impitoyable des médias, il s'appuyait lourdement sur sa femme et la limousine a dû être amenée au pied de la passerelle. Son répit avait été de courte durée, le cancer commençait à se faire mordant.

Cela marquait un tournant dans la carrière d'un homme qui vivait sous le feu des projecteurs depuis trente ans, partageant son temps entre les généraux, les ministres et les dignitaires étrangers, présentant à tous une image d'invincibilité de fer. Peu de présidents africains ont été si abondamment filmés et photographiés. « Avec Mobutu, il y avait toujours des caméras », m'a un jour raconté un employé de la Banque mondiale. Toutefois, à l'approche de la mort, nous nous débarrassons du superflu pour décider de ce qui compte vraiment. Pour Mobutu, le moment était venu d'achever le voyage personnel commencé à Gbadolite : il s'est replié sur lui-même, cherchant la chaleur et le soutien que seuls les liens du sang peuvent apporter. Alors que les mornes réalités de la vie le pressaient de toute part, il s'est enveloppé dans le doux cocon de sa famille, pour redevenir très pudique.

Un jeune homme en particulier attendait ce moment depuis longtemps. Nzanga Mobutu, qui peinait à assumer son patronyme sinistre, mais aspirait à se rapprocher de la figure légendaire qu'était son père, savait que c'était sa dernière chance de nouer une relation intime avec lui.

***

En prononçant le nom, je ne peux pas retenir un petit frisson d'excitation. Pour moi, c'est un peu comme demander si M. Genghis Khan a appelé ou si Mme Caligula a laissé un message. Mais l'employé de la réception ne bronche pas, arborant l'air affable de celui qui a déjà été témoin d'allées et venues dont le commun des mortels ne fait que rêver. Il consulte son énorme registre avec l'assurance tranquille d'un pilote vérifiant sa console.

— Monsieur Mobutu ? Je ne crois pas qu'il soit descendu chez nous, si ?

— Non. Mais il est attendu. D'ailleurs, il me semble qu'il a réservé un salon, afin que nous puissions bavarder sans être dérangés.

— Ah oui, en effet. Il n'est pas encore là. Mais si vous voulez bien patienter là-bas, je l'avertirai de votre présence dès qu'il arrivera.

Quand Nzanga se présente à la réception de ce discret hôtel quatre étoiles de la place de la Concorde à Paris, il est vêtu d'un complet bleu ardoise à l'élégance si contenue qu'il a dû lui coûter une petite fortune. Il aime beaucoup cet endroit, me confiera-t-il plus tard, pour cette «touche britannique» que lui confèrent les volumes reliés plein cuir alignés sur des étagères. Il renifle légèrement à cause d'un rhume et ses yeux sont bouffis de sommeil. L'insomnie est un trait qu'il partage avec feu son père, m'explique-t-il d'un air un peu penaud. Comme Mobutu, Nzanga est sujet à de l'agitation nocturne, suivie de périodes de somnolence dans la journée. «Je devrais vraiment faire la sieste. Mais ça n'est pas pratique.»

L'insomnie n'est pas la seule caractéristique dont a hérité Nzanga, fils de Mobutu et de sa seconde femme, Bobi Ladawa. À vingt-neuf ans, il a la physionomie agréable et pleine, ainsi que la moue de son père ; il doit en revanche son teint clair et ses yeux de biche à sa mère. «Mon frère, moi et mon fils, on ressemble beaucoup à mon père. Il devait avoir un sang puissant.» C'est un héritage, affirme-t-il, auquel il n'a nullement l'intention de tourner le dos, même si cela doit parfois s'avérer gênant. «Je suis très fier du nom que je porte», insiste-t-il. En effet, Nzanga a chéri chaque instant passé aux côtés de son père à la fin de sa vie, en dépit du danger que cela a pu représenter. Telle une éponge sèche plongée dans l'eau, il s'est imbibé de toute la confiance et de l'affection offerte de l'homme qu'il vénérait, profitant de cette communion père-fils avant que la mort ne le prive de cette occasion pour toujours. «Les deux dernières années ont été tellement importantes pour moi. Chaque parole qu'il a prononcée, chaque chose qu'il a faite, c'était comme une vie tout entière condensée. Être à ses côtés, c'était la meilleure université qu'on puisse espérer. Parce qu'avant ça, on ne le voyait qu'aux vacances. Et ce n'était pas un homme fait pour les vacances.»

Être le fils d'un président n'est jamais facile, mais lorsqu'il s'agit en plus d'un homme aussi riche et ne manquant pas d'ennemis, c'est encore pire. Mobutu a toujours adoré la compagnie des enfants et il aurait aimé vivre entouré d'une large famille. Il voulait également que sa descendance maintienne un lien avec leur pays, la vie de village africaine, plutôt que de rejoindre la jet-set hors sol qui fréquente les chalets suisses et les stations balnéaires de la Côte d'Azur.

Il a pourtant fallu tenir compte du risque constant de kidnapping et du fait embarrassant que le Zaïre n'était pas en mesure de fournir l'instruction ni les soins médicaux dont il rêvait pour sa progéniture. La solution choisie par Mobutu a été de placer ses enfants chez d'anciens coloniaux, couples de Belges de confiance, dont il était sûr de l'absolue discrétion. Sous des noms d'emprunt, les petits Mobutu ont donc fréquenté des écoles et des universités en Europe et aux États-Unis, et retournaient au Zaïre pour les vacances scolaires.

Nzanga a quitté son pays à l'âge de six ans et a passé dix années chez un colonel belge très à cheval sur la ponctualité. «Il était très strict. Il disait "Avant l'heure, ce n'est pas l'heure, et après l'heure, ce n'est plus l'heure". À l'époque, je ne me rendais pas compte, mais je comprends aujourd'hui que c'était bon pour mon éducation.» À Pâques, Nzanga partait en échange scolaire en Grande-Bretagne, des séjours qui lui ont donné les bases de l'anglais qu'il parle à présent couramment. Les autres vacances se passaient à Gbadolite, mais même alors, son père était souvent absent. Du temps où Mobutu était considéré comme un important homme d'État non-aligné, à la fois ami des États-Unis capitalistes et de la Roumanie communiste, il voyageait beaucoup. «Tout reposait sur ma mère. Elle jouait à la fois le rôle de père et de mère, explique Nzanga. Il nous manquait beaucoup. Nous manquions vraiment d'une présence paternelle. Pour mon père, c'était tout le temps le travail, le travail, le travail. Même lorsque nous étions à table, il recevait des visiteurs et faisait des réunions. Il n'avait pas vie privée. C'est pour cela que je veux être présent pendant que mes deux propres enfants grandissent. »

En apparence, Nzanga mène à présent une existence d'aisance dorée. Il voyage entre Bruxelles, Paris et la maison familiale de Rabat, sans le moindre problème avec les autorités européennes, tant qu'il reste clair qu'il n'a nullement l'intention de demander l'asile politique. Mettant à profit un diplôme en communication obtenu au Canada, il a créé une agence. Cela dit, en tant qu'un des héritiers de la fortune Mobutu, il est peu probable qu'il ait un jour vraiment besoin de travailler[25].

Lorsqu'il évoque le président, il y a quelque chose de douloureux dans sa voix et il est évident que les événements de 1997 l'ont marqué. Visiblement, il pleure toujours la mort de ce père qu'il a connu sur le tard. Gardien naturel de la flamme Mobutu, il sait les risques que représente un entretien avec une journaliste. Mais s'il existe une chance infime de contribuer à un portrait plus nuancé et plus généreux de l'homme dont les crimes ont été dénoncés dans le monde entier, il ne veut pas la laisser passer.

Lorsque les historiens commenceront à réexaminer les maux du Zaïre, Nzanga est convaincu qu'ils absoudront Mobutu de la plupart des accusations portées contre lui et se concentreront sur ceux qu'il surnommait les « suceurs de sang » quand il était enfant : conseillers, généraux, Premiers ministres et ministres qui manipulaient le président, pour ensuite le désigner comme seul fautif quand les choses ont mal tourné. « Je l'appelle l'arbre qui cache la forêt. Je lui répétais de se méfier de son entourage. Mais il se voyait toujours comme un chef traditionnel. Il disait : "Je dois étouffer ça", et il endossait la responsabilité des actions des autres. Il prenait tout sur ses épaules. Il refusait de se décharger sur qui que ce soit. »

L'ultime bataille de cette longue « guerre d'influence », qui a fait rage autour de Mobutu pendant trois décennies, s'est déroulée dans un décor d'une simplicité étonnante, pour un leader associé à un degré de luxe souvent risible. Durant les derniers mois, Mobutu a habité une villa grise d'une relative modestie, dans la fraîcheur des collines surplombant la première cataracte de chutes Stanley, avec un panorama dégagé sur le fleuve et les gratte-ciel scintillants du Congo-Brazzaville, au loin. C'est là qu'il s'est retiré, avec Nzanga comme porte-parole, les sœurs jumelles Bobi et Kossia comme soutien affectif, son fils Kongulu – le très redouté « Saddam Hussein » – pour la sécurité, sa fille Ngwali, le tristement

---

25. En 2007, Nzanga a accepté de rejoindre le gouvernement de Joseph Kabila, d'abord en tant que ministre de l'Agriculture, puis de vice-Premier ministre en charge des Besoins sociaux de base. Il a été limogé en 2011. Il a ensuite fondé l'UDEMO (Union des démocrates mobutistes), parti visant à succéder au MPR, l'ancien parti unique du Zaïre.

célèbre oncle Fangbi et ses médecins personnels. Les conseillers d'autrefois se sont retrouvés inutiles, car Mobutu laissait de plus en plus les membres de la famille répondre aux Telecel. Cela les rendait furieux. « Il ne nous écoute plus, se désespérait le chef du MPR. Il n'écoute plus que sa famille, qui poursuit ses propres objectifs. »

À une certaine époque, Mobutu préparait un de ses fils à entrer en politique – Niwa, généralement reconnu comme le plus intelligent d'une fratrie originelle de dix-sept enfants. Mais Niwa est mort du SIDA et toute tentative de fonder une dynastie a été abandonnée. Au contraire, Mobutu a par la suite tout fait pour tenir sa progéniture à l'écart du monde qui l'avait désenchanté. Nzanga – « une couleuvre dans un nid de cobras », selon un ambassadeur – découvrait donc l'arène politique du Zaïre et ses nombreuses intrigues.

À la villa de Kinshasa, on percevait de pâles échos de la magnificence de Gbadolite : il y avait bien des paons qui paradaient sur les pelouses, des singes qui s'agitaient dans leur cage et des fontaines compliquées dans les jardins ornementaux, où des lézards aux tons vifs, orange ou pourpre, se prélassaient au soleil. En revanche, la réalité que Mobutu parvenait à tenir à distance dans la forêt attendait juste de l'autre côté des clôtures grises qui ceignaient la maison.

Première résidence présidentielle du Congo indépendant, la villa se dressait en plein milieu du camp Tshatshi, caserne principale de la DSP, à un jet de pierre des cordes à linge tendues par les femmes des officiers. Ce n'est que dans cette enclave au sein d'une enclave, entouré des guerriers originaires de la même ethnie, avec un hélicoptère prêt à décoller en cas de danger, que le président assiégé avait l'impression d'être en sécurité. Dans cette résidence pratique, où Mobutu ne s'est jamais senti chez lui, les négociateurs défilaient, délégation après délégation, dans un vrombissement de Mercedes. Pendant des jours, puis des semaines d'extrême tension, ils ont tenté de répondre à la question qui préoccupait les habitants de Kinshasa, les gouvernements occidentaux et les alliés africains de Mobutu. Alors que les rebelles marchaient inexorablement sur la capitale, que les grosses légumes et leur famille quittaient la ville, que même Ethiopian Airlines, la plus imperturbable des compagnies africaines, annulait ses vols pour Kinshasa, de crainte que ses avions soient détournés par des soldats hystériques, pourquoi le président refusait-il de partir ?

« Peut-être pense-t-il qu'en gagnant du temps, l'alliance rebelle va s'effondrer, spéculait un banquier zaïrois. Ou peut-être espère-t-il que Kabila va se rendre compte que prendre Kinshasa par la force serait une entreprise très sanglante. Ou peut-être croit-il qu'il peut simplement acheter Kabila, comme il en a acheté tant d'autres. Un de ces quatre, il va se réveiller, appeler un de ses conseillers et découvrir qu'il est le dernier mouvancier en ville. »

Penser que Mobutu s'accrochait au pouvoir pour le pouvoir, le mettre sur le même pied que les généraux qui s'agrippaient à leur poste pour quelques millions de dollars de plus, c'est mal comprendre ce qui le motivait, insiste Nzanga. « Il n'était pas question de pouvoir. Il était question de l'avenir du pays. Il essayait encore de trouver une solution. Pour éviter un bain de sang à Kinshasa, pour éviter que quelqu'un comme Kabila se retrouve aux commandes. Personne ne voulait comprendre la nature de son combat. »

On a l'impression que c'est à ce moment qu'il a fallu payer le prix du manque de renseignements fiables et des décennies de flagornerie des conseillers, qui ne disaient à Mobutu que ce qu'il voulait entendre. Alors que les défaites militaires successives indiquaient clairement que rien ne pouvait arrêter l'AFDL, Mobutu persistait à penser, à la stupéfaction des pouvoirs occidentaux et de sa propre population, qu'il avait encore des atouts dans son jeu. Atteint d'un cancer fatal, il savait que son règne touchait à sa fin. Mais il tenait bon, dans l'espoir d'un accord qui lui permettrait de tirer sa révérence avec dignité – peut-être en restant officiellement chef d'État, tandis qu'un gouvernement de transition reprendrait les rênes de l'administration et préparerait les élections tant promises.

Pour Kabila, un tel scénario était inacceptable – et à vrai dire, le président n'était même plus en mesure de le mettre en œuvre. Le seul point à discuter était le départ de Mobutu. Toutefois, la procrastination avait bien fonctionné pour Mobutu par le passé. Plus il tiendrait longtemps, calculait-il, plus il y avait de chances qu'un ancien ami vole à son secours. « Des émissaires étaient envoyés à droite, à gauche, pour essayer de trouver quelqu'un prêt à mener les combats auxquels les Zaïrois refusaient de se mêler, a expliqué l'ex-ambassadeur des États-Unis, Daniel Simpson. Ils cherchaient dans tous les coins. »

Mobutu devait lancer des regards désespérés en direction de Brazzaville, de l'autre côté du fleuve, où une force de 2 000 Occidentaux s'était rassemblée. Officiellement, ces troupes étaient là pour évacuer les expatriés de Kinshasa, si jamais la situation dégénérait. Mais Mobutu savait bien que ce genre de mission pouvait sauver un régime en perdition. L'ambassade de France à Kinshasa enchaînait d'ailleurs les fausses alertes, dans l'espoir de provoquer une intervention. Chaque fois, cependant, elle se faisait rembarrer par les chancelleries occidentales, qui comprenaient les conséquences.

Le 29 avril 1997, c'est avec l'objectif de briser les dernières illusions du président que les Américains ont débarqué à la villa, bien décidés à mettre en œuvre ce que Bill Richardson, médiateur de sortie de crise à qui Bill Clinton avait confié cette tâche délicate, appelait un « *soft landing* », une transition en douceur pour les rebelles. Pour l'entourage de Mobutu, peu disposé à admettre l'embarrassante vérité sur l'armée régulière, l'empressement des États-Unis à jouer les intermédiaires prouvait ce qu'on soupçonnait depuis le début : Washington, l'ancien ami, était l'arme secrète qui expliquait le succès extraordinaire de l'AFDL.

Les membres de la délégation chargée de présenter ce qui était qualifié de « dernière chance pour Mobutu » avaient été choisis avec soin pour inclure des représentants de la CIA, du département d'État et du Conseil de sécurité nationale. « Mobutu aimait bien monter les gens les uns contre les autres. Nous voulions lui faire comprendre clairement que c'était la position du gouvernement américain », se souvient Simpson, qui assurait la traduction. L'homme qu'ils ont rencontré, installé sur son trône, entouré de sa famille et de ses assistants, n'était plus que l'ombre de lui-même. Le cancer avait progressé et Mobutu, comme ils l'ont constaté, avait à présent du mal à marcher, s'asseoir et se lever. Il était si déconnecté de ce qui se passait au-dehors que les visiteurs se sont retrouvés dans la situation délicate de devoir le mettre au courant des derniers événements militaires, lui annonçant que Kenge, ultime grande ville avant Kinshasa, était bel et bien tombée aux mains des rebelles, contrairement à ce que prétendaient ses généraux, qui évoquaient une reconquête par la DSP.

La fragilité de Mobutu n'a cependant pas suffi à tempérer la force du message que les Américains étaient déterminés à transmettre. Plaidant que la crise avait à présent atteint un point de non-retour, ces derniers ont imploré le président de se retirer « avec honneur et dignité », tant qu'il était encore temps. Nzanga se souvient que les membres de la délégation suaient à grosses gouttes quand ils ont remis à son père une lettre de Clinton, dans laquelle les États-Unis pressaient Mobutu de rencontrer Kabila et de nommer une équipe gouvernementale pour négocier un transfert des pouvoirs. « Richardson l'a expliqué en termes simples et clairs, se souvient Simpson. C'était une présentation très austère. C'était difficile, comme vous pouvez l'imaginer. Ce type travaillait avec les États-Unis depuis les années 1950 et on lui disait soudain : "Ils vont vous traîner dans la rue. Ça pourrait arriver et on ne ferait rien pour l'empêcher." »

Les Américains ont ensuite demandé une pause et la famille s'est retirée pour se concerter. Mobutu, se souvient Simpson, redoutait que les forces rebelles, qui se dirigeaient également vers Gbadolite, profanent la tombe de sa mère. Le président a même mollement tenté de rappeler à ses invités leurs loyautés passées, de raviver les braises mourantes de la guerre froide. Il a dit : « Si vous voulez mettre un terme à tout ça, amenez vos troupes ». Mais l'histoire était passée à autre chose. « Nous lui avons clairement fait comprendre que ça n'arriverait pas. »

Le contenu exact du deal proposé par l'équipe de Richardson en échange du départ volontaire de Mobutu reste sujet à controverse. Dans ses mémoires, Ngbanda, qui était présent lors de cette rencontre, soutient qu'en contrepartie, les Américains offraient de garantir la sécurité du président et de sa famille et promettaient que le MPR conserverait une place dans le nouveau paysage – une façon de dire que l'héritage politique de Mobutu ne serait pas anéanti. Ils ont ajouté : «Nous veillerons à ce que vos biens, tant à l'intérieur qu'à l'extérieur du pays, ne soient pas touchés.» Cette offre, affirme Ngbanda, a été exprimée oralement et il n'en existe certainement aucune trace dans la lettre de Clinton.

Même en tenant compte du désir compréhensible des États-Unis de convaincre leur interlocuteur à cet instant critique, avec des annonces faciles à renier discrètement par la suite, les Américains n'avaient aucun droit ni aucune autorité pour faire cette dernière proposition à un individu réputé avoir engrangé une fortune en détournant l'argent de l'État. L'ambassadeur Simpson nie qu'elle ait jamais été verbalisée. «Nous avons garanti la sécurité personnelle de Mobutu et c'est tout. Le reste a été inventé par le Terminator.»

Sa version est remise en question par Nzanga, également présent. Tout en évitant d'entrer dans les détails, ce dernier confirme que le récit du Terminator, son grand ennemi, est dans l'ensemble exact. En faisant appel au matérialisme de Mobutu, selon lui, les Américains ont fait preuve d'une grossière méconnaissance du raisonnement de son père. Ayant bien noté les décennies de bénéfices détournés et le faste de Gbadolite, les Américains ont dû penser qu'ils touchaient au cœur du problème et frappaient une corde sensible chez Mobutu. Mais pour l'ancien sergent, la richesse avait toujours été une méthode, un outil pour obtenir ce qu'il voulait, jamais une fin en soi. «Cela ne l'a jamais intéressé. Ce qui le tracassait, c'était de passer la main à un bandit, un individu qui avait dirigé des réseaux de contrebande et pris des Occidentaux en otage. C'était trop dur à avaler. Ils auraient mieux fait de s'adresser à lui comme au père de la nation et pas comme à un homme d'affaires, parce que c'était une insulte qu'il n'aurait jamais tolérée, jamais.»

Richardson, qui devait prendre l'avion le lendemain pour rencontrer Kabila, a exigé une réponse rapide, ce qui a dû passer pour une marque d'arrogance inadmissible de la part des Américains. Furieux, mais conscient d'avoir reçu un ultimatum, pas une suggestion, Mobutu a indiqué qu'il était prêt à accepter, mais qu'il avait besoin de temps pour signifier son accord par écrit. Fébriles, Nbanda et Vunduawe ont rédigé la missive destinée à Clinton, qui devait mettre fin au règne de Mobutu. Mais lorsque les Américains sont revenus pour la seconde entrevue, la lettre avait disparu. Sans avertir personne, Mobutu avait jeté la proposition de démission aux orties et n'envisageait plus qu'un tête-à-tête avec Kabila.

Pour Ngbanda, c'était la preuve ultime que la famille de Mobutu se mêlait d'affaires qui la dépassaient. Toutefois, une autre explication est tout aussi concevable : Mobutu n'avait pas l'habitude qu'on lui dicte sa conduite et le langage un peu sommaire de l'équipe américaine lui était certainement resté en travers de la gorge. Il a dû lui paraître préférable de ne pas prendre de décision du tout, plutôt que d'en prendre une qui impliquait de s'incliner devant la nation qui avait sans doute orchestré sa chute. «Un homme tel que lui n'aurait jamais signé sa reddition, affirme Nzanga. Il ne voulait pas démissionner. Il aurait préféré mourir. »

La rencontre entre Kabila et Mobutu s'est déroulée le 4 mai, après d'interminables tractations pour se mettre d'accord sur un lieu. Comme Mobutu refusait de se rendre en Afrique du Sud pour des raisons de santé et que Kabila écartait la solution du Gabon ou du Congo-Brazzaville, par crainte d'une tentative d'assassinat organisée par les Français, l'Afrique du Sud a suggéré un compromis sous la forme du SAS *Outeniqua*, un vaisseau de la marine sud-africaine, envoyé dans le port de Pointe-Noire, en République du Congo.

La rencontre ne s'est pas déroulée sans une certaine dose d'humour grinçant, menaçant même de capoter pour de bon : pendant cinq heures, les représentants de toutes les parties concernées ont débattu de la façon dont le président, trop faible pour emprunter la passerelle de métal un peu raide qui menait du quai au pont, pourrait bien monter à bord du navire sans avoir l'air ridicule. Le médecin du président avait déconseillé l'hélicoptère, à cause des vibrations. Le hisser comme un paquet n'était pas envisageable. Finalement, une rampe de fortune a été construite et Mobutu a pu gagner l'*Outequina* dans sa limousine blindée.

En vain. Les positions des deux hommes étaient trop éloignées pour que le moindre dialogue soit possible. Sur les photographies prises pendant le sommet, on distingue un Mobutu émacié et un Kabila replet qui sourient de toutes leurs dents, sans pour autant parvenir à dissimuler complètement leur malaise. Le chef rebelle admire le plafond, le ciel, tout sauf les yeux de son adversaire – seule façon, comme on l'en a averti, d'éviter un sort que Mobutu, grand amateur de magie noire, ne manquerait pas de chercher à lui jeter.

Aucun accord n'ayant été trouvé, un triste scénario s'annonçait : des affrontements dans Kinshasa entre l'AFDL, l'UNITA et les 10 000 hommes des troupes d'élite zaïroises, ce qui provoquerait probablement un effondrement total du droit et de l'ordre, ainsi que des pertes humaines énormes. C'est pour prévenir une telle éventualité que l'ambassadeur Simpson a alors entrepris de travailler les généraux au corps, se concentrant particulièrement sur Donatien Mahele, le chef mécontent des FAZ.

Le général Mahele était un militaire de carrière, un nationaliste qui avait gagné ses galons pendant les guerres du Shaba et avait été nommé chef d'état-major en 1991. Il avait acquis une énorme popularité auprès de la population zaïroise, pour avoir ordonné à ses hommes d'ouvrir le feu sur les soldats en maraude, lors des «pillages» survenus dans Kinshasa. Toutefois, son action franche et directe ne lui avait pas valu que des amis parmi ses pairs. Pire encore : bien qu'originaire de la région de l'Équateur, il n'était pas un Ngbandi. Après avoir été limogé, il était parti en semi-retraite sur sa plantation, jusqu'à ce que la crise de 1996 force Mobutu à le rappeler.

Mahele était trop malin pour ne pas comprendre rapidement qu'il ne pouvait gagner cette guerre. Face à la perspective d'une défaite humiliante, et caressant ses propres ambitions politiques, il était à l'écoute de toutes les suggestions des Américains. «Nous avons commencé à évoquer les conditions d'une transition en douceur, un scénario dans lequel les troupes de Kabila entreraient sans combattre, et celles de Mobutu maintiendraient l'ordre sans ouvrir le feu et assureraient la passation de pouvoir, affirme Simpson. Mahele a dit qu'il ne pouvait pas arrêter l'Alliance et que cela l'intéressait beaucoup.» Les deux hommes ont discuté des avantages pour Mahele d'établir un contact direct avec Kabila, ce qui, dans une nation en guerre, constituait un acte de haute trahison. «Mahele a dit : "Je dois y réfléchir". J'ai répondu : "Vous avez intérêt, parce que ça pourrait vous coûter la vie".»

Simpson, qui accompagnait Richardson à Lumumbashi, le nouveau QG de l'AFDL, a noté le numéro du téléphone satellitaire de Kabila et s'est arrangé pour qu'on transfère l'appel à sa résidence, à son retour à Kinshasa. Mahele a ensuite été invité le 13 mai, pour y répondre. Conscient qu'une transition en douceur bâclée serait pire que tout – des rebelles qui entrent dans Kinshasa sans tirer alors que les FAZ ouvrent le feu –, Simpson a demandé à Mahele : «Vous êtes vraiment décidé ?» «Oui», a assuré le général. Comme les services secrets de Mobutu surveillaient peut-être la ligne, l'ambassadeur a bien pris soin de ne prononcer aucun nom après avoir décroché. «J'ai juste dit : "Il y a quelqu'un qui souhaite vous parler". Ensuite, j'ai tendu le combiné à Mahele et je suis sorti de la pièce. Ils ont discuté pendant environ une demi-heure. Il y a eu un second appel quelques jours plus tard, pour régler les détails. »

Toutefois, rien ne peut rester secret bien longtemps dans une ville comme Kinshasa. Les visites du général Mahele à la résidence de l'ambassadeur ne sont pas passées inaperçues auprès de ses subordonnés ni de ses pairs. Les États-Unis étant considérés comme la main de fer dans le gant de velours de l'AFDL, la conclusion était évidente : Mahele était de mèche avec les rebelles.

Pour les Quatre Inséparables, la révélation n'a pas un été un choc énorme. Les généraux – ceux récemment nommés par le Premier ministre Likulia

Bolongo, en particulier – avaient également été en contact avec les ambassades étrangères à Kinshasa, se présentant tous comme les successeurs naturels de Mobutu, parfaitement placés pour négocier avec les rebelles, une fois le dinosaure évincé. En revanche, cela ne leur a pas plu d'être coiffés au poteau. Le 15 mai, les Quatre Inséparables ont demandé une audience d'urgence avec Mobutu, au cours de laquelle ils ont joué un sale tour à Mahele, le dernier et le plus vicieux dans la longue histoire de leur rivalité.

La veille, une débâcle diplomatique était survenue. Encouragé par la communauté internationale, Mobutu avait tenté un second et laborieux passage à bord du SAS *Outeniqua*. On ne sait pas trop ce que Kabila espérait accomplir, mais cette fois, il ne s'était pas donné la peine de venir, trop confiant, à présent, pour se soucier du véritable camouflet que représenterait son absence pour Mobutu et le président sud-africain Nelson Mandela, venu expressément en conciliateur.

Pendant ce temps, les généraux étaient tombés d'accord : l'heure de la franchise avait sonné. Un groupe devait formellement expliquer à Mobutu ce qui sautait aux yeux de tous les habitants de Kinshasa depuis des mois : l'armée ne pouvait pas défendre la ville ni garantir la sécurité du président. Le message, présumaient les Quatre Inséparables, inciterait Mobutu à annoncer son retrait. Cependant, une fois en présence du président, les généraux sont restés mutiques. Ils ont laissé à Mahele le soin de dévoiler qu'il n'y avait plus rien à espérer, puis ont feint la surprise, faisant endosser à leur collègue le rôle de renégat. Cette explication, destinée à être répétée lors d'une importante déclaration télévisée qui n'a jamais eu lieu, était l'équivalent de la marque noire des pirates. Mahele devenait un pestiféré.

Mobutu est ressorti de la réunion blême de rage, ayant fini par comprendre – un peu tard – à quel point il était vulnérable. Likulia n'a pas attendu pour annoncer à ses subordonnés qu'il remplaçait Mahele à la tête des forces armées. Si Mobutu avait été seul, selon Nzanga, il serait resté à Kinshasa pour affronter son destin. Mais il ne voulait pas que ses proches les plus fidèles paient de leur vie pour leur dévouement. Il s'est laissé convaincre, un peu de gré, un peu de force, de monter dans une limousine et a fait une dernière fois le trajet jusqu'à l'aéroport de Ndjili.

Selon une rumeur, alors que le couple présidentiel grimpait les marches de la passerelle de l'avion qui devait les conduire à Gbadolite, où les généraux avaient assuré qu'il serait en sécurité, Bobi Ladawa s'est tournée vers le général Mahele et lui a dit : « Donatien, nous savons ce qui s'est passé. Après tout ce que nous avons fait pour vous, c'est comme ça que vous remerciez Papa. » Vingt-quatre heures plus tard, Mahele était mort, victime de ce que la plupart des observateurs qualifient de complot. Dans l'après-midi suivant le départ du chef, un représentant de l'armée a appelé Mahele pour lui annoncer qu'une émeute avait éclaté au camp Tshatshi. Abandonnée par le général Nzimbi, qui avait filé malgré ses propos galvanisants à l'adresse des hommes, la DSP se déchaînait.

Après un tel avertissement, n'importe qui d'autre se serait enfui en courant. Mais Mahele avait déjà préparé un discours qu'il prévoyait de lire à la radio le lendemain matin, dans lequel il recommandait une reddition générale. Il avait ensuite planifié de s'envoler pour Lusaka, la capitale zambienne, afin d'y reconnaître officiellement l'autorité de Kabila. Une mutinerie de la DSP risquait donc de saboter ses projets. Il s'est immédiatement rendu à la caserne sur la colline, où l'attendait une foule de soldats en furie. Alors qu'il s'efforçait d'apaiser la meute qui l'accusait d'être un vendu, un homme s'est avancé et l'a abattu d'une balle en pleine tête.

On a longtemps pointé du doigt Kongulu Mobutu, le brutal capitaine de la DSP, resté à Kinshasa pour pourchasser les responsables de la chute de son père et qui aurait certainement été bien informé de la trahison de Mahele. Toutefois, Nzanga réfute les accusations contre son frère. «Pourquoi Kongulu? Mettez-vous à la place des soldats zaïrois. Nzimbi était parti, ils avaient appris que Mahele était plus ou moins en contact avec la rébellion. Il y avait des milliers de soldats, avec chacun mille raisons de haïr Mahele.»

Un des deux protagonistes du «*soft landing*» était mort. Tandis que la nouvelle se répandait lentement, les journalistes harcelaient Simpson au téléphone pour obtenir la confirmation du cataclysme. Mais, conscient que les rebelles ne se trouvaient plus qu'à quelques heures de Kinshasa, l'ambassadeur cherchait à gagner du temps. «Je répétais : "Est-ce que vous avez vu le corps?"» Il se sentait un peu responsable de la mort de Mahele, mais espérait surtout que les événements acquièrent une dynamique propre et irréversible, avant que la nouvelle soit officialisée.

Pendant que les rebelles avançaient le long de la voie ferrée, les FAZ, comme à leur habitude, se débarrassaient de leur uniforme et la ligne dure du parti et de l'armée traversait le fleuve. Ils ont décampé si vite, à vrai dire, que les ambassades britannique et américaine ont un moment craint une dangereuse vacance du pouvoir et ont appelé Kabila pour l'inciter à accélérer la cadence des forces rebelles épuisées. «Les troupes arrivaient en masse, se souvient Simpson. Lorsque Washington m'a téléphoné pour me dire : "Mahele est mort. Est-ce que ça veut dire que la transition est annulée?" Je pouvais leur répondre : "Non. Ça ne change rien. C'est fait."»

Quant à la famille Mobutu, elle a pris la mesure de la trahison des généraux lors de son départ de Kinshasa. Au moment du décollage, un colonel de la

DSP a indiqué au pilote de ne pas quitter l'aéroport de Ndjili en suivant le trajet habituel, par l'est au-dessus des marais, mais de voler plein ouest, pour virer de bord plus tard. La raison d'une telle manœuvre ? Selon les affirmations du colonel, Nzimbi avait ordonné avant son départ qu'une jeep armée d'un missile sol-air soit stationnée sous la trajectoire que l'avion à destination de Gbadolite empruntait d'habitude. En écho à l'explosion de l'avion qui transportait les présidents du Rwanda et du Burundi, le propre cousin de Mobutu avait prévu de se débarrasser de tout le clan d'un seul coup, puis d'accuser l'AFDL. « Jamais je ne pardonnerai à Nzimbi, dit Nzanga. Jamais. »

La trahison ne s'est pas arrêtée là. Arrivée à Gbadolite, la famille s'est bien vite rendu compte qu'elle n'y était pas plus en sécurité qu'à Kinshasa. Toutes ces années de négligence et de soldes non versées à la DSP locale avaient fini par se retourner contre les Mobutu. Il était temps de partir. Mais un problème pratique se présentait à eux : ils venaient de renvoyer l'avion à Kinshasa pour récupérer les membres restants. Ainsi, la famille qui affrétait naguère des Concorde était réduite à emprunter un énorme avion-cargo russe, appartenant au chef de l'UNITA Jonas Savimbi. Bravant « un groupe de la DSP très, très hostile » à l'aéroport, selon les souvenirs de Nzanga, le président, sa famille et une poignée de soldats fidèles se sont entassés pêle-mêle dans l'Iliouchine et ont décollé.

Juste à temps. Tandis que l'avion gagnait de l'altitude, les hommes de la DSP ont ouvert le feu et leurs balles ont ricoché sur la carlingue non pressurisée de l'avion, dont la conception simple a sans doute sauvé la vie des passagers. « La main de Dieu était sur nous ce jour-là, évoque Nzanga. Heureusement que c'était un avion russe. Si ça avait été un Boeing, il aurait explosé. Ce moment a renforcé ma foi. J'aurais pu ne jamais revoir mon fils, ma fille aurait pu ne jamais naître. Pour la première fois de ma vie, j'ai regardé la mort en face. »

Ils ont atterri en pays ami au Togo, où ils ont été accueillis par un Nghanda et le général Ilunga stupéfiés, qui étaient partis à Lomé pour tenter une dernière fois d'activer le soutien militaire promis par le Nigeria et le Togo. Ngbanda a pénétré à l'intérieur de l'Iliouchine criblé de balles pour aider son président à s'extirper de la Mercedes qui avait été embarquée dans la soute. Ils se sont ensuite frayé un passage parmi la montagne de valises et d'effets personnels. Le couple présidentiel a descendu les marches d'un pas chancelant, pour rejoindre un convoi envoyé dans la précipitation par le Premier ministre togolais. Avant de donner le signal du départ, Mobutu a baissé sa vitre et s'est adressé à son conseiller en sécurité d'une voix à peine audible. « Ngbanda, sais-tu que même Nzimbi m'a abandonné et m'a trahi ? » a demandé le président, incrédule, avant de fondre en larmes.

Dans la plupart des pathologies, les facteurs psychologiques jouent un rôle dans la vitesse de progression de la maladie. Privé de nation, trahi par ceux en qui il avait confiance et n'ayant plus le sort de son peuple sur ses épaules, Mobutu a abandonné la lutte contre le cancer de la prostate. Cinq jours après la fuite dramatique vers le Togo, la famille a entamé une nouvelle vie au Maroc, à l'invitation du roi Hassan II. Si le monarque est resté un ami loyal jusqu'au bout, les anciens alliés occidentaux se sont globalement lavé les mains de l'exil de Mobutu. Avec une harmonie surprenante, ils ont déclassé le Timonier au rang de *has-been*. Dans sa résidence à Rabat, Mobutu n'a pas tardé à s'enfoncer dans l'amertume et la déprime. « C'était très, très difficile. Il pensait à tous ces gens de confiance qui l'avaient abandonné. Et voir le pays pour lequel il s'était battu toute sa vie sombrer dans un pareil chaos, cela le blessait, raconte Nzanga. Pendant un temps, il a beaucoup parlé de la situation, puis il a cessé d'y faire allusion et le silence s'est installé. Il avait commencé à intérioriser et son état physique s'est dégradé. »

En septembre 1997, moins de quatre mois après avoir fui Kinshasa, Mobutu est mort. Loin de sa forêt et de son fleuve bien-aimé, tel un léopard malade dépérissant dans l'aridité du Maroc, il a vécu juste assez longtemps pour voir son œuvre être discréditée, sa réputation, ternie et son nom, diffamé. Des funérailles discrètes ont eu lieu au cimetière chrétien de Rabat. Nganbda, venu en avion pour l'occasion, s'est joint au groupe d'ex-conseillers et assistants, de médecins personnels et de gardes du corps, restés près de la tombe après le départ de la famille. Frappés par un sentiment de culpabilité collective, militaires et civils sanglotaient ouvertement, suppliant leur ancien maître de bien vouloir les pardonner.

Rien ne pouvait être plus cruel que ces funérailles en exil. Dans une société africaine à l'urbanisation encore récente, où les esprits des morts jouent des coudes avec les vivants pour obtenir le respect, être inhumé loin de la terre de ses ancêtres est pire que contre nature. Le fondateur de la nation du Zaïre, avec tous ses défauts et ses imperfections, n'était pas près de trouver le repos.

Plus cruelle encore a été la dernière vision que la population congolaise a eue du leader qui avait dominé leur existence pendant trente-deux ans. Lorsque les premiers rebelles de l'AFDL sont entrés avec précaution dans le camp Tshatshi, les pillards étaient déjà passés. Il ne restait que quelques soldats de la DSP, trop vieux ou trop insignifiants pour se donner la peine de fuir, et qui attendaient pour se rendre.

Les pelouses et la terrasse, où l'ancien président hagard s'était laissé malmener une dernière fois par la presse, étaient jonchées de documents. Des souches de chéquiers associés aux comptes numérotés en Belgique, des correspondances et, peut-être le plus poignant, une lettre envoyée au consul du Zaïre en France par un intermédiaire basé à Monaco, qui affirmait être entré en contact avec la société militaire mercenaire sud-africaine, Executive Outcomes. Daté du 15 mars, jour de la chute de Kisangani aux mains de l'AFDL, le courrier suggérait une rencontre urgente entre Mobutu et les patrons d'Executive Outcomes, afin que « Executive Outcomes puisse accomplir au Zaïre la même chose qu'en Sierra Leone et en Angola. » Le prix exigé par Executive Outcomes pour son intervention était-il trop élevé ? Les Zaïrois avaient-ils tergiversé jusqu'à ce qu'il soit trop tard ? À présent, rien de tout cela n'avait plus d'importance.

Dans la villa du couple présidentiel, où Richardson et son équipe avaient présenté leur ultimatum, les pillards avaient visité toutes les pièces, ouvert chaque tiroir, éventré chaque paquet, pour s'emparer de tout ce qui pouvait s'emporter facilement. Dans la cuisine en inox, les robinets avaient été volés. Les tuyaux nus déversaient un flot régulier qui se répandait sur le sol du rez-de-chaussée. Sur ce lac grandissant dansait le contenu de cartons abandonnés par la famille dans sa fuite hâtive. Preuves de la dégénérescence physique d'un mourant, des centaines de couches pour incontinence flottaient à la surface de l'eau, exposées au regard du monde.

S'il n'y a point de héros pour son valet de chambre, tout homme devient ridicule aux yeux du voleur qui dévalise sa salle de bain. L'image est difficile à effacer : un groupe de pillards dépenaillés, adeptes par excellence de l'Article 15, qui rient aux éclats en jetant en l'air le symbole de l'humiliation de leur président déchu.

Chapitre 14
Biens mal acquis

« L'éléphant est mort, mais il reste ses défenses et ses poils. »

Proverbe du Bas-Congo

Pour un millionnaire africain qui aimait vivre au bord de l'eau, il devait sembler naturel d'investir dans l'immobilier sur la rive nord du lac Léman. Du haut de ces pentes vertigineuses, quadrillées d'un patchwork de vignobles, on jouit d'une vue imprenable sur les flots bleu sombre, jusqu'aux Alpes et la France.

On se croirait presque dans un poème de Byron et ce charme n'a certainement pas laissé insensible « l'homme du fleuve ». Lorsque Mobutu est venu se faire soigner pour le cancer qui a fini par le tuer, il a provoqué une certaine agitation, en réservant deux étages entiers d'un hôtel de Lausanne, baptisé à juste titre « Beau Rivage ». De là, il profitait d'une vue dégagée sur le lac, où les courants dessinent des traînées argentées.

En revanche, lorsqu'il s'est agi d'acquérir un bien propre, le président a tourné le dos au Léman pour gagner les plateaux du canton de Vaud. Là, le dénivelé est moins marqué, la route ondule doucement à travers les pommiers et les habitants jouissent d'une réputation de mollesse rustique. Mobutu a choisi d'élire domicile à Savigny, un bourg à une quarantaine de kilomètres de Lausanne, très prisé des célébrités en raison d'un microclimat qui garantit un temps sec et clair quand la vallée est obstruée par une épaisse couche de brouillard hivernal. Pour Kongulu Mobutu, c'était une base stratégique pratique pour piloter Yoshad, l'entreprise « import-export » qu'il avait fondée dans la ville de Martigny, et une couverture idéale pour des transferts d'argent entre le Zaïre et l'Europe. Pour son père, en revanche, le plus important était que la ferme rénovée des Miguettes, située à la sortie de Savigny, était parfaitement dissimulée derrière une rangée de sapins touffus. Les arbres bouchaient certes la vue, ce qui selon certains gâchait une grande partie de l'intérêt des lieux, mais la sécurité était devenue une priorité pour Mobutu vers la fin de sa vie.

La ferme – une bâtisse de trente-trois pièces sur cinq hectares de terrain, le tout estimé à 5 millions de dollars – n'est pas difficile à localiser. Sur la petite route de campagne, où le drapeau suisse flotte fièrement parmi des haies soigneusement taillées, la maison est la seule qui détonne, à cause de son état d'abandon évident. Derrière la clôture en fer forgé qui court tout autour du domaine, la belle pelouse est retournée à la vie sauvage ; il y a des toiles d'araignée sur le grand portail de métal, laissé malencontreusement ouvert, malgré un panneau « Entrée interdite ». Quand on sonne, l'interphone s'allume brièvement, juste le temps pour une voix congolaise méfiante – l'un des deux gardiens qui aimeraient bien rentrer chez eux – d'informer les curieux qu'il s'agit là d'une propriété strictement privée.

Près de trois ans ont passé depuis la fuite en exil de Mobutu, et les Miguettes paraissent être tombées dans l'oubli. Le domaine a été mis sous séquestre sur ordre du tribunal, ordre qui a été contesté par la famille Mobutu, avant d'être renouvelé. La maison ne peut être habitée ni vendue ; elle n'appartient ni aux Mobutu, ni au nouveau gouvernement de Kinshasa, ni à l'État suisse. En attendant que son sort soit réglé, cette magnifique propriété semble condamnée à une lente ruine[26].

Il ne s'agit là que d'un des nombreux éléments du portefeuille immobilier européen de Mobutu, mais son état déplorable atteste de l'échec abject d'une institution au nom étrange, instaurée en fanfare à Kinshasa dans les mois qui ont suivi la prise de pouvoir de Kabila : l'Office des biens mal acquis (OBMA), symbole de la volonté d'une nouvelle administration de rompre avec le passé.

***

Niché dans les ruelles tranquilles situées derrière l'hôtel Intercontinental, avec ses fenêtres donnant sur des palmiers ondulants et des magnolias parfumés, le siège de l'OBMA était à l'origine une villa blanche, cadeau de Mobutu à la regrettée Marie-Antoinette. De fait, le bâtiment lui-même est presque à coup sûr un bien mal acquis. Quoi de plus cohérent pour un organisme qui devait, selon les promesses de l'AFDL, éradiquer les instincts douteux que les Congolais avaient hérités du Léopard.

---

26. Après les voitures et le mobilier, la demeure a été vendue aux enchères en 2001 à un couple de Suisses, pour 3,1 millions de francs suisses (3,25 millions d'euros).

Avec son parking plein de voitures confisquées comme exemple de ses accomplissements et ses salles d'attente bondées de protestataires agitant des liasses de documents, l'OBMA a entrepris une opération anticorruption d'envergure au milieu de l'année 1997. « Nous avons le devoir historique de prouver aux générations futures pourquoi nous sommes sous-développés », expliquait alors Jean-Baptiste Mulemba. Cet homme, dont la conscience professionnelle frisait parfois le fanatisme, avait d'abord été patron de discothèque, puis guerrier rebelle, avant d'obtenir le poste de directeur de l'OBMA. Un des principaux objectifs de l'Office était de veiller au retour des 14 milliards de dollars que Mobutu était censé avoir détournés vers des comptes suisses, des sociétés étrangères et des propriétés de luxe.

Selon Mulemba, des avocats européens et américains, spécialistes des stratagèmes employés par les dictateurs du tiers-monde pour dissimuler la fuite des capitaux, avaient proposé leur expertise. Le directeur envisageait sans doute une opération judiciaire, à l'image de celle lancée pour indemniser les Philippines après les déprédations de Ferdinand Marcos. « On aimerait retrouver tout l'argent de Mobutu. Mais si on récupère seulement soixante pour cent, ce serait déjà pas mal. Si on parvenait à évaluer la taille de sa fortune avec nos propres méthodes, je crois qu'aucun pays ne refuserait de restituer les fonds. »

En attendant, l'OBMA avait déjà de quoi s'occuper sur place, sans qu'aucune aide extérieure soit nécessaire : recouvrer les biens gouvernementaux accaparés par des mouvanciers, des véhicules de fonction détournés, des prêts bancaires jamais remboursés. Dans un concert de protestations, les agents de l'OBMA avaient commencé à passer en revue les villas de Binza et à frapper aux portes des entreprises de Kinshasa. Ils demandaient aux résidents de prouver qu'ils étaient bien propriétaires, exigeaient des explications pour les mystérieuses « commissions » enregistrées sur les comptes des sociétés et remettaient en question les exemptions d'impôt, accordées en échange de sièges dans les conseils d'administration. Appartements, maisons et magasins étaient saisis, tandis que les fonctionnaires de l'OBMA s'évertuaient tant bien que mal à préparer les documents indispensables aux centaines de procès annoncés. « On y passera le temps qu'il faudra pour dévoiler ce qui s'est produit : dix ans, vingt ans, cent ans si nécessaire », jurait Mulemba. Si l'OMBA visait à devenir l'équivalent de la Commission de la vérité en Afrique du Sud – institution qui se voulait le fer de lance d'un sursaut moral parmi la population –, il différait par un aspect important : aucune amnistie n'était offerte. « Il n'y aura pas de pardon, aboyait Mulemba. Si nous pardonnons, ceux qui viendront demain voleront aussi. Une fois, ça suffit. Il n'y aura pas de seconde fois dans notre pays. »

Face à la croisade juridique et éthique de l'AFDL, le silence de la France, la plus fidèle amie occidentale de Mobutu, était assourdissant. D'autres pays, en revanche, peut-être saisis d'un sentiment de culpabilité rétrospectif, avaient annoncé leur volonté de coopérer. Ils avaient gelé les avoirs de plus de quatre-vingts mouvanciers et mis les résidences présidentielles sous séquestres. En Belgique, où de nombreuses grosses légumes possédaient des comptes, l'enthousiasme était suffisamment grand pour qu'un juge fumeur de pipe soit envoyé à Kinshasa avec son équipe en décembre 1997, afin d'y réunir des preuves de détournement.

La Suisse avait été la plus prompte à proposer son aide. Dans le collimateur des médias pour son rôle de banquière des indésirables du monde, depuis les nazis jusqu'à la mafia russe, la Confédération avait pris le risque d'ordonner le gel de tous les avoirs de Mobutu, la veille de sa chute. Déterminées à prouver l'efficacité des nouvelles lois visant à restreindre le secret bancaire, qui attirait un tiers des fonds *off-shore* du monde, les autorités helvétiques avaient ordonné aux 406 banques du pays de chercher des comptes au nom de Mobutu. Le résultat avait été décevant. Au lieu de la rondelette somme de 8 millions de dollars dénoncée par le nouveau ministre de la Justice de l'AFDL, les banques suisses n'avaient réussi à localiser que 6 millions de francs suisses (4 millions de dollars).

À la fin de l'année 1999, cette somme désolante n'avait d'ailleurs toujours pas été rapatriée en RDC, qui en avait pourtant bien besoin. Des courriers envoyés à Kinshasa par la police suisse, pressée d'expédier le dossier, restaient sans réponse. «Il nous faut plus d'informations et Kinshasa ne nous a jamais rien fourni, expliquait Folco Galli, porte-parole de la police fédérale. Ils doivent au moins nous démontrer un semblant de lien entre ces biens et des crimes supposés, un soupçon, à défaut de preuve, pour que l'affaire avance.»[27]

C'est la même histoire en Belgique. Après avoir attendu en vain pendant un an que Kinshasa prouve que les comptes bancaires gelés des mouvanciers contenaient des biens détournés, les autorités belges avaient fini, bon gré mal gré, par lever les mesures. «Oh, j'ai bien eu quelques problèmes au début, mais maintenant tout est réglé.» Tel était le refrain des exilés congolais qui aimaient prendre le thé au Conrad Hôtel de Bruxelles, peut-être pour sa vague ressemblance avec l'Intercontinental de Kinshasa. «Ils n'ont rien pu prouver.»

---

27. En 2009, les autorités suisses ont annoncé qu'elles levaient un gel de douze ans sur les 7,7 millions de francs suisses (6,68 millions de dollars) estimés des actifs de Mobutu, plaidant un manque de soutien de la part des autorités congolaises. Les millions ont donc été restitués à contrecœur aux héritiers de Mobutu, au motif que le délai de prescription sur ce gel avait expiré.

Ce manque d'intérêt soudain du gouvernement pour la question des milliards volés reflétait en réalité des changements dramatiques au Congo, comme je l'ai découvert en retournant à Kinshasa.

Quinze mois après la campagne de l'AFDL, une seconde guerre avait éclaté. Comme Mobutu, Kabila avait commis l'erreur de sous-estimer la violence du ressentiment rwandais et ougandais à l'égard de la présence de milices interahamwe hutu dans l'est du Zaïre. Lors d'une volte-face extraordinaire, il avait accueilli les génocidaires du Rwanda – les mêmes hommes que ses forces cherchaient autrefois à éliminer – au sein de la nouvelle armée congolaise, alliés contre les Tutsi qu'il soupçonnait à présent de comploter contre lui. Évidemment, les troupes banyamulenge de l'est s'étaient mutinées, au moment même où les unités rwandaises prêtées par Kigali tentaient et rataient un coup d'État à Kinshasa. Les ministres tutsi du gouvernement Kabila avaient fui pour Goma, d'où ils avaient dénoncé les penchants tribalistes du président et pris la tête d'un autre mouvement rebelle. Ce que les habitants de l'est du Zaïre qualifiaient avec cynisme de « seconde prétendue libération » avait commencé, financée et équipée par des mouvanciers en exil et des généraux.

En appelant le Zimbabwe et l'Angola à la rescousse, Kabila avait fracturé la coalition des puissances voisines qui avait permis de faire tomber Mobutu. Mais le scénario tant redouté par les Chester Cracker et les Larry Devlin de ce monde avait fini par se réaliser : le Congo était bel et bien divisé en deux, et des voisins rapaces pillaient ses richesses minières. Ne pouvant compter sur l'armée congolaise incompétente, Kabila avait obtenu la protection du Zimbabwe contre une part majoritaire dans Gécamines, tandis que des factions rebelles dans l'Est échangeaient de l'or et des diamants contre le soutien militaire de l'Ouganda et du Rwanda. Le Congo était devenu un noyau mouvant, irradiant l'instabilité dans tout le continent.

Tant de choses avaient changé et pourtant, tout semblait étrangement pareil.

Comme cette nouvelle guerre coûtait cher et que les donateurs occidentaux snobaient Kabila, à cause de son piètre bilan en matière de droits de l'homme, les projets de reconstruction nationale avaient été jetés aux orties. Les salaires des fonctionnaires et la solde des soldats, quand ils étaient payés, arrivaient en retard. Le carburant était rationné et des files de voitures s'étiraient sur des kilomètres près de chaque station-service. L'administration avait tellement besoin de liquidités que même les adeptes de l'Article 15, acteurs du vaillant secteur informel qui avaient réussi à échapper au regard de Mobutu, se retrouvaient taxés.

Craignant un assassinat, le président apparaissait rarement en public et avait confié sa sécurité à une élite militaire issue de sa province natale. La seule différence, c'était que ces unités spéciales, qui s'occupaient de membres du gouvernement et d'anciens politiciens exprimant trop librement leur opinion – notamment Cléophas Kamitatu –, étaient à présent originaires du Katanga, au lieu de l'Équateur. Autrefois salué comme appartenant à une « nouvelle génération » de leaders africains réformateurs, Kabila ne croyait visiblement pas en la règle du consensus. Les réunions de cabinet étaient rares, il procédait régulièrement à des remaniements ministériels et confiait les décisions importantes à des proches nommés à des postes-clés.

L'indépendance de la banque centrale avait discrètement été escamotée, le vrai pouvoir reposant à présent entre les mains d'un comité truffé de ministres sympathisants. Invoquant l'effort de guerre, le nouveau président semblait tout aussi incapable que son prédécesseur de faire la distinction entre fonds publics et privés, et puisait à sa guise dans les coffres de la banque centrale, qui imprimait de l'argent avec frénésie pour compenser. « Il n'y a absolument aucune différence entre la gestion de la banque centrale sous Mobutu et sous Kabila », confessait un économiste du gouvernement, déprimé.

Dans un élan qui sentait le réchauffé, Kabila avait interdit les partis politiques et constitué les Comités du pouvoir populaire (CPP), bases d'un mouvement censé embrasser chaque citoyen au niveau local. Les habitants de Kinshasa, qui connaissaient la musique depuis le MPR, plaisantaient entre eux sur ces initiales, qui signifiaient selon eux « C'est Pas Possible ».

Le plus hilarant à leurs yeux, c'était le retour de Sakombi Inongo, l'instigateur du culte autour de la personnalité de Mobutu. Créateur de l'émission télévisée qui montrait « Papa » émergeant des cieux au générique, Sakombi s'occupait à présent de vendre le nouveau « Mzee » – terme de respect en swahili pour désigner le Vieux. Son œuvre s'étalait partout dans Kinshasa : d'immenses affiches du bedonnant Kabila, avec le slogan « Voici l'homme qu'il nous fallait ». La direction de l'Intercontinental à l'étranger ne semblait visiblement pas de cet avis. La chaîne hôtelière avait fini par se lasser de faire des affaires avec un gouvernement criblé de dettes et avait officiellement coupé les ponts avec l'établissement autrefois si prisé des grosses légumes.

Pendant que les doyens de l'ancien système revenaient sur le devant de la scène, ceux qui avaient juré de le renverser repartaient en coulisses. En apparence, l'OBMA semblait intact. Les magnolias fleurissaient toujours dans la cour, les salles d'attente étaient aussi pleines de solliciteurs. En revanche, Mulemba le zélote était parti depuis longtemps, jeté en prison, puis relâché, après un audit qui avait suggéré que les personnes chargées d'enquêter sur les supposés escrocs se servaient au passage. Le deuxième directeur, un Banyamulenge, n'était en poste que depuis quelques mois quand la révolte des

Tutsi avait éclaté ; il avait alors rejoint les rebelles. J'avais passé des semaines à essayer d'obtenir un rendez-vous avec le troisième, mais le jour où nous devions enfin nous rencontrer, il m'avait appelée sur mon Telecel pour annuler. « Vous n'avez pas écouté les infos ? Apparemment, je viens d'être limogé. » Un nouvel audit révélait des sommes manquantes. Un nouveau scandale.

La valse des directeurs reflétait combien l'élite toute fraîche lorgnait sur ce qu'elle considérait comme une source facile de revenus. Au lieu de percer l'abcès de la corruption et de restituer les biens volés au peuple, l'OBMA était devenu la couverture idéale pour faire main basse sur des jeeps, des Mercedes, des appartements, des villas et des entreprises, convoités par une nouvelle vague de grosses légumes, dont la primeur ne faisait que souligner le chemin qu'il leur restait à parcourir dans la course à l'enrichissement.

« Le problème commence au niveau ministériel », a expliqué un employé de l'OBMA, avec cette clairvoyance propre à tant de Congolais, cette capacité à formuler une évaluation sans pitié des défauts de sa société, sans pour autant proposer la moindre solution. « Les plus belles villas de Binza partent toujours en premier. » C'étaient des querelles sans fin, a-t-il ajouté, et chaque fois pour des questions de logement. Un commandant, qui vivait dans la villa d'un ancien lieutenant de Mobutu, jalousait un commandant rival, lequel avait emménagé dans une maison plus grande, confisquée à un général. « Nous sommes devenus une énorme agence immobilière », soupirait-il. La course au trésor entre les différentes factions était si féroce que des agents de l'OBMA avaient été arrêtés à Kinshasa et jetés en prison au Katanga et au Kasaï, où les autorités locales voulaient avoir le champ libre pour organiser leur propre trafic avec les biens saisis. Et tant pis pour le projet de purger la psyché nationale de la corruption. « Vous savez, dans le combat contre Mobutu, tout le monde n'avait pas les mêmes objectifs, a fait remarquer l'employé de l'OBMA. Certains espéraient changer la société. D'autres cherchaient juste à prendre sa place. C'est le principe de "Ôte-toi de là que je m'y mette". »

Qu'en était-il du projet de rapatrier l'argent détourné par les exilés ? ai-je demandé. En particulier les fonds appartenant au plus célèbre de tous, Mobutu. L'avocat congolais chargé de l'affaire n'avait jamais été payé, « afin de le décourager ». Le ministère de la Justice avait retiré le dossier à l'OBMA et on le soupçonnait de vouloir fermer l'organisme pour de bon. « Il y a clairement l'intention de ne pas toucher aux biens des mouvanciers », a-t-il confessé.

Pourquoi une telle irresponsabilité de la part de l'institution qui avait autrefois juré de nettoyer les écuries d'Augias ? Pourquoi les lettres des autorités belges et suisses restaient-elles sans réponse ? J'ai trouvé une explication dans le bureau capitonné du procureur de la République, en lisant ce que le dernier et sympathique titulaire du poste m'assurait être les plus récents documents concernant le dossier Mobutu. Tandis que le procureur discutait au téléphone, j'ai feuilleté les quatre pages d'un fax envoyé par son prédécesseur en juillet 1997. Cette requête pour un gel d'actifs semblait à l'époque annoncer les prémices d'une action d'envergure, mais à présent, elle marquait surtout le point d'orgue d'un exercice de futilité.

Mobutu, qui avait saigné à blanc son pays pendant trente-deux ans, n'avait le droit qu'à cinq lignes. Son ancien conseiller Seti Yale, considéré par les Congolais comme l'un des hommes les plus riches d'Afrique, se retrouvait simplement incriminé pour avoir détourné vingt-quatre véhicules de fonction. Ngbanda Nzambo Ko Atumba, le Terminator, était le suivant sur la liste, accusé d'avoir volé dix-huit voitures. Il y avait également Kamitatu, pour s'être approprié deux bâtiments diplomatiques à Tokyo. Curieusement, l'ex-Premier ministre Kengo wa Dondo, réputé rivaliser en fortune avec Seti, n'avait pas été jugé digne d'une entrée distincte. Il apparaissait simplement sur la liste de quatre-vingt-trois mouvanciers, dont on recommandait de geler les comptes.

Devant un effort aussi pitoyable, il était même étonnant que les autorités juridiques étrangères aient tenté la moindre action. C'était tout ? Vraiment ? ai-je demandé poliment. « Eh bien, nous laissons à nos amis à l'étranger le soin de compléter. » Mais je croyais que ces représentants escomptaient justement que Kinshasa apporte des preuves d'une activité criminelle. Un cercle vicieux était visiblement en place, chaque partie attendant que l'autre fournisse les réponses. Le procureur est resté songeur. Pour être honnête, a-t-il reconnu, les enquêtes avaient été perturbées dès le départ, « perturbées presque volontairement ». On avait laissé passer trop de temps. Des fax avaient été retardés, des documents envoyés au ministère de la Justice n'étaient jamais revenus. Il espérait toujours obtenir l'autorisation officielle pour un voyage en Suisse et en Belgique, afin de suivre le dossier. « Il y a un manque d'enthousiasme de la part du système judiciaire. Même la présidence ne semble pas s'y intéresser. » Il a marqué une pause. « En ce moment, nous suivons un autre chemin », a-t-il repris, et il était évident que ce « nous » désignait le Congo. « Le souhait étant que tout le monde s'entende bien, c'est devenu un problème secondaire. »

Je commençais à comprendre. J'avais eu vent d'un assouplissement de la position officielle envers les anciens cadres de Mobutu. Les plaintes contre plus de quarante mouvanciers emprisonnés à Malaka avaient été discrètement abandonnées. Chaque accusé avait à la place été autorisé à acheter sa libération – parfois contre une contribution d'un million de dollars –, en échange de lettres les informant que l'État considérait à présent leurs dossiers comme clos. On tâtait le terrain chez les exilés à Bruxelles et Paris pour les persuader de rentrer au pays. Des noms familiers à l'ère Mobutu circulaient de nouveau. Jonas Mukamba, l'ancien chef de la MIBA, avait retrouvé sa villa de Binza. Bemba Saolona, le magnat qui avait prospéré sous Mobutu, devait peu de temps après être nommé ministre de l'Économie, dans une tentative pour séduire son fils, chef rebelle.

Avec les rebelles qui tenaient la moitié du pays et des Occidentaux hostiles qui tournaient le dos à la RDC, le gouvernement isolé ne pouvait s'offrir le luxe de choisir ses amis. Les mouvanciers que l'AFDL avait juré de traîner devant la justice étaient à présent les bienvenus, à condition d'apporter une contribution en espèces sonnantes et trébuchantes, le soutien de leur groupe ethnique et un semblant d'expérience. Qui voulait d'une enquête juridique qui risquait d'exposer les tares des différentes parties, dans ce nouveau mariage de convenance ? Les grands principes avaient été sacrifiés sur l'autel du pragmatisme. Ou, comme le procureur l'a formulé avec plus de tact : « C'est un dossier que les gens préfèrent oublier au nom de la réconciliation nationale. »

***

Les enquêtes étant bloquées par un gouvernement à la peine qui effectue tous les arrangements cyniques nécessaires pour rester au pouvoir, l'étape la plus basique de toutes – déterminer la taille réelle de la fortune spoliée par Mobutu – demeure en suspens.

Je n'ai jamais pu retrouver les fameuses équipes de juristes européens et américains dont Mulemba m'avait parlé, recrutées comme détectives par l'État congolais. J'ai interrogé des représentants des Finances américaines, des banquiers et des policiers suisses, des experts juridiques du FMI et des cabinets d'avocats britanniques spécialisés dans ce genre de mission, et j'ai même harcelé les autorités congolaises. En vain. L'absence apparente de preuves juridiques n'empêche pas les partis d'opposition congolais, les défenseurs des droits de l'homme et les militants pour l'annulation de la dette d'affirmer qu'une immense fortune demeurait cachée à l'étranger, dans laquelle la famille élargie du président puisait encore. Le nom de Mobutu figure en bonne place, aux côtés de Marcos, Bhutto, Noriega et Suharto, sur la liste des leaders du tiers-monde, dont la richesse met honteusement en cause l'échec d'une politique occidentale basée sur l'indulgence et l'apaisement. Pour les militants, les 4 millions de dollars dérisoires, exhumés par la banque suisse, sont un signe d'hypocrisie institutionnelle ou de naïveté délibérée. Un dirigeant aussi rusé et bien entouré que Mobutu, selon eux, n'aurait jamais commis l'erreur grossière de déposer la majeure partie de son butin sous son propre nom. « Ils lancent une recherche informatique pour "Mobutu" ou "Bobi Ladawa". Mais il faudrait être fou pour ouvrir des comptes sous ces noms!» s'esclaffe Jean Ziegler, écrivain et député socialiste suisse qui consacre sa carrière à exposer la duplicité morale du système bancaire suisse. «Si vous créez une société *off-shore*, qui établit un fonds en fidéicommis, qui ouvre un compte sous un nom fictif, alors rien ne va apparaître sur l'ordinateur.»

Et Mobutu évitait certainement d'utiliser son propre nom pour envoyer de l'argent hors du pays, préférant ouvrir des comptes et établir des actions au nom de proches, d'employés ou de personnes de confiance. Cette pratique, avec tous les risques qu'elle comporte, a été dévoilée après la mort de Litho Moboti, l'oncle de Mobutu et l'un de ses prête-noms. Le fils Moboti, qui ne partageait visiblement pas la même loyauté, a engagé un avocat américain pour récupérer les fonds détenus au nom de son père.

Toutefois, plus on creuse la question des sommes énormes évoquées par les détracteurs de Mobutu, plus on se rend compte qu'il n'y a peut-être que du vide derrière. Par exemple, les 14 milliards de dollars estimés par le nouveau ministre de la Justice, Célestin Lwangi, en 1997 paraissent douteux, parce qu'ils correspondent exactement à ce que doit aujourd'hui le Zaïre à ses créanciers internationaux. On retrouve ce parallèle financier dès 1982, quand le banquier allemand Erwin Blumenthal interrogeait Nguza Karl I Bond, alors Premier ministre mécontent du Zaïre, sur la fortune de Mobutu. Nguza avançait la somme de 4 milliards de dollars, comparable à l'évaluation de la Banque du Zaïre pour la dette étrangère du pays à l'époque.

Dans ce système de contrôle présidentiel personnalisé, le Premier ministre n'avait pas beaucoup de pouvoir. Et il n'était certainement pas au courant du contenu des comptes de Mobutu, ainsi que Nguza l'a admis lui-même dans le rapport Blumenthal. En revanche, pouvoir citer comme source un Premier ministre – figure d'autorité supposée – était du pain béni pour ceux qui tentaient d'attirer l'attention internationale sur les injustices commises par Mobutu. Le président avait le pouvoir d'annuler la dette étrangère d'un pays tout entier, d'un simple chèque! Le parallèle illustre avec une facilité séduisante la corruption africaine et la complicité occidentale. Tandis que les intérêts restaient impayés et que la dette du Zaïre augmentait, les estimations sur la fortune personnelle du président ont, mécaniquement, elles aussi été revues à la hausse : 4 milliards de dollars, 6 milliards, 8 milliards, 14 milliards. Les auteurs de livres sur le Zaïre citaient des journalistes, les journalistes citaient les auteurs, les politiciens de gauche citaient tout ce petit monde, jusqu'à ce que les sommes évoquées finissent par devenir une vérité, par la simple force de la répétition.

Ce tandem financier est trop net pour convaincre et il faut noter que ceux qui rabâchent ce mantra en milliards de dollars proposent rarement le moindre début d'analyse. La tentative la plus sérieuse a été entreprise par Steve Askins et Carole Collins. Se basant sur des données ayant fuité de la Banque mondiale et du FMI, ils sont parvenus à documenter certaines recettes d'exportation égarées, les allocations présidentielles excessives, les dépenses nébuleuses pour « produits et services divers » qui engloutissaient des centaines de millions de dollars chaque année.

Toutefois, leur rapport ne fournit qu'un aperçu partiel et frustrant. Mobutu, qui se méfiait des curieux qui viendraient peut-être un jour mettre le nez dans ses affaires et se montrait par nature d'une grande impatience avec les détails financiers, n'a laissé que très peu de traces écrites. Les ordres étaient donnés oralement, les autorisations de retraits à la banque centrale ou dans une entreprise d'État étaient validées par des subordonnés. « Il a veillé à ce que sa signature ne figure sur aucun bordereau, se souvient un homme politique de l'époque. Impossible de remonter jusqu'à lui. » Ne pouvant avoir accès à des relevés bancaires ou des attestations de participation, les deux chercheurs américains évitent sagement d'avancer la moindre estimation indépendante sur la taille du magot présidentiel restant.

Mais l'aversion de Mobutu pour la paperasse peut-elle à elle seule expliquer cet échec généralisé à quantifier ou localiser le butin disparu ? Je crois personnellement que la grossièreté des méthodes employées par Mobutu pour détourner ces sommes au fil des années, l'ostentation vulgaire de Gbadolite, les caves pleines de Laurent Perrier dans la chaleur tropicale africaine, tout cela pourrait bien nous aveugler – comme cela a été le cas avec la délégation Richardson –, nous empêcher de voir la vérité au cœur de son style de gouvernance.

Mobutu n'était certes pas un ascète, mais l'argent a toujours été une méthode, un instrument, la plus efficace des techniques à sa disposition pour asseoir, étendre ou conserver son pouvoir. « Il n'a jamais eu l'âme d'un racketteur, affirme son fils Nzanga. Pour lui, l'argent était simplement un moyen, une façon d'obtenir ce qu'il voulait. » Pour une fois, le fils et le conseiller sont du même avis. « Personne ne mettra jamais la main sur cette fortune, pour la simple raison qu'elle n'existe pas, insiste le Terminator. Oui, Mobutu aimait mener grand train. En tant que chef d'un grand pays, il pensait pouvoir se le permettre. Beaucoup d'argent passait entre les mains de Mobutu. Mais il ne faisait que passer, sans jamais y rester. »

Un système aussi clientéliste engloutissait beaucoup de cash. Il y avait des pots-de-vin à payer aux hommes d'affaires occidentaux, aux politiciens et aux journalistes, les soldes de la DSP, les donations à des groupes de guérilla étrangers, des cadeaux aux généraux, gouverneurs et membres de l'opposition. Même les dessous de table les plus triviaux, comme les Mercedes, Peugeot et jeeps fournies aux ministres et leurs adjoints, atteignaient des sommes considérables, tant ils se répétaient *ad nauseam*. Un économiste de la Banque mondiale a un jour calculé que, si chaque véhicule coûtait 40 000 dollars, une estimation raisonnable étant donné l'amour des Zaïrois pour les voitures clinquantes, chaque nouveau gouvernement déboursait en moyenne 4,8 millions de dollars. Multipliez cela par cinquante et un gouvernements nommés par Mobutu et vous obtenez grosso modo 250 millions de dollars dépensés pour les véhicules de fonction, entre 1965 et 1990 seulement.

Les sommes détournées par Mobutu, confirme Kim Jaycox, l'ancien grand chef pour l'Afrique de la Banque mondiale, étaient à la mesure, non pas de sa vénalité, mais de sa faiblesse politique : il avait besoin d'argent pour rester à la tête d'un des États les plus vastes et les plus instables d'Afrique. « Le pays tenait grâce à la loyauté des gouverneurs régionaux, qui étaient essentiellement des seigneurs de guerre. Mobutu exploitait toutes les ressources disponibles pour arroser ces types. C'était un système qui coûtait très, très cher. C'est pour cela que, quand les gens comprenaient ce qui se passait, ils fermaient les yeux. » Dans cette perspective, le vol devient alors une vulgaire forme d'électoralisme, pratiquée par un leader qui, comme de nombreux de ses contemporains africains, n'a jamais saisi le concept d'un État pourvoyeur de revenu national. Ces visites dans les provinces, au cours desquelles Mobutu promettait là un hôpital, là une école, et distribuait à tour de bras des enveloppes marron, permettaient de s'assurer de la loyauté des dirigeants régionaux et de la survie de l'État unitaire.

Les impératifs financiers de Mobutu étaient colossaux. Le ministère des Finances américain a lancé une enquête préliminaire sur la question quand, au début des années 1990, Washington, Paris et Bruxelles ont brièvement caressé l'idée de forcer Mobutu à effectuer des réformes politiques, en gelant ses actifs à l'étranger. Selon le ministère, et contrairement à l'impression générale, les Quatre Inséparables surpassaient largement Mobutu en matière de revenus générés, au cours des dernières années – ils étaient très actifs dans le trafic de diamants et de pétrole. « Lorsque nous avons tenté de saisir les biens de Mobutu, nous avons eu la surprise de découvrir que ce dernier rencontrait de sérieux problèmes de trésorerie, a expliqué un fonctionnaire. Il avait du mal à payer ses factures et à maintenir son entourage satisfait. Cela suggérait que sa capacité à ponctionner les divers mécanismes d'État s'était fortement réduite au fur et à mesure que Gécamines et la MIBA se sont effondrées. Il avait dilapidé d'énormes sommes ; il ne les avait pas détournées pour son propre compte, comme on le supposait. »

Le ministère des Finances américain est arrivé à un total de 40 à 45 millions de dollars, une estimation qui ne comprenait que le foncier, l'aspect le plus visible et, de fait, le plus quantifiable de la fortune de Mobutu. Il est intéressant de noter que cette somme se rapproche de celle que Mobutu lui-même a révélée au cours d'une interview en 1988. Il évaluait alors son patrimoine à un peu moins de 50 millions de dollars. «Ce n'est pas grand-chose, après vingt-deux années à la tête d'un aussi grand État, non?» demandait-il. En 1997, certains signes ne trompaient pas : Mobutu était à court d'argent. Il n'était plus en mesure d'assurer la maintenance de son jet privé et aurait pillé des fonds mis de côté pour les élections, afin de payer la force mercenaire de Kisangani. Sa propre survie étant en jeu, il semble peu probable qu'il ait lésiné sur la question, si l'argent avait été disponible.

Lorsqu'on aborde le sujet de la fortune de son père, Nzanga lève les yeux au ciel. Depuis qu'il est parti en exil, il a reçu une lettre de l'AFDL lui demandant de restituer les 8 millions de dollars («Huit millions!» s'esclaffe-t-il avec incrédulité) et a repoussé les nombreuses tentatives de Congolais entreprenants, qui affirmaient être des enfants illégitimes de Mobutu et réclamaient leur part d'héritage. Il sait, plus que quiconque, la malédiction que représentent ces fameux milliards. «Il y a tellement d'on-dit. Mais ce ne sont que des suppositions qui ont commencé avec le rapport Blumenthal. Je ne suis pas un mendiant, mais je conduis une voiture qui a dix ans et je n'ai pas les moyens de m'offrir un avion. Tout ce que nous possédons, c'est un bien immobilier acheté par Mobutu et qui ne vaut pas 1 milliard de francs français. Oui, il y a de grosses sommes dans les comptes de certaines personnalités importantes. Mais pas chez nous. Les millionnaires sont rarement des hommes très généreux et mon père était très généreux.»

La légende du trésor de Mobutu n'est pas près de disparaître, alimentée par des récits de pièces pleines de lingots d'or en Gambie, de sociétés-écrans aux Canaries, de relevés bancaires abandonnés dans les décombres à Gbadolite. On se doute que Nzanga et ses frères et sœurs n'auront jamais besoin de l'aide sociale. Je suis en revanche prête à parier qu'il n'y aura pas de miracle et qu'on ne découvrira jamais ces milliards de dollars cachés, qui sont devenus une sorte de monstre du Loch Ness africain. La fortune volée du Congo n'est pas dissimulée, elle s'étale aux yeux de tous. Elle a été investie dans des villas luxueuses à Uccle et Rhode-Saint-Genèse à Bruxelles, où les Premiers ministres en exil fraient avec d'anciens patrons d'industrie. On la retrouve dans des propriétés en Afrique du Sud, où des chauffeurs passent le polish sur des Mercedes rutilantes bien alignées, et dans les Rolex aux poignets des épouses de mouvanciers, qui dégainent leurs cartes de crédit dans les boutiques de grands couturiers parisiens. C'est la redistribution de richesses dans ce qu'elle a de plus inégalitaire, un effet de ruissellement qui humecte à peine la première couche de la société.

La plupart des Congolais ont depuis longtemps compris que les élites qui flottaient dans le sillage de Mobutu ne seraient jamais traduites devant la justice. Et à présent que l'enthousiasme initial pour un grand nettoyage de printemps financier est retombé, les banques et les gouvernements occidentaux sont secrètement soulagés de l'indifférence de Kinshasa sur la question. D'abord parce que les richesses du pays en diamants et en cuivre permettent de remplumer leur bilan comptable ; ensuite, parce que cela évite de mettre en lumière le rôle embarrassant qu'ils ont joué en tolérant une fuite aussi massive de capitaux. Enfin, et surtout : qui serait aujourd'hui en mesure de restituer cet argent sans arrière-pensée, avec la fierté du devoir accompli et l'impression de réparer un tort ? Surtout quand de plus en plus de signalements surgissent, concernant la mauvaise gestion financière de Kabila – preuve qu'il a beaucoup appris de Mobutu.

La mission que l'OBMA devait exécuter, mais ne mènera jamais à terme, a-t-elle encore de l'importance ? Nombreux sont ceux qui, tel Daniel Simpson, l'ancien ambassadeur américain à Kinshasa, la considèrent comme une dangereuse ineptie, dans un pays confronté à des problèmes bien plus pressants. « C'est l'échec assuré, autant creuser à l'aveugle pour retrouver un trésor pirate », affirme-t-il. Pourtant, traquer l'argent manquant, déterminer quelles sommes ont été détournées et vers où, qui a fermé les yeux et qui s'est servi au passage, qui mérite d'être indemnisé et qui devrait être puni... tout cela marquerait le début d'un processus de rupture avec un passé désespérant, afin de bâtir un État dans lequel 45 millions de Congolais pourraient être fiers de vivre.

Malgré le départ du Léopard, il n'y a eu aucun renouveau, aucun changement dans les mentalités. Mobutu régnait grâce au soutien d'une force de sécurité mono-ethnique. Kabila aussi. Mobutu pillait la banque centrale. Kabila aussi. Mobutu a détruit l'économie formelle. Kabila va encore plus loin, en asphyxiant aussi l'économie informelle. Comme l'a fait remarquer avec finesse un homme politique européen : « Kabila a simplement remplacé Mobutu par du mobutisme ».

La précision déprimante de cette observation a pris tout son sens un soir d'hiver à Bruxelles, tandis que je regardais une interview de Kabila à la télévision, lors d'une de ses rares visites en Belgique. Destiné à améliorer les relations tendues entre le nouveau régime et l'Occident, le voyage n'était pas un succès. Il avait d'ailleurs failli être annulé complètement, quand l'arrestation du dictateur chilien Augusto Pinochet à Londres avait soudain soulevé l'éventualité que Kabila soit interpellé pour crimes de guerre, en raison de son rôle dans le massacre de réfugiés hutu. Les Belges ne s'étaient pas donné la peine de lui accorder les honneurs militaires à l'aéroport et le roi Albert avait volontairement évité de lui serrer la main. Pris sous les projecteurs crus du studio de télévision, Kabila dégageait une sorte de fureur réprimée. Des gouttes de sueur parsemaient son crâne chauve, qui semblait se fondre sans démarcation dans son torse. Il refusait néanmoins de retirer son manteau de cachemire noir et répondait tant bien que mal aux questions, avec un large sourire empreint de bonhomie feinte. Il ne possédait pas l'aisance de Mobutu ni une once de cet humour à la «je sais que vous savez, mais regardez bien comment je vais vous raconter des bobards plus gros que moi». Au contraire, il ressemblait exactement à ce qu'il était vraiment : une brute qui se retrouve, pendant un bref instant, obligée de répondre à des critiques. Interrogé sur l'arrestation d'un ministre, il a affirmé qu'il «n'était pas au courant». Questionné sur le lynchage de Tutsi, il a ricané. Ce n'était pas beau à voir[28].

En contemplant l'écran, j'ai ressenti un petit choc. Je me suis soudain rendu compte que, avec son manteau noir boutonné jusqu'au menton, cette écharpe de laine drapée autour du cou, le nouveau président du Congo avait tout à fait l'air de porter un abacost, symbole du règne de Mobutu. Cela m'a fait aussitôt penser à la fin de *La ferme des animaux*, de George Orwell, quand les animaux observent par la fenêtre les cochons, leurs nouveaux maîtres débordants de suffisance, en train de fraterniser dans la cuisine avec les fermiers. «Dehors, les yeux des animaux allaient du cochon à l'homme et de l'homme au cochon, et de nouveau du cochon à l'homme ; mais déjà il était impossible de distinguer l'un de l'autre.»

---

28. En janvier 2001, Kabila a été abattu dans son bureau par un de ses gardes du corps, lequel a rapidement été fusillé à son tour. Le podcast d'Arnaud Zajtman et Esdras Ndikumana pour Radio France Internationale (*L'assassinat de Laurent-Désiré Kabila, un thriller congolais*) constitue l'une des enquêtes les plus poussées sur le sujet.

ÉPILOGUE

« La conquête de la terre, qui consiste principalement à l'arracher à ceux dont le teint est différent du nôtre ou le nez légèrement plus aplati, n'est pas une fort jolie chose, lorsqu'on y regarde de trop près. »

Joseph Conrad, *Au cœur des ténèbres*.

Chaque semaine après la messe dans la cathédrale de Rabat, les membres d'une famille congolaise, tous en habits du dimanche, ont l'habitude de se rendre au cimetière catholique de la ville. Ce dernier, qui date de la colonisation française au Maroc, est situé dans le quartier populaire d'Akkari et surplombe l'océan Atlantique. Il déborde déjà des tombes de milliers de colons français qui sont morts en service à l'étranger, si bien que les chrétiens qui souhaitent enterrer leurs proches de nos jours sont obligés de chercher ailleurs un lieu de repos éternel.

Pourtant, on a trouvé de la place sur ce terrain pour un caveau récent en marbre italien, capable d'accueillir six cercueils. Le soin particulier accordé à cette concession par les gardiens, chargés en échange d'une petite somme de rafraîchir les fleurs déposées là, témoigne que les deux occupants, un père et son fils, sortent un peu de l'ordinaire. Au-dessus des photographies du plus âgé, deux inscriptions sont gravées. La première annonce : « Ci-gît le président Joseph Désiré Mobutu, né le 14 octobre 1930 à Lisala, et mort le 7 septembre 1997 à Rabat ». Quant à la seconde, il ne fait aucun doute que l'inventeur de l'Authenticité aurait préféré qu'on se souvienne de lui ainsi : « Président Mobutu Sese Seko Kuku Ngbendu Wa Za Banga, maréchal ».

C'est là que Bobi Ladawa et sa sœur Kassia viennent avec leurs enfants et petits-enfants rendre hommage au patriarche décédé, le Léopard du Zaïre, et à son fils, le terrible Kongulu, qui a partagé le sort de son père en mourant en exil. Les deux femmes semblent s'être adaptées sans trop de peine à la vie au Maroc.

L'interminable cortège de gardes, de médecins, de cousins, de belles-familles, de coiffeurs et de bonnes qui accompagnaient au départ les Mobutu à Rabat s'est dispersé au fil du temps, ce dont leurs hôtes ont été secrètement soulagés. La famille proche a emménagé dans des appartements et des villas des quartiers les plus chics de la capitale.

Conformément à son ancien rôle de «mère de la nation», l'ex-première dame garde un œil bienveillant sur la communauté congolaise de Rabat, assez considérable, car c'est une étape appréciée pour la jeunesse qui envisage une nouvelle vie en Europe. Bobi Ladawa partage avec son époux décédé un sens aigu des devoirs incombant aux chefs traditionnels et elle est respectée pour ses nombreux actes de charité envers les moins fortunés. Elle a perdu une grande partie du poids pris pendant les années fastes et elle veille à faire profil bas, consciente peut-être que, depuis la mort du roi Hassan, dernier ami africain de son mari, la position de la famille est fragilisée et dépend du bon vouloir du régime marocain.

Les enfants Mobutu ont découvert que leur nom de famille était moins lourd à porter qu'ils ne l'avaient craint, surtout depuis la mort du Léopard, qui a éliminé la principale source potentielle d'embarras politique. Ils voyagent librement entre le Maroc, l'Europe et les États-Unis, et constatent, comme les autres grosses légumes réfugiées à l'étranger, que franchir les frontières devient de plus en plus facile, au fur et à mesure que l'amnésie gagne le monde en ce qui concerne le Zaïre – un pays qui n'existe plus.

Comme tous les exilés, ils tentent de s'occuper. Mais principalement, ils attendent : le jour où ils pourront rentrer à Kinshasa sans crainte d'être mis en prison ; le jour où ils pourront rapatrier la dépouille de celui que la nation surnommait autrefois «Papa». Au Congo, même les plus féroces critiques du président estiment à présent qu'un retour s'impose. Mais tout en appelant de ses vœux un tel dénouement, la famille hésite à faire confiance aux garanties offertes par la nouvelle administration. «Kabila peut lancer des paroles en l'air autant qu'il veut, mais ce ne sera pas sous lui que nous ramènerons le corps de mon père sur la terre de ses ancêtres, affirme Nzanga. Certaines conditions doivent être réunies. Il a quand même été chef d'État pendant plus de trente ans.»

Seules des funérailles nationales ou une commémoration officielle pourraient peut-être mettre un terme à l'état de stagnation dans lequel un Congo orphelin paraît figé.

Ayant esquivé une confrontation avec son propre passé, il ne peut se forger un avenir différent. Si la fin de la guerre froide a rendu le Congo maître de son destin, le pays semble à peine avoir pris conscience du changement. Prisonnier d'habitudes paternalistes, dans un paysage politique dominé par des personnalités qui font la une depuis l'indépendance, il avance sur des rails posés par un homme mort et reste dépourvu d'idées nouvelles.

Ceux qui le peuvent s'en vont. Il m'est arrivé d'avoir pour voisin de vol de ces Congolais qui ont échoué à s'enfuir : des sans-papiers menottés, flanqués de gendarmes français, qui pleurent et gémissent de ce retour forcé. Ce ne sont pas des militants politiques qui craignent d'être torturés à leur arrivée ; ce sont des migrants économiques, frustrés dans leur élan le plus basique : aspirer à plus que la simple survie. Quels que soient les actes sanglants perpétrés sous Mobutu, les pires violations que l'ancien président ait pu infliger à son pays en matière de droits de l'homme demeureront celles-ci : la destruction d'une économie et l'anéantissement des ambitions de toute une génération.

La plupart des Congolais seront cependant forcés de rester et d'affronter ce qui viendra, alors que le pays sert de champ de bataille à ses voisins et que le nombre de groupes rebelles sans queue ni tête croît de façon exponentielle. « Peut-être faut-il que la situation empire en RDC avant de pouvoir s'améliorer, se demande un ambassadeur. Il y a à présent tant de jeunes gens armés là-bas que je vois mal les choses s'améliorer avant dix, vingt, peut-être trente ans. »

De façon préoccupante, il n'est pas difficile d'imaginer qu'un jour, la conjoncture au Congo deviendra si morose, que les citoyens évoqueront le nom de Mobutu avec une certaine nostalgie. Tout comme, sous Mobutu, certains se remémoraient avec tendresse, et une forme d'amnésie sélective, les années horribles de la colonisation. On peut sans peine envisager un parti politique, peut-être rassemblé autour des fils survivants de Mobutu, qui raviverait le concept d'Authenticité, tout en enjolivant les absurdités ultérieures. L'idée fait froid dans le dos. De telles volte-face surviennent néanmoins un peu partout en Afrique et pour des motifs similaires. Quand un pays ne parvient pas à cerner les raisons de sa propre ruine, il devient alors trop facile pour l'Histoire de se répéter.

Les années post-Mobutu ont pourtant vu la publication de nombreux mémoires, rédigés par des personnages de premier plan sur la scène nationale. Mais ils présentent tous une caractéristique fondamentale : chaque fois, la responsabilité de la situation désastreuse au Congo est habilement évacuée, pour être reportée en bloc sur les épaules du mort.

Le charisme même de Mobutu, sa truculence qui submergeait tous ceux qui le rencontraient, font de lui le bouc émissaire idéal. La toque en léopard, la canne magique, la voix tonitruante, tout cela prêtait à caricature, formant l'image d'un monstre dont les fautes éclipsent celles des subordonnés. Pour les mouvanciers et les membres de l'opposition, les journalistes et les diplomates, tous à moitié épris du mythe de Mobutu, il a toujours été plus facile de critiquer le joug du Big Man que de se confronter à une réalité plus dérangeante. Accepter que la nation n'était pas contrôlée par une seule et unique figure dans les dernières années de l'existence du Zaïre impliquerait pour chaque conseiller, général, ministre et financier étranger de reconnaître sa propre contribution au système.

Oui, Mobutu était brutal, impitoyable et avide. Doté des instincts du petit malfrat, il ne savait que tirer le pire de son entourage. Le plus désastreux a été son manque d'imagination, l'absence d'une vision durable, nécessaire pour bâtir un État cohérent à partir de l'héritage incertain laissé par la Belgique. Mais si Mobutu a emprunté une trajectoire similaire à celle de Kurtz, depuis les grands idéaux jusqu'à la corruption fébrile, il n'a pas cheminé tout seul ni sans aide.

Une phrase, prononcée par Nzanga Mobutu, me trotte dans la tête. « Lorsque l'Histoire jugera mon père, elle jugera dans les détails », a-t-il affirmé, indiquant que les torts finiraient par être imputés précisément à qui de droit. Citant des membres de l'entourage présidentiel qui critiquaient, en exil, l'ancien patron qu'ils flattaient autrefois, il a ajouté : « Je crois qu'un *mea culpa* ne serait pas de trop ». *Mea culpa.* Au fil des entretiens, je m'attendais toujours à trouver quelque signe de culpabilité, mais à chaque fois, j'étais surprise de constater qu'il n'en était rien.

Pas la moindre remise en question chez les financiers de Washington, qui ont accordé des milliards à un voleur notoire et dont les institutions seront un jour sommées d'expliquer pourquoi les Congolais devraient être tenus responsables de prêts consentis de mauvaise foi. Rien non plus chez les fonctionnaires américains et français qui, avec un cynisme tranquille après l'indépendance, ont décrété pour des raisons stratégiques ce qui valait le mieux pour le plus fragile des États.

Encore moins chez les conseillers, ministres et généraux congolais qui ont aidé à façonner les politiques du dinosaure, et qui resservent l'excuse du « Je n'ai fait qu'obéir aux ordres », déjà jugée insuffisante à Nuremberg. Et à la remarquable exception de Jules Marchal, l'ancien diplomate belge rongé de remords, la puissance coloniale qui a la première lancé le Congo sur cette trajectoire incontrôlable est habilement parvenue à écarter la notion même de culpabilité.

Pour explorer le rôle qu'ils ont tous joué – depuis les raids des marchands d'esclaves jusqu'aux amputations perpétrées par la Force publique, en passant par les vœux pieux de la Banque mondiale –, il faudrait renoncer à s'exaspérer contre l'incompétence de cette nation, pour commencer à s'étonner que sa population ait réussi à traverser tout cela sans perdre son sens de l'humour. Le plus surprenant aujourd'hui, ce n'est pas que le Congo soit aussi brouillon et anarchique, mais bien qu'il ne se trouve pas dans un état plus dégradé encore.

L'excellence dans le pire qui déroute tant les visiteurs au Congo, ce talent pour embrasser les défauts de n'importe quel État africain et de les pousser un cran plus loin, ont été nourris par un passé colonial brutal, suivi par une ingérence inouïe de la part des puissances occidentales.

À présent que les États-Unis, la France et la Belgique ont pris leurs distances et que Mobutu est mort, le pays a perdu sa dernière excuse pour justifier sa situation difficile. La population, qui a pris l'habitude de ne pas espérer beaucoup plus que la simple survie, doit apprendre à assumer la responsabilité de son propre destin. « Qu'est-ce que les Français veulent du Congo ? » demandait mon chauffeur Pierre, quand nous discutions de l'avenir de son pays. Une question qui alternait avec une autre, tout aussi exaspérante et compréhensible : « Que veulent les Américains ? » La question doit à présent être : « Que veulent les Congolais ? »

***

À Londres, par une journée de grisaille, alors que les agences de presse rapportaient une énième violation du prétendu cessez-le-feu au Congo – énième salve de citations tirées de *Au cœur des ténèbres* –, je suis tombée par hasard sur une collection de photographies en noir et blanc de Léopoldville, sur les rayonnages d'une bibliothèque. Relié en bleu clair avec un titre doré – les couleurs de Kabila, mais aussi du Congo belge –, l'ouvrage avait été publié pour le soixante-quinzième anniversaire de la fondation de la ville.

Feuilleter ce livre, c'était comme voyager dans un autre monde. Avec l'insouciance glorieuse d'une époque où la honte coloniale n'était même pas envisagée, l'auteur présentait fièrement un port plein de grues, des usines produisant des kilomètres de tissu, un réseau ferré moderne et « l'un des deux seuls systèmes de transport à gyrobus du monde ». Visiblement, Kinshasa était autrefois la ville nouvelle par excellence. Bien que les photos aient été prises quatre ans à peine avant l'indépendance, on n'a pas véritablement l'impression d'une nation sur le point de prendre son destin en main. Au contraire, on voit des Congolais docilement penchés sur des engins, des machines à écrire et des microscopes, suivant les instructions de formateurs blancs. Sur une page, une femme au foyer belge enseigne à des autochtones comment tenir une cuisine ; sur une autre, des chefs noirs en tabliers blancs démontrent leur savoir-faire en pâtisserie belge.

Avant et après... Les photographies montrent la forêt passée au bulldozer pour ouvrir une rue, des bœufs cédant la place à des voitures des années 1950, une famille congolaise modèle dans un salon impeccable, en train d'écouter la radio en sirotant du thé. Il manquait pourtant un chapitre crucial : le présent. Pour révéler que la boucle était bouclée : la jungle qui repousse sous le goudron cabossé, l'eau courante souillée par les égouts, les quartiers sans électricité, les piétons à la place des voitures.

Je connaissais ces rues, ces ronds-points, ces bâtiments. Mais jamais je ne les avais vus aussi propres. Là, c'était le gratte-ciel qui était devenu l'hôtel Memling. Mais où étaient les petits vendeurs qui se massaient en général devant l'entrée, avec leurs cigarettes, leurs œufs durs et leurs noix de cola ? Où étaient les piles d'ordures plus hautes que des maisons, les victimes de la polio sur leurs tricycles, les mendiants albinos cuisant au soleil ? S'agissait-il vraiment de la même ville ?

Un peu perdue devant cet étrange monde d'ordre et de symétrie, baigné d'un espoir en apparence inépuisable, j'ai examiné chaque cliché, à la recherche d'indices annonciateurs du chaos à venir. Vers le milieu du livre, un détail a attiré mon attention. Là, à la page 144, s'étalait une photo d'un policier en train de faire la circulation sur un boulevard. Son uniforme semblait très propre, ses gants étaient d'un blanc immaculé. Mais en regardant son visage de plus près, j'aurais pu jurer qu'il portait des lunettes de soleil à monture dorée – des lunettes de mafieux, qui seraient la marque de fabrique de la police secrète et de la garde présidentielle, les tortionnaires dotés de pouvoirs aussi indéfinis qu'arbitraires. C'était là, dans ce détail infime, mais ô combien révélateur, que se trouvait le pays que j'avais appris à connaître et à aimer.

Glossaire

La nation découpée dans l'Afrique centrale par le roi Léopold de Belgique a d'abord porté le nom d'État indépendant du Congo. Lorsque la Belgique a repris l'administration de cette région, le pays a été renommé Congo belge – pour le distinguer du Congo français, de l'autre côté du fleuve –, puis il est simplement devenu le Congo après l'indépendance. En 1971, le pays, le fleuve et la monnaie nationale ont tous été rebaptisés Zaïre par le président Mobutu. Lorsque Laurent Kabila a pris le pouvoir en 1997, il est revenu aux noms de l'époque précédente. Cette rechristianisation a semé un peu la confusion, notamment parce que le Congo et les Congolais sont souvent confondus avec leurs voisins de l'autre côté du fleuve. Le Congo-Brazzaville est un pays totalement différent, qui n'est pas le sujet de ce livre.

Noms sous les Belges	Noms sous Mobutu	Noms sous Kabila
Congo	Zaïre	Congo
Léopoldville	Kinshasa	Kinshasa
Stanleyville	Kisangani	Kisangani
Élisabethville	Lumumbashi	Lumumbashi
Bakwanga	Mbujimayi	Mbujimayi
Katanga	Shaba	Katanga
Coquilhatville	Mbandaka	Mbandaka
Stanley Pool	Pool Malebo	Pool Malebo

Le Congo sous la présidence de Kabila est un pays où on peut avoir des problèmes avec les autorités si on se montre un peu trop libre dans ses opinions. Les rares fois où des individus vivant dans le pays ont exprimé des avis qui auraient pu avoir des conséquences, j'ai modifié les noms.

AFDL

Alliance des forces démocratiques pour la libération du Congo/Zaïre. Coalition de quatre mouvements rebelles, instaurée dans l'est du Zaïre en 1996, et qui s'est juré de faire tomber Mobutu. Laurent Kabila, à l'origine porte-parole du mouvement, en est par la suite devenu le leader.

CNS

Conférence nationale souveraine. Instaurée pour la première fois en août 1991, c'était une vaste entreprise de discussion entre les différents partis politiques et les représentants de la société civile du Zaïre, avec pour objectif de permettre le passage d'une gouvernance à parti unique à une démocratie multipartite.

DSP

Division spéciale présidentielle. Armée privée de Mobutu, ce corps d'élite recrutait presque exclusivement dans la région natale du président, l'Équateur. De façon très contrastée avec les FAZ, les soldats de la DSP étaient mieux payés et correctement équipés.

FAZ

Forces armées zaïroises. Armée régulière du Zaïre. Rarement payées et à peine formées, les FAZ étaient si célèbres pour leur indiscipline et leur lâcheté que les citoyens congolais plaisantaient sur le fait qu'elles étaient « défazées ».

FPR

Front patriotique rwandais. Groupe rebelle mené par des Tutsi, qui a pris le pouvoir au Rwanda à la suite du génocide de 1994, organisé par des extrémistes hutu.

Lingala

Lingua franca du Congo

MIBA

Société minière du Bakwanga. Société d'État d'extraction du diamant basée dans la ville de Mbujimayi.

MPR

Mouvement populaire de la révolution. Parti créé par Mobutu. Jusqu'à la déclaration d'une démocratie multipartite, tout citoyen congolais était censé en être membre.

SNIP

Service national d'intelligence et de protection. L'une des nombreuses incarnations des services de renseignement du pays. Sous la houlette du Terminator, les sinistres individus qui y travaillaient étaient surnommés les « Hiboux », en référence à leur prédilection pour les visites nocturnes.

UNITA

União Nacional para a Independência Total de Angola. Union nationale pour l'indépendance totale de l'Angola. Mouvement rebelle angolais mené par Jonas Savimbi, visant le renversement de l'ancien gouvernement marxiste à Luanda. Ses leaders étaient en bons termes avec Mobutu, dont le pays servait de corridor pour des livraisons d'armes américaines et de base arrière pratique pour les combattants de l'UNITA qui tentaient d'échapper au désarmement réclamé selon un accord de paix de l'ONU.

BIBLIOGRAPHIE

Lors de la publication en anglais de cet ouvrage, en 2000, il existait peu de littérature sur le Congo et la plupart des ouvrages les plus pointus, comme ceux du professeur Crawford Young, étaient épuisés. Par chance, ce n'est plus le cas au moment de la parution de la traduction française.

Généralités

Je me suis inspirée d'extraits publiés dans *Ainsi sonne le glas! Les derniers jours de Mobutu*, de Honoré Ngbanda Nzambo Ko Atumba (Gideppe, 1998), récit fascinant des dernières années de Mobutu par l'ancien chef des services secrets. *La chute de Mobutu et l'effondrement de son armée*, du général Ilunga et *À la cour de Mobutu*, de son gendre Pierre Janssen (Michel Lafon, 1997). *Les dérives d'une gestion prédatrice*, du professeur Mabi Mulumba (CRP, 1998), ancien Premier ministre, m'ont également été d'une grande aide. *Mobutu, ou l'incarnation du mal zaïrois*, de l'ancien Premier ministre versatile Nguza Karl I Bond (Bellew Publishing Co Ltd, 1982), constitue un fascinant règlement de compte; *Mobutu et l'argent du Zaïre*, d'Emmanuel Dungia (L'Harmattan, 1992) est quant à lui plein de détails croustillants.

Pour ceux qui s'intéressent à l'homme lui-même, les hagiographies sur Mobutu ne manquent pas. Dans *Mobutu, dignité pour l'Afrique*, l'ancien chef d'État a eu l'occasion de raconter son histoire à un producteur de télévision français bienveillant, Jean-Louis Remilleux (Albin Michel, 1989). Parmi les ouvrages épuisés aujourd'hui, mais débordants d'admiration, on peut citer : *Mobutu, l'homme seul* (Éditions Actuelles, 1962) et *Mobutu. Le point de départ* (Hatier, 1985), de Francis Monheim, reporter belge qui a couvert les années de l'indépendance. Penchant carrément de l'autre côté, il y a *Le dinosaure, Le Zaïre de Mobutu*, de Colette Braeckman (Fayard, 1992).

Histoire du Congo

Basé sur des témoignages directs de nombreux citoyens congolais, *Congo. Une histoire*, de David Van Reybrouck (Acte Sud, 2012, traduit du néerlandais par Isabelle Rosselin, Prix Médicis Essai 2012) est remarquable. *The Congo, From Leopold to Kabila*, de George Nzongola-Ntalaja (Bloomsbury, 2013, non traduit en français à ce jour) offre une première approche bien utile. *Histoire générale du Congo : de l'héritage ancien à la République démocratique*, d'Isidore Ndaywel e Nziem (Duculot, 1998) est un volumineux ouvrage qui fait référence pour tous ceux qui étudient le pays et son histoire.

Le fleuve

L'histoire du fleuve Congo est magnifiquement racontée dans les ouvrages d'Alan Moorehead, *Le Nil blanc*, (Presses de la Cité, 1961, traduit de l'anglais par Jean Weiland) et *Le Nil bleu* (Presses de la Cité, 1963, traduit de l'anglais par René Jouan). Ces livres replacent l'exploration du Congo par Henry Morton Stanley dans le contexte de découverte graduelle du continent africain par l'Occident. Stanley n'y est qu'un exemple, parmi les nombreux explorateurs enthousiastes, les aristocrates curieux et les missionnaires obsessionnels qui y figurent. *The River Congo*, de Peter Forbath (HarperCollins, 1977, non traduit en français à ce jour) offre un point de vue plus centré.

Histoire coloniale

Pour un essai impeccablement documenté de l'exploitation du Congo par le roi Léopold, impossible de battre *Les fantômes du roi Léopold*, d'Adam Hochschild (Éditions Tallandier, 1998, traduit de l'anglais par Marie-Claude Elsen et Frank Straschitz). Hochschild se concentre sur les individus qui, souvent à leurs dépens, ont fait connaître la barbarie de Léopold, notamment le journaliste britannique Edmund Morel, le diplomate Roger Casement et les Noirs-Américains George Washington Williams et William Sheppard.

Stanley était lui-même un conteur accompli, qui savait tisser son histoire pour captiver ses lecteurs. *À travers le continent mystérieux.* (Hachette, 1971 pour l'édition française, traduit de l'anglais par Henriette Loreau), publié pour la première fois en 1878, est un récit saisissant d'une expédition dans l'inconnu. *The Congo and the Founding of its Free State* (1885, non traduit en français à ce jour) constitue une suite plus excentrique et plus subjective, dans laquelle on trouve une liste fascinante de conseils pour survivre sous les tropiques. Son *Autobriographie* a été publiée en anglais en 1909 (pour l'édition française, Paris, 1911, traduction de Georges Feuilloy).

Guerre froide

The Congo Cables, de Madeleine Kalb (Macmillan Pub Co, 1982, non traduit en français à ce jour) évoque pas à pas les événements dramatiques avant et après l'indépendance, à travers le regard des ambassadeurs occidentaux, des représentants de l'ONU et des leaders des superpuissances responsables d'une des plus grandes crises de la région.

L'assassinat de Lumumba, de Ludo De Witte (Karthala, 2000) est un récit glaçant qui a déclenché une enquête et une crise de conscience nationale en Belgique. *The Lumumba Plot: The Secret History of the CIA and a Cold War Assassination*, de Stuart A. Reid (Knopf, 2023, non traduit en français à ce jour) est un portrait très fluide de la même période, qui insiste sur le point de vue américain. L'agent de la CIA Larry Devlin a donné sa propre version des événements dans *C.I.A., Mémoires d'un agent* (Jourdan Editions, 2009, traduction de Jacques Braibant). Susan Williams traite de la mort d'une autre personnalité de l'époque dans *Who Killed Hammarskjöld ? The UN, the Cold War and White Supremacy in Africa* (Oxford University Press, 2014, non traduit en français à ce jour).

Enfin, Sean Kelly offre un exposé détaillé du rôle interventionniste des États-Unis au Zaïre dans *America's Tyrant* (University Press of America, 1993, non traduit en français à ce jour).

Première et seconde guerre du Congo

Pour comprendre les conflits complexes qui ont menacé de faire exploser le Congo à la fin des années 1990 et au début des années 2000 : *From Genocide to Continental War : the Congolese conflict and the Crisis of Contemporary Africa*, de Gérard Prunier (Hurst, 2009) ; et Jason K. Stearns : *Dancing in the Glory of Monsters* (PublicAffairs, 2012, non traduit en français à ce jour), *The War That Doesn't Say Its Name: The Unending Conflict in the Congo* (PUP, 2022, non traduit en français à ce jour) sont fortement recommandés. Tout comme *Why Comrades Go to War: Liberation Politics and the Outbreak of Africa's Deadliest Conflict*, de Harry Verhoeven et Philip Roessler (Oxford University Press, 2016, non traduit en français à ce jour).

Mobutu a fini par être renversé à cause d'une série d'événements dans le Rwanda voisin. *Rwanda, Histoire d'un génocide*, de Gérard Prunier (Dagorno, 1998) reste le récit de référence sur le génocide de 1994 au Rwanda.

Index

Banque africaine de développement, 195

Banque du Zaïre, 183, 270

Banque mondiale, 15, 25, 37, 86, 101, 105, 114, 117, 126, 148, 182, 183, 184, 185, 186, 187, 188, 189, 190, 192, 193, 194, 195, 196, 197, 198, 199, 245, 271, 272, 280

Banyamulenge, 225, 266

Baramoto Kpama Kata, 236

Bas-Congo, 93, 99, 146, 158, 166, 167, 261

Baudouin Iᵉʳ, roi des Belges
   armée zaïroise, 44, 224, 233
   exilés congolais, 175, 264
   Mercenaires, 44, 59, 90, 166, 235, 236, 240
   ressources minières du Congo, 12
   services secrets, 84

Belgique, 18, 28, 42, 51, 52, 53, 55, 58, 61, 62, 63, 64, 65, 66, 67, 68, 69, 70, 71, 75, 77, 84, 85, 90, 95, 107, 121, 127, 137, 140, 141, 170, 184, 185, 199, 221, 229, 232, 239, 259, 264, 268, 274, 280, 281, 283, 289

Bemba, Jean-Pierre, 130, 217, 269

Binza, 39, 41, 47, 219, 263, 267, 269

Blumenthal, Erwin, 108, 181, 182, 183, 184, 185, 186, 187, 192, 197, 270, 273

Bobozo, Joseph, 83

Brazzaville, 16, 23, 36, 42, 46, 58, 136, 151, 152, 153, 210, 220, 236, 250
   guerre civile, 136

Bretton Woods, accords de, 114, 182, 186, 190, 192, 193, 197

Bruxelles, 19, 51, 54, 61, 66, 67, 68, 69, 75, 76, 79, 83, 84, 90, 103, 105, 146, 168, 175, 183, 188, 193, 205, 207, 209, 248, 264, 268, 272, 273, 274
   ambassade des États-Unis, 76, 107
   Matonge, 38, 66, 67, 68, 69, 171
   Rhode-Saint-Genèse, 273
   Uccle, 67, 103, 207, 273

Bukavu, 177, 222

Burton, Richard, 56

Burundi, 37, 220, 222, 257

Bush, George, 196, 210

Cap-Ferrat, 206

Casa Agricola Solear, propriété, 103
   Algarve, 103

Casement, Roger, 61, 288

Chevallier, Jérôme, 101, 196

Chine/Chinois, 17, 40, 56, 98, 100, 229

Churchill, Winston, 83, 227, 229

CIA (Central Intelligence Agency), 40, 41, 73, 74, 76, 79, 87, 88, 89, 91, 109, 189, 191, 196, 216, 229, 243, 251, 289

Clinton, Bill, 108, 129, 250, 251, 252

CNS *voir* Conférence nationale souveraine, 109, 110, 284

Collins, Carole, 19, 114, 271

Conférence nationale souveraine (CNS), 109

Congo (1960-71)
   économie, 17, 24, 95, 96, 101, 113, 114, 118, 122, 147, 148, 183, 189, 195, 198, 224, 274, 279
   premier membre africain de l'AIEA, 140

Congo (1997–)
   économie, 17, 24, 95, 96, 101, 113, 114, 118, 122, 147, 148, 183, 189, 195, 198, 224, 274, 279

Congo belge (1908-1960)
   apartheid, 64
   atrocités commises par les agents de Léopold, 29
   fondation, 51, 57, 61, 64, 281
   Kimbangu, 157, 158, 159, 160, 166
   mutinerie de 1960, 85

Congo français, 58, 283

Congo-Brazzaville, 37, 46, 57, 169, 248, 253, 283

Conrad, Joseph, *Au cœur des ténèbres*, 23, 28, 29, 31, 277, 281

Conseil de sécurité, 77, 251

Corée du Sud, 98, 229

Cour internationale de justice (CIJ), 12
de Beers, 120

Division spéciale présidentielle (DSP), 33, 232
   hôtel Intercontinental, 35, 39, 42, 43, 46, 48, 49, 173, 229, 262
   massacre de Lubumbashi, 33
   oncle Fangbi, 214, 249

Eisenhower, Dwight D., 88

Élisabethville, 89, 121, 158, 283

Eluki Monga, 236